Schweden

Petra Juling

Inhalt

Land der Schären, Seen und Wälder

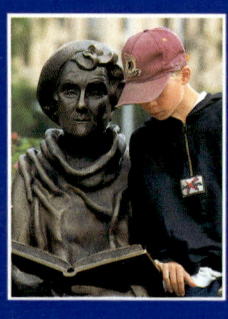

Reisen in Schweden

Der Süden

Die Westküste

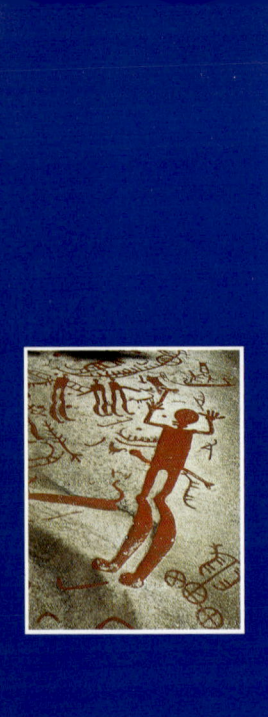

Land der großen Seen

Stockholm

Wege in den Norden

Der Norden

Serviceteil

Verzeichnis der Karten und Pläne

Land der Schären, Seen und Wälder

Warum Schweden?

Schweden sei fantastisch, verkündet die Tourismuswerbung, ein »Märchenland im Norden«, titelt ein Hochglanzmagazin. Alles hohle Sprüche? Etwas muß ja dran sein, wenn so viele Urlauber alljährlich den Weg gen Norden auf sich nehmen, nicht um zum Nordkap durchzubrausen, sondern um immer wieder in dieselbe Gegend, in dasselbe Ferienhaus zu fahren. Bis sich manche eines Tages gar dort niederlassen, erst nur für den Sommer, dann irgendwann für immer. In Småland wurden in den letzten Jahrzehnten ganze Landstriche von deutschen Neu-Einwanderern besiedelt, durchaus willkommen in der Gemeinde Emmaboda, wo vor 100 Jahren die Auswanderung nach Amerika am größten war und ganze Dörfer veröden ließ. Wer hierher zieht, sucht, so die übereinstimmende Antwort der Umsiedler, »die Ruhe«. Und genau die findet man hier.

Eine Erklärung liegt auf der Hand: Es gibt einfach viel weniger Menschen und viel mehr Raum. Wer aus den mitteleuropäischen Ballungsgebieten anreist, spürt das sofort. Schon nach kurzer Zeit stellt sich angesichts der spärlichen Inseln roter, gelber und pastellfarbener Holzhäuser inmitten dichter Nadelwälder, am Rand von Birkenhainen und kleinen Seen mit Schilf am Ufer ein ungemein entspannendes Gefühl ein. Es ist dieses Anno-Dazumal-Gefühl, das so wohltuend auf Körper und Seele wirkt. Hektik ist ein Fremdwort, das Leben geht seinen geruhsamen Gang. Abgesehen von den drei größten wirken die anderen schwedischen Städte wie verschlafene Dörfer.

Die Idylle kommt ja auch nicht von ungefähr: Seit 300 Jahren hat kein Krieg das Land verwüstet; wenn ein Haus nicht abbrannte oder verlassen wurde, steht es meist noch und wurde liebevoll im alten Stil restauriert. Die Wegwerfgesellschaft hat hier nie ganz Einzug halten können, die Achtung vor alten Gegenständen ist sehr hoch. Nirgendwo gibt es so viele Trödelläden und Auktionen wie in Schweden, manchmal ganze Fabrikhallen mit sorgfältig sortiertem ›Sperrmüll‹, vom Staubsauger bis zum alten Handbohrer. Und ein mehrere hundert Jahre altes Haus ist kein Abbruchobjekt, sondern ein Gut, sein Erhalt eine Aufgabe für die Bewohner. Aber natürlich ist Schweden ein moderner Industriestaat, ein hochtechnisiertes Land, wo Handy, Computer, Fax, e-mail und Internet-Zugang weiter verbreitet sind als sonst in Europa. Auto, Segelboot und Sommerhaus sind selbstverständlich. Schweden hat etwas von ›Klein-Amerika‹ am nördlichen Rand des Alten Kontinents. Der Stellenwert der Freizeit in dieser modernen Gesellschaft ist hoch, die Sehnsucht nach Nähe zur Natur auch.

Und die gibt es reichlich: Abgesehen von den Bergregionen im Westen, bietet die schwedische Landschaft im Unterschied zur norwegischen zwar nicht viel Spektakuläres, aber im Vergleich zur finnischen etwas mehr Abwechslung. Dieses Land im Norden, von dem Nicht-Eingeweihte meinen, die Sommer dort müßten kalt sein, weil die Winter es sind, hat nicht nur die Mitternachtssonne, sondern von Anfang Juni bis Ende August lange Perioden heißer Tage, die nur deshalb zu ertragen sind, weil immer ein Badesee in der Nähe ist. Es kennt aber natürlich – zum Glück für die Pilzsucher – zum Ausgleich auch heftige Gewitter und Landregen.

Sanfte Hügel mit vielen darin eingebetteten Seen, fruchtbare Kulturlandschaften in Mittelschweden und an den Küsten die Felsbuckel der Schären mit pittoresken Fischerdörfern und einer Vielfalt aus Wasser, Wald und Stein bieten reichlich Abwechslung in Natur und Kultur. Die Natur geht abseits der Siedlungen schnell in Wildnis über, die in den großen Nationalparks in den Bergen Lapplands weithin unberührt geblieben ist. Sie bietet, respektiert und rücksichtsvoll behandelt, ein reiches Betätigungsfeld für Wanderer, Kanuten und Angler. Dazwischen trifft man immer wieder auf die Zeugnisse einer mehrere tausend Jahre alten Kultur, von Vorzeitgrabhügeln und Runensteinen bis zu Eisenschmieden aus den Anfängen der Industrialisierung, von mittelalterlichen Kirchen bis zu prächtigen Schlössern und schönen Parks.

Doch vor allem anderen ist Schweden ein Land für Romantiker, für die, die auch mal mit sich und der Natur alleine sein können.

Landeskunde im Schnelldurchgang

Name: Sverige, abgeleitet von Svea rike, Reich der Svear
Fläche: 449 964 km², ca. 40 000 (8,5 %) davon sind Seen und Flüsse, 54 % des Landes von Wald bedeckt.
Hauptstadt: Stockholm
Einwohner: ca. 8,8 Mio.
Amtssprache: Schwedisch
Lage: auf der skandinavischen Halbinsel, im Westen von Norwegen, im Osten von Finnland begrenzt; Ausdehnung: 1574 km von Nord nach Süd, 499 km von West nach Ost

Größte Städte: Stockholm (743 000, im Großraum ca. 1,8 Mio. Einwohner), Göteborg (462 000) und Malmö (257 000)
Höchster Berg: Kebnekaise (2117 m)
Längste Flüsse: Klarälv-Götaälv-System (720 km), Dalälv (520 km), Torneälv (510 km)
Größte Seen: Vänern (5648 km²), Vättern (1912 km²) und Mälaren (1140 km²), Hjälmaren (478 m²), Storsjön (464 km²)
Nationalparks: 23 Nationalparks mit zusammen 6330 km² Fläche (das entspricht 1,5 % des Landes) von Stenshuvud (390 ha) im Südosten der Landschaft Skåne bis Vadvetjåkka (2630 ha) in Lappland; daneben existieren Naturschutzgebiete *(Naturreservat)*, für die weniger strenge Regelungen gelten.
Sprachen: Schwedisch; die Sprachen von Minderheiten, wie Finnisch (im Tornedal) und Sámi, die Sprache der Ureinwohner, sind (noch) nicht im Umgang mit Behörden zugelassen.
Nationalfeiertag und Flagge: Der schwedische Nationalfeiertag (nicht arbeitsfrei!) ist der 6. Juni. An diesem Tag wurde Gustav Vasa im Jahr 1523 vom Reichstag in Strängnäs zum König gewählt. Alljährlich am 6. 6. wird überall im Land die schwedische Flagge gehißt, ein gelbes Kreuz auf blauem Grund. Der Legende nach geht sie auf eine Vision des Königs und (nicht von Rom bestätigten) schwedischen Nationalheiligen Erik im Jahr 1157 zurück. Er sah ein goldenes Kreuz gegen den blauen Himmel.
Bevölkerung: 8,8 Mio. Einwohner, davon ca. 580 000 Ausländer, hauptsächlich Finnen (ca. 200 000), aber auch Bürger des ehemaligen Jugoslawien sowie Türken, Iraner, Polen und Chilenen. Statistisch teilen sich in Schweden 19 Einwohner einen Quadratkilometer – 100 weniger als etwa in Dänemark –, aber in Wirklichkeit ist die Bevölkerung sehr ungleich verteilt: 85 % leben im Süden, der Hauptteil in Skåne, an der Westküste und in einem Streifen entlang der großen Seen zwischen Göteborg und Stockholm. Das nordschwedische Binnenland ist dagegen über weite Strecken praktisch menschenleer: In Norrbotten leben drei Menschen auf einem Quadratkilometer.

Religion: Die Evangelisch-Lutherische Schwedische Kirche war bis 1999 Staatskirche, d. h. jeder Schwede war automatisch Mitglied. Es herrscht Religionsfreiheit. Unter den zahlreichen anderen christlichen Religionsgemeinschaften sind die größten: die römisch-katholische Kirche mit 148 000, die Orthodoxen mit 100 000 und die Pfingstkirche mit 96 000 Mitgliedern. Außerdem gibt es nach Schätzungen ca. 200 000 Moslems und rund 16 000 Juden.

Wirtschaft: Nur 3 % der Erwerbstätigen arbeiten heute noch in der Landwirtschaft. Schweden hat sich wie die meisten westlichen Industrieländer in den letzten Jahren zur Dienstleistungsgesellschaft entwickelt. Die Industrie (incl. Bergbau) beschäftigt rund 20,6 % der Arbeitnehmer, meist in Großunternehmen, darunter weltbekannte Firmen wie Ericsson, ABB, Electrolux, Volvo und Saab, womit auch die wichtigsten Industriezweige angedeutet sind: Telekommunikation, Informationstechnologie, Metall-, Elektro- und Autoindustrie, gefolgt von der holzverarbeitenden Industrie. Schwedens Wirtschaft ist stark exportabhängig. Die Arbeitslosenquote liegt offiziell bei 5,3 %.

Staat und Verwaltung: Schweden ist eine konstitutionelle Monarchie mit Parlament *(Riksdag)*. Alle vier Jahre werden die Abgeordneten gewählt (Verhältniswahlrecht), Wahlalter: ab 18 Jahre. Ausländer, die drei Jahre im Land wohnen, können an Kommunalwahlen teilnehmen. Staatsoberhaupt ist König Carl XVI. Gustav, Thronfolgerin seine älteste Tochter Viktoria. Die Regierung stellt seit 1994 ein sozialdemokratisches Minderheitenkabinett, das im Reichstag von der Zentrumspartei gestützt wird. Regierungschef ist seit 1996 Ministerpräsident Göran Persson. Das Land ist aufgeteilt in 21 Provinzen *(län)* mit direkt gewähltem Provinzlandtag *(landsting)* und Gouverneur *(landshövding),* zuständig sind sie vor allem für die Gesundheitsfürsorge. Die *läns*-Grenzen sind nicht immer identisch mit den Landschafts-Grenzen der traditionellen 25 *landskap*. So teilt sich Småland in Kronobergs, Jönköpings und Kalmars län.

Parteien: Die beiden wichtigsten sind: Socialdemokraterna (SDAP) und Moderaterna (Moderata Samlingspartiet MS; Konservative). Außerdem spielen eine Rolle: Folkpartiet liberalerna (FP; Liberale), Centerpartiet (CP; Zentrum), Kristdemokratiska Samhällspartiet (KS; Christdemokraten), Vänsterpartiet (VP; Links-Partei, ehemalige Kommunisten) und Miljöpartiet De Gröna (Die Grünen, Ökologische Partei). Eine 4 %-Hürde verhindert den Einzug von Kleinstparteien in den Reichstag.

Außenpolitik: Das neutrale Schweden gehört auch nach dem Beitritt zur EU keinem Militärbündnis an.

Klima und Reisezeit: Entsprechend der großen Ausdehnung von Nord nach Süd herrscht in Schweden sehr unterschiedliches Klima. Während etwa Skåne im Süden und die Westküste ein abgeschwächtes Seeklima mit feuchten, milden Wintern und von wechselhaften Wetterlagen geprägten Sommern haben, herrscht in Mittelschweden unter dem Einfluß des Kontinentalklimas im Winter kaltes (bis – 20° C) und im Sommer sehr warmes (über 30° C), überwiegend trockenes Wetter mit oft stabilen Hochdruckgebieten. Die Berge, die sich entlang der Grenze zu Norwegen im Westen von Värmland bis Lappland erstrecken, werden auch im Sommer häufiger von atlantischen Tiefausläufern gestreift, die reichlich Regen bringen können, aber auch hier kann es sehr warm werden.

Landschaft und Natur

Götaland, Svealand, Norrland – jeder Schwedenreisende lernt die Begriffe spätestens mit dem Wetterbericht kennen. Es sind zwar historische Bezeichnungen, doch korrespondieren sie im wesentlichen mit den geographischen Begriffen: Götaland, das Land der Göten, entspricht Südschweden mit Väner- und Vättersee, Svealand umfaßt Mittelschweden mit Mälargebiet, Uppland sowie Dalarna. Das Landesinnere von Norrland war bis ins 17. Jh. kaum kolonisiert und weitgehend der Urbevölkerung, den Sami, vorbehalten.

Schweden, das größte Land im Norden und das viertgrößte in Europa, besitzt eine enorme Nord-Süd-Ausdehnung: Ca. 1500 km Luftlinie sind es von Smygehuk an der Südküste Schonens bis zur finnischen Grenze im hohen Norden. Kaum ein europäisches Land erstreckt sich über mehr Klimazonen: von der fruchtbaren, seit Jahrtausenden kultivierten schonischen Ackerbauregion bis zur arktischen Tundra in den Fjällgebieten Lapplands.

Pflanzengeographen teilen Schweden von Süd nach Nord in vier Vegetationszonen ein: die südliche Laubwaldregion mit Buchen- und Eichenbeständen entlang der Süd- und Westküste, die südliche Nadelwaldregion mit Einsprengseln von Laubwald bis hinauf in das Gebiet der großen Seen, die von Kiefer und Fichte geprägte nördliche Nadelwaldregion nördlich des Flusses Dalälv, der zum Teil die natürliche Grenze zu Norrland bildet, und die oberhalb eines Birkenwaldgürtels liegenden baumlosen Tundren der Fjällgebiete.

Im Dünengebiet Sandhammaren (Skåne)

Südschweden

Vor allem menschliche Eingriffe haben dafür gesorgt, daß sich die Landschaft heute nicht mehr idealtypisch präsentiert. Das dank seiner äußerst fruchtbaren Böden vom Ackerbau geprägte **Skåne** (Schonen) erinnert im flachen Südwesten mit blühenden Rapsfeldern und Kopfweiden an dänische oder norddeutsche Landschaften. Ausgedehnte

Buchenwälder und eine für schwedische Verhältnisse ›südliche‹ Flora und Fauna sind typisch für diese Landschaft. Laubfrosch, Sandeidechse und Haselmaus kommen etwa im Nationalpark Stenshuvud an der Ostküste vor. Die Region ist durchaus nicht nur flach: Die Hügel von Rörum und Brösarp im Osten sind ebenso wie Stenshuvud Ausläufer des Linderödsåsens, einer der charakteristischen Höhenzüge, die durch Zusammenpressen der an anderer Stelle gerissenen Erdkruste entstanden (sog. Horste).

Als ›Garten Schwedens‹ wird das östlich an Skåne anschließende **Blekinge** gern bezeichnet. Tief eingeschnittene Verwerfungstäler im Norden sind die Fortsetzung des Hochlands von Småland. Die von dort ›eingewanderte‹ Fichte wird an der Küste von für den Süden typischem Laubwald abgelöst: Eichenhaine und Buchenwälder gedeihen auf dem Kalkgrund, im Schlehen- und Weißdorngestrüpp am Rand der Wiesen kann man im Sommer sogar den Gesang der Nachtigall hören.

Die Landschaft von **Halland** und **Bohuslän,** der beiden Westküstenprovinzen, wird vom Meer geprägt. Während die halländische Küste im Süden in der

Vom Eise befreit …
Schwedens Geburt aus Feuer, Eis und Wasser

Bizarre raukar *stehen, etwa auf Gotland, auch gelegentlich im Landesinneren*

Überall in Schweden trifft man auf die Spuren der Erdgeschichte – sei es in den glattgeschliffenen Felsen der Westküste oder in den ausgeprägten u-förmigen Trogtälern Lapplands, im blocksteinübersäten Trollwald des Nationalparks Tiveden, den eigenartigen Tafelbergen von Västergötland oder in den skurril geformten *raukar* auf der Insel Gotland.

Mehr als 600 Mio. Jahre ist es her, daß Vulkanausbrüche das heutige Skandinavien erschütterten. Die Erde spie Magma aus; erkaltet bildete es Granit, neben Gneis die harte ›Grundlage‹ des Landes. Dieser durch Erosion im Lauf der Jahrmillionen nahezu eben abgetragene Sockel aus Urgestein tritt noch immer an vielen Stellen als nackter Fels an die Oberfläche. Ein paar hundert Millionen Jahre später verschwand das

Land unter einem tropischen, von Mangrovenwäldern gesäumten Urmeer, dessen Sedimente unter hohem Druck zu Sandstein, Kalkstein und Schiefer gepreßt wurden. Die Kalkböden der Inseln Öland und Gotland sowie die Plateauberge südlich des Vänersees zeugen im sonst kalkarmen Schweden von dieser Epoche der Erdgeschichte; die bizarr geformten *raukar* an Gotlands Küste sind gar Reste von Korallenriffen.

Mehr als alles andere hat allerdings die letzte Eiszeit ihre Spuren in der schwedischen Landschaft hinterlassen. In mindestens drei aufeinanderfolgenden Schüben – unterbrochen durch Warmzeiten – wuchsen vor etwa 100 000 Jahren die Gletscherzungen ausgehend von den Fjällregionen im heutigen Norwegen und Nordschweden als Folge von Klimaveränderungen nach allen Seiten bis tief nach Mitteleuropa hinein.

Vor 15 000 Jahren lag Skandinavien erneut unter einem 2–3 km dicken Eispanzer, der mit immensem Gewicht auf das Land drückte. Darunter gurgelte und wirbelte es, und das Gletscherwasser schnitt die charakteristischen Muster in das Granit- und Gneis-Urgestein: durch im Wasser rotierende *löparstenar* ausgehöhlte Gletschermühlen *(jättegrytor)* und mächtige Schürfrinnen dokumentieren die Kraft des Wassers. Vor rund 12 000 Jahren begann der Eispanzer von Südwesten her abzuschmelzen. Wo dieser Vorgang vorübergehend zum Stillstand kam, lagerten die Schmelzwasser am Gletscherrand Moränen ab, hinterließen Findlinge und kilometerlange Kiesdämme *(oser)* bzw. Geröllhalden *(klapperstensåsar)*.

Das Schmelzwasser sammelte sich in einem riesigen Eisstausee. Dieser Vorläufer der heutigen Ostsee war zunächst ein reiner Süßwassersee, den Landbrükken von der späteren Nordsee trennten. Schließlich verschwand – mit dem Rückzug des Eises nach Norden und dem Anstieg des Wasserspiegels – das ganze heutige Mittelschweden unter den Wassermassen des sogenannten Yoldiameeres, dessen Name von einer kleinen Muschelart abgeleitet wird, deren Schalen in den Sedimenten besonders häufig zu finden sind. Meerestiere konnten nach Osten einwandern, und die Lehm- und Tonablagerungen am Boden des Yoldiameeres sorgen heute für die hohe Bodenfruchtbarkeit in der mittelschwedischen Senke.

Das vom Gewicht des Eises befreite Land hebt sich noch heute: An der nordschwedischen Ostseeküste um ca. 1 cm pro Jahr, weiter südlich ist die Hebung weniger stark, und im Süden senkt sich das Land sogar wieder.

Hauptsache aus Sand und Dünen besteht, beginnt schon bei Varberg die typische Schärenlandschaft, die sich in Bohuslän bis an die norwegische Grenze fortsetzt. Die von der Eiszeit glatt abgeschliffenen Felsen bieten der Vegetation nicht viel Lebensraum. Allenfalls anspruchslose Gewächse wie Grasnelken und Gelber Mauerpfeffer trotzen dort Wind und Salzwasser. Weiter im Landesinnern gibt es neben Laub- und Nadelwald noch einige ursprüngliche Heidegebiete mit Glockenheide und Ginsterarten.

Eine Sonderstellung nehmen die Inseln **Öland** und **Gotland** ein. Ihr Untergrund besteht aus fossilienreichen Kalkablagerungen eines Urmeeres, die sich nach Abschmelzen des Eises aus der Ostsee erhoben. Typisch für Gotland sind *raukar,* Felssäulen aus härterem Gestein, die als Reste ehemaliger Korallenriffe der Erosion besser standhielten als das weichere Material der Umgebung. Eine im kalkarmen Schweden seltene Vegetation ist auf diesen Ostseeinseln entstanden: Rund 30 Orchideenarten finden sich auf Öland und Gotland, darunter einige endemische Arten. Die Steppenheide Stora Alvaret im Süden Ölands ist im Frühjahr und Sommer mit Blüten bedeckt. Das größere Gotland besitzt auch einige Nadelwälder und auf den vorgelagerten unbewohnten Inseln Stora und Lilla Karlsö und Gotska Sandön einmalige Vogelrefugien. Trottellummen und Tordalken brüten auf Karlsö. Auch Öland ist ein wichtiger Rastplatz für Zugvögel. Die Vogelstation Ottenby hat bereits 337 Arten registriert.

Das etwa 300 m (Taberg 343 m) aufragende südschwedische Hochland macht den größten Teil von **Småland** aus. Auf dem reichlich mit Niederschlägen gesegneten Plateau, von dem das Wasser zudem nur schlecht abfließt, haben sich zahlreiche Seen und Moorgebiete gebildet, das größte steht als Nationalpark Store Mosse unter Naturschutz. Hier wachsen sogar Moltebeeren, und vieles erinnert eher an den Norden des Landes. Die ausgedehnten Nadelwälder liefern erstklassige Nutzholzqualität, von der nicht zuletzt die Streichholzfabriken in Jönköping profitiert haben. Und auch die berühmten Glashütten im Glasriket verdanken den Brennstoff für ihre Öfen Smålands ›dunklen‹ Wäldern, der ›letzten Wildnis‹ in Südschweden.

Mittel- und Nordschweden

Die Landschaften um die großen Seen, der Norden von **Väster-** und **Östergötland, Sörmland** und **Uppland,** liegen in der mittelschwedischen Senke, heute in der Hauptsache landwirtschaftlich genutztes Kulturland und dicht besiedelt, geprägt von wogenden Getreidefeldern und Kartoffelanbau. Die hohe Fruchtbarkeit der Böden gründet sich auf die Ablagerungen eines hier am Ende der Eiszeit bestehenden Meeres. Reste davon sind die großen Seen Vänern, Hjälmaren und Mälaren. Der zweitgrößte See, der Vättern, dagegen liegt in einem früher entstandenen Verwerfungsgraben. Die Seen sorgen mit ihren großen Wasserflächen für ein besonders mildes Klima: Am Osthang des Vättern und auf der Insel Visingsö gedeihen selbst empfindlichere Obstsorten, neben Äpfeln auch Birnen und Kirschen. Eine Besonderheit stellen die Tafelberge von Västergötland dar, deren Schichtaufbau dank einer Abdeckung aus härterem Gestein die darunterliegenden vor Erosion geschützt hat. Sie ragen steil aus der Landschaft oder direkt am Ufer des Vänern empor, zum Teil, wie Halle- und Hunneberg, 150 m hoch.

Mitten durch die Landschaften **Dalarna** und **Värmland** verläuft eine natürliche Grenze zwischen Nord und Süd, der *Limes norrlandicus.* Der Limes mar-

Die landschaftlich reizvolle Ostseeküste begrenzt die fruchtbare mittelschwedische Senke

kiert die Klimazonengrenze zwischen Subarktis und Mitteleuropa; nördlich davon fehlen bestimmte Laubbäume wie Eiche, Buche und Hasel. Die rund 100 km breite Übergangszone erstreckt sich im Osten etwa in **Gästrikland** und **Hälsingland** zwischen dem Lauf des Dalälven und der Halbinsel Hornslandet. Nördlich dieser Region fehlen an den Laubwald gebundene Tiere, z. B. Grünspecht, Waldkauz oder Iltis, während sich Bär, Luchs, Dreizehenspecht und Seidenschwanz hier wohlfühlen. Schwedens ›Symboltier‹, der Elch, ist dagegen, abgesehen vom äußersten Süden, im ganzen Land verbreitet, ebenso wie Fischadler, Kreuzotter und – natürlich jedem Reisenden bekannt – Stechmücken und -fliegen. Auch wilde Beeren – Blaubeeren, Preiselbeeren, Walderdbeeren – und Unmengen eßbarer Pilze kommen in ganz Schweden vor.

Die Küstenregionen von **Medelpad** und **Ångermanland** gehören zu den am stärksten von der Landhebung betroffenen Gebieten: Rund 85 mm pro Jahr steigt das Land noch immer. Die Konsequenzen für die Häfen an der nördlichen Ostsee sind vorstellbar: Ehemalige Anlegestellen liegen jetzt oft einige Kilometer im Landesinnern. Nördlich der Mündung des Ångermanälv bei Kramfors erhebt sich bis zu 150 m hoch die imposante Steilküste Höga Kusten. Die Bewohner der vorgelagerten Schäreninseln, etwa Ulvön, leben seit jeher vom Fang des Strömling, dem Ostseehering. An den vom Menschen teils noch ungezähmten Flüssen im Landesinnern ›arbeiten‹ einige tausend Biber an Staudämmen und Burgen.

Die gebirgigen Landschaften Härjedalen und Jämtland an der Grenze zu Norwegen bergen eine wilde, ursprüngliche Natur. **Härjedalen** besitzt mit etwa 100 Tieren auch noch den stärksten Bestand

an Braunbären, daneben kommen der Vielfraß, ein Großmarder in Hundegröße, sowie Otter und sogar Wölfe vor. In den unzugänglichen Moorgebieten brüten Kraniche und andere Wasservögel. Mit Ausnahme der landwirtschaftlich genutzten fruchtbaren Umgebung des Storsjö bei Östersund gilt ähnliches für **Jämtland,** dessen Bergregionen für den Tourismus gut erschlossen sind.

Die norrländischen Waldgebiete sind Ausläufer der sibirischen Taiga, nur unterbrochen von den Schneisen, die mächtige, nach der Schneeschmelze weit über die Ufer tretende Flüsse wie Ljusnan, Ljungan, Indalsälv, Ångermanälv, Umeälv, Vindelälv, Skellefteälv, Luleälv und Kalixälv gebildet haben. Doch heute sind die Flüsse bis auf wenige Ausnahmen (Vindelälv, Pite-, Kalix- und Torneälv) zur Stromgewinnung ausgebaut. Die Ausbeutung der maschinell gepflanzten und später auch mit riesigem Maschineneinsatz ›abgeernteten‹ Wälder durch die Forstwirtschaft hinterläßt oft reine Mondlandschaften – man forstet zwar wieder auf, aber solche ›Streichholzwälder‹ besitzen wenig Reiz. Daneben sind natürliche Faktoren wie Waldbrände verantwortlich dafür, daß sich nur an wenigen Stellen in **Västerbotten** und **Norrbotten** mehrere hundert Jahre lang ungestört echter Urwald entwickeln konnte. Während die küstennahen Regionen auch im hohen Norden fruchtbar und relativ dicht besiedelt sind, ist das Landesinnere über weite Strecken fast menschenleer.

Lappland grenzt im Westen an Norr- und Västerbotten und macht fast ein Drittel der Fläche Schwedens aus, ist aber am dünnsten besiedelt. Vom Wald- und Moorland im Osten steigt das skandinavische Zentralgebirge bis auf über 2000 m Höhe an – ganz im Nordwesten liegt Schwedens höchster Berg, der

Kebnekaise, unter ewigem Schnee und Eis. Das auch Kölen (Kiel) genannte Gebirge entstand durch Auffaltung vor rund 500 Mio. Jahren, als die amerikanische und die eurasische Kontinentalplatte kollidierten.

Schon seit Jahrtausenden wird in Lappland Rentierzucht betrieben. Halbwilde Rentiere sieht man häufig, auch im Waldgebiet, wo sie im Winter von Flechten und Moosen leben, während sie den Sommer meist in den Bergen verbringen. Typisch für die ausgedehnten, oft von niedrigen Birken aufgelockerten Moorgebiete sind Wollgras und Moltebeeren (man findet diese Wildfrucht aber überall am Rand der Moore, z. B. auch im Nationalpark Store Mosse in Småland) und natürlich Vögel wie Birk- und Auerhuhn, Kranich usw.

Je weiter man nach Nordwesten kommt, desto niedriger liegt die Waldgrenze: Von 820 m im Südosten fällt sie auf 500 m. Zwischen der baumlosen Bergtundra und dem Nadelwald erstreckt sich, anders als z. B. in den Alpen, noch zusätzlich ein Birkenwaldgürtel. Am Bo-

In den endlosen Weiten des lappländischen Sarek-Nationalparks

den der lichten Birkenwälder gedeihen Blaubeeren, Krähenbeeren, Flechten und Moose.

Oberhalb der Waldgrenze, im *kalfjäll,* beschränkt sich die Vegetation auf einzelne Zwergbirken, Rausch- und Krähenbeeren, niedrige Weiden, an feuchten Stellen durchsetzt von Moosen und Sauergräsern und natürlich Flechten. Noch weiter hoch oben gibt es nur noch nackte, von Flechten überzogene Steinwüsten. Bekanntestes Tier der Kalfjäll-Region ist der Lemming, dessen Massenvermehrung und angeblicher Massenselbstmord sprichwörtlich sind. Er lebt im Winter unter der schützenden Schneedecke, wo er Moose und Gräser findet. Im Frühling wandert er in den tiefergelegenen Waldgürtel. Da Lemminge auch schwimmen können, gehen sie in Zeiten großer Not bei der Nahrungssuche auch ins Wasser und kommen in den Flüssen um, weil sie die Orientierung verlieren oder einfach bei zu hohem Wellengang nicht mehr schwimmen können. Das Nagetier dient Polarfuchs und Schneeeule als Grundnahrungsmittel. Steinadler, Mornellregenpfeifer und Blaukehlchen sind häufige Vögel in den Fjällgebieten.

Zukunft ohne Kernkraft (?) und Kampf den sauren Seen – Schwedens Umweltpolitik

Selbst im skandinavischen Vergleich gilt Schweden als Musterland in Sachen Umweltschutz. Im Unterschied zu Norwegen stagniert beispielsweise seit 1987 der Energieverbrauch. Schwerer tut man sich mit dem konsequenten Ausstieg aus der Kernenergie. Dennoch ist Schweden das bislang einzige Land, das tatsächlich – so scheint es jedenfalls – den Ausstieg beschlossen hat. 17 Jahre nach dem Volksentscheid von 1980, als sich eine große Mehrheit der Bevölkerung gegen die Atomenergie aussprach, und elf Jahre nach Tschernobyl, als die ukrainische Kraftwerksruine eine verheerende radioaktive Wolke durch halb Europa und vor allem durch Schweden schickte, wurde im Reichstag ein Beschluß gefaßt, der sogar deutsche Medien aufhorchen ließ, die sonst Neuigkeiten aus dem Norden eher ignorieren.

Am 11. Juni 1997 verabschiedete das schwedische Parlament den von der sozialdemokratischen Minderheitsregierung Persson eingebrachten Gesetzentwurf, die zwölf schwedischen Reaktoren bis zum Jahre 2010 auf Null zurückzufahren, mit den Stimmen und unter dem Druck der Zentrumspartei, die strikt gegen die Atomkraft ist. Denn in Schweden gibt es nicht nur die ›Grünen‹ *(De Gröna),* sondern als zweite grüne Partei die ehemalige Bauernpartei des Zentrums, die sich mit einem Kleeblatt-Signet schmückt *(Klövergröna)* und zur wichtigsten Stütze der Regierung Persson geworden ist. Der Beschluß schlug in der schwedischen Innenpolitik hohe Wellen; die Kernkraftanhänger auf Seiten der Wirtschaft, repräsentiert durch die Partei der *Moderaterna,* malt das

Schreckgespenst von Produktionsrückgängen, der Schließung von Industriebetrieben und Arbeitslosigkeit an die Wand. Ja, es wird sogar behauptet, der Beschluß sei undemokratisch, da die Bevölkerungsmehrheit anders als 1980 nun eindeutig für die Kernkraft sei.

Tatsächlich sind laut Umfragen die Menschen angesichts der Rezession und des bröckelnden Wohlfahrtsstaates verunsichert, ob die Entscheidung richtig war. Aber es ist ohnehin fraglich, ob Schweden je zur AKW-freien Zone wird. Denn die Regierung hat sich in ihrem Gesetz ein Hintertürchen offengelassen: Zwar wurde bereits im Dezember 1999 einer von zwei Reaktoren in Barsebäck am Öresund geschlossen (dieses Kraftwerk ist dem dänischen Nachbarn schon lange ein Dorn im Auge und außerdem das störanfälligste Schwedens). Die übrigen Anlagen in Ringhals, Oskarshamn und Forsmark sollen aber nur abgeschaltet werden, wenn bis 2001 erneuerbare Energien Ersatz leisten können. Und da fast die Hälfte der schwedischen Energie aus Kernkraft gewonnen wird, werden sich die wohl nur schwer finden lassen. Der weitere Ausbau der Wasserkraft, die schon etwas über die Hälfte der heimischen Stromproduktion ausmacht, würde bei Umweltschützern auf stärksten Widerstand stoßen, die die letzten Wildwasserströme des Nordens unangetastet sehen wollen. Und auch der Ausnutzung der Windkraft sind natürliche Grenzen gesetzt: Wo es am meisten weht in Schweden, entstehen jedoch mit Hilfe dänischer Hochtechnologie schon große Windkraftparks, vor allem auf Gotland und an der schwedischen Westküste. Die größten Hoffnungen setzen die Schweden auf Fernwärme aus Biogas und Biomasse aus den Wäldern.

Auch in der Verkehrspolitik geht es nur mit kleinen Schritten in eine umweltverträgliche Richtung. Die Autofahrer werden konsequent mit erschwinglichen Bahnangeboten, vor allem im Sommer und durchaus familienfreundlich, auf die Schiene gelockt. Auf Schwedens Straßen fahren zwar noch etliche ›alte Stinker‹ – die Liebe zu alten Autos vom Amischlitten bis zum Buckelvolvo ist sprichwörtlich –, aber umweltfreundlichere Treibstoffe sind inzwischen die Regel. Diesel aus Rapsöl, *miljödiesel,* hat den herkömmlichen ersetzt, und was da aus dem Auspuff kommt, riecht eher nach Frittenbude als nach Ruß. In Örnsköldsvik an der Ostseeküste stellt eine Pilotfabrik in großem Stil Äthanol aus Holzabfällen der Forstwirtschaft her. Der neue Treibstoff soll unbesteuert bleiben und so attraktiv für Autofahrer werden. In Stockholm fahren die Busse schon jetzt mit Äthanol – Rußwolken stoßen vor dem Stockholmer Schloß nur noch die Reisebusse aus dem Ausland aus.

Die Verbesserung der Luftqualität ist schlicht überlebenswichtig für das Land. Ein Waldsterben hätte fatale wirtschaftliche Auswirkungen, und wie das Beispiel der Versäuerung der Seen gezeigt hat, ist das ökologische Gleichgewicht gerade im Norden mit seiner kurzen Vegetationsdauer äußerst fragil. Das Phänomen und seine Ursachen sind spätestens seit den 70er Jahren bekannt. Verursacht wird der saure Regen durch den hohen Schwefelsäuregehalt, den die Schornsteine der Fabriken und Kohlekraftwerke vornehmlich in West- und Mitteleuropa ausstoßen. Rund 5000 Seen in Schweden werden regelmäßig mit Kalk behandelt, um die Versäuerung und das damit verbundene Absterben von Flora und Fauna zu stoppen. Dreimal so viele müßten es sein. Durch die Säure können sich Metalle im Wasser lösen, die sonst gebunden waren und vergiften nicht nur die Fischbestände, sondern auf Dauer auch das Trinkwasser. Einem übersäuerten See ist auf den ersten Blick nichts anzusehen; das Wasser ist kristallklar, auffällig ist nur das üppige Wachstum von Sphagnum-Moos am Seeufer – und das Fehlen von Fischen.

Daten zur Geschichte

Frühzeit

Auf den Spuren von Ren, Mammut und Auerochs wanderten Menschen vor rund 10 000 Jahren von Süden her nach Skandinavien ein, das nur langsam von den Gletschern der Eiszeit freigegeben wurde. Eine bäuerliche Steinzeitkultur hinterließ etwa 5000 Jahre später in Südschweden Bauten im Stil der nordwesteuropäischen Megalithkulturen. Der größte Teil Mittelschwedens war damals noch von Meer bedeckt.

Während der Bronzezeit muß es bereits rege Handelsbeziehungen nach England (Zinn) und Südeuropa (Kupfer) gegeben haben: Für die Herstellung von Kultgegenständen verwendete man diese Metalle. Zahlreiche Waffenfunde und vor allem die Felszeichnungen *(hällristningar)* geben ein Bild von einer Zivilisation, deren religiöse Vorstellungen schon Anlaß zu vielen Spekulationen gegeben haben (s. S. 152f.).

Um 500 v. Chr. wurde die Möglichkeit der Eisengewinnung aus Sumpferz entdeckt. Aus dieser Zeit sind ausgedehnte Grabfelder erhalten, Steinsetzungen in Rund- oder Schiffsform erinnerten an die Toten, die mit Grabbeigaben wie Schwertern und Schmuck beigesetzt wurden. Die Gesellschaft war nach Sippen um ›Häuptlinge‹ organisiert. Starben sie, wurden sie mit dem gesamten Hausstand verbrannt und in eindrucksvollen Grabhügeln wie etwa in Gamla Uppsala beigesetzt.

Um das 4./5. Jh. siedelten die von Tacitus erwähnten Svear in Mittelschweden (Svealand), während im Süden ein zweiter Stamm, die Göten, lebte, etwa in der Region südlich des Götaälv bzw.

dem späteren Västergötland, daher die Bezeichnung Götaland für Südschweden. In dem angelsächsischen Heldenepos ›Beowulf‹ werden die Göten – der legendäre Beowulf ist der Neffe ihres Königs – als Gegenspieler der Svear genannt.

Wikingerzeit

Im frühen Mittelalter versetzten Skandinavier halb Europa in Angst und Schrecken. Exkursionen bewaffneter kleiner Gruppen in schnellen wendigen Schiffen gingen auf die Suche nach Gold, Silber und Sklaven. Die Ursachen für die drastische Zunahme der Überfälle um die Wende zum 9. Jh. liegen im dunkeln, aber man nimmt an, daß gesellschaftliche Veränderungen, vielleicht auch eine Klimaverschlechterung die jungen Männer zum Seeräuberdasein bewog, sie ›auf Wiking gehen‹ ließ, um ihr Auskommen zu sichern. Der Name leitet sich wahrscheinlich davon ab, daß die Überfälle von provisorischen Lagern auf Flußinseln oder seichten Buchten *(vik)* ausgingen.

Als Datum des ersten Wikingerzugs ist der Überfall auf das Kloster Lindisfarne vor der Küste Nordostenglands im Jahr 793 verbürgt. Gerade die reichen und in der Regel nicht besonders geschützten Klöster in Küstennähe versprachen leichte Beute, aber auch Kaufmannsstädte an Flußläufen wie Paris, Hamburg oder Köln. In ihren flachen und wendigen Booten konnten die Wikinger in kleinen Trupps ohne Mühe flußaufwärts segeln und schnell zuschlagen. Unvermittelt wurden die überraschten Bewohner der reichen Handelsstädte, wenn sie Glück hatten, vor die Wahl gestellt: Entweder wir plündern und setzen die Stadt in Brand – oder ihr gebt uns Gold. Unermeßliche Edelmetallmengen gelangten auf diese Weise in den Norden, wo sie kunstfertige Schmiede zu Metallschmuck und Zierat verarbeiteten.

Dänen und Norweger konzentrierten sich bei ihren Expeditionen auf den Westen und stießen sogar bis nach Grönland und an die Ostküste des amerikanischen Kontinents vor. Die schwedischen Wikinger zogen nach Osten, erhoben Steuern von den Ostseeanrainern und gelangten über die osteuropäischen Flußsysteme an die Wolga und nach Byzanz, wo viele Krieger in der Leibgarde des Kaisers dienten.

Aber bei weitem nicht alle Nordgermanen vom 8. bis zur Mitte des 11. Jh. waren Wikinger. Den Wegen der Seeräuber folgten geschickte Händler, die im Tausch mit dem im Süden begehrten Pelzwerk, Walroßbein und Elchgeweihen Nützliches von dort mitbrachten wie Salz, Keramik, aber auch Luxusgüter: Feine Woll- und Seidenstoffe, Perlen und Halbedelsteine kamen so in den Norden. Wie weit die Handelswege gingen, zeigen nicht nur arabische Münzen und Stoffe, sondern auch eine indische Buddhastatuette aus dem 6. Jh., die auf der Mälarinsel Helgö gefunden wurde.

Bedeutende Handelsstädte entstanden an günstigen Umladeplätzen und den Kreuzungen der Routen: Kiew und Nowgorod, Haithabu an der Schlei, Jumne auf der Insel Wollin an der Odermündung und Birka auf einer Insel im Mälarsee, seinerzeit die wichtigste Wasserstraße des Svearreichs mit Anschluß an die Ostsee. Jeder, der unterwegs war von Västerås nach Uppsala im damals schon dicht besiedelten Mälargebiet,

Runensteine, etwa am Anundshögen bei Västerås, berichten von Ereignissen aus der Wikingerzeit

passierte die Insel Björkö, wo um 760 eine planmäßige Siedlung mit ca. 1000 Einwohnern unter dem Schutz des Königs etabliert wurde. Hier lebten Menschen verschiedener Kulturen und Religionen, Handwerker, Kaufleute, Sklaven. Anlaß genug für Kaiser Ludwig den Frommen, 829 den christlichen Missionar Ansgar und späteren Hamburger Erzbischof hierherzuschicken. Seine Reise von Haithabu nach Birka war nicht sonderlich erfolgreich. Aber dank seiner Schilderung, die sein Biograph Rimbert wiedergab, konnte man die Lage der Stadt, die um 960 aufgegeben wurde, später überhaupt identifizieren. Ansgar und seine Begleiter wurden auf der Ostsee bei Öland von Piraten überfallen; sie verloren nicht nur ihre kostbare Fracht, darunter 40 Bibeln, sondern mußten auch zu Fuß weiterreisen, ein strapaziöses Unternehmen von mehreren Wochen. In Birka angelangt, erhielten sie zwar vom König die Erlaubnis zu predigen und eine Kirche zu bauen, aber nach ihrer Abreise bestand die Gemeinde nicht mehr lange.

Aus der mehrere Meter dicken ›schwarzen Erde‹ von Birka konnten Archäologen mittlerweile interessante Funde zutage fördern, die Hinweise auf den Alltag in der Handwerker- und Kaufmannsstadt geben. Nachdem sich die Ausgrabungen zuerst auf die Stadt und die Gräber, darunter auch einige christliche, konzentrierten, wird seit 1996 eine Burganlage ausgegraben. Ungefähr zu der Zeit, als Birka aufgegeben wurde, entstand Sigtuna ca. 50 km weiter nordöstlich, wo man weitaus mehr Spuren christlicher Missionstätigkeit vor allem der Ostkirche gefunden hat.

Den Ausschlag, daß Schweden nicht russisch-orthodox wurde, gab vielleicht der Umstand, daß sich der König von Svealand, Olof Skötkonung, um das Jahr 1008 in Husaby (Västergötland) vom angelsächsischen Missionar Sigfrid taufen ließ. Er ließ in Hamburg die ersten schwedischen Bischöfe weihen, während der alte Asenkult im Tempel von Gamla Uppsala weiterbestand und auch im christianisierten Südwesten Angriffe gegen Missionare an der Tagesordnung waren. Ein Zeichen setzte schließlich die Verlegung des Bischofssitzes von Sigtuna nach Gamla Uppsala: Damit sollte der Sieg über den heidnischen Glauben besiegelt werden. 1164 wurde Schweden mit Einrichtung eines eigenen Erzbistums in Uppsala unabhängig von Hamburg.

Von der Hanse zur Kalmarer Union

Im 12. Jh. stellten rivalisierende Geschlechter den schwedischen König; man hielt am Wahlkönigtum fest, d. h. eine Versammlung der Adligen befand über die Thronbesetzung. Von Mitte des 13. bis Mitte des 14. Jh. herrschten die Folkunger, begründet von Birger Jarl (1250–66 reg.), der die systematische Kolonisierung Finnlands einleitete, außerdem Stadt und Festung Stockholm gründete. Sein Sohn Waldemar schloß Exklusivverträge mit der deutschen Hanse; Visby und Stockholm wurden zu florierenden Handelsplätzen. Kupfer, Eisen und Pelze gehörten zu den wichtigsten Ausfuhrgütern.

Ein für das ganze Land bindendes Reichsrecht löste 1350 die bereits schriftlich fixierten Gesetze der einzelnen Landschaften (Provinzen) ab: Es schrieb Gewaltlosigkeit bei Thingversammlungen und in der Kirche vor, sicherte Frauen gleichen Schutz zu. Rechte und Pflichten des Königs sowie des Rats wurden ebenfalls festgehalten. Die Sklaverei wurde abgeschafft.

Ende des 14. Jh. taten sich die drei skandinavischen Reiche Dänemark, Norwegen und Schweden in der Kalmarer Union zusammen, letztlich eine Reaktion auf das deutsche Machtstreben im Ostseeraum: Neben der Hanse und den Herzögen von Mecklenburg und Pommern betätigten sich im Osten auch die Deutsch-Ritter. Der schwedische Adel hatte in Auseinandersetzungen mit seinem König zunächst einen Deutschen, den Sohn Herzog Albrechts von Mecklenburg, mitsamt seinem Heer ins Land gerufen, wechselte dann aber die Seiten: zugunsten der Königin von Dänemark und Norwegen, Margarete, die nun auch schwedische Königin wurde.

Doch Margaretes Nachfolger, ihr Sohn Erik der Pommer (Erik of Pommern) provozierte durch Einsetzung deutscher und dänischer Verwalter in Schweden Aufstände gegen die Fremdherrschaft. 1434 wurde Erik nach dem Aufstand unter Führung von Engelbrekt Engelbrektsson (1436 ermordet) abgesetzt, ein Jahr darauf tagte in Arboga der erste schwedische Reichstag, in dem auch Bauern vertreten waren.

Der schwedische Adel wählte 1441 auf dem Reichstag als neuen König den mit Margarete und Erik verwandten bayrischen Herzog Kristoffer, der auch in Dänemark Thronfolger geworden war. Nach dessen plötzlichem Tod setzten erneut langwierige Machtkämpfe innerhalb des schwedischen Adels ein, die abwechselnd Dänen und Schweden auf den Thron brachten. Als Sieger ging schließlich der für seine Grausamkeit bekannte dänische König Kristian II. hervor. 1520 versuchte er, mit dem Stockholmer Blutbad die Opposition im Land zu ersticken – was ihm nicht gelang.

Von der Vasazeit bis ins 18. Jahrhundert

Der Adlige Gustav Vasa – sein Vater war unter den Hingerichteten des Stockholmer Blutbads gewesen – mobilisierte die Bauern in Dalarna zu einem Aufstand gegen die Dänen, der zur Absetzung Kristians II. führte. 1523 wurde Gustav Vasa zum König gewählt.

Vier Jahre später proklamierte er die Reform der schwedischen Kirche und sanierte auf diese Weise den neuen, hoch verschuldeten Staat: Die Klöster wurden in königliche Lehen umgewandelt, seit 1454 an die Kirche erfolgte Schenkungen wurden an den Adel zurückgegeben, die Einkünfte der Kirche gingen an den Staat, die Bischofsresidenzen an die Krone.

Seit 1544 ist die schwedische Krone erblich. So trat nach Gustav Vasas Tod zunächst sein Sohn Erik XIV. die Nachfolge an. Doch die Stellung des Königs innerhalb des Adels war noch immer unsicher, und Erik XIV. entledigte sich

Zur Hansezeit zählte Visby zu den reichsten Städten Europas

Gustav Vasa und die Folgen – Die Reformation in Schweden

Legenden ranken sich um das Leben des Gustav Eriksson Vasa. Schon das Datum seiner Geburt ist umstritten: War es der 12. Mai 1496 oder der 3. Mai 1497? Geboren und aufgewachsen ist er wohl auf Schloß Rydboholm in Uppland.

Es sind unruhige Zeiten: Aus der als friedenstiftende Maßnahme gedachten Kalmarer Union der drei Reiche im Norden entwickelte sich eine Oberherrschaft Dänemarks über die anderen Königreiche. In Schweden kämpfen der Adel und die Bauern für einen eigenen, nicht mehr dänisch dominierten König und Verwaltungsapparat. Kandidaten gibt es genug. Gustav ist knapp 20 Jahre alt, als er bereits an den Unionskriegen gegen Dänemark teilnimmt. Sein Onkel Sten Sture d. J. leitet seit 1512 als vom Reichstag gewählter Reichsverweser die Partei der Unabhängigen. Doch sie steht auf verlorenem Posten gegen die Truppen des dänischen Königs Kristian II., der im Bund mit der Kirche in Rom und noch dazu ein Schwager des spanischen Kaisers Karl V. ist – Voltaire über ihn: »ein Ungeheuer, mit allen Lastern und keiner Tugend ausgestattet«. 1519 verhängt Papst Leo X. auf König Kristians Drängen den Kirchenbann über Sture und die Aufständischen; der von Sture entmachtete Erzbischof Gustav Trolle ist einer der glühendsten Vertreter der Union. Als Unterpfand für die Friedensverhandlungen muß Sten Sture dem dänischen König Geiseln

übersenden, darunter ist auch der junge Gustav Vasa.

Ihm gelingt auf abenteuerlichen Wegen die Flucht, Wahrheit und Legende lassen sich hier kaum trennen: Als Ochsentreiber verkleidet, kommt er nach Lübeck, wo man zwar dem dänischen König lehnspflichtig ist, aber ohnehin nicht viel an Wohlwollen zu verlieren hat. In aller Heimlichkeit leiht sich Gustav in der reichen Kaufmannsstadt Geld und läßt ein Schiff ausrüsten. Damit segelt er nach Kalmar, wo er die Bauern von Småland für seine Sache – der dänischen Herrschaft über Schweden ein Ende zu bereiten – zu gewinnen sucht. Er reist weiter, auf vereisten Straßen nach Norden bis Dalarna; Stockholm ist bereits von Kristian II. besetzt, der sich dort zum schwedischen König krönen läßt. Kristian glaubt mit den zur Feier seiner Krönung in Stockholm inszenierten Schauprozessen und Massenhinrichtungen der einflußreichsten Männer des Landes die Menschen einschüchtern zu können. Schließlich weiß er sich sicher in der Unterstützung durch die Kirche, die die Aufständischen schlicht als Ketzer betrachtet, für die es keine Gnade gibt. Er irrt: Das Blutbad von 1520 ist der sprichwörtliche Tropfen, der das Faß zum Überlaufen bringt.

Gustav spricht zu den Bauern von Dalarna. In Rättvik glaubt ihm noch keiner, als er vom Stockholmer Blutbad berichtet, dem auch sein Vater und

Schwager zum Opfer fielen; enttäuscht reitet er weiter an die Nordspitze des Siljansees nach Mora, wo er bei der Bevölkerung ebensowenig Erfolg hat. Gustav beschließt verzweifelt, sein Land zu verlassen und an der norwegischen Grenze um Asyl zu bitten. Doch dann wendet sich das Blatt: Ein Bote holt ihn noch vor der Grenze ein; die Bewohner von Dalarna sind über das Blutbad und den unglaublichen Rechtsbruch des Königs empört. Als Erinnerung an diesen legendären Wettlauf wird noch heute alljährlich im März der Vasaloppet, ein Volkslauf auf Skiern über 89 km von Sälen nach Mora, veranstaltet. Die Bauern von Dalarna erklären sich zum Marsch auf Stockholm mit Vasa bereit – und damit ist die Sache schon halb gewonnen, denn die Entscheidung der Leute aus Dalarna gab in der schwedischen Geschichte oft den Ausschlag. Im Herbst 1521 wird Gustav Vasa zum Reichsverweser erklärt, am '6. Juni 1523 auf dem Reichstag in Strängnäs zum König gewählt. An diesem Datum feiern die Schweden noch heute ihren Nationalfeiertag.

Kaum hat der tyrannische Kristian die Flucht ergriffen (er wird auch in Dänemark bald abgesetzt) und ist Gustav zum König gewählt, fangen die Schwierigkeiten an: Die Stadt Lübeck hat das ganze Unternehmen finanziert und fordert nun ihr Geld mit Zins und Zinseszins zurück. Und auch die siegreichen Truppen müssen bezahlt werden. Weil nach wie vor die Kirche über die größten Reichtümer des Landes verfügt, bittet der König Bischöfe und Klöster um Unterstützung; sie reagieren zurückhaltend, die meisten waren schließlich für die Union mit Dänemark. Als der Bischof von Linköping den König zwingen will, lutherische Schriften zu verbieten, reagiert dieser seinerseits

genauso zurückhaltend. Gustav persönlich hat wohl keine besondere Neigung zum Protestantismus, aber geschickt nutzt er Luthers Kritik an der katholischen Kirche für seine Zwecke.

Einer der Schüler von Martin Luther, Olaus Petri, lehrt als Dekan an der Klosterschule von Strängnäs. 1527 verficht er seine Lehren erfolgreich vor dem König in einem Streitgespräch in Uppsala. 1531 ernennt ihn Gustav zu seinem Kanzler und macht seinen Bruder Laurentius in Uppsala zum ersten evangelischen Erzbischof – der Bruch mit Rom war vollzogen. Olaus betreibt die Übersetzung der Bibel ins Schwedische, die 1541 erscheint. Mit dieser ›Vasa-Bibel‹ setzt man den Beginn der neuschwedischen Literaturepoche an.

Die schwedische Reformation ›von oben‹ hat manches gemeinsam mit dem etwa gleichzeitigen Bruch Heinrichs VIII. von England mit dem Papst. Als die Reformation Eigendynamik zu entwickeln droht, fallen die Petri-Brüder bei Gustav Vasa in Ungnade – Verrat lautet der Vorwurf, sie werden zum Tode verurteilt, aber begnadigt. Gustav setzt einen anderen Erzbischof ein, faktisch aber ist nun klargestellt: Er ist das Oberhaupt der Kirche.

Seit einem Reichstagsbeschluß von 1544 ist die Lutherische Kirche die Staatskirche Schwedens. Wer als Kind zumindest eines schwedischen Elternteils geboren wird, war bis vor kurzem automatisch Lutheraner. Erst seit 1951 gilt in Schweden tatsächlich Religionsfreiheit. Über die Zukunft der Staatskirche hat allein der Reichstag zu befinden. 1995 bahnt sich erstmals eine Trennung der über 400 Jahre alten Einheit von Staat und Kirche an. Laut Reichstagsbeschluß werden die Bürger ab dem Jahr 2000 mehr Wahlfreiheit in Kirchenfragen haben.

seiner Gegner auf wenig elegante Weise: Die drei Sture-Brüder ließ er im Schloß zu Uppsala ermorden. Sein Bruder Johan III. entmachtete schließlich den an geistiger Umnachtung leidenden König 1568. Bis zu seinem Tod blieb Erik XIV. auf Örbyhus gefangen.

Zu dieser Zeit gipfelte der Kampf um die Vorherrschaft an der Ostsee im Krieg mit Dänemark. Besonders heiß umkämpft war die Festung Älvsborg (das heutige Göteborg) an der Westküste, der einzige eisfreie schwedische Hafen. Bis auf ein paar Kilometer gehörte die gesamte West- und Südküste noch zu Dänemark. Schweden besaß neben Finnland nach dem Anschluß Revals auch Estland. Damit kontrollierte es den russischen Ostseehandel.

Doch eine Personalunion mit dem Osten hatte ihre Tücken, wie sich bald zeigte: Der 1587 als Sigismund III. zum König von Polen gekrönte Thronfolger geriet, als er 1592 auch schwedischer König wurde, in politische und religiöse Zwänge. Der Sohn der polnischen katholischen Prinzessin Katharina Jagellonica wurde abgesetzt und 1604 durch seinen lutherischen Onkel, Karl IX., ersetzt.

Unter Gustav II. Adolf (reg. 1611–32) wurde Schweden zur Großmacht im Ostseeraum. Als er 1632 in der Schlacht bei Lützen fiel, wurde Reichskanzler Axel Oxenstierna Vormund der sechsjährigen Thronfolgerin Kristina, die 22 Jahre später abdankte und zum Katholizismus konvertierte. In den Friedensschlüssen gewann Schweden immer mehr Land dazu: Der gesamte Ostseeraum und Teile Norddeutschlands befanden sich unter seiner Herrschaft. Am meisten verlor der südliche Nachbar: Nachdem König Karl X. 1658 über den zugefrorenen Großen Belt Richtung Kopenhagen marschiert war, kamen die

bisher dänischen Gebiete Skåne, Blekinge, Bohuslän, Trondheim und Bornholm zu Schweden, das nun die größte Ausdehnung in seiner Geschichte erreicht hatte.

Der in der Großmachtzeit gewachsene Einfluß des Adels wurde durch die Reduktion von 1680 empfindlich beschnitten: Der Staat zog die im Krieg erworbenen Güter ein. Nebeneffekt dieser Maßnahme war die Stärkung des freien Bauernstandes, der nun etwa gleich viel an Boden besaß wie je Adel und Staat. In diese Zeit fällt auch die Errichtung zahlreicher Eisenhütten und der Kupfergrube von Falun, die die Grundlage für den Reichtum der Hüttenbarone bildeten. Kapital und Know-how kamen häufig aus dem Ausland, vor allem den Niederlanden.

Der Große Nordische Krieg war der Anfang vom Ende der Vormachtstellung Schwedens. Der Feldzug Karls XII. gegen Rußland endete nach Anfangserfolgen in der Kapitulation (Schlacht bei Poltawa 1709). Der Koalition aus Rußland, Polen unter August dem Starken und Dänemark war Karl XII. nicht gewachsen, er floh in die Türkei. Nach seiner Rückkehr starb er 1718 in Fredriksten unter nicht ganz geklärten Umständen. 1721 trat Schweden die baltischen Provinzen und Karelien an Rußland ab und verlor auch Bremen.

Von der Freiheitszeit bis zum 19. Jahrhundert

Die Zeit zwischen dem Tod Karls XII. und der Thronbesteigung Gustavs III. wird als Freiheitszeit bezeichnet. Die Macht des Monarchen wurde 1719 und 1720 in einer neuen Verfassung zugunsten eines starken (Stände-)Parlaments eingeschränkt, in dem sich die Parteien der

›Mützen‹ und ›Hüte‹ heftige Debatten lieferten. Trotz gegenteiliger Bestrebungen der meist regierenden kriegsfreudigen ›Hüte‹-Partei wurde die Rolle Schwedens im Ostseeraum aber immer unbedeutender. Im Krieg gegen Rußland verlor es einen Teil von Finnland. Die ›Hüte‹ (hattarna) wurden schließlich zur Adelspartei, während die ›Mützen‹ (mössorna) auch für andere Stände offen waren und gegen die Adelsprivilegien kämpften.

Wirtschaft, Wissenschaft und Kultur erlebten eine Blüte: 1742 führte der in Uppsala lehrende Astronom Anders Celsius die noch heute gültige Skala der Temperaturmessung ein. 1753 veröffentlichte Carl von Linné sein Werk ›Species plantarum‹, in dem er seine grundlegende Pflanzensystematik entwickelte. Und Emanuel Swedenborg legte in den 50er Jahren des 18. Jh. seine Interpretation der biblischen Offenbarung als Aufforderung zur Bildung einer neuen Kirche vor.

Unter König Gustav III. (reg. 1771–92), der selbst Opern schrieb, blühten Kunst und Kultur. Die Zeit des schwedischen Rokoko wird in Carl Mikael Bellmans Liedern lebendig, voller überschwenglicher Daseinsfreude, dennoch immer dem Tod sehr nahe. Krankheiten und Alkoholexzesse grassierten in Stockholm. 1786 gründete der König die Schwedische Akademie nach französischem Muster.

Gleichzeitig zeigte der König absolutistische Neigungen und versuchte bereits 1772, ohne den Reichstag zu regieren. 1789 schaffte er die Privilegien des Adels ab und wurde 1792 in der Stockholmer Oper bei einem Maskenball Ziel eines Attentats, von dem er sich nicht erholte. Sein Mörder gehörte zu einer Gruppe von Adligen, denen die uneingeschränkte Herrschaft des Königs miß-

fiel. Die Zeit war reif für eine Verfassungsreform.

Auch unter dem Einfluß außenpolitischer Mißerfolge – 1809 verlor Schweden Finnland und die Åland-Inseln an Rußland als Folge seiner Parteinahme gegen Napoleon und für England – wurde König Gustav IV. Adolf abgesetzt und eine gründliche Verfassungsreform verabschiedet: Der Reichstag mit Vertretern von Adel, Geistlichen, Städten und Bauern erhielt das Recht, Steuern (allein) und Gesetze (zusammen mit dem König) zu erlassen. Er kontrollierte die Regierung, dessen Mitglieder vom König ernannt wurden. Im Jahr 1810 wählte der Reichstag den früheren Marschall Napoleons, Jean-Baptiste Bernadotte, zum neuen König Karl XIV. Johan. Sein Vorgänger Karl XIII. adoptierte den Nachfolger kurzerhand, um Komplikationen bei diesem Dynastiewechsel auszuschließen.

Mehrere Auswanderungswellen vor allem in die USA und nach Kanada um die Mitte des 19. Jh. waren die Folge einer rasanten Bevölkerungszunahme, die zu erheblichen sozialen Umwälzungen führte. Gleichzeitig setzte die Industrialisierung ein: Textilfabriken, Sägewerke, Eisen- und Metallfertigung zogen massenhaft Arbeitskräfte an. Die holzverarbeitende Industrie wurde zum Hauptzweig der schwedischen Wirtschaft. 1853 entstanden unter staatlicher Regie die ersten dampfbetriebenen Eisenbahnlinien im Land.

In mehreren Parlamentsreformen wurde 1865–66 das Ständeparlament durch ein Zwei-Kammer-Parlament ersetzt, ähnlich dem englischen Ober- und Unterhaus. Die Abgeordneten der Zweiten Kammer wurden durch direkte Wahlen bestimmt, wahlberechtigt waren nur Grundbesitzer. Dominiert wurde der Reichstag von der Bauernpartei.

Der Weg zum ›schwedischen Modell‹

Anfang des 20. Jh. war Schweden – mit allen sozialen und politischen Konsequenzen – vom Agrar- zum Industrieland geworden. Die Hälfte der Bevölkerung lebte in den Städten. Streiks der Industriearbeiter – der erste fand 1876 in Sundsvall statt – waren Ausdruck einer aktiven Arbeiterbewegung. 1889 wurde die Sozialdemokratische Partei gegründet. Der bürgerliche Staat bemühte sich um Parlamentsreformen. So wurde 1907 das allgemeine Wahlrecht für die Wahlen zur Zweiten Kammer eingeführt, jedoch nur für Männer und an der Höhe der Steuerzahlungen orientiert. 1917 trat die konservative Regierung zurück und machte einer sozialliberalen Koalition Platz, die weiterreichende Reformen forderte. Unter dem Einfluß der Novemberrevolution in Deutschland billigte der König 1919 die Einführung des allgemeinen gleichen Wahlrechts auch für Frauen.

1920 trat Hjalmar Branting als erster sozialdemokratischer Ministerpräsident sein Amt an. Die 20er Jahre waren eine Zeit des Wohlstands für Schweden, die Wirtschaft florierte. Unter dem Eindruck der Weltwirtschaftskrise brachten die Wahlen 1932 eine neue sozialdemokratische Regierung unter Per Albin Hansson an die Macht. Sie trat mit einem Programm zur sozialen Sicherheit an, das sich stark an Roosevelts ›New Deal‹ orientierte: staatliche Arbeitsbeschaffungsprogramme, um die Kaufkraft zu mobilisieren und damit über die Nachfrage den Markt in Gang zu bringen.

Über allem schwebte die Utopie vom ›Folkhem‹, in dem alle Bürger unabhängig von ihrer Leistung ohne materielle Sorgen leben können und von der Wiege bis zur Bahre von Vater Staat versorgt werden. Die Sozialdemokraten errangen 1940 die absolute Mehrheit, und das schwedische Modell nahm in den nächsten Jahrzehnten konkrete Formen an: Wohngeld, staatliche Krankenversicherung, Altersrente, Bildungsreform, Kindergeld usw., finanziert durch eine Besteuerung, die hohe und mittlere Einkommen stark, niedrige dagegen wenig belastet.

Schweden heute

Nach einem guten halben Jahrhundert ›Folkhem‹ zog die sozialdemokratische Regierung angesichts rückläufiger Steuereinnahmen und steigender Sozialausgaben, hoher Arbeitslosigkeit und der Probleme der extrem exportabhängigen schwedischen Wirtschaft 1993 die Notbremse (s. S.52). Nachdem es zunächst so aussah, als solle das Modell ›Wohlfahrtsstaat Schweden‹ ins Gegenteil umschlagen (›Die Woche‹ titelte im März 1996 vorschnell: »Musterland ist abgebrannt«), setzt sich durch die Absage an die europäische Währungsunion der schwedische Staat nicht mehr unnötig unter Druck und kann beispielsweise durch umfangreiche Arbeitsförderungsprogramme gezielt die Arbeitslosigkeit (die statt bei 8 sonst wohl bei 13 % läge) bekämpfen.

1993 und zuletzt 1996 verabschiedete der Reichstag rigorose Sparpakete. Der Rotstift setzt vor allem bei der Entwicklungshilfe, dem Wohngeld und den staatlichen Zuschüssen für die Krankenversicherung an. 30 Mrd. SEK sollen so über die folgenden drei Jahre eingespart werden.

Anders als im deutschen System finanziert sich die Gesundheitsfürsorge, die in den Aufgabenbereich der Provinziallandtage fällt, aus Steuermitteln. Es gibt also im Prinzip niemanden, der mangels Erwerbstätigkeit aus dem System herausfällt. Die Selbstbeteiligung bei Medikamenten ist hoch, doch ein Höchstlimit soll chronisch Kranke vor sozialen Härten schützen; die Kinderkrankenpflege ist weiterhin gratis. Der Personalabbau in den Zentren ambulanter Krankenpflege in kommunaler Regie und den wenigen großen Krankenhäusern ist dennoch hoch.

In diesem Bereich sind vor allem Frauen tätig, und eine Schrumpfung des öffentlichen Sektors auf dem Arbeitsmarkt betrifft sie am stärksten. Noch immer liegt Schweden mit einer Quote von 76,4 % (1996) an der Weltspitze der Frauenerwerbstätigkeit. Acht von zehn Schwedinnen arbeiten, und dennoch gab es bisher dank der vorbildlichen Versorgung mit Einrichtungen für Kinder im Vorschulalter keinen Rückgang bei den Geburten. Im Vergleich zu Mitteleuropa – in dieser Hinsicht ›Entwicklungsland‹ – ist in Schweden wie in ganz Skandinavien die starke Rolle der Frauen auch in der Politik bemerkenswert.

Schweden heute: im Spannungsfeld zwischen politischen Traditionen und wirtschaftlichen Zwängen

Daten zur Geschichte

ca. 12 000–8000 v. Chr.	Die Eiszeit geht zu Ende; im Lauf von Jahrtausenden zieht sich das Inlandeis langsam bis zu den Gletschern des skandinavischen Gebirgsrückens zurück.
5000–1500 v. Chr.	Bäuerliche Steinzeitkulturen hinterlassen Megalithbauten und Spuren von Siedlungen mit Holzbauten.
ca. 1500–500 v. Chr.	Bronzezeit: Zahlreiche Waffenfunde und vor allem Felszeichnungen *(hällristningar)* geben ein Bild von einer Zivilisation, deren religiöse Vorstellungen schon Züge der späteren nordischen Mythologie tragen.
ab 5. Jh. v. Chr.–5. Jh. n. Chr.	Eisenzeit: Die Eisengewinnung aus Sumpferz wird ausgiebig betrieben, große Schlackenhügel und Reste einfacher Öfen sind überliefert.
98 n. Chr.	Der römische Geschichtsschreiber Tacitus erwähnt den Stamm der *Suiones* in seinem Werk ›Germania‹. Es handelt sich um die Svear, die Schweden *(Svea rike* = Reich der Svear – *Sverige)* den Namen gaben.
793	Die erste in der Kirchen-Chronik verzeichnete große Plünderung durch Wikinger: Opfer sind die Mönche des Klosters Lindisfarne an der englischen Nordostküste.
829–31 und 853	Der fränkische Missionar Ansgar besucht die Stadt Birka im Mälarsee, wo er vom König der Svear freundlich empfangen wird.
ca. 1008	Der König von Svealand, Olof Skötkonung, läßt sich in Husaby (Västergötland) vom angelsächsischen Missionar Sigfrid taufen. Erste Bischofssitze entstehen in Skara (ca. 1015) und Sigtuna (ca. 1060).
1164	Der Bischofssitz wird von Sigtuna nach Gamla Uppsala verlegt.
1252	Der König aus dem Folkungergeschlecht, Birger Jarl, gründet Stadt und Festung Stockholm.
1346	Die später heiliggesprochene Birgitta, Sproß einer dem König nahestehenden Adelsfamilie und christliche Mystikerin, gründet ihr Kloster in Vadstena.
1397	Beginn der Kalmarer Union. In Kalmar wird über den Zusammenschluß der Reiche Dänemark, Norwegen und Schweden erfolgreich verhandelt.
1520	Stockholmer Blutbad: Der Dänenkönig Kristian II., der die Macht in Schweden an sich gerissen hat, läßt 94 Anhänger der einheimischen Königspartei auf dem Stortorget in Stockholm hinrichten.
1523	Der Adlige Gustav Vasa wird zum König gewählt, nachdem ein Aufstand Kristian II. aus Schweden vertrieben hat.

1527	Gustav Vasa proklamiert die Reform der schwedischen Kirche, die von Rom unabhängige Staatskirche wird.
1630	König Gustav II. Adolf greift auf seiten der Protestanten gegen den Habsburger Kaiser in den Dreißigjährigen Krieg ein. 1632 kommt er in der Schlacht bei Lützen ums Leben.

Gustav II. Adolf landet im Juli 1630 an der pommerschen Küste

1645	Im Frieden von Brömsebro erhält Schweden Gotland und Halland von Dänemark sowie Jämtland und Härjedalen von Norwegen.
1648	Westfälischer Friede: Schweden erhält Vorpommern mit Stettin, außerdem Wismar und Bremen mit Verden.
1654	Königin Kristina dankt ab, konvertiert zum Katholizismus und geht nach Rom, wo sie 1689 stirbt.
1658	Im Frieden von Roskilde kommen die bisher dänischen Gebiete Skåne, Blekinge, Bohuslän, Trondheim und Bornholm zu Schweden, das nun die größte Ausdehnung in seiner Geschichte erreicht hat. Dennoch kommt es in Skåne zu weiteren Scharmützeln mit Dänemark.
1700–21	Nach 20 Jahren Frieden beginnt der Große Nordische Krieg und beendet die Vormachtstellung Schwedens. Karls XII. Feldzug gegen Rußland endet in einem Desaster.
1766	Gesetz zur Pressefreiheit
1792	Gustav III. wird in der Stockholmer Oper das Opfer eines Attentats.
1809	Schweden verliert die Provinz Finnland und die Åland-Inseln an Rußland als Folge seiner Parteinahme gegen Napoleon und für England.
1810	Der Reichstag wählt den früheren Marschall Napoleons, Jean-Baptiste Bernadotte, zum neuen König Karl XIV. Johan.

1812	Schweden erhält Norwegen von Dänemark und verliert alle Besitzungen auf dem Kontinent (Vorpommern mit Greifswald, Stralsund usw.).
1865–66	In mehreren Parlamentsreformen wird das Ständeparlament durch ein Zwei-Kammer-Parlament ersetzt.
1889	Gründung der Sozialdemokratischen Partei
1892	Die Grundsteuer wird abgeschafft und eine Wehrpflichtigenarmee eingeführt.
1905	Die Norwegisch-Schwedische Union endet friedlich.
1907	Das allgemeine Wahlrecht (für Männer) wird für die Wahlen zur Zweiten Kammer eingeführt.
1914–1918	Im Ersten Weltkrieg bleibt Schweden neutral.
1919	Einführung des Frauenwahlrechts
1920	Hjalmar Branting wird erster sozialdemokratischer Ministerpräsident.
1939–45	Im Zweiten Weltkrieg bleibt Schweden neutral.
1946–69	Unter Ministerpräsident Tage Erlander bleibt Schweden im Kalten Krieg bündnisneutral.
1969	Nach Erlanders Rücktritt wird Olof Palme sein Nachfolger. Engagement in der UNO, Nord-Süd- und Anti-Apartheid-Politik, Kritik an der Vietnam-Politik der USA.
1974	Die neue Verfassung reduziert das Parlament auf eine Kammer, der König hat nur noch zeremonielle Aufgaben.
1986	Am 28. Februar wird Olof Palme in Stockholm auf offener Straße ermordet. Sein Nachfolger wird Ingvar Carlsson. Die Reaktorkatastrophe vom 26. April im ukrainischen Tschernobyl produziert eine radioaktive Wolke, die ihren Fallout quer über Schweden schickt.
1994	Nach dem Zwischenspiel (seit 1991) einer ersten nichtsozialdemokratisch geprägten Regierung unter Carl Bildt (Liberale und Konservative) werden die Sozialdemokraten bei den Parlamentswahlen stärkste Partei und bilden eine Minderheitsregierung.
1994/95	Bei einer Volksabstimmung entscheiden sich die Schweden mit knapper Mehrheit für den Beitritt zur Europäischen Union, der zum Jahreswechsel 1995 vollzogen wird.
1996	Im März zieht sich Ministerpräsident Ingvar Carlsson (1986–91 und ab 1994) in den Ruhestand zurück; Nachfolger wird der bisherige Finanzminister Göran Persson.
1997	Die Regierung beschließt den Verzicht auf die Teilnahme an einer europäischen Währungsunion. Außerdem wird der Ausstieg aus der Kernkraft bis zum Jahr 2010 entschieden.
1998	Bei den Reichstagswahlen erleiden die Sozialdemokraten Verluste, die europa-kritische Vänsterpartei gewinnt dazu.
2000	Die Brücke über den Öresund wird dem Verkehr übergeben.

Kultur und Gesellschaft

Felszeichnungen aus der Bronzezeit zählen zu den ältesten schwedischen Kulturgütern

Im heutigen Schweden blüht eine außerordentlich facettenreiche, lebendige Kulturszene, von den international absolut konkurrenzfähigen, avantgardistischen urbanen Strömungen in Stockholm bis zu der – nur auf den ersten Blick verstaubt wirkenden – Volkskultur der *hembygdsföreningar*, die als eine Art Heimatvereine die traditionelle regionale Musik und Kultur pflegen.

Historisch gesehen, läßt sich eine eigenständige schwedische Kultur höchstens im Alltag ausmachen, während die Reichen und Mächtigen sich mit Vorliebe an Mitteleuropa, speziell den jeweils herrschenden Modeidealen aus Frankreich oder Italien orientierten.

Kulturen der Vorzeit

Stockholms Ernennung zur europäischen Kulturhauptstadt im Jahr 1998 brachte in den schwedischen Medien die Frage auf: »Was ist eigentlich schwedische Kultur?« Filmemacher, Leute in der Musikszene und Schriftsteller wurden befragt; die Antworten waren ausweichend, oft Negativdefinitionen. Die einzige zitierwürdige Beschreibung stammt von Ozan Sunar, einem Schriftsteller pakistanischer Herkunft: »... deine höchst persönliche schwedische Kultur: der Wirrwarr aus Kalbssülze, Preiselbeeren, jugendlichen Sauna-Illusionen, Fichtennadeln in den Schuhen, Maiglöckchen, Bellman, der Duft von Arlanda, Falurågrut (Roggenknäckebrot), Himbeeren und Bierflecken auf dem Hemd bei einem Konzert von Sundström och Apacherna. Vielleicht ein Ikea-Katalog.«

Aus der Zeit vor dem Einzug des Christentums finden sich in Schweden besonders viele faszinierende Relikte. Da eine Geschichtsschreibung aber erst mit den Aufzeichnungen der Klöster beginnt, dauert die ›Vorzeit‹ im Norden mangels umfassender schriftlicher Zeugnisse in Runenform eben bis ins 11. Jh.

Eine der nördlichsten Steinzeitsiedlungen wurde 1983 bei Vuollerim in Lappland entdeckt, ihr Alter wird auf 6000 Jahre geschätzt. Megalithbauten wie auf den Britischen Inseln oder an der Atlantikküste gibt es in Schweden besonders viele in Västergötland. **Gånggrifter** heißen vor gut 3000–5000 Jahren gebaute Ganggräber, die von ganzen Sippen über längere Zeit als Grabstätte benutzt wurden. Die heute freistehenden Steinbauten waren ur-

Die Schiffssetzung Anundshög bei Västerås

sprünglich von Erdhügeln bedeckt. Das gilt auch für die **döse** genannten kleineren Dolmengräber der jüngeren Steinzeit. Eine Besonderheit im Norden sind die **hällristningar,** Felszeichnungen aus der Bronzezeit (ca. 2. Jt.–500 v. Chr.) mit noch ungeklärtem Inhalt und Funktion (s. S. 152f.).

Aus der Völkerwanderungszeit um das 5. Jh. n. Chr. sind noch spärliche Wallreste etlicher **fornborgar** erhalten. Diese Fluchtburgen wurden vornehmlich an Plätzen mit guter Übersicht über die Wasserwege, beispielsweise im Mälargebiet, errichtet. Vor 1500 Jahren sah die Landschaft allerdings noch anders aus: Der Wasserspiegel lag rund 100 m höher als heute. Auch die ›Königshügel‹ von Gamla Uppsala hatten einmal gute Verkehrsanbindung übers Wasser an das seinerzeit dicht besiedelte Mälargebiet. Daß es damals eine hoch entwickelte Kultur gegeben hat, zeigen reiche Funde von Metallgegenständen. Einer der interessantesten ist der über 700 kg schwere Goldkragen mit millimetergroßen Tier- und Menschendarstellungen im Historiska Museet in Stockholm, der wohl ursprünglich eine Götterfigur schmückte. Das viele Gold und Silber kam nicht nur durch Handel, sondern auch durch erpreßte Lösegelder in den Norden. Es war gängige Praxis der Wikinger, eine reiche Stadt mit Plünderung und Brandschatzung zu bedrohen, die sich dann durch Gold- und Silberzahlung loskaufen konnte.

Viele Gegenstände haben die Feuerbestattung nicht überdauert – tote Häuptlinge wurden mit dem kompletten Haushalt, Sklaven, Haustieren, kostbaren Gegenständen und Waffen, verbrannt und die Asche anschließend mit einem Erdhügel *(hög)* sorgsam überdeckt. Besonders im Süden wurden manche Gräber durch Steinsetzungen markiert, die, wenn sie in Kreisform angeordnet sind, als **domarring** bezeichnet werden. Eine andere Merkwürdigkeit im Norden sind aus kleinen Steinen als Muster am

Boden ausgelegte **Labyrinthe,** die wohl bei Fruchtbarkeitszeremonien eine Rolle spielten. Man findet sie bis hoch im Norden, am ehemaligen Ostseestrand bei Piteå, aber auch in Mittelschweden und auf Gotland. Ihre Datierung ist schwierig, fast unmöglich, viele stammen vielleicht auch aus jüngerer Zeit.

Zur Wikingerzeit (8.–10. Jh.) kam die Schiffsbestattung auf, zuerst auf der Insel Gotland. Man stellte sich den Übergang des Toten ins Jenseits offensichtlich als Schiffsreise übers Meer vor, und die Gräber lagen immer ganz dicht am Wasser. Die Lage des Totenschiffs, das den Bestatteten und alle Grabbeigaben enthielt, markieren Steinreihen in Schiffsform, mit je größeren Felsmonolithen an Achter- und Vordersteven. Die größte dieser Schiffssetzungen **(skeppssättningar)** ist Ales stenar an der Südküste von Skåne in Sichtweite der Insel Bornholm. Nur auf Gotland findet man **Bildsteine:** Auf den aufrechtstehenden Monolithen sind Szenen aus Sagen und Mythologie dargestellt – ohne Text.

Im Unterschied dazu sind die etwa 2500 **Runensteine** in Schweden, von denen die meisten im 11. Jh. in Uppland errichtet wurden, mehr oder weniger deutlich beschriftet. Daneben schmükken sie ornamentale Bänder mit Tier- oder geometrischen Darstellungen, die wie im Fall der berühmten Sigurdsristning sogar eine ganze Geschichte erzählen können. Die Inschriften teilen in der Regel mit, von wem und aus welchem Anlaß der Stein errichtet wurde, häufig an einem wichtigen Verkehrspunkt wie einer Brücke oder Straße. Vielfach wird auch der Runenschnitzer genannt. Oft wird eines Toten gedacht, der bei einer Schlacht oder auf Plünderfahrt ums Leben kam, eine große Hilfe für die historische Erhellung der Wikingerzeit. Die Sitte, Runensteine zu setzen, überdauerte sogar den Wechsel zum Christentum: Nun setzte man dem Toten einen Stein mit Kreuz und christlicher Gebetsformel. Die im 3. Jh. als Ritzschrift auf Holz entwickelte Runenschrift wurde noch weit bis ins Mittelalter verwendet, wobei die Schrift von anfänglich 24 auf später 16 Buchstaben reduziert und auch sonst – entsprechend der Sprachentwicklung – stark verändert wurde. Neben den ›normalen‹ gab es auch die *lönnrunor,* eine Art Geheimschrift, die die Deutung der Inschrift des geheimnisvollen Röksten in Västergötland bis heute erschwert. Mit eingeritzten Runen kennzeichnete man seinen Besitz und drohte dem potentiellen Dieb mit magischen Verwünschungen. Bei Ausgrabungen in wikingerzeitlichen und mittelalterlichen Städten wie Birka und Sigtuna fanden Archäologen Tierknochen mit allen möglichen Texten, kleine Botschaften oder kurze Notizen. Nur zum Schreiben auf Papier eigneten die Runen sich nie.

Besonders interessant ist die Zeit des Wechsels vom Asenglauben zum Christentum um das 9. bis 12. Jh., die durch die umfangreichen Ausgrabungen in der ›schwarzen Erde‹ von Birka und dem ca. 860 gegründeten Sigtuna dokumentiert wird. Sie zeigen, daß der Übergang gar nicht so abrupt geschah und daß die Christianisierung im Mälargebiet wohl eher von Osten als durch den allseits als Missionar des Nordens bezeichneten Ansgar erfolgte. Darauf weisen jedenfalls in Sigtuna gefundene byzantinische Kreuze und Auferstehungseier hin. Es fand eine Art Wettstreit der Religionen statt: Wie die Christen sich durch Kreuzschmuck zu erkennen gaben, so trugen die Anhänger der alten Religion ostentativ den Thorshammer. Die Gußformen der Schmiede jedenfalls waren variabel genug für beides. Man ließ nach christli-

In der Kirche von Vittskövle schuf Nils Håkansson, der sogenannte Vittskövle-Meister, eindrucksvolle Kalkmalereien

chem Brauch in Ost-West-Richtung begraben, gab aber zur Sicherheit einige Grabbeigaben und Thorshämmer mit.

Über das Aussehen der vorchristlichen Tempel läßt sich nur spekulieren. Die einzige Schilderung gibt Adam von Bremen, der den Tempel in Gamla Uppsala beschreibt, aber seine Kenntnis stammt nur aus zweiter Hand und ist zudem aus christlich-römischer Sicht formuliert. Ganz bewußt wurden viele Kirchen an die Stelle heiliger Quellen und Haine gebaut, und mancher Runenstein wurde zur Türschwelle degradiert. Unter einer Kirche von Frösö in Jämtland wurde ein Grab mit rituell bestatteten Tieren entdeckt, Zeugnis der früheren, vor allem an der beseelten Natur orientierten Religion.

Streifzug durch die Architekturgeschichte

Die ältesten Gotteshäuser in Schweden waren **Stabkirchen,** doch die hölzernen Bauten wurden so bald wie möglich durch steinerne ersetzt, nicht nur wegen der Brandgefahr, sondern auch, weil Steinhäuser besser zu verteidigen waren. Schwedens einzige original erhaltene Stabkirche steht in Hedared bei Borås. Beispiele für die frühen **Wehrkirchen** des 12. und 13. Jh., die Vorratsspeicher, Schießboden und Gotteshaus vereinten, sind besonders an der Ostseeküste und auf Öland zu finden, wo Pirateneinfälle zu erwarten waren. Wehrtürme *(kastal)* neben den Kirchen dienten – ob auf Gotland und in Jämtland –

häufig ähnlichen Zwecken. Wer sich für mittelalterliche Kunst begeistert, sollte die Insel Gotland besuchen: In der Hauptstadt Visby hat sich die Stadtmauer einmalig gut erhalten, und über 90 Landkirchen mit altem Inventar aus dem 12.–15. Jh. gibt es auf der Insel.

Die Großbauten dieser Zeit wie der an Vorbildern der rheinischen **Romanik** orientierte Dom von Lund entstanden mit Hilfe ausländischer Baumeister. Einfache romanische Landkirchen wurden im 13./14. Jh. häufig in gotischem Stil umgebaut, wobei nun auch Backstein zum Einsatz kam. Vorbild war neben der norddeutschen Backsteingotik der schwerfälligere westfälische Baustil. Ausnahme ist der von einem französischen Baumeister der **Gotik** gebaute Dom von Uppsala, der seine ›reine‹ Form allerdings dem 19. Jh. verdankt. In ungewöhnlich vielen schwedischen Kirchen sind noch mittelalterliche **Wandmalereien** erhalten geblieben. Die Bilderzyklen vermittelten auch leseunkundigen Kirchgängern – manchmal auf drastische Art und mit volkstümlichen Bezügen – die Begebenheiten des Alten und Neuen Testaments. Zwar wurde besonders im Süden so manche Kirchenausmalung ein Opfer reformatorischer Bilderfeindlichkeit und schlicht weiß übertüncht, aber in Mittel- und Nordschweden setzte sich die Tradition fast ungebrochen fort. Einzelne Maler wie Albertus Pictor sind sogar namentlich bekannt. Dabei verwischen sich in späterer Zeit die Grenzen zur Volkskunst und Bauernmalerei, eine genuin schwedische, in lokalen Traditionen verwurzelte Kunstform.

Mit der Einziehung der Kirchengüter 1527 nahm die Bautätigkeit jedoch keineswegs ein Ende, nun ließ der König überall im Land **Vasaschlösser** bauen: Kalmar, Gripsholm, Vadstena und Upp-

sala sind Beispiele für diese charakteristischen Trutzbauten mit wuchtigen runden Ecktürmen und hohen dicken Backsteinmauern. Erst unter Gustav Vasas Sohn Johan III. verlor sich der wehrhafte Eindruck durch Einsatz von verspielteren Elementen wie Ziergiebeln und Voluten. Die Herrscher saßen unangefochten auf dem Thron, und es ging jetzt um Repräsentation und Prunkentfaltung. Die Schlösser der **Großmachtzeit** im 17. Jh. spiegeln den Reichtum der geadelten Feldherrn. Auf ihren Landgütern häufte sich die Kriegsbeute: Skokloster und Läckö etwa stammen aus dieser Zeit.

In diese Zeit fallen auch bahnbrechende Stadtplanungen. Kalmar und Karlskrona wurden Mitte des 17. Jh. nach rechtwinkligem Schema angelegt. Niederländischer Einfluß machte sich geltend, nicht nur bei Göteborgs Kanalsystem. Der Amsterdamer Baumeister Justus Vingboons arbeitete mit der ursprünglich aus Frankreich stammenden Architektenfamilie De la Vallée beim Stockholmer Riddarhus zusammen, das stilbildend wurde für die Landschlösser und Herrensitze des schwedischen Adels. Die Trefaldighets-Kirche in Kristianstad ließ Dänenkönig Kristian IV. im Stil der **holländischen Renaissance** bauen, bevor das dänische Reich Mitte des Jahrhunderts Schwedens Süden verlor. Die Katarina kyrka in Stockholms Stadtteil Södermalm beruht letztlich auf Entwürfen des Amsterdamer Architekten Hendrick de Keyser und beeinflußte die Kirchenbaukunst im Norden bis nach Finnland.

Bei Repräsentationsbauten orientierte sich die Hofkunst in der zweiten Jahrhunderthälfte dann eher an **italienischen Vorbildern:** De la Vallée baute für das Oxenstierna-Geschlecht einen römischen Palazzo in Stockholm, Vater und

Sohn Nicodemus Tessin entwarfen für Kalmar einen barocken Dom, der ebensogut in Rom stehen könnte, und mit Schloß Drottningholm einen von Stilmerkmalen aus Versailles über Italien bis Holland geprägten Prachtbau. Hofarchitekt Nicodemus Tessin der Jüngere schließlich errichtete ab 1697 das monumentale Stockholmer Schloß und etliche repräsentative Bauten der Hauptstadt.

Tessins Arbeit am Schloß vollendete sein Nachfolger Carl Hårleman, dessen nüchterne Variante des **Barock** im 18. Jh. die Neubauten des Landes prägte. Der schwedische Herrenhausstil geht sowohl in Stein- als auch in Holzbauweise letztlich auf ihn zurück. Dabei ist die Farbe Gelb dem Herrenhaus vorbehalten, während das billige Falurot *(faluröd)* für Häuser von Normalbürgern, Scheunen und Ställen benutzt wird. Die konservierenden Eigenschaften des in der Farbe enthaltenen Vitriols, das als Nebenprodukt des in Falun geförderten Kupfererzes anfällt, schützt das Holz vor Witterungseinflüssen.

Gegen Ende des 18. Jh. und im frühen 19. Jh. herrschte ein strikter **Klassizismus.** C. F. Sundsvalls Schloß Stjärnsund und Olof Tempelmans Gymnasium in Härnösand strahlen strenge Kühle und schlichte Eleganz aus. Mit der Thronbesteigung der aus Frankreich stammenden Bernadottes machte sich entsprechender Einfluß geltend, der aber vor allem Mode und Inneneinrichtung betraf und dem berühmten, von Gustav III. gepflegten *Gustaviansk* aus Blaßgold und lichtem Blau stärkere Farbakzente entgegensetzte.

Die zweite Jahrhunderthälfte wurde von Rückgriffen auf die Stilarten der Vergangenheit bestimmt: Das Stockholmer Nationalmuseum im Stil der italienischen und das Rathaus in Malmö im Stil der holländischen Renaissance sowie Helgo Zettervalls Neugotik sind allesamt Facetten eines festgefahrenen **Historismus.** An der Wende zum 20. Jh. sorgten zwei neue Richtungen für frischen Wind: Neben dem von Ferdinand Boberg mit öffentlichen Bauten und Industriebetrieben in Malmö und Stockhom sowie einigen Villen vertretenen Jugendstil trat ein spezifisch schwedischer Baustil auf den Plan, die **Nationalromantik.** Das Nordiska Museet erinnert in Details an die Ornamentik der Wikingerzeit, noch prägnanter die Masthuggskyrka in Göteborg. Einen großen Schritt weiter in Richtung Moderne ging Ragnar Östberg mit dem Stockholmer Stadshus, ein Schlüsselbau des zwischen Jugendstil und Moderne angesiedelten neuen Stils, dessen führende Architekten in den 1920er Jahren Sigurd Lewerentz und Gunnar Asplund waren. Für den Bau der Stockholmer Stadtbibliothek entwarf Asplund – auch einer der ersten Exponenten des schwedischen Design – selbst die Innenausstattung vom Stuhl bis zur Türklinke.

Neue Akzente setzte nach dem Krieg der schwedisch-britische Architekt Ralph Erskine mit so unterschiedlichen Bauten wie dem Turisthotell Borgafjäll in Lappland, dessen Dach auch als Skipiste dient, oder dem ›Wolkenkratzer von Göteborg‹, dem Utkiken.

Alltagskultur, Volkskunst, Design

Darstellungen von Kunstgeschichte beschränken sich gern auf das im Auftrag der Mächtigen und Reichen Entstandene. Oft überdauern auch nur diese – Kirchen, Burgen, Schlösser, Gemälde – die Jahrhunderte. Nicht so in Schweden. Dank einer um 1900 im Zug der Nationalromantik einsetzenden Begeisterung für den Erhalt von Alltagskultur und lokalen Bautraditionen, die fast jedem kleinen Ort die Gründung einer *hembygdsförening* bescherte, sind viele der schlichten Holzbauten vom Abriß verschont geblieben oder an anderer Stelle in Freilichtmuseen wiederaufgebaut worden. Das weltweit erste Museum dieser Gattung, Skansen in Stockholm, versammelt heute einen repräsentativen Querschnitt der erstaunlichen Vielfalt von lokalen Bautraditionen aus allen Landesteilen.

Besonders reiche Bauern ließen nicht nur die Eingangsportale mit Schnitzereien verschönern, sondern auch die gute Stube im Inneren ausmalen. Volkstümliche Szenen vor biblischem Hintergrund sind die häufigsten Motive. Besonders Dalarna und Hälsingland sind berühmt für diese **Bauernmalereien** *(bonade)* an den Wänden und Decken, aber auch auf Möbeln, die einen ganz eigenen Zweig der Volkskunst darstellen und im 18. und 19. Jh. eine Blütezeit erlebten, als spezialisierte Wandermaler durchs Land zogen.

Aber nicht nur die Hauptstadt, fast jedes Dorf hat seinen *hembygdsgården,* eine Ansammlung alter Wohnhäuser und Vorratsspeicher, Schuppen und Scheunen, im Sommer durch in bunte authentische **Trachten** gekleidete Menschen belebt, die hier Butter stampfen, Ziegen hüten, Brot backen oder Spankörbe flechten. Alte Traditionen werden weitergepflegt, nicht als reine Touristenattraktion, sondern, wie es scheint, nur aus Spaß. Dazu gehören auch **Volkstänze** und **Folkloremusik** wie die *spelmansstämmor* und andere Zusammenkünfte von mehreren Fiedlern und einem Akkordeonspieler. Jede Region hat eigene Musiktraditionen, sogar eigene Instrumente, wie die eigentümli-

che Schlüsselharfe aus Österbybruk in Uppland.

Hemslöjd, in traditioneller Handarbeit am Webstuhl, in Schmiede oder Schreinerei hergestellte Gegenstände sind nicht nur beliebte Souvenirs, sondern auch ein lebendiger Zweig der Volkskunst geblieben. Die Grenze zum **Kunsthandwerk** ist fließend, und wenn Gebrauchsgegenstände eine originelle Formgebung erfahren und künstlerische Gestaltung erkennbar wird, ist man schon beim **Design.** Dafür sind in Schweden die zahlreichen ambitionierten Glashütten im småländischen Glasriket bekannt (s. S. 89ff.). Hier endet heute die Alltagskunst – denn diese Objekte sind schon wieder ein bißchen zu teuer für den Alltag. Aber neben Funktionalität spielte zumindest in der Vergangenheit für die Skandinavier auch der soziale Aspekt immer eine gewisse Rolle: Man entwarf Kaffeeservices für den Arbeiterhaushalt und preiswerte Möbel. Nicht zuletzt machte auch bei uns die 1943 als Versandhandel gegründete Firma Ikea, die 1958 das erste Möbelhaus in Älmhult eröffnete, ganze Generationen mit skandinavischer Formgebung vom Trinkglas bis zum Bücherregal bekannt.

Malerei und Bildhauerei – Licht und Form

Bis ins 19. Jh. hinein gab es abgesehen von der Volkskunst keine nennenswerte eigenständige schwedische Kunstentwicklung. Hof und Adel importierten Gemälde und Skulpturen oder gleich die Künstler selbst aus Mitteleuropa. So findet man in den Schlössern und Museen flämische und niederländische Kunst des 17. Jh., französische Malerei des 18. Jh., in den Kirchen dominieren in der

Die Bilder von Carl Larsson, hier: ›Die erste Unterrichtsstunde‹ (1903), wirkten auch für das Design stilbildend und zeigen uns ein ›Bilderbuchschweden‹

vorreformatorischen Ausstattung norddeutsche Arbeiten, aber auch flämische Schnitzaltäre der Zeit um 1500 sind zahlreich vertreten. Der wichtigste Hofmaler des 17. Jh., **David Klöcker Ehrenstrahl** (1628–98), stammte aus Norddeutschland. Im 18. Jh. ging man zum Kunststudium nach Paris, wie der Porträtmaler **Alexander Roslin** (1718–93), der mit der ›Dame mit dem Schleier‹ eines der besten Werke des schwedischen Rokoko schuf. Den Bildhauer **Johan Tobias Sergel** (1721–1814) zog es von Paris weiter nach Rom. Er führte einen stark an der Antike orientierten Stil in Schweden ein.

Die Blütezeit der schwedischen Malerei und Skulptur begann erst gegen Ende des 19. Jh. mit einer der Nationalromantik nahestehenden Künstlergeneration, die sich schließlich ganz von der Akademie abwandte. 1885 wurde der unabhängige Künstlerverband der ›Opponenterna‹ gegründet. Jedes seiner Mitglieder entwickelte auf individuellem Weg einen ganz eigenen, spezifisch skandinavischen Stil. Hauptinspirationsquelle waren die Natur und das einfache Leben auf dem Land, und dorthin zogen die Künstler sich zurück. Um den Bildhauer **Christian Eriksson** (1858–1935) scharten sich am Racken-See in Värmland die Künstler der Rackstad-Gruppe. Doch die bekanntesten Maler dieser Zeit, Carl Larsson und Anders Zorn, lebten in Dalarna: **Anders Zorn** (1860–1920) der mit seinen ›in Licht badenden‹ Akten inmitten von Naturszenerien bis heute auf Auktionen Höchstpreise erzielt, als international anerkannter ›Star‹ in einem ausgebauten alten Bauernhaus in Mora, sein Freund **Carl Larsson** (1853–1919) in einem Dorf bei Falun, wo er den Rückzug ins Familienleben kultivierte und mit der Aquarellserie ›Ett hem‹ (1899) bis heute stilprägend für Inneneinrichtungen ist. Im Hause Zorn ein und aus ging auch der ›Malerprinz‹ **Eugen** (1865–1947), jüngster Sohn König Oskars II., der ebenfalls in Paris studiert hatte. In der Umgebung von Stockholm richtete er sich Ateliers und Sommersitze ein und malte seine stimmungsvollen Landschaftsbilder. Sein Haus in Waldemarsudde auf Djurgården ist heute Museum und zeigt seine umfangreiche Sammlung von Werken seiner Kollegen, darunter Tierbilder von **Bruno Liljefors** (1860–1939), späte Bilder von **Ernst Josephson** (1857–1906) mit expressionistischen Zügen und **Eugène Janssons** (1862–1915) Stadtimpressionen, die ebenso an die Farbsymphonien eines Turner oder Whistler erinnern wie an Van Goghs Postimpressionismus.

Das Studium in Paris gab damals auch der Bildhauerei neue Impulse. **Carl Milles** (1875–1955), der erst dem Symbolismus nahestand, wurde ab ca. 1910 zu einem der international renommiertesten schwedischen Künstler. Seine Orpheusfontäne vor dem Konzerthaus in Stockholm, der Poseidonbrunnen am Götaplats in Göteborg und der Europa-Brunnen in Halmstad sind Hauptwerke der skandinavischen expressionistischen Skulptur. Am beeindruckendsten ist aber ein Besuch im Millesgården bei Stockholm, wo fast sein gesamtes Werk wirkungsvoll präsentiert wird.

›Naive‹ Tendenzen brachten Bror Hjorth, Hilding Linnquist und Eric Hallström ins Spiel, den Surrealismus vertraten die letzten Mitglieder der **Halmstad-Gruppe** noch bis in die 70er Jahre. Einen ganz eigenständigen expressionistischen Stil entwickelte besonders **Bror Hjorth** (1894–1968) mit seinen farbstarken und teilweise als Relief gearbeiteten Werken meist zu biblischen Themen. Sein Atelier in Uppsala ist heute Museum, sein berühmtestes Werk, der Triptychon über das Wirken des Predigers Laestadius, ist in der Kirche von Jukkasjärvi bei Kiruna in Lappland zu sehen.

In den 60er und 70er Jahren wehte der Wind natürlich auch in Schweden aus den USA, Einflüsse der Pop Art schlugen sich beispielsweise in den fantasievollen Arrangements aus Comic-Versatzstücken von **Öyvind Fahlström** (1928–76) nieder oder in den farbenfrohen Landmarken von **Bengt Lindström** (geb. 1925), wie das Y:et in Timrå oder einem ›Lappenzelt‹ in Arjeplog. Heute tragen schwedische Künstler ihren nicht geringen Teil zur internationalen Szene bei. Die zeitgenössische Kunst ist ein wichtiger Aspekt der Kulturpolitik, und fast jede Stadt bietet in einer Ausstellungshalle die Möglichkeit, sich durch Betrachtung neuer Werke ein Bild von der aktuellen schwedischen Kunstszene zu machen.

Literatur

Die ca. 8,8 Mio. Schweden stellen ein äußerst lesefreudiges Publikum: 1992/93 erschienen über 3000 neue Titel auf dem Buchmarkt, mit insgesamt, Nachauflagen eingerechnet, rund 25 Mio. Exemplaren. Dieser Lesestoff versorgt einen kleinen einheimischen Markt. Nur ein Bruchteil davon wird ins Deutsche übersetzt – dennoch: Schweden stellt im Vergleich zu anderen Sprachen relativ viele Literaturnobelpreisträger. Aber von den drei außerhalb Schwedens mit Abstand bekanntesten Autoren, August Strindberg, Selma Lagerlöf und Astrid Lindgren, erhielt als einzige Selma Lagerlöf den Nobelpreis.

Zu den ersten Werken in schwedischer Sprache gehörte **Olaus Petris** Bibelübersetzung von 1526 bzw. 1541. Als ›Vasa-Bibel‹ war sie noch bis 1917 in Gebrauch. Als stilistischem Erneuerer der schwedischen Sprache gebührt auch dem Botaniker **Carl von Linné** (1707–78) ein Platz in der Literaturgeschichte. Vor allem seine Reiseschilderungen wie die ›Lappländische Reise‹ (1732) brachten frischen Wind in die umständliche, am Französischen orientierte schwedische Schriftsprache. Die Schriften seines Zeitgenossen **Emanuel Swedenborg** (1688–1772) erschienen zwar hauptsächlich auf Latein, hatten aber nicht zu unterschätzenden Einfluß auf die europäische Literatur und Philosophie von Goethe und Schiller bis hin zu Strindberg. Swedenborg, ein visionärer Theosoph und Mystiker, der als Naturforscher und Ingenieur begann, interpretierte die Offenbarung der Bibel als Auftrag für eine Erneuerung der Kirche und wurde damit zum Impulsgeber der Swedenborgianer-Sekte.

Der größte Dichter des 18. Jh., einer Zeit, in der die Künste dank der Protektion Gustavs III. blühten, während es den Menschen schlecht ging, war **Carl Mikael Bellman** (1740–95), dessen Texte und Lieder ›Fredmans epistlar‹ (1790) vom Gevatter Movitz und der schönen Ulla Winbladh bis heute von Liedermachern interpretiert werden. Sie spiegeln genau die Zeitumstände des schwedischen Rokoko, die geprägt waren von maßloser Vergnügungssucht und tiefstem Elend.

Nach Romantik und Realismus lieferte Mitte des 19. Jh. **Frederika Bremer** (1801–65) Anstöße für eine starke Frauenemanzipationsbewegung. In den 80er Jahren wurde der Dramatiker und Romancier **August Strindberg** (1849–1912) zur führenden literarischen Gestalt in Schweden, der sich gleichermaßen über Politik, Kunst und – sein Haßthema – die Frauenemanzipation ausließ. Der als unehelicher Sohn eines Dienstmädchens geborene Strindberg – so auch der Titel seiner Autobiographie ›Tjänstekvinnans son‹ – wurde zeitlebens nicht mit seiner Herkunft fertig und erhielt auch erst spät Anerkennung im eigenen Land. Heute ist er als der wichtigste schwedische Dramatiker unbestritten, und alljährlich im Spätsommer

finden in seinem Intima Teatern in Stockholm wieder Aufführungen im Rahmen des Strindbergfestivals statt.

Während sich Strindberg in ›Röda Rummet‹ (Das Rote Zimmer, 1879) in erster Linie in beißender Gesellschaftskritik übte, schlug man auf dem Lande andere Töne an. **Verner von Heidenstam** (1849–1940) gilt als Exponent der schwedischen Nationalromantik, doch wird seine Lyrik heute kaum mehr gelesen.

Die Romane von **Selma Lagerlöf** (1858–1940) dagegen, allen voran natürlich ›Nils Holgerssons wunderbare Reise mit den Wildgänsen‹, erlebten seit dem Erscheinen unzählige Auflagen. Die als Lehrerin arbeitende Schriftstellerin schrieb dieses Buch ursprünglich, um Kindern die schwedische Geographie näherzubringen. ›Gösta Berlings Saga‹ (1891), ihr anderer berühmter Roman, beschreibt den Niedergang der alten bäuerlichen Herrenhofkultur in ihrer Heimat Värmland.

Die Hinwendung zum Regionalen begann damals und blieb ein bestimmendes Element der schwedischen Literatur. So schrieb **Hjalmar Bergman** (1883–1931) in seinen realistischen Romanen über die Region Bergslagen mit der Stadt Örebro, in seinen Romanen Wadköping genannt.

In den 20er und 30er Jahren feierte die Arbeiterliteratur den Durchbruch. Die Autoren dieses Genres stammten oft selbst aus dem Arbeiter- und Bauernmilieu, und ihre Schilderungen basieren vielfach auf eigenen Erfahrungen. Genaueste Archivstudien betrieb **Vilhelm Moberg** (1898–1973) für seine Romantrilogie über das Schicksal derer, die Mitte des 19. Jh. aus wirtschaftlichen Gründen von Småland nach Amerika emigrierten. **Ivar Lo-Johansson** (1901–90) beleuchtete das Los der *statare*, Landarbeiter oder Tagelöhner, die mittellos in die Großstädte zogen, um in den Fabriken zu arbeiten. Aus diesem Milieu stammte zwar auch **Eyvind Johnson** (1900–76), der aber unter dem Einfluß des Joyceschen Bewußtseinsromans zu einer eigenen Erzählform fand. Die Handlungen sind oft in seiner Heimat Norrland angesiedelt.

Die 60er und -70er Jahre waren geprägt vom starken politischen Engagement der Schriftsteller und der Auseinandersetzung mit dem selbstzufriedenen Establishment im schwedischen ›Modell‹-Staat. Zu diesen Autoren gehört **Jan Myrdal** (geb. 1927) mit seiner ›Reportage aus einem chinesischen Dorf‹ (1963). Seine mehrbändige Autobiographie (›Das dreizehnte Jahr‹), in der er seine schwierige Kindheit als Sohn des berühmten Forscherpaares Alva und Gunnar Myrdal aufarbeitete, schockierte die schwedische Öffentlichkeit.

Ob man **Lars Gustafsson** (geb. 1936), der heute in den USA lebt, noch als schwedischen Schriftsteller bezeichnen kann, ist fraglich. Er verarbeitet in seinen Romanen wissenschaftstheoretische Erkenntnisse und sprachwissenschaftliche Theorien. Der anspruchsvolle philosophische Hintergrund und die komplizierte Erzählstruktur machen seine Romane nicht gerade zu den leicht verdaulichen Schöpfungen dieser Gattung, mit Ausnahme des Thrillers ›Die dritte Rochade des Bernard Foy‹.

Besseren Einblick in das Schweden der 70er und -80er Jahre geben die zehn Romane von **Maj Sjöwall** (geb. 1935) und **Per Wahlöö** (1926–75). Als Kriminalromane stehen sie weniger in der klassischen *Whodunnit*-Tradition, sondern beleuchten gesellschaftliche Mißstände und nehmen Stellung zu politischen Fragen. Die Romanverfilmungen waren auch im deutschen Fernsehen als ›Kommissar-Beck‹-Serie ein Erfolg.

Im Thriller-Genre setzen **Jan Guillou** (geb. 1944) mit Spionageromanen und **Henning Mankell** mit psychologisch durchtriebenen Krimis die schwedische Tradition der Serientäter fort.

Starke Frauen stehen im Mittelpunkt der Romane von **Kerstin Ekman** (geb. 1933). ›Hexenringe‹ (1974, dt. 1989) eröffnete einen Zyklus von vier Romanen, die Einblick geben in die Zwänge der Lebenswelt besonders der kleinen Leute, angefangen von Mitte des 19. Jh. bis in die Gegenwart, wobei die weibliche Perspektive immer präsent ist. Ekmans in den 90er Jahren entstandenen Romane beschäftigen sich mit den Problemen des Wohlfahrtsstaats.

Auch **Marianne Fredriksson** (geb. 1927) setzt sich mit Frauenschicksalen auseinander, ›Hannas Töchter‹ – in Deutschland 1997 ein Bestseller – beleuchtet die historischen Veränderungen der schwedischen Gesellschaft über drei Frauengenerationen hinweg.

Einen bedeutenden Exportfaktor der schwedischen Verlagsbranche stellen Kinderbücher dar. Weltweit am bekanntesten sind eindeutig die Bücher von **Astrid Lindgren** (geb. 1907), die inzwi-

schen in 60 Sprachen übersetzt sind. 1945 erschien der erste ihrer Pippi-Langstrumpf-Bände. Viele meinen, nichts habe das Schwedenbild im Ausland mehr geprägt als gerade das, welches Astrid Lindgren in Büchern wie ›Ferien auf Saltkrokan‹ oder ›Wir Kinder von Bullerbü‹ zeichnet. Von der 1907 bei Vimmerby in Småland geborenen und in der Idylle des ländlichen Schweden aufgewachsenen Autorin erschien zuletzt 1981 ›Ronja Räubertochter‹. **Sven Nordqvist** (geb. 1946) ist ein anderer berühmter Kinderbuchautor, der mit seinen witzigen und hintergründigen, von ihm selbst illustrierten Geschichten um den alten Pettson und seinen Kater Findus auch Erwachsene fasziniert. Und erst 1997 wurde **Per Nilsson** (geb. 1954) für seine engagierten Jugendromane mit dem deutschen Jugendliteraturpreis ausgezeichnet.

Volksmusik findet ihre Anhänger in jeder Generation

Musik und Tanz

Die lokalen Musiktraditionen der verschiedenen schwedischen Landschaften werden begeistert gepflegt und sind wichtiger Bestandteil der Volkskultur. Im Sommer kann man von einer *spelmansstämma* (Spielmannstreffen) zur nächsten ziehen, bei denen meist das traditionelle Zusammenspiel mehrerer Geigen mit ihrem unverwechselbaren, etwas melancholischen Klang dominiert. Daneben kommen bisweilen aber auch Instrumente wie Akkordeon *(dragspel),* die *nyckelharpa* (Schlüsselharfe), Flöten und Klarinetten zum Einsatz.

Dalarna und Hälsingland sind die Hochburgen der **Volksmusik** in Schweden. Der *Hälsinge-hambo,* ein Tanzwettbewerb, bei dem die Tänzer den ganzen Tag bis zur Erschöpfung herumwirbeln, findet alljährlich im Juli statt. Die **Volkstänze** sind meistens Polkavarianten, sieht man einmal vom Ringelreihen um den Maibaum an Mittsommer ab. Und erstaunlicherweise erfreut sich nicht nur bei den reiferen Jahrgängen der *mogendans* (wörtlich ›reifer Tanz‹), der Tanzabend mit den üblichen Gesellschaftstänzen, abwechselnd Walzer, Cha-Cha-Cha und Boogie-Woogie, noch großer Beliebtheit.

In der Stockholmer Kulturszene haben **Ballett und Tanz** einen festen Platz. Das ursprünglich 1773 von Gustav III. gegründete Königliche Ballett erhielt unter der Leitung von Birgit Cullberg – Schülerin von Kurt Jooss und Martha Graham – in den 50er Jahre wichtige Impulse aus dem Modern Dance. Weitere innovative Tanztheater-Elemente brachte ihr Sohn Mats Ek ein, der das Cullberg-Ballett heute leitet.

Nachdem in den 20er Jahren der Volkssänger Evert Taube große Popularität erlangte, etablierte sich in den

70er Jahren eine neuere **Liedermachertradition.** Der *trubadur* Cornelis Vreeswick knüpft dabei teilweise an das große Vorbild Carl Mikael Bellman aus dem 18. Jh. an, den ›schwedischen François Villon‹, und interpretierte dessen Trinklieder, während ein Poet wie Ulf Lundell eher in der Rockmusiktradition steht.

In Schweden wie in ganz Skandinavien hat sich eine besonders lebendige **Sommerfestivalkultur** entwickelt. Nahezu jedes Wochenende findet irgendwo zwischen Smygehuk und Abisko ein Open Air Festival statt: Hultsfred versammelt die Rock- und Emmaboda die Popfans, Folkmusikfreunde ziehen nach Falun, wo weniger einheimische als internationale Vertreter von Folk und Blues auftreten. Und bei den Göteborger Jazztagen hört man vornehmlich skandinavische Musiker und Bands.

Denn auch eine ganze Reihe international renommierter **Jazz**musiker stammen aus Schweden. Stan Getz sagte einmal über Altmeister Lars Gullin (1928–76), er sei »einer der größten Jazzmusiker der Welt«. Tatsächlich war er in den 50er Jahren einer der wenigen bekannten Europäer in der amerikanisch dominierten Welt des Jazz. Bobo Stenson (geb. 1944) gehört heute neben Lennart Åberg zu den bekanntesten Bandleadern, der auch mit den norwegischen Größen Jan Garbarek und Terje Rypdal zusammenarbeitete.

Die schwedische **Popmusikszene** ist nicht erst seit ABBA ein Begriff, Nachfolger des Viererspanns in den internationalen Charts sind Europe, Roxette oder Ace of Base. Während Roxette 1998 zu neuer Kreativität fand, knüpfen die ganz jungen Nachwuchsbands der späten 90er wie Cardigans und Backfish unverblümt an den Sound der 60er und 70er und das Vorbild ABBA an. Für frischen Wind sorgen die finnisch-schwedische Band Hedningarna und ihre Kombination uralter Musiktradition mit Rock- und Techno-Elementen

Film

Am 28. Juni 1996 wurde in Malmö das hundertjährige Jubiläum der ersten Filmvorführung in Schweden gefeiert. Wie ein Jahr zuvor in Deutschland, war man 1896 auf der Industrie- und Kunsthandwerksausstellung begeistert von den ›lebenden Bildern‹ – so das griechische Fremdwort, nach dem noch heute im Schwedischen die Kinos *biograferna* (oder einfach *bio*) heißen. 1897 gab es die ersten schwedischen Filmaufnahmen, und 1909 wurde die erste Filmgesellschaft gegründet, in dem Haus in Kristianstad, wo heute das nationale Filmmuseum untergebracht ist und man sich die ersten Stummfilme anschauen kann. Das goldene Zeitalter des schwedischen Stummfilms dauerte nicht lange: Die wichtigsten Regisseure, Victor Sjöström und Mauritz Stiller, wechselten Anfang der 20er Jahre nach Hollywood, zusammen mit dem ersten großen Filmstar: Greta Garbo. Ingrid Bergman war die nächste, die nach Hollywood ging.

Aber die Krise der Filmwirtschaft endete während des Zweiten Weltkriegs, als Einfuhrbeschränkungen einheimischen Produktionen Aufwind verschafften: Alf Sjöberg, Maj Zetterling und Ingmar Bergman begannen damals zu arbeiten und feierten in den 50er Jahren große internationale Erfolge, Sjöberg mit ›Fräulein Julie‹ 1951 und Bergman 1956 in Cannes mit ›Das Lächeln einer Sommernacht‹. Seine Filme ›Das Schweigen‹ (1963), ›Von Angesicht zu Angesicht‹ und ›Szenen einer Ehe‹ loten die psychologischen Tiefen menschlicher

Beziehungen bis an die Grenzen aus und fanden vor allem in den 70er Jahren größte Resonanz weit über die Landesgrenzen hinaus. Der stimmungsvolle Streifen ›Fanny und Alexander‹ (1982) wird heute als Bergmans bester Film bezeichnet.

Neben dem großen Regisseur Bergman konnten sich nur wenige andere etablieren. Jan Troell wurde durch seine Verfilmung von Vilhelm Mobergs Romanen ›Die Auswanderer‹ bekannt, die mit Liv Ullmann und Max von Sydow in den Hauptrollen auch bei uns als Fernsehserie lief. Außerdem drehte Troell eine filmische Biographie über den alternden norwegischen Schriftsteller Knut Hamsun, der wegen seiner Sympathien für das Naziregime nicht nur in seinem Heimatland geächtet wurde.

Maj Zetterling, die zunächst als Schauspielerin Karriere machte, widmete sich vor allem der Sache der Frauen. Ihr Film ›Amorosa‹ (1988) behandelt das Leben der schwedischen Autorin Agnes von Krusenstjerna, die Mitte der 30er Jahre mit ihren offenen Schilderungen weiblicher Sexualität Aufsehen erregte.

Produktionen mit großem Einfluß auf den Dokumentarfilm sind in Schweden entstanden, so Arne Sucksdorffs Kurzfilm ›Menschen in der Stadt‹ (1946), der einen Oscar erhielt. Zu den wichtigsten Dokumentarfilmern gehört Stefan Jarl, dessen bekanntester Film ›Naturens hämnd‹ (Die Rache der Natur, 1982) sich dem Thema Naturzerstörung in aufrüttelnder Weise widmet.

Wie die Kinderliteratur sind schwedische Kinderfilme ein großer Exportschlager. Nach Olle Hellboms Astrid-Lindgren-Verfilmungen der 60er Jahre wurde Tage Danielsson 1985 für ›Ronja Räubertochter‹ bei den Filmfestspielen in Berlin mit dem silbernen Bären für Phantasie preisgekrönt.

Ein Volk feiert feste

Das Vorurteil, die Schweden seien unnahbar und kühl, stimmt zumindest für den Sommer ganz und gar nicht. Schon den Einzug des Frühlings feiert man am 30. April in der **Walpurgisnacht** *(valborgsmässoafton)* vor allem in Studentenkreisen ziemlich ausgelassen mit viel Gesang und Lärm. Traditionell knallen dann die Kanonen und vertreiben die bösen Geister des Winters. Außerdem werden Feuer abgebrannt, die die dann vor allem im Norden noch ziemlich langen Nächte erhellen und die winterlichen Temperaturen etwas mildern.

In dem kurzen Sommer geraten die Schweden dann völlig aus dem Häuschen. Auftakt und Höhepunkt ist das Volksfest **Mittsommer,** das ausgelassen und voller Begeisterung ganz ohne nationale Untertöne gefeiert wird. Zu dem äußerst kommunikativen Ringelreihen um den Maibaum werden Fremde ausdrücklich eingeladen, genau wie zu den vielen anderen Sommerfesten. Das Schauspiel beginnt meist am frühen Nachmittag des Freitags vor dem Wochenende, das der Sommersonnenwende am nächsten liegt. An diesem *midsommarafton* schließen die Geschäfte früher, dann sammelt sich alles zum feierlichen Aufrichten des Maibaums *(majstång),* der mit grünem Birkenlaub und von Kindern gewundenen Blumenkränzen geschmückt ist. Sein Ursprung liegt in deutschen Maibräuchen. Erst wird er von starken Männern in einem feierlichen Zug mit Musikbegleitung durch das Dorf getragen, um am späteren Standort mit dramatischem Hauruck aufgerichtet zu werden. Dort macht der Baum mit der langsam verwelkenden Blumenpracht den Rest des Jahres das Dahinschwinden der kurzen Sommerzeit augenfällig. Wenn der Baum sicher steht und alles Volk versammelt ist, beginnen zu traditioneller Spielmannsmusik die Ringeltänze, eine Angelegenheit der blumenbekränzten Kinder. Anschließend zieht man sich zu privaten Festlichkeiten zurück. In Dalarna sind die Mittsommerbräuche noch am ursprünglichsten; hier wetteifern die ganze Woche lang die kleinen Kirchspiele um den schönsten Maibaum, der nicht überall am *midsommarafton* aufgerichtet wird, und man kann hier rauschende Feste erleben, mit fröhlichem Tanz auf der Tenne, aber auch (alkohol-)exzessivere Varianten, für die Dalarna inzwischen landesweit berüchtigt ist.

Schon in spätsommerlicher Atmosphäre werden in der zweiten Augusthälfte eher kulinarische Ereignisse als Anlaß zum Feiern genommen. Das traditionelle **Krebsessen** markiert eigentlich die Eröffnung der Krebsfangsaison, mangels heimischer Flußkrebse – Krankheiten und schlechte Wasserqualität haben die Krustentiere in Schweden zur Rarität werden lassen – kauft man heute tiefgekühlte, schon fertig nach schwedischem Rezept in Dillsud gekochte Exemplare aus dem Ausland. Der Fang schwedischer Krebse ist streng reglementiert und praktisch unbezahlbar. Auf der *kräftskiva* werden die Krebse in fröhlicher Runde verzehrt, wobei die Teilnehmer mit bunten Hütchen und Papierlätzchen ausstaffiert werden; weil man von den Krebsen nicht satt wird, ißt man reichlich Käsebrot dazu, und manche nehmen auch den Spruch »ein Krebs, ein Schnaps« wörtlich.

Aquavit gehört in jedem Fall auch zu dem zweiten, weitaus anrüchigeren Festessen des Spätsommers, dem **Surströmmingsfest** (s. S.282). Das kann daran liegen, daß der vergorene Hering aus den Dosen mit dem gewölbten Deckel, deren Öffnung ein besonderes Ri-

Unbestrittener Höhepunkt des schwedischen Sommers ist das Mittsommer-Fest

tual erfordert, sonst nicht verdaulich ist. Auf jeden Fall schreckt der üble Geruch den Nichtschweden in der Regel ab. Der Hering wird mit neuen Kartoffeln, am besten die kleinen feinen *mandelpotatis,* und reichlich Getränken unter freiem Himmel genossen, ursprünglich eine Spezialität der nördlichen Ostseeküste Höga Kusten. Hier werden auch noch die meisten Strömlinge *(strömming)* in

Abschied vom ›schwedischen Modell‹?

Jahrzehntelang hatte der schwedische Wohlfahrtsstaat weltweit Modellcharakter. Das in den 30er Jahren entwickelte Konzept vom *folkhem,* vom ›Volksheim‹, in dem niemand Armut leiden müsse, funktionierte immerhin ein halbes Jahrhundert. Grundlagen waren ein stetes Wachstum, hohe Produktivität und krisenfreie Zeiten: Der Zweite Weltkrieg, der Mitteleuropa verwüstete, war für die schwedische Stahl- und Waffenindustrie eher ein Segen.

1982 schrieb Hans Magnus Enzensberger über Schweden: »Hier schien niemand an seine eigenen Interessen zu denken. Niemand appellierte an die niedrigen, selbstsüchtigen Instinkte, von denen andere Gesellschaften besessen waren. (…) Mitten im Kapitalismus soviel Eintracht, soviel Solidarität, soviel Selbstlosigkeit? (…) Ich fragte mich nach dem Preis dieses Friedens, nach den politischen Kosten dieser Umerziehung …«.

Kritiker hat das Land der ›real existierenden Sozialdemokratie‹ schon immer gehabt – kein Wunder, in einem System, in dem von der Wiege bis zur Bahre alles vom Staat geregelt wird und die Steuerbelastung bisweilen astronomische Höhen erreichte. Jeder weiß, was der andere verdient. Wer wieviel Steuern zahlt, ist öffentlich bekannt, es gibt keine heimlichen Millionäre. Die Daten jedes einzelnen sind in zentralen Computern gespeichert, ›big brother‹ weiß (fast) alles.

Aber die Krise des Systems ist weniger ideologisch als wirtschaftlich bedingt. Sie setzte Mitte der 90er Jahre mit der Rezession in den westlichen Industrieländern ein. Das Schwedische Modell habe abgewirtschaftet, frohlocken schon Konservative überall in Europa. Die sozialdemokratische Regierung selbst ist es, die dem Land Einschnitte ins soziale Netz und Sparkuren verordnet: Maßnahmen zur Gesundheitsreform, die deutsche Krankenversicherte erblassen lassen würden, Streichung von Zuschüssen für kinderreiche Familien, Rückzahlung von Studiengeldern, Einführung von Karenztagen, Hausbesuche bei kranken Arbeitnehmern und das Kalmarer Modell, nach dem Arbeitslose zu Arbeiten in kommunalen Einrichtungen eingesetzt werden können, sind nur einige Beispiele. Aber: Die Bürger tragen es gelassen, eine Revolution findet nicht statt; nur kurze Zwischenspiele in der Regierungsverantwortung waren den Bürgerlichen vergönnt, die ja in puncto Sozialstaat auch keine Alternative bieten. Die Sozialdemokraten, die die politische Kultur schon so lange prägen, regieren mit erstaunlich langem Atem. Und sie haben mit ihrer einschneidenden Politik Erfolg, zumindest die Konsumzahlen steigen wieder. Vielleicht wird Schweden wieder ein Modell, diesmal für den dritten Weg zwischen Neoliberalismus (-sprich ungezügeltem Kapitalismus) und sozialdemokratischem Dogmatismus?

Dosen gepackt, komplett und mit nur wenig Salz, was die augenfälligen Gärvorgänge dann in Gang setzt.

Nach den sommerlichen Exzessen verfällt die Nation im Winterhalbjahr oft in tiefe Lethargie, die sich im hohen Norden bis zur *lappsjukdom,* einer handfesten Depression, steigern kann, die gemeinhin für den unvernünftigen Umgang mit Alkohol verantwortlich gemacht wird. Ein wenig Licht in die winterliche Tristesse bringt am 13. Dezember das **Luciafest.** Ein weißgekleidetes Mädchen mit grünem Kranz und Kerzen auf dem Kopf ist mit seinem Geleitzug Mittelpunkt einer Feier, häufig in Kindergarten, Schule oder Gemeinde. Anschließend gibt es, wie könnte es anders sein, Luciakaffee und ein ganz bestimmtes Hefegebäck, *luciakatten.* Dem Namen nach erinnert das Fest an die sizilianische Heilige Lucia – im hohen Norden steht aber nicht die Person dieser Heiligen, sondern eher das Licht (lat.: *lux*) als vorausdeutendes Symbol für die Wiederkehr der Sonne nach dem langen Winter im Mittelpunkt. Wenige Wochen später ist es dann auch soweit und zur Wintersonnenwende am 24. Dezember steht das Weihnachtsfest, **Jul,** ins Haus, ganz ähnlich wie bei uns mit Geschenken *(julklapp)* unterm Weihnachtsbaum, der als Import deutschen Brauchtums in den Norden kam, und dem Weihnachtsmann *(tomte).*

Hering, Knäckebrot und Elchsteak – Die schwedische Küche

Beim Stichwort schwedische Küche denken die meisten zuerst an Smörgåsbord. Als Erfolgsrezept, wie man eine große Schar hungriger Menschen ohne großen Personalaufwand satt be-

kommt, hat diese Form des Buffets ihren Siegeszug inzwischen durch die internationalen Hotels der Welt angetreten. Es handelt sich – ein typisches Understatement – keineswegs um einen Tisch *(bord)* mit Butterbroten *(smörgås),* sondern um eine reich mit warmen und kalten Speisen gedeckte Tafel, auf der sich fast alle für die schwedische Küche typischen Gerichte wiederfinden.

Bei den wiederholten Gängen zum Buffet kann man sich an die klassische Speisenfolge halten. Den Auftakt bildet, wie auch beim Lunch, ein Salat, der neben Salatblättern beispielsweise beim Mimosasallad süße Früchte und hartgekochtes Ei oder beim Västkustsallad Meeresfrüchte enthält. Muscheln *(musslor)* und Garnelen *(räkor)* leiten über zu den kalten **Fischgerichten.** Neben Räucherlachs *(rökt lax)* ist *gravad lax* die bekannteste Spezialität. Der rohe filetierte Fisch wird mit Salz und Zucker bestreut und mit Dill aromatisiert. Nach ein paar Tagen im Kühlschrank (früher wurde er eingegraben, daher der Name) ist der Fisch in der Beize kalt gegart und genußfertig. Nach diesem Rezept werden übrigens nicht nur Lachse, sondern auch andere Fische und sogar Fleisch behandelt.

Berühmt ist Schweden aber vor allem für den süß-sauer eingelegten Hering *(inlagd sill).* Die gängigsten Varianten sind *senapssill* in zitronengelber Sahnesauce mit Senfgeschmack und *ansjovissillfileer,* deren unverwechselbarer, aber leckerer Geschmack durch Beigabe von Salpeter erzeugt wird. Außerdem gibt es noch *dillsill* (Dillhering), *glasmästarsill* (in Stücke geschnitten, mit Karotten und Zwiebeln) und viele andere Einlegevarianten. Allen gemeinsam ist die Vorliebe fürs Süße.

Das gilt auch für das schwedische **Brot,** mit Ausnahme von Knäckebrot.

Äußerlich unterscheiden sich die dunkelbraunen Brotlaibe nicht vom deutschen Sauerteigbrot, aber eine Kostprobe zeigt: Hier wurde tief in den Zukker- und Gewürztopf gegriffen: Anis, Zimt, Piment oder Fenchel finden Verwendung. Auch das *tunnbröd,* eine norrländische Spezialität, ist meist gesüßt, wenn auch nicht so stark. Das dünn ausgerollte Fladenbrot erfreut sich zunehmender Beliebtheit. In vielen Freilichtmuseen im Norden kann man zusehen, wie es gebacken wird und es gleich warm probieren – sehr empfehlenswert.

Das Smörgåsbord bietet auch oft warme Gerichte der **Hausmannskost,** wie etwa *Janssons frestelse.* Übersetzt heißt das ›Janssons Versuchung‹ und ist ein Auflauf aus Kartoffeln, Zwiebeln und Anchovis oder entsprechenden Heringsfilets. Auch die aus der Cafétería eines ›unmöglichen‹ Möbelhauses bekannten *köttbullar,* kleine Fleischbällchen in brauner Sahnesauce, finden sich hier wieder, ebenso wie *kåldolmar,* nichts anderes als die aus der deutschen Küche vertrauten Kohlrouladen. Zu allen warmen Gerichten ißt man gerne Kartoffeln *(potatis),* die in Schweden wirkliche Delikatessen sein können, vor allem die legendären kleinen *mandelpotatis,* die frisch aus der Erde in der Schale gekocht traditionell zu Mittsommer mit Hering genossen werden. Verbreitet ist außerdem Kartoffelbrei *(mos),* der auch in einer Variante mit Möhren beliebt ist. Und natürlich gehört ein Schlag Preiselbeergelee *(lingonsylt)* zu vielen Fleischgerichten. Zur Hausmannskost zählt auch *stekt strömming,* Brathering.

In einem großen Land mit vielen ausgeprägten Regionen gibt es natürlich auch **lokale Küchentraditionen.** Vor allem die südschwedische Küche gilt als üppig und überhaupt nicht kalorienbewußt. Skåne nennt sich mit Hinweis auf seine vielen nahrhaften Spezialitäten und die Fülle ambitionierter Gasthöfe und Restaurants ›Madariket‹ (Reich des Essens). Neben Hering wird hier viel Aal angeboten, geräuchert, gebraten oder in Gelee. Schonen ist auch das Land der Martinsgänse, die wie in Deutschland im November auf den Tisch kommen. Und für Freunde süßer Sachen gibt es *spettkaka:* ein luftiger, aus Fett, Eiern und Zucker kunstvoll gebackener Kuchen.

An der nördlichen Küste von Bohuslän genießt man Hummer, Garnelen und sogar Austern, aber natürlich auch Nordseefische aller Art. Geräucherte Flundern und Ostseeheringe sind die Spezialität von Gotland und der Ostseeküste. Der Ostseehering *strömming* ist viel kleiner als sein Kollege aus der Nordsee und wird an der gesamten Ostseeküste gebraten, geräuchert oder eingelegt verwendet.

Nach Norden zu wird die Küche immer karger, das Angebot an frischen Gemüsen naturgemäß geringer. Gerade die norrländische Küche hat aber viele leckere Spezialitäten zu bieten, neben dem erwähnten *tunnbröd* etwa süß gefüllte Mehlklöße, wie der *pitepalt,* der in Piteå mit einem großen Fest gefeiert wird. Entsprechend den natürlichen Grundlagen kommt im Norden häufiger **Wild** auf den Tisch. Tiefgefroren gibt es portioniertes Elch- und Renfleisch auch im Supermarkt, was Selbstversorgern im Ferienhaus die Möglichkeit eröffnet, z. B. Elchgulasch zuzubereiten. Dazu gehören natürlich unbedingt **Pilze** *(svampar)* als Beilage. Wer selbst zu den leidenschaftlichen Sammlern gehört, wird sich in Schweden wahrscheinlich im Paradies wähnen, vorausgesetzt der Sommerregen meint es mal wieder gut: Pfifferlinge *(kantareller)* gibt es in hellen Scharen, und auch knackige und ansehnliche Exemplare von Steinpilz *(karl-johan)* und Rotkappe bzw. Birkenpilz sind ab Ende Juli und im August häufig zu finden.

Frisches **Obst** aus dem eigenen Land ist in Schweden erst im Hochsommer zu haben, ab Ende Juni gibt es Erdbeeren *(jordgubbar)*, im späten Juli und August Johannisbeeren *(vinbär)*, gern auch schwarze, die hauptsächlich für die Heimproduktion von Aufgesetztem Verwendung finden. In der Regel nicht kaufen, sondern nur selber pflücken kann man die wilden Walderdbeeren *(smultron)*, eine an Aroma unübertroffene Köstlichkeit, nach der im Schwedischen die sogenannten *smultronställen,* jene Paradiese auf Erden, von denen es nicht viele gibt, benannt sind. Blau- oder Heidelbeeren *(blåbär)* reifen ab August. Wer Enttäuschungen vermeiden will, sollte wissen, es gibt zum Verwechseln ähnliche blaue Beeren: Die fade schmeckende Krähenbeere ist leicht an den völlig andersartigen Blättern zu erkennen, die aussehen wie winzige Fichtenzweige. Die Rauschbeere – der Name täuscht, sie ist nicht giftig und verursacht auch keine Räusche, sonst wäre sie in Schweden bereits ausgerottet – hat weißes Fruchtfleisch, und am Wuchs sind die im Vergleich zur Blaubeere hohen Sträucher mit geschultem Blick gut zu erkennen.

Spätestens Ende August beherrschen die Preiselbeeren *(lingon)* vielerorts den Kiefernwald mit roten Farbtupfern. Weiter im Norden von Jämtland bis Lappland sollte sich mit Gummistiefeln und Mückenmittel bewaffnen, wer Moltebeeren *(hjortron)* pflücken will. Das ›Gold des Nordens‹ (s. S. 244) wächst nur am Rand von Mooren. Frische Moltebeeren oder Marmelade kann man natürlich auch kaufen, sie sind aber sehr, sehr teuer.

Eine ideale Kombination sind gezukkerte Multbeeren und *filmjölk.* Die Vielfalt der **Milch**produkte in Schweden ist erstaunlich. *Filmjölk* heißt bei uns ›Schwedenmilch‹, schmeckt spritziger als saure Milch und wird nach den langfädigen Kulturen benannt, die sie produzieren. Die Spezialvariante *långfil* sollte probieren, wer in Norrland ist. Wer mehr an Süßem interessiert ist, kann als Brotaufstrich *mesmör* versuchen, der ebenfalls aus Milch gewonnen wird.

Viele **Käse**sorten hat Schweden nicht zu bieten. Wer Pikantes mag, dem sei der kräftige *Västerbotten* empfohlen, den man in dünnen Scheiben genießt. Eine Spezialität des Berglandes an der Grenze zu Norwegen ist der *Getost,* der anders als der Name suggeriert, heute nur selten aus Ziegen-, häufiger aus Kuhmilch ist. Er schmeckt süßlich und völlig anders als Käse, eher wie eingetrocknete Kondensmilch.

Preiselbeeren gehören zu den begehrten Schätzen des Waldes

Reisen in
Schweden

Der Süden

Malmö – Das Tor zum Süden

■ (S. 319ff.) Die mit 257 000 Einwohnern – davon fast ein Viertel Einwanderer – drittgrößte Stadt Schwedens ist der Brückenkopf zum Kontinent, die Drehscheibe für Handel und Verkehr mit Europa. Seit dem Beitritt Schwedens zur EU 1995 wurden die ohnehin schon lebhaften Handels- und Verkehrsverbindungen über den Sund noch intensiviert. Und nach Fertigstellung der 16 km langen kombinierten Tunnel- und Brückenverbindung über den Öresund nach Dänemark werden Kopenhagen und Malmö mitsamt ihrem Umland weiter zu einem länderübergreifenden Ballungsraum zusammenwachsen.

Die Bauten in Malmös Innenstadt spiegeln bis heute ihre beiden historischen Glanzzeiten wider: das 15. und 16. Jh., als die Stadt am Öresund eine der wichtigsten dänischen Handelsstädte und königliche Münze war, sowie die Wende zum 20. Jh., als Entwicklungen in Verkehr, Handel und Industrie zum Aufschwung führten.

Im Jahr 1145 taucht der Name ›Malmöj‹ zum erstenmal in den Annalen auf; er bedeutet ›Sandhügel‹ und bezieht sich auf den Sandrücken, auf dem sich heute der Straßenzug Västergatan, Adelgatan, Östergatan entlangzieht. 1275 mit Stadtprivilegien ausgestattet, wurde Malmö zur zweitgrößten Stadt Dänemarks. Der ungünstig gelegene Hafen und die Übermacht der Hanse bremsten die Entwicklung. Erst als Malmö 1442–44 zum Münzort der dänischen Könige wurde, begann eine Blütezeit, die ihren Höhepunkt unter Jörgen Kock, Münzmeister des Königs und Bürgermeister der Stadt

erlebte. Der einflußreiche Mann – einflußreich allein deswegen, weil er dem König oft genug Geld lieh – bezog in der Grafenfehde im Dänemark der 30er Jahre des 16. Jh. Stellung auf seiten der Reformation sowie gegen Aristokraten- und Priesterprivilegien. Damals wurde ein Kloster neben der St. Petrikirche abgerissen und 1536 das Rathaus gebaut.

Blick auf den Hedmanska gården

Nach dem Frieden von Roskilde 1658 zu Schweden gekommen, war die Handelsstadt Malmö von ihrem angestammten dänischen Hinterland abgeschnitten. Das führte zu Aufständen. Schloß Malmöhus, schon unter den Dänen eine wichtige Festung, wurde ausgebaut, die Häuser zwischen Stadt und äußeren Wallgräben des Schlosses abgerissen.

Anfang des 18. Jh. zählte Malmö kaum mehr als 5000 Einwohner, der Aufstieg zu Schwedens drittgrößter Stadt kam erst mit dem Ausbau des Hafens und der Eröffnung der Eisenbahnlinie 1856. Das Bahnhofsgebäude (1890), die turmgeschmückte Post am Hafen (1906) von Ferdinand Boberg und das Savoy Hotell (1914) gehören zu den schönsten Beispielen der Jahrhundertwendearchitektur. Die 1914 eröffnete Baltische Ausstellung, deren Architekt ebenfalls Boberg war, fand durch den Ersten Weltkrieg zwar ein schnelles Ende; doch die Bewohner Malmös verdanken ihr einen ihrer schönsten Parks, Pildammsparken,

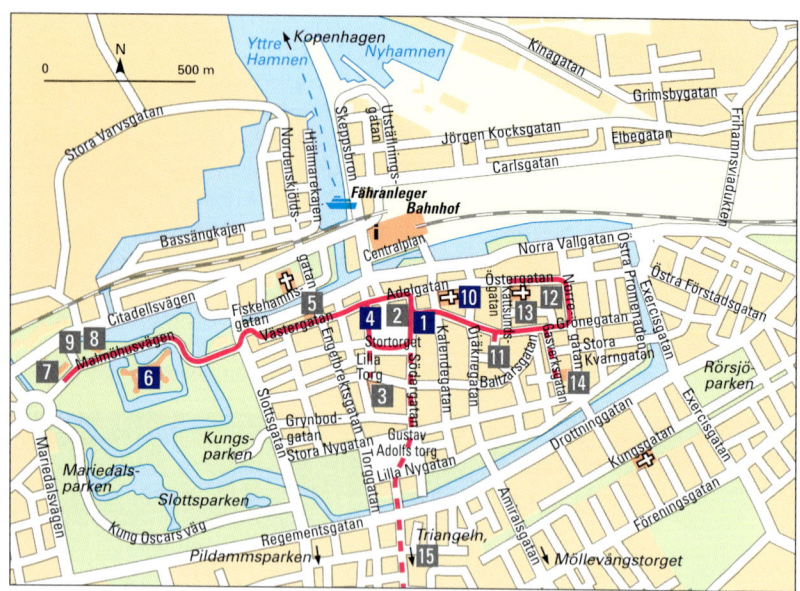

Malmö 1 Rathaus 2 Residenset (Landshövdingehus) 3 Hedmanska gården 4 Jörgen Kocks hus 5 Rosenvingehuset 6 Malmöhus 7 Tekniska Museet und Sjöfartsmuseet 8 Kommendanthus 9 Fiskehoddorna 10 S:t Petri kyrka 11 Ebbas hus 12 Thottska huset 13 St.-Gertruds-Viertel 14 Rooseum 15 Malmö Konsthall

mit dem von Königin Margareta entworfenen Pavillon.

Um die Wende zum 20. Jh. siedelte sich zunehmend Industrie in Malmö an, allen voran die Werften. In den 70er Jahren war Kockums, dessen 140 m hoher Kran noch immer die Hafensilhouette beherrscht, die führende Werft der Welt. Doch von der europaweiten Werftenkrise in den 80er Jahren war auch Malmö stark betroffen. Bis heute liegt die Arbeitslosenquote über dem Landesdurchschnitt. Vor allem von der im Jahr 2000 fertiggestellten neuen Verkehrsverbindung über den Sund erhofft sich die Stadt im dritten Jahrtausend Impulse für die Zukunft. Die 203 m hohen Brücken-Pylonen der Schrägseilkonstruktion überragen die Werftkräne um einiges.

Stadtbesichtigung

Die eigentliche, durch Kanäle und Wallgräben umgebene Altstadt liegt noch heute von Bahnhof und Hafen getrennt. Vom Bahnhof (Centralstationen) gelangt man über die Kanalbrücke geradeaus zum großen Platz Stortorget, Ausgangspunkt aller Stadtrundgänge. Das riesige **Rathaus 1** von 1546 wurde im 19. Jh. von Helgo Zettervall im Stil der niederländischen Neorenaissance umgestaltet. Für das endgültige Ende der Dänenherrschaft über Skåne sorgte 1658 Karl X., der in der Platzmitte mit einem **Reiterstandbild** (1896, John Börjeson) geehrt wird. Das gegenüberliegende weiße Gebäude aus den 20er Jahren des 17. Jh. mit den stuckverzierten Fensterrahmen im ersten Stock ist noch heute die Residenz des *landshövding,* des Regierungspräsidenten und heißt deshalb Residenset oder **Landshövdingehus** 2.

An der Südostecke des Stortorget sollten sich die Fans von Jahrhundertwende-Interieurs nicht scheuen, die Apotheke Lejonet zu betreten, auch wenn sie sich nicht krank fühlen. Holztäfelung und gravierte Glaskacheldecke stammen von 1898, als die wohl älteste Apotheke der Stadt nach langer wechselvoller Geschichte hier in den neuen Teschska Palatset einzog. Die **Lejonspassage** daneben ist nicht glasüberdacht, sondern verbindet mehrere kleine Innenhöfe, um die roter Jahrhundertwende-Backstein viele Geschosse hoch aufragt. Ein Blick ins Innere enthüllt schöne, in dunklem Holz getäfelte Treppenhäuser mit gepflegten nostalgischen Aufzügen.

Haupt-Shoppingmeile ist die zum Gustav Adolfs torg führende **Södergatan** mit ihren Seitengassen und ihrer südlichen Verlängerung: Kaufhäuser, Boutiquen und Geschäfte mit noblen Waren aller Art reihen sich aneinander. Altehrwürdiges und Kurzlebiges dicht bei dicht: Das 1900 gegründete Handschuhgeschäft Hans Elmkvist (Södergatan 9) mit herrlicher, mit dunklem Holz getäfelter Front und alten Schildern, erinnert an die Zeit, als Malmö berühmt war für *klipping,* feine Ziegenlederhandschuhe, einst Schwedens Exportschlager. Daneben machen sich die üblichen Jeans- und andere Ladenketten breit.

Noch mehr Leben als auf dem **Gustav Adolfs torg,** Malmös eigentlichem Marktplatz, pulsiert auf dem orientalisch geprägten **Möllevångstorg** weit im Süden der Stadt, wo die Leute aus den umliegenden Wohngebieten, traditionellen Arbeitersiedlungen, ihren Bedarf an Gemüse und Früchten decken. Hier wird Malmö seinem Ruf als quirlige Einkaufsstadt und ›Bauch Schwedens‹ am ehesten gerecht.

Malmö

63

Stortorget

Das kleine kopfsteingepflasterte Anhängsel südwestlich des Stortorget, der **Lilla Torg,** wurde 1591 angelegt, um auch Kleinhändlern eine Verkaufsfläche zu geben. Ihn säumen niedrige Backstein- und Fachwerkhäuschen wie der **Hedmanska gården** 3, der in Teilen aus dem 16. Jh. stammt. In einem ehemaligen Speicherhaus von 1852 ist heute das Form Design Center mit Ausstellungen über modernes schwedisches Design und Kunsthandwerk untergebracht. Zwischen den vielen Geschäften, Restaurants und Cafés fällt der Eingang zur Saluhall, der ehemaligen Markthalle, an einer Ecke kaum auf, drinnen gibt es mehr kleine feine Restaurants als Marktstände, also: Verhungern muß man hier nicht.

Das wohl älteste Bürgerhaus der Stadt steht am Nordwestrand des Stortorget: aus rotem Backstein mit Treppengiebeln, Bleiglasfenstern und einer Marienstatue (1525, Kopie; Original im Stadsmuseet) in einer Nische an der Ecke Frans Suellsgatan 70. Im Keller von **Jörgen Kocks hus** 4, 1522–25 vom Münz- und Bürgermeister Jörgen Kock gebaut, ist heute das Feinschmeckerrestaurant Kockska Krogen. Nur wenig jünger sind etliche Backsteinhäuser in der Västergatan, beispielsweise das **Rosenvingehuset** 5, das über dem Portal zwei Wappen und im Zentrum Dornenkrone und Christusinitialen JHS, eine Inschrift sowie das Datum 1534 zeigt.

Die Västergatan führt aus dem Stadtzentrum Richtung **Malmöhus** 6. In der von einem Wassergraben umgebenen Burg findet man Ausstellungen zu Stadtgeschichte und Festung (Stadsmuseet), zu Flora und Fauna Schwedens sowie im Aquarium und Tropikarium exotische Tiere (Naturmuseet). Im Obergeschoß zeigt das Konstmuseet vor allem moderne Kunst ab dem 19. Jh.

In den Sälen des Renaissanceschlosses hängen zahlreiche Porträts, Zeugnisse der Glanzzeit von Malmöhus in dänischer Zeit. 1434 hatte Erik af Pommern ein Kastell an dieser strategisch wichtigen Stelle am Öresund errichten lassen, das 1444 zur Münze des dänischen Königs avancierte. Kristian III. ließ die Festung 1526 zum Schloß ausbauen, er und seine Nachfolger auf dem dänischen Thron residierten hier, wenn sie in Malmö waren. Sie feierten nicht nur glänzende Feste, sondern nutzten die noch heute von außen eher abweisenden Gemäuer auch gelegentlich als Gefängnis, eine Tradition, die später, im 19. Jh., wiederbelebt wurde. Berühmtester Gefangener war Lord Bothwell, Maria Stuarts dritter Mann. 1567 aus England geflohen, 1568–73 auf Veranlassung des dänischen Königs Frederik II. auf Malmöhus, später in Dragsholm auf Westseeland gefangen gesetzt, wo er 43jährig starb. Gerüchte wollten nicht verstummen, er habe etwas mit dem Tod von Darnley, seinem Vorgänger an Maria Stuarts Seite, zu tun gehabt. Nach dem Frieden von Roskilde im Jahr 1658 mußte die einst dänische Festung Malmöhus 1670 auch einer Belagerung durch die nun feindlichen dänische Truppen standhalten – eine Treueprüfung, die die neuen schwedischen Untertanen in Malmö bestanden.

Vor dem Eingang zur Burg rattern die flotten, wenn auch betagten Museumsstraßenbahnen weiter hinaus Richtung **Tekniska Museet und Sjöfartsmuseet** 7. Im ›Wissenschafts-Tivoli‹ kann man interaktiv naturwissenschaftliche Experimente nachvollziehen; weitere Themen sind Fortbewegungsmittel vom Fahrrad bis zum Flugzeug und natürlich Schiffe. Im Original zu besichtigen sind ein Dampfschiff und ein echtes, auf Kokkums Werft gefertigtes U-Boot.

Das rotgetünchte **Kommendanthus**  8 gegenüber dem Schloß vereint unter einem Dach eine Spielsachen- und Militärausstellung, dahinter, am Banérskaj, liegen die **Fiskehoddorna** 9, buntbemalte alte Bootsschuppen der Fischer, wo es vormittags frischen und Räucherfisch zu kaufen gibt.

Geht man nun zurück in die Innenstadt, findet man in der ab 1346 erbauten **S:t Petri kyrka** 10 mit Chorumgang, Strebebögen und zwei Türmen ein schönes Beispiel Lübecker Backsteingotik. Ein Gedenkstein vor der Kirche erinnert an den Reformator Claus Mortensen, der hier 1529–41 wirkte und dem es wohl zu verdanken ist, daß die Kirche seinerzeit allen inneren Schmuckes beraubt wurde. Sie wurde schlicht weiß getüncht, nur die von den Puristen offenbar übersehene kleine Krämerkapelle am Westeingang links zeigt noch die reichen Kalkmalereien aus der Zeit um 1470 und 1510. Einziger Schmuck im Innern der Kirche sind Epitaphien aus dem 17. Jh. (teils mit deutschen Inschriften) an den Wänden und im Chorumgang sowie der riesige vierstöckige Schnitzaltar (1611), der bis knapp unter das Netzgewölbe des Chores reicht.

Ein wahres ›Puppenhäuschen‹ ist **Ebbas hus** 11, das kleinste Haus Malmös, in der Snapperupsgatan 10. Es stammt aus dem frühen 19. Jh., die Originaleinrichtung der letzten Bewohnerin, Ebba Olsson, von 1910.

Ebenfalls nicht sehr groß ist das älteste Fachwerkhaus der Stadt: **Thottska huset** 12 (1558) in der Östergatan, dessen gemütliches Ambiente heute vom benachbarten Hotel als Restaurant genutzt wird. Auf der anderen Straßenseite liegt versteckt der Eingang zu einem lauschigen Innenhof mit Café abseits der lauten Östergatan im **St.-Gertruds-Viertel** 13. In dem vorbildlich re-

Der Bahnhof gehört zu den schönsten Bauten des Jugendstils

staurierten, gelb getünchten Karree zwischen S:ta Gertrudsgatan und Bagarsgatan sind Bauten des 16. Jh. erhalten.

Zwei Museen haben sich auf moderne Kunst spezialisiert: das **Rooseum** 14 präsentiert im ehemaligen Elektrizitätswerk (gebaut 1899–1900) die Sammlung des Frederik Roos, und die **Malmö Konsthall** 15 zeigt vor allem Wechselausstellungen.

Außerhalb des Zentrums lohnt bei schönem Wetter der **Pildammspark** mit dem von der Königin entworfenen Margaretapaviljong einen Ausflug. Er wurde anläßlich der Baltischen Ausstellung 1914 angelegt.

Wer sich für die technischen Details des Jahrtausendbauwerks der Brücke über den Öresund interessiert, kann sich am östlichen Ende der Brücke südlich von Limhamn, in **Lernacken,** ein Bild machen. Dort bietet eine Ausstellung mit viel Multimedia-Einsatz aufbereitete Informationen rund um den Bau.

Lund

■ (S. 319f.) Lund, das wahrscheinlich von Svend Tveskæg um 990 gegründet wurde, ist eine der ältesten Städte des Landes und entwickelte sich schnell zu einem kulturellen und wirtschaftlichen Zentrum des dänischen Reichs. Zeugnis dieser glanzvollen Epoche um das Jahr 1100, als Lund zum ersten Erzbischofssitz auf (heute) schwedischem Boden wurde, ist der mächtige romanische Dom. Nachdem Schonen 1659 schwedisch geworden war, drohte Lunds Blütezeit zu Ende zu gehen – doch die Gründung der Universität 1668 – heute mit ca. 30 000 Studierenden die größte in Nordeuropa – rettete die Stadt davor, im Dornröschenschlaf zu versinken. Es herrscht eine lebhafte und quirlige Atmosphäre in dieser liebenswerten Stadt, deren Vielzahl bedeutender Sehenswürdigkeiten einen längeren Aufenthalt lohnen.

Stadtbesichtigung

Höhepunkt und ein Muß nicht nur für kunsthistorisch Interessierte ist der fast 900 Jahre alte **Dom** ■1, ein Musterbeispiel romanischer Baukunst. Das 1145 eingeweihte Gotteshaus wurde von verschiedenen Architekten geprägt, am stärksten vom rheinischen Baumeister Adam von Düren (tätig um 1500), und birgt im Innern viel Interessantes und Rätselhaftes. Zweimal am Tag bietet sich ein sehenswertes Schauspiel, wenn die große Astronomische Uhr aus dem 14. Jh. gleich neben dem Portal ihr Räderwerk in Gang setzt und – als Höhepunkt der Zeremonie – die Heiligen Drei Könige Maria und dem Jesuskind huldigen, während die Hymne ›In dulci jubilo‹ erklingt. In der Zone darüber werden Sonnenstand und Uhrzeit angezeigt, darunter die Tierkreiszeichen. Der Kalender gilt nur immer rund 200 Jahre und mußte zuletzt 1923 erneuert werden.

Durch das schmucklose, nur im nordöstlichen Querhaus an den Kapitellen mit Skulpturenschmuck verzierte Kirchenschiff gelangt man zum Chor, der von einem beeindruckenden – allein die Christusfigur ist 6 m hoch – Mosaik (1924–27) des dänischen Künstlers Joakim Skovgaard geschmückt wird. Darunter ein 1398 gestifteter Altarschrein mit einer Darstellung Marias als Himmelskönigin samt Christuskind und 40 Heiligen, der wahrscheinlich norddeutscher Herkunft ist.

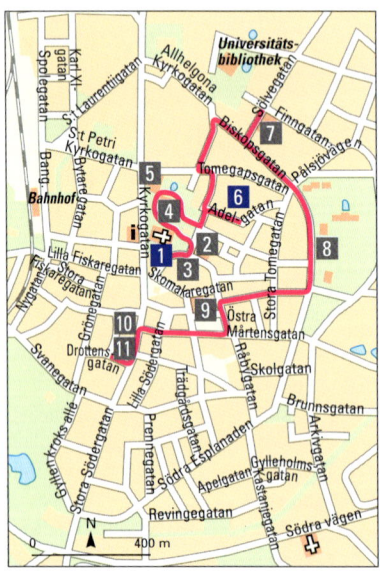

Lund 1 Dom 2 Domkyrkomuseet 3 Lieriet 4 Kungshuset 5 Universität 6 Kulturen 7 Skissernas Museum 8 Botanischer Garten 9 Mårtens torg 10 Stäket 11 Drottens kyrkoruin

In der Krypta des Domes zu Lund

Rechts vom Chor führen Stufen hinab in die Krypta, der älteste Teil der Kirche mit ihrem Wald aus 18 Säulen, von wunderschöner Schlichtheit mit Würfelkapitellen und geschwungenem Schaft sowie zwei merkwürdigen Figuren, deren Bedeutung noch immer rätselhaft ist. Die knapp lebensgroßen Figuren umfassen die die Treppen zum Kirchenraum flankierenden Säulen, als wollten sie daran hochklettern. Um die im Volksmund ›Finnkolonnerna‹ genannten Säulen rankt sich eine Legende: Der legendäre Bauherr des Doms, der hl. Laurentius, bediente sich des Riesen Finn (Jätten Finn) und seiner gewaltigen Kräfte, um den Dom zu errichten. Doch der Preis war hoch: Finn verlangte das Augenlicht des Heiligen. Nach Erfüllung seiner Aufgabe drohte dieser unter lautem Gebrüll, die Säulen einzureißen und die Kirche wieder zu zerstören, da er sich um seinen Lohn betrogen sah. Doch der Heilige war stärker und versteinerte die gesamte Riesenfamilie. Die zweite Säule stellt nach dieser Überlieferung die Frau des Riesen und ihr Kind dar. Tatsächlich, so nimmt man an, waren die Figurensäulen ursprünglich neben dem Domportal aufgestellt, wo sie die besondere Bedeutung des Gotteshauses bekräftigten. Die Krypta diente als Grabstätte wichtiger Persönlichkeiten, darunter der 1519 gestorbene Erzbischof Birger, dessen Renaissance-Sarkophag unter der Apsis Adam von Düren schuf.

Der Geschichte des Doms widmet sich das **Domkyrkomuseet 2**, erreichbar durch den Eingang zum Domkapitel im Backsteingebäude auf der Ostseite des Domplatzes. Gegenüber der Südostecke des Doms steht das winzige Backsteingebäude **Liberiet 3**, das ursprünglich die (wohl nicht sehr umfangreiche) Bibliothek des Doms beherbergte, heute ein Studentencafé.

Der Dom ist heute aber nicht nur für Gottesdienste da, sondern bildet den feierlichen Rahmen für die alljährlich zum Semesterende stattfindende Ehrung der frischgebackenen Doktoren. Unter Glockengeläut zieht dann ein Zug akademischer Würdenträger in Ornat von der Universität durch den Park zum Dom, wo drei Stunden lang Laudatio auf Laudatio folgt, häufig in lateinischer Sprache. Anschließend bewegt sich die Prozession erleichtert wieder hinaus, denn nun darf gefeiert werden.

Der Weg quer durch den Park Lundagården führt zum roten Backsteinbau **Kungshuset** 4, so benannt nach dem dänischen König Frederik II., dem es Ende des 16. Jh. als Residenz gebaut wurde. Später diente es der **Universität** 5 als Domizil, die sich heute in dem blendendweiß leuchtenden neoklassizistischen Bau links davon befindet, der 1882 von Helgo Zettervall fertiggestellt wurde. Auf den Bänken des angrenzenden Platzes erholt man sich vom Bücherstudium angesichts des idyllisch plätschernden Brunnens. Für das Studentenleben mindestens ebenso wichtig ist das Mitte des 19. Jh. entstandene Backsteingebäude der Akademiska Foreningen auf der rechten Seite, wo sich

Sekretariat und Versammlungsräume befinden.

Gleich dahinter führt die Adelgatan mitten hinein in eines der schönsten, vor allem aber ältesten Freilichtmuseen Schwedens: **Kulturen** 6 ist bis heute einzigartig und integriert in den alten Stadtkern, wo viele der hier angesammelten Häuser sogar ihren ursprünglichen Standort hatten.

Vom Eingang zum Freilichtmuseum geht es über den Tegnérsplats und die Sandgatan zur Universitätsbibliothek, die mit über 3 Mio. Büchern und Handschriften Schwedens größte wissenschaftliche Bibliothek ist. Schräg gegenüber liegt **Skissernas Museum** 7 mit seiner interessanten Sammlung, die dokumentiert, was einem großen Kunstwerk an Planung und Überlegungen vorausgeht: Skizzen und Modelle für verschiedene Werke sind hier ausgestellt. Über die Biskopsgatan gelangt man zum herrlichen **Botanischen Garten** 8, wo man sich eine verdiente Ruhepause im Grünen gönnen kann – Unermüdliche können auch die Gewächshäuser besichtigen.

Das Freilichtmuseum Kulturen

Kulturen ist kein Freilichtmuseum wie jedes andere: Es liegt mitten in der Stadt, ist überschaubar und bietet auf engem Raum eine gute Übersicht über Südschwedens Alltagskultur. Bei seiner Eröffnung im Jahr 1892 war es nach Skansen in Stockholm das zweite in Schweden überhaupt. Sein Schöpfer Georg Karlin (1859–1939) war der Ansicht, alte Dinge müßten in einem jeweils passenden Rahmen ausgestellt werden. Das herkömmliche ›Kasernierungssystem‹, bei dem die Exponate in Vitrinen in Reih und Glied ›antreten‹ mußten, war für Karlin wie für seinen Kollegen Hazelius in Stockholm ein überholtes Konzept. Doch trieb dieser Ansatz bisweilen seltsame Blüten: Das schöne Herrenhaus im Zentrum von Kulturen, ursprünglich im Em-

pirestil, wurde von Karlin zum Barockpalast umgestaltet, mit Steingirlanden und einem exotischen Männerkopf mit orientalischem Turban (heute über dem Eingang zu den Toiletten), weil das seiner Ansicht nach besser zu der Ausstellung von Meissener und chinesischem Porzellan sowie italienischer und holländischer Keramik paßte. Karlin wollte in seinem Museum die vier Stände der Gesellschaft seiner Zeit repräsentiert sehen: Die Bauern beispielsweise in der aus dicken Eichen- und Föhrenbalken errichteten Onsjöstuga aus dem 18. Jh. mit ihren herzigen Fensterläden und dem grasbewachsenen Dach, während die Geistlichkeit in dem schmucken Pfarrhof mit seinen akkurat in Form geschnittenen Buchsbaumskulpturen repräsentiert wird.

Auf dem **Mårtens torg** 9 wird morgens Markt abgehalten. An der Nordwestecke, gegenüber dem modernen Glasbau der Kunsthalle steht das unscheinbare backsteinerne Krognoshuset aus dem 15. Jh., das nun für Ausstellungen genutzt wird. In der Umgebung des Marktes herrscht den ganzen Tag buntes Einkaufsleben und reichlich Autoverkehr. Abends locken Studentenkneipen mit lautstarkem Nachtleben. Folgt man der westlich vom Markt wegführenden Straße, kommt man auf die ebenfalls sehr geschäftige Stora Södergatan, wo

Im Freilichtmuseum Kulturen

in der Nr. 6 das Restaurant **Stäket** 10 in einem der ältesten Häuser der Stadt untergebracht ist. Es wurde in den 70er Jahren des 16. Jh. errichtet.

In der von der Stora Södergatan abzweigenden ruhigen Nebenstraße Drottens gatan stößt man auf einen verborgenen Schatz. Man kann durch einen Glasvorbau einen Blick auf den mittelalterlichen Baubetrieb ein Stockwerk tiefer werfen: die Fundamente von **Drottens kyrkoruin** 11. 1984/85 wurden die Reste der größten von insgesamt 27 Kirchen, die Lund im Mittelalter außer dem Dom zählte, genauestens untersucht. Ein Museum erläutert die Funde.

Entlang der Ostseeküste von Trelleborg bis Kalmar

Die Reise führt parallel zur Ostseeküste durch Schonen und Blekinge – ein Gebiet, dem man seine dänische Vergangenheit noch deutlich anmerkt: niedrige Fachwerkhäuser, Dorfkirchen mit Treppengiebeln in rotem Backstein oder weißgekalkt, stattliche Gutshäuser und kleine Landschlösser. Ab und zu künden auch ein ›Krog‹ (dän. für Gasthaus) am Wege, vielleicht geschmückt mit der gelb-roten ›Nationalflagge‹ Schonens – ein Kompromiß zwischen dem rot-weißen Dannebrog und dem schwedischen Blau-Gelb –, und nicht zuletzt die spezielle schonische Variante der schwedi-

schen Sprache davon, daß diese Gegend noch bis Mitte des 17. Jh. zu Dänemark gehörte. Und auch die Küste erinnert, zu Beginn der Reise jedenfalls, an die aus dem Inselreich im Süden bekannten Szenerien. Besonders Schonens Ostküste bietet herrliche weiße Sandstrände soweit das Auge reicht. Weiter im Osten in Blekinge beginnt, sehr flach und verhalten etwas ›schwedischer‹, die Schärenküste und gewinnt zwischen Ronneby und Karlskrona einen ganz eigenen Reiz, den man am ehesten auf einer Bootstour erfährt. Wenn man weiter nördlich auf dem Weg nach Kalmar

Von Trelleborg nach Kristianstad

bei Brömsebro die Grenze nach Småland überquert, bis 1658 die Grenze zwischen Dänemark und Schweden, hat man das ›wahre Schweden‹ erreicht und in Kalmar die südlichste Vasaburg des Landes.

Von Trelleborg bis Kristianstad

Die Visitenkarte von **Trelleborg** **1** (S. 342), Schwedens südlichster Stadt, ist die palmengesäumte Promenade. Vor über tausend Jahren waren schon die Wikinger angetan von der günstigen Lage am Ostseestrand, der seinerzeit noch höher lag, und bauten an der Stelle eine Festung. Deren Überreste kamen erst Ende der 80er Jahre bei Aushubarbeiten für neue Wohnblocks zutage, die die Fundstätte heute wenig romantisch umgeben. Die Ringburg, die hier rekonstruiert wurde, ist bislang die einzige in Schweden entdeckte dieses Typs. In Dänemark fand man vier solcher Burgen, die immer nach demselben Schema angelegt sind: ein von Holzpalisaden und Wassergräben umgebenes Rund mit zwei schnurgeraden, quer hindurch verlaufenden, sich rechtwinklig kreuzenden Straßen, die den inneren Bezirk in vier Sektoren aufteilen und durch vier Tore aus der Burg hinausführen. Die bekannteste liegt in Westseeland/Dänemark bei Slagelse und heißt ebenfalls Trelleborg. Das dänische Wort *trelle* soll sich auf die schräggestellten Pfeiler beziehen, die die Palisaden stützen. Als Initiator all dieser Holzfestungen gilt der dänische König Harald Blauzahn (reg. 940–985). Näheren Aufschluß über das Alltagsleben der Wikingerzeit gibt das Museum am Ostende der Stadt im Skyttsgården, das auch das Leben der frühzeitlichen Jäger und Sammler an der schonischen Küste dokumentiert.

Das rekonstruierte Fachwerkhaus mit Strohdach neben dem Burgtor, in dem Souvenirshop und Café eingerichtet sind, entstand im 14. Jh., in der Blütezeit Trelleborgs, als die Heringe noch zahlreich schwärmten. Aus dieser Zeit haben sich in der Innenstadt um den Gamla torget noch einige alte Häuser, in der Klostergränd Mauerreste eines im 13. Jh. bestehenden Franziskanerklosters und die Kirche erhalten. Als der Fisch ausblieb und auch noch ein Stadtbrand große Zerstörungen verursachte, verlor Trelleborg 1619 sogar die Stadtrechte. Erst Mitte des 19. Jh. kam mit dem Fährverkehr nach Deutschland wieder der Aufschwung, der Hafen gilt auch heute wieder als ›Pforte zum Kontinent‹.

Immer am Strand entlang führt die Straße RV 9 zu Schwedens Südspitze: **Smygehuk** **2**. Die Landspitze markiert, hinter großen alten Bäumen von der Straße fast unsichtbar, ein Leuchtturm von 1883, der allerdings im Jahr 1975 seine Arbeit einstellte. Gäste des Vandrarhem im ehemaligen Leuchtturmwärterhaus können es sich im Turm gemütlich machen und von dort aus z. B. den Sonnenuntergang genießen. Der Platz oben in der Glaskuppel ist allerdings sehr begrenzt! Ein kurzer Spaziergang führt vom Leuchtturm zu dem kleinen Fischereihafen Smygehamn, der aus einem ehemaligen Kalksteinbruch mit Räucherei und Fischhandel entstand. Ein paar Schritte östlich des Hafens steht Köpmansmagasinet, im Sommer Touristeninformation und Café. Der Speicher wurde 1806–14 zur Zeit der durch Napoleon gegen England verhängten Kontinentalsperre gebaut und diente als Zwischenlager für Waren im lukrativen Schmuggelhandel.

Um die Mittsommerzeit ist der Küstenabschnitt zwischen Smygehuk und Abbekås bekannt für die feuchtfröhlichen Parties, die sich die schwedische Jugend hier genehmigt. Campingplätze gibt es reichlich, auch Ferienhaussiedlungen säumen die Küstenstraße zwischen Beddingestrand und Abbekås. Hinter dem netten kleinen Fischereihafen, der einige idyllische Ecken besitzt, wird der Strand steiniger, Wiesen reichen bis an die Ostsee.

Noch mehr Pittoreskes verspricht das Städtchen **Ystad** 🔲 (S. 350). Wer aber mit Ystad allein Fachwerkidylle verbindet, vergißt, daß die 26 000-Einwohner-Stadt ein wichtiger Hafen mit Fährverbindungen nach Polen und zur dänischen Ostseeinsel Bornholm ist. Ernst Moritz Arndt landete hier im November 1804 aus dem pommerschen Stralsund kommend, und notierte über seinen Ankunftshafen Ystad: »(...) manche recht hübsche, größtenteils aus Fachwerk gemauerte und mit Ziegeln gedeckte Häuser, einen guten Markt und breite und gerade Gassen. (...) Aber zwei Dinge fehlen, die nicht fehlen sollten, nämlich gute Wirtshäuser für die Fremden (...) und ein bequemer Hafen.« An Hotels und Restaurants fehlt es heute nicht mehr, auch nicht an Kunsthandwerksläden, die sich bevorzugt in einem der über hundert Fachwerkhäuser im Stadtkern mit seinem kopfsteingepflasterten Gassen eingerichtet haben.

Vom Bahnhof führt die Pilgränd in die Innenstadt. An der Ecke zur Fußgängerstraße Stora Östergatan liegt das älteste Fachwerkhaus Skandinaviens, das altersdunkle Pilgrändshuset, dessen Baubeginn um 1480 datiert. Unbedingt sehenswert ist das ehemalige Gråbrödraklostret (links über die Stora Östergatan und dann rechts in die Snedgränd), das 1267 als eines der ersten Franziskanerkloster in Schweden gegründet wurde.

Heute beherbergen die roten Backsteingebäude, darunter die gotische St.-Petri-Kirche, ein Museum zur Stadtgeschichte, nachdem sie nach der Auflösung des Klosters während der Reformation 1532 zunächst als Hospital, Armenhaus, Schnapsbrennerei und schließlich als Getreidelager dienten. Eine stimmungsvolle grüne Oase inmitten all der Kopfsteingassen und von blühenden Rosen und Malven belebten Fachwerkfassaden bilden der im Stil alter Klostergärten angelegte Kräutergarten und der Ententeich unter großen alten Bäumen.

Verläßt man den Platz mit den Klostergebäuden über die Sladdergatan, trifft man an der Ecke zur Stora Norregatan auf ein weiteres sehenswertes Fachwerkhaus, das Änglahuset oder ›Haus mit den Köpfen‹ aus dem 16./17. Jh. Die Holzkonsolen an der Fassade des Kaufmannshofs sind verziert mit Engelsköpfen und daran angesetzten Flügeln, aber auch Grimassen schneidenden Visagen. Die Stora Norregatan führt zum Stortorget, dem Marktplatz, der zur Abwechslung auch ein paar Jahrhundertwendefassaden bietet.

Die Sankta Maria kyrka geht auf eine romanische Backsteinkirche des 13. Jh. zurück, an die im 15. Jh. der gotische Chor mit Chorumgang angebaut wurde. Als der Turm 1648 bei einem Sturm zusammenstürzte und die Westseite der Kirche beschädigte, baute man sie gleich größer aus – mit Querschiffen in Renaissancemanier. Ende des 17. Jh. war auch der Turm wiederaufgebaut. Aus dieser Zeit stammt die noch heute lebendige Tradition der Feuerwächter, die von dort oben die ganze Nacht hindurch alle Viertelstunde ins Horn blasen;

beruhigt können sich die Schläfer dann auf die andere Seite drehen, denn sie wissen, daß es nicht brennt. Das schmale dunkle Treppengiebelhaus gegenüber, Latinskolan, ist wohl das älteste Schulgebäude in Schweden. Es entstand Ende des 15. Jh., und wahrscheinlich ging hier um 1550 der Astronom Tycho Brahe zur Schule. Die gesamte Ecke zwischen Lilla und Stora Västergatan nimmt der stattliche Kemnerska gården ein.

Auf dem Rückweg zum Bahnhof passiert man das alte Rathaus, das zwar ursprünglich 1572 entstand, aber 1840 völlig im Empire-Stil umgestaltet wurde. In den Kellergewölben eines noch älteren Vorgängerbaus des 15. Jh. kann man vorzüglich speisen. Über die Stora Östergatan verläßt man den Marktplatz und kommt über die Stickgatan zur Dammgatan mit dem großbürgerlichen Charlotte Berlins Hus, dessen Einrichtung aus dem späten 19. Jh. originalgetreu erhalten ist. Im Konstmuseum am S:t Knuts torg neben dem Turistbyrå findet man Ausstellungen südschwedischer und dänischer Kunst des 19. und 20. Jh.

Wenige Kilometer östlich von Ystad biegt der RV 9 ins Landesinnere ab. Wer aber **Ales stenar** 4, nicht missen will, muß weiter parallel zur Küste Richtung Kåseberga fahren. Mittlerweile ist die größte Schiffssetzung Schwedens zum Pilgerziel für zahlreiche Ausflügler geworden. So bewegt man sich auf den 700 m vom mit Fischräuchereien und Kramläden gut bestückten Hafen des Örtchens Kåseberga auf ziemlich ausgetretenen Sandpfaden die grasbewachsenen Dünen hinauf. Dennoch: Das Monument beeindruckt allein durch seine Größe, es ist eine Art ›schwedisches Stonehenge‹, allerdings weitaus jünger, nämlich nur ca. 1000 Jahre alt. Die 58 aufrechten Granitsteine auf dem Plateau

hoch über dem Meer – bei klarem Wetter kann man beim Aufstieg von Kåseberga deutlich die Silhouette von Bornholm ausmachen – bilden eine 67 m lange und 19 m breite Schiffssetzung. Die Stevensteine sind mit 3,30 und 2,80 m am höchsten. Man weiß, daß hier ein alter Kult- und Thingplatz war, hat aber bisher keine Ausgrabungen getätigt. Vermutlich markieren die Steine das Grab eines bedeutenden Häuptlings der Wikingerzeit (800–1050 n. Chr.).

Von Kåseberga umrundet man auf der immer parallel zum Strand führenden Straße die Südostspitze Skånes. Feinsandige weiße Strände prägen die Küste bis Simrishamn. Ehemalige Dünen bilden die mit Magerrasen bewachsenen Sandhügel in Küstennähe. Aus Sand besteht auch die Südostspitze von Skåne. **Sandhammaren** 5 wird seit 1862 durch einen Leuchtturm anstelle der früheren Leuchtbake gesichert. Die ehemaligen Wanderdünen sind durch die Aufforstung mit Kiefernwald im 18. Jh. festgelegt. Eine natürliche Befestigung bildeten schon immer Krüppeleichen. Die Dünentäler mit ihrer interessanten Vegetation kann man auf Wanderwegen durch das Naturschutzgebiet erkunden. Parallel zum Strand führen die Wege bis Kåseberga und zum 3 km östlich gelegenen Mälarhusen, das über einen herrlich weißen Sandstrand verfügt, ebenso wie Borrbystrand, wo sich vor allem Surfer tummeln. Baden ist hier wegen starker Strömungen und Strudel gefährlich.

Nach soviel Strandfreuden bringt ein Abstecher ins Landesinnere Abwechslung: **Glimmingehus** 6 (S. 332) ist die am besten erhaltene mittelalterliche Burg Schwedens, praktisch unverändert seit 500 Jahren. Landschaftlich bietet das Binnenland eher wenig: eine Ebene mit riesigen Rüben- und Getreidefeldern.

Glimmingehus

Wie durch ein Wunder blieb Glimmingehus vor der Zerstörung bewahrt, der andere Festungsbauten zum Opfer fielen, nachdem Skåne Mitte des 17. Jh. aus dänischem in schwedischen Besitz übergegangen war. Hatte doch der schwedische König Karl IX. Befehl gegeben, alle Verteidigungsbauten zu schleifen, um den Aufständischen in der Südprovinz jeden Unterschlupf zu nehmen. Die Mauern von Glimmingehus trotzten allen Sprengungsversuchen. Nachdem er Verstärkung angefordert hatte, vertrieb der Leiter des Abrißkommandos sich die Zeit mit einem Blick aus den Wehrbodenluken, der bis weit über die Ostsee und nach Bornholm geht. Er traute seinen Augen nicht, als er eine Flotte holländischer und dänischer Schiffe vor der Küste sah – der Erzfeind ante portas. Schnell trommelte der tapfere Mann seine Schar zusammen und suchte mit ihnen das Weite. Glimmingehus blieb unversehrt.

Die um die Wende vom 15. zum 16. Jh. errichtete Burg mußte niemals einer Belagerung standhalten. Dabei war sie bestens gerüstet, inmitten von Sümpfen gelegen, durch die ein einziger Weg führte, mit nur einer Zugangspforte und viergeschossig aus der flachen Landschaft aufragend. Doch hatte der Bauherr, Ritter und Reichsrat Jens Holgersen Ulfstand (1450–1523) neben der Auswahl der vorteilhaften Lage auch weitere Vorkehrungen getroffen: ein ausgeklügeltes System von Schießscharten, die es ermöglichten, auch einen bereits ins Innere gelangten Feind ohne weiteres hinterrücks zu meucheln, einen Brunnen im Kellergewölbe, reichlich Vorratsräume und eine Küche mit riesigem Herd, der nicht nur zum Kochen diente. Über raffinierte Kaminsysteme – eine Erfindung des Baumeisters Adam van Düren, seines Zeichens Bildhauer, der auch am Dom zu Lund und in Köln Werke hinterließ – strömte die Warmluft in alle bewohnten Räume in den oberen Geschossen.

Eine Vorstellung vom Leben in der Burg gibt das in der ehemaligen Küche eingerichtete Museum: Es zeigt Gegenstände, die man bei Grabungen in der Umgebung gefunden hat: Keramik, Gläser, Bleiverglasungen, Schuhe, Textilien. Repliken kann man im Laden erstehen, ebenso mittelalterliche Tracht. In den Sommermonaten ist Glimmingehus, bevölkert von zeitgenössisch gekleidetem Personal, Schauplatz von Veranstaltungen zum Thema Mittelalter wie Lautenkonzerten oder Banketten.

Der alte Ortskern von **Simrishamn** 7 (S. 332) schart sich um die Feldsteinkirche mit Treppengiebel, während im Fischerhafen am Rand des mittelalterlichen Städtchens die Kutter dümpeln. Wie Ystad und Trelleborg verdankte auch Simrishamn seinen Wohlstand dem Hering, der im Mittelalter noch

zahlreich durch die seichten Gewässer der Ostsee zog. Die putzigen kleinen Häuser im Stadtkern stammen weitgehend aus dem 19. Jh., während die dem Seefahrerheiligen geweihte und entsprechend zahlreich mit Votivschiffen ausgestattete St.-Nicolai-Kirche auf das 13. Jh. zurückgeht.

In Simrishamn trifft man wieder auf den RV 9, von dem aus man Abstecher zu den kleinen Fischerhäfen Baskemölla und Vik unternehmen kann. Die Hänge sind mit idyllischen alten Häusern bebaut, einige davon kann man als Ferien-

häuser mieten. Wo der Höhenzug Linderödsåsen in die Ostsee ragt, stürzen die Hänge fast 100 m tief ab. Mit **Stenshuvud** 8 besteht an dieser geologisch interessanten Stelle Schwedens südlichster Nationalpark, der für seine seltene Flora und Fauna bekannt ist. Vom Parkplatz (Gebühr!) aus bieten sich verschiedene Wanderungen an. Etwa 2 km lang ist die Tour durch Eichen- und Hainbuchenwälder zum Berggipfel (124 m) mit schöner Aussicht über die Hanöbucht. Die zum Ostseestrand hin abfallenden Wiesen entlang des Pfades

sind berühmt für ihren Orchideenreichtum (Blütezeit im Frühsommer). Im Naturum kann man sich fachkundigen Rat geben lassen oder einen Feldstecher ausleihen.

Kivik 9 (S. 313) ist bekannt als Zentrum des Obstanbaus der Region Österlen in Nordostschonen. Vor allem Apfelbäume stehen in den Plantagen rechts und links neben der Straße. Ein Großteil der Ernte wird zu Saft, aber auch zu einer Art Apfelwein (Cider) verarbeitet, der aber weder mit dem hessischen noch dem französischen Erzeugnis kon-

kurrieren kann. Dennoch bilden sich schwedische Heimproduzenten alkoholischer Getränke in den Mostbetrieben vor Ort gern weiter. Am Rand des Dorfes Kivik liegt eine einmalige Attraktion für Altertumsfans: Kungagraven, das Königsgrab inmitten eines Steinhaufens von rund 75 m Durchmesser. Die Grabkammer in seinem Innern zeigt Steinritzungen mit Darstellungen von Pferden, Wagen, Sonnenrädern.

Wer einmal in einem echten alten schonischen Vierkanthof mit Fachwerkwänden unter Reetdach übernachten möchte, sollte rechtzeitig ein Zimmer im Skepparpsgården vorbestellen. Aber auch ohne Übernachtung lohnt der Abzweig vom RV 9 nach **Haväng.** Am Rand eines militärischen Übungsgeländes (während der Sommersaison werden die Schießübungen eingestellt) liegt der hübsche ehemalige Bauernhof unter hohen Bäumen versteckt. Uralte knorrige Bäume säumen auch den Pfad hinunter zum Havängsdösen, einem 4500 Jahre alten Vorzeitgrab über dem Strand. Nebenan mündet in eleganten Schleifen der von Weiden bestandene Verkeån ins Meer, und es erstreckt sich meilenweit weißer Sand – Idylle pur.

Zurück auf der Straße 9, geht es gleich darauf ab zur **Ravlunda kyrka** 10, deren weißen Treppengiebelturm auf dem Hügel über dem Dorf man schon von weitem erspäht. Die Kirche aus dem 13. Jh. enthält Reste von Kalkmalereien des ›Vittskövle-Meisters‹ Nils Håkansson, der im 15. Jh. in der Gegend arbeitete. Das Kanzelportal zeigt über der Tür noch das Wappen des Dänenkönigs Kristian IV.

Bei Brösarp mündet die Straße auf den von Ystad kommenden RV 19. Ein kurzes Stück weiter nördlich tut sich eine bucklige Welt auf. Die Hügelkette Brösarps backar wird durch Beweidung künstlich offengehalten, und die Wiesen sind nicht nur im Frühjahr, wenn sie vor lauter Schlüsselblumen gelb leuchten, eine Augenweide. Am Rastplatz kann man anhalten und eines der naheliegenden Hügelchen besteigen. In der Ferne leuchtet der weiße Treppengiebel der Kirche von Ravlunda und rundum nichts als grüne Hügel und Kühe und ein paar Apfelbäume.

Für den weiteren Weg nach Kristianstad kann man nun wählen: über Åhus näher an der Küste entlang mit Abstechern zu Badestränden oder den schnellsten Weg über den RV 9/19. Der Mittelweg führt knapp 2 km hinter dem Abzweig der 118 rechts ab vom RV 9/19 nach **Vittskövle** 11 . Die Straße 118 führt als Lindenallee direkt zu dem 100-Zimmer-Schloß von 1553, einer wahren Postkartenschönheit, mit Wassergraben davor und rundem Eckturm. Man darf allerdings nur den Park betreten; das privat genutzte Gebäude jenseits des Wassergrabens ist tabu. Ein Blick ins Innere ist dagegen bei der Kirche des Ortes einige hundert Meter weiter erlaubt: Hier war wieder der ›Vittskövle-Meister‹ in den 70er Jahren des 15. Jh. am Werk und schuf die Kalkmalereien zum Thema Schöpfungsgeschichte.

Von Vittskövle führt der Weg nach **Åhus** 12 . Die einst blühende Hafenstadt lag einmal an der Mündung des Helgeå, nur änderte der Fluß mit der Zeit seinen Lauf. Die reiche Handelsstadt, die ihre Rolle schließlich an das aufstrebende Kristianstad verlor, besaß sogar eine Stadtmauer, von der noch Reste erhalten sind, ebenso wie von einer Burg. Niedrige Häuschen säumen die alten, zum Bummel einladenden Gassen im Zentrum. Für zwei ziemlich unterschiedliche Produkte ist Åhus heute schweden-weit berühmt: Eis und Wodka: Die Firma Vin & Sprit produziert den Absolut Vodka. Die Kinder begeistern sich nicht nur für Åhus glass, sondern auch für die Vergnügungen im Folkpark und das Planschen an den feinen Sandstränden in der Umgebung.

Kristianstad und Umgebung

13 (S. 314) Überall in der Stadt trifft man auf die Initialen C 4 und das Wappen von Kristian (auch Christian) IV., das offizielle Stadtemblem. Schließlich war es dieser kunstsinnige dänische König, der die Stadt 1614 als Festungsstadt an der damaligen Grenze zwischen Dänemark und Schweden gründete und ihr seinen Namen verlieh. Ihm verdankt Kristianstad – noch heute als Kasernenstandort gründlich vom Militär geprägt – das strikt rechtwinklige Straßennetz nach den städtebaulichen Idealen der Renaissance und die schönste Kirche in eben diesem Stil in Schweden: Die Trefaldighetskyrka ist ein Paradebeispiel für die mit diesem König verbundene, niederländisch inspirierte Renaissance im Norden, wie man sie sonst nur in Kopenhagen zu sehen bekommt. 1617–28 erbaut, bewahrt die Kirche auch noch einen Gutteil der Innenausstattung aus dem 17. Jh. Der Innenraum beeindruckt durch optische Weite und Größe, wirkt hell und licht durch die großen Fenster und den Grundriß sowie die Höhe der Schiffe. Die hellen Sandsteinportale der aus rotem Backstein errichteten Kirche sind mit Skulpturen geschmückt, deren Original sich zum Teil heute im Länsmuseum ein paar hundert Meter weiter befinden.

Vom Bahnhof kommend, erreicht man wenige Schritte hinter der Kirche den von prächtigen Bauten umgebenen Markt Stora Torg: das Rathaus von 1891 im Stil der dänischen Renaissance und das Stora Kronhuset gegenüber, im klassischen Empirestil Mitte des 19. Jh. errichtet. Etwas zurückgesetzt, auf der Ostseite des Platzes, steht der schlichte Backsteinbau des Länsmuseums im ehemaligen Zeughaus vom 18. Jh., ursprünglich 1616 als Speicher errichtet. Es zeigt Ausstellungen zur Stadtgeschichte, Textilkunst (Stickereien, regionale Trachten, Schmuck) und Kunsthandwerk.

Als Verwaltungszentrum der gesamten Region Nordostskåne bietet Kristianstad vielfältige Einkaufsgelegenheiten nicht nur für seine rund 70 000 Einwohner. Beim Bummel durch die Fußgängerzone entdeckt man viele Gebäude aus der Zeit um 1900. Unvermittelt steht man in der Östra Storgatan 53 vor Schwedens einzigem Filmmuseum. Die vier Treppen durch das schöne alte Treppenhaus sollte man sich hinauf bemühen; das Haus entstand Anfang des 20. Jh. eigens für die seinerzeit boomende schwedische Filmindustrie. Im originalgetreu eingerichteten Dachatelier wurden Innenszenen der ersten Stummfilme gedreht, die man sich in einem kleinen Filmsaal auch vorführen lassen kann!

In der Umgebung von Kristianstad locken einige Ausflugsziele zu Abstechern: Etwa 10 km nördlich liegt der größte und tiefste See, den Schonen aufzuweisen hat, der **Ivösjö.** Aufgrund der natürlichen Kalkvorkommen mit gesundem PH-Wert ist der See außerordentlich artenreich. Der Untergrund besteht aus Kreide, Lehm und sogar Kaolin (Porzellanerde). Der stillgelegte Kaolinbruch auf der Insel Ivö mit dem 133 m hohen Berg Ivöklack gehört zu den beliebtesten Revieren für Fossiliensammler.

Portal der Trefaldighetskyrka

Auf dem Weg zum See passiert man den **Kjugekull,** mit seinen 66 m ein hervorragender Aussichtsberg. Der Urgesteinshügel ragte einst als Insel aus dem tropischen Urmeer, das ganz Skåne bedeckte. Auf der Landzunge zwischen dem Ivösjö und seinem Nachbarsee siedelten sich im 13. Jh. Prämonstratensermönche in **Bäckaskog** an, nachdem ihr eigenes Kloster in Vä abgebrannt war. Im 17. Jh. wurde es zum dänischen Herrensitz umgebaut, auf dem Johan Christopher Troll, Vertrauter König Gustavs III., residierte. Das heutige Schloßhotel profitiert vor allem von der Tatsache, daß Karl XV. sich hier Mitte des 19. Jh. seine Sommerfrische einrichtete. Zu besichtigen sind die Paraderäume, der

Stall und die Schloßkapelle sowie der Schloßpark.

Für Schloßbegeisterte und Freunde moderner Kunst ist ein Ausflug nach **Wanås,** 18 km nordwestlich von Kristianstad, empfehlenswert. Der Landschaftspark um das im 16. Jh. mit Treppengiebeln errichtete Schloß dient als Ausstellungsgelände für Skulpturen und Land-art-Objekte zeitgenössischer Künstler.

Blekinge und seine Schären

Folgt man hinter Kristianstad dem weiteren Verlauf der Ostseeküste, überquert man bald die Landschaftsgrenze nach Blekinge und erreicht **Sölvesborg** 1. Von der Blütezeit der Stadt im Mittelalter blieben eine Burgruine und die Nikolaus, dem Seefahrerheiligen, gewidmete Backsteinkirche. Östlich erstreckt sich die im Vergleich zum übrigen Blekinge außerordentlich fruchtbare Halbinsel Listerlandet. Der ehemalige Meeresboden – mancherorts heute sogar unter dem Meeresspiegel gelegen – ist landschaftlich wenig reizvoll. Die flache, offenbar bis auf den letzten Zentimeter landwirtschaftlich genutzte Halbinsel bietet, abgesehen von einigen kleinen Fischereihäfen mit Räuchereien wie Hällevik an der Hanöbukt, keine Attraktionen. Von Nogersund verkehren im Sommer Boote auf die Insel Hanö, ein kleines Idyll in den Schären. Der Ausblick von der 80 m hohen Landspitze Listershuvud reicht bis zur Insel und weit über die von Buchten mit kleinen Fischerdörfern gesäumte Küstenlinie. Kurz vor Norje, wo die Straße wieder auf die E 22 mündet, führt die Strecke nah an der Küste durch

Landschaft bei Karlshamn

schöne Waldstücke. Bald darauf kommt schon das riesige Ölkondenskraftwerk Sternö in Sicht; die drei 38 m hohen Öfen gehören zu den größten dieses Typs.

In **Mörrum** 2 dreht sich alles um den Lachs, denn hier mündet der aus den Wald- und Seengebieten Smålands kommende Mörrumsån, einer der besten Lachsflüsse Schwedens. In Laxens Hus dokumentiert man das Leben des Lach-

ses im Lauf der Jahreszeiten und die Fangvorrichtungen früherer Zeiten, als die Flüsse nur so von den Fischen wimmelten. Heute sorgt hier eine Zuchtanstalt für den Fortbestand der Art.

Das Städtchen **Karlshamn** 3 (S. 311f.) ist durch Vilhelm Mobergs Romanfolge ›Utvandrarna‹ und als Hafen schwedischer Auswanderer nach Amerika bekannt geworden. Die Statue ›Karl-Oskar und Kristina‹ von Axel Olsson erinnert an die Hauptfiguren des Romans, der auch verfilmt wurde. Die Qualitäten als Hafenstandort mit ausreichend Tiefgang bewogen 1658 König Karl X. Gustav, das am Westende des Schärengürtels von Blekinge gelegene Dorf zur Stadt zu machen und als Flottenstützpunkt ins Auge zu fassen. Es wurde folglich in Karlshamn umgetauft. Als später Karlskrona die königliche Gunst errang, blieb der Stadt nur der Handel. Entlang der

Mündung des Mieån entstanden Kais, an denen im 19. Jh. auch Ozeanriesen festmachten. Eines der ältesten Gebäude, das Fachwerkhaus Asschierska huset (ehemals Rathaus) von 1682, ist heute eine Bank. Die breit hingelagerte Carl-Gustafs-Kirche gegenüber stammt ebenfalls aus Karls X. Zeiten. In dem rechtwinklig angelegten Straßennetz kann man sich kaum verlaufen, auch nicht nach übermäßigem Punschgenuß. An die Zeit, als Karlshamn eine berüchtigte Metropole der Branntwein- und Punschbrenner war, erinnert das Punschmuseum in der ehemaligen Fabrik an der Ågatan. Es liegt im Kulturkvarteren am Nordende der Stadt, wo im 18. Jh. die reichen Leute wohnten. Im ehemaligen Wohnhaus des Branntweinkönigs L. O. Smith ist das regionalgeschichtliche Karlshamns Museum untergebracht, in dessen Innenhof einige restaurierte Häu-

ser stehen. Vom Skärgårdsterminalen am Hafen kann man im Sommer Ausflüge in die typische flache Blekinger Schärenlandschaft machen oder in wenigen Minuten Fahrtzeit die Festungsinsel mit dem Kastell aus dem 17. Jh. anlaufen, das auch als Gefängnis diente. Über diese düstere Vergangenheit trösten im Frühsommer die Fliederblüten mit ihrem Duft etwas hinweg.

Statt auf schnellstem Weg über die E 22 nach Ronneby weiterzueilen, kann man mit etwas Muße die schmale Teerstraße entlang der Küste befahren. Im kleinen Fischereihafen Vägga lockt eine Aal- und Lachsräucherei, und beim Kollevik Camping & Fritidsby eine offizielle Badestelle. Fast überall verdecken dichtbelaubte Bäume den Blick auf die flachen, meist spiegelglatten Wasser zwischen den Schären. Im Hafenort Matvik geht es wieder ins Landesinnere zur E 22.

Blekinge und das südliche Småland

Ein ganz besonderer Safari-Park ist **Eriksbergs Viltreservat** [4], zu dem es wenige Kilometer weiter einen ausgeschilderten Abzweig gibt. Das 850 ha große Naturschutzgebiet bietet Wisenten, Mufflons, Elchen, Rehen und Wildschweinen freien Auslauf, während die Besucher nur an wenigen Stellen ihren fahrenden Käfig verlassen dürfen. Berühmt sind die roten Seerosen, die in Schweden zu den botanischen Raritäten zählen. In einem Café kann man sich von den Strapazen seiner Wildsafari erholen.

Ronneby [5] (S. 330), etwas landeinwärts am Fluß Ronnebyå gelegen, war mit dem Nachbarort Kallinge einmal die Hauptstadt der Töpfe und Pfannen in Schweden, die Eisengießerei Kockums jernverk der größte Produzent gußeisernen Kochgeschirrs. Verschiedene Kleinindustriebetriebe führen heute auf dem weitläufigen Industriegelände in Kallinge die Tradition weiter – hier und da kann man qualitätvolle, aber schwere Souvenirs aus Eisen, von der Bratpfanne bis zum Kerzenständer, günstig einkaufen.

In dem ehemaligen Emaillierwerk im Zentrum des Städtchens ist heute das ›Kulturcentrum i Ronneby‹ mit Wechselausstellungen, dem Turistbyrå und einem Restaurant untergebracht. Dank seiner eisenhaltigen Quelle war Ronneby vom Beginn des 18. Jh. bis zum Ersten Weltkrieg auch ein beliebter Kurort, wie der gepflegte Brunnspark südlich der Stadt am Ronnebyån bezeugt. Im Stadtzentrum sollte man durch das Viertel Bergslagen – eine Reihe alter, fröhlichbunt gestrichener Holzhäuser entlang einer steilen Gasse – zur weißgekalkten Backsteinkirche Helig Kors kyrka hochsteigen. Die Kirche zeigt einmal mehr den für Dänemark so typischen Treppengiebelstil mit starken Strebebögen. Sie war während des Siebenjährigen Nordischen Krieges (1563–70) Schau-

platz des Blutbads von Ronneby, als die Schweden die in die Kirche geflüchteten Einwohner der damals dänischen Stadt niedermetzelten.

Östlich von Ronneby sollte man die E 22 bei Edestad verlassen – wenige Meter von dem Abzweig steht einer der interessantesten und rätselhaftesten Runensteine in Schweden. Der **Björketorpsten** und seine beiden unbeschrifteten ›Trabanten‹ dienten noch bis ins 15. Jh. als Grenzmarkierung. Die Runeninschrift ist von sprachgeschichtlichem Interesse und gibt u. a. eine Verbannungsformel wieder: »Wer dieses Denkmal stört, wird stets vom Bösen gepeinigt werden. Tückisch soll der Tod ihn treffen. Ich prophezeie das Verderben.« Und auf der Rückseite: »Unglückbringender Zauber«.

Dem netten Sträßchen folgt man weiter nach **Hjortsberga** [6]. Auf der Anhöhe hinter der Kirche aus dem 13. Jh. befindet sich ein ausgedehntes Gräberfeld der Wikingerzeit mit rund 120 Monumenten. Der Magerrasen ist im Frühjahr übersät mit Kuhschellenblüten. Die gesamte Umgebung von Johannishus ist auffallend reich an vorzeitlichen Gräbern; überall am Straßenrand sieht man auf den oft von einzelnen Wacholderbüschen bestandenen Moränenrücken die markanten Steine aufragen. Mehrhundertjährige Eichen mit zwei bis drei Meter Umfang säumen den Weg und zeigen an, daß man sich hier auf uraltem Kulturland befindet.

Karlskrona

[7] (S. 312) Als Großmacht im Ostseeraum mit Besitzungen in Pommern und dem Baltikum suchte Schweden immer nach einem eisfreien Kriegshafen an der Südostküste, um Kontrolle über die

Verkehrswege etwa nach Riga oder Stralsund zu haben. Nach dem Besuch Karls XI. im November 1679 war die Entscheidung für Karlskrona als Flottenstützpunkt der Krone gefallen. Zur Zeit des Kalten Krieges war seine strategische Bedeutung womöglich noch größer als je zuvor, und als in den 80er Jahren er, dem sie gehörte, hieß Veit Andersson, und er weigerte sich stur zu verkaufen. Damals war der Staat in solchen Fällen nicht zimperlich, und Andersson kam im Kastell von Karlshamn in Beugehaft. 1795 mußte sein Häuschen endgültig dem prächtigen Rathaus am Markt weichen. Der Name **Stortorget** ist bei

ein sowjetisches U-Boot vor der Stadt auftauchte, wurden die schwedischen Militärs jahrelang in Nervosität versetzt, auch wenn alle weiteren ›U-Boote‹ sich als Fata morgana erwiesen. Neuerdings versucht sich Karlskrona als ›Treffpunkt an der Ostsee‹ zu profilieren, eine friedliche Version des alten Themas – Fährverbindungen nach Gdyna (Gdingen) in Polen beleben wieder die Beziehungen zu den anderen Anrainerstaaten.

Ab 1680 wurde die Militärstadt unter Federführung des Festungsarchitekten Erik Dahlbergh und des Admirals Hans Wachtmeister auf mehreren mit Brücken verbundenen Inseln errichtet, mit rechtwinkligem Straßennetz und durchbuchstabierten Stadtvierteln. Die Eigentumsverhältnisse auf der Hauptinsel Trossö bildeten zunächst ein Hindernis. Der Bau-

den aufmarschgerechten Dimensionen des Platzes eine schlichte Untertreibung. Die Platzmitte ziert eine Statue des königlichen Stadtgründers Karl XI. An schönen Sommertagen fühlt man sich dennoch nach Rom versetzt, weniger angesichts des Marktangebots als wegen der beiden anderen Gebäude am Platz: Die Kirchen **Fredrikskyrkan** und Trefaldighetskyrkan entstanden ab 1700 nach Entwürfen von Nicodemus Tessin d. J. in schönstem römischen Barock. Die **Trefaldighetskyrka** mit der massigen Rotunde und dem vorgelagerten Portikus gehörte zur besonders großen deutschen Gemeinde der Stadt.

Vom Markt geht es entlang der tiefen Schneise der ehemaligen Bahnlinie – heute werden spannende Draisinefahrten durch den Tunnel unter dem Markt angeboted – über Kopfsteinpflaster abwärts durch ruhige Wohnviertel und den Admiralitetspark zum hölzernen **Glokkenturm** (Klockstapeln) der Admiralitetskyrka, der 1699 fast 400 m von der eigentlichen Kirche errichtet wurde. Der Park entstand Ende des 19. Jh. im Zusammenhang mit dem Bau der Eisen-

nen in den Schlitz des als originelle Armenbüchse konzipierten ›Gubben‹ fallen zu lassen (vorher den Hut hochklappen!). Die Kirchengemeinde führt das dank des Touristenzustroms erkleckliche Spendengeld wohltätigen Organisationen zu. Die hölzerne **Admiralitätskirche Ulrica Pia,** eingeweiht 1685 und ältestes

bahn, vorher lag dort der Marktplatz. Die Felsklippen der Schäreninseln, auf denen Karlskrona sich ausbreitet, waren alles andere als eben, und so gibt es noch heute erhebliche Niveauunterschiede zu überwinden – es war reichlich Pulver nötig, um durch Sprengungen für halbwegs ebene Straßen und vor allem Plätze zu sorgen. Die Vallgatan führt vorbei an der Offiziershochschule der Marine weiter zur Kirche, davor steht **Gubben Rosenbom** (der alte Rosenbom), die Hauptattraktion der Stadt, durch Selma Lagerlöfs ›Nils Holgerssons wunderbare Reise‹ zum Wahrzeichen von Karlskrona schlechthin geworden. Die übermannsgroße bunt bemalte Holzfigur (eine Kopie) bietet sich für ein Erinnerungsfoto zweifellos auch an. Man sollte aber nicht vergessen, ein paar Kro-

Gebäude der Stadt, war eigentlich nur als Provisorium gedacht. Sie wurde auf dem Grundriß eines einfachen griechischen Kreuzes errichtet. Bemerkenswert sind die vielen Epitaphien mit Erinnerungen an Seekriege.

Die Vallgatan führt weiter abwärts bis zur **Bastion Aurora** und Kungsbron, wo eine Bronzebüste von Erik Dahlbergh, dem militärischen Planer von Karlskrona und seinen Befestigungen, den kleinen Platz schmückt.

Der Blick geht hinüber nach **Stumholmen** mit dem markanten Leuchtturm (s. Abb.), bis 1977 noch Standort diverser Versorgungsbetriebe für die schwedische Marine wie Schneiderei, Schuhmacherei, Wäscherei, Bäckerei. Heute sind Firmen in die Gebäude eingezogen. Die 1842 errichtete Båtsmanskaserne diente einst als Trainingsstätte für künftige Matrosen: 500 Mann fanden hier Bedingungen wie auf einem Schiff, der Boden leicht gewölbt, geschlafen wurde in Hängematten, nur das Rollen der Dünung fehlte. 1991 zog das städtische Museum mit wechselnden Ausstellungen sowie Kunst und Kunsthandwerk aus Karlskrona ein. An der Spitze von Stumholmen steht seit 1997 das **Marinemuseum,** dessen Hauptattraktion neben 13 Galionsfiguren ein unterseeischer Tunnel ist, von dem aus man die Überreste eines im 18. Jh. versenkten Schiffes betrachten kann. Lebendig und multimediauntermalt werden typische Szenen an Bord nachgestellt. Am Kai des Museums liegen der Dreimaster ›Jarramas‹ (Café) und diverse andere Schiffe vor Anker. Es werden Fahrten mit historischen Segelschiffen angeboten.

Quer durch die Innenstadt über die teils als Fußgängerzone genutzte Ronnebygatan geht es zum **Blekinge Läns Museum** am Fisktorget, wo auch die Ausflugsboote in die Schären starten. Die Reihe schlichter Häuschen am Fisktorget zeigt eine Ausstellung über das Alltagsleben der Blekinger Fischer in früheren Zeiten. Dahinter verstecken sich ein Barockgarten und das noble Wohnhaus des Admirals Wachtmeister von 1705 mit mehreren, im Stil Gustavs III. eingerichteten Räumen und einem gemütlichen Café in der ehemaligen Küche. Bei schönem Wetter kann man es sich auch an einem Tisch im Barockgarten gemütlich machen.

Von Karlskrona nach Kalmar

Von der E 22 zwischen Karlskrona und Kalmar lohnt sich ein letzter Abstecher an Blekinges Küste nach **Kristianopel** 8.

Das verschlafene Städtchen paßt so gar nicht zu seinem pompösen Namen – das ›Konstantinopel‹ eines gewissen bauwütigen dänischen Königs Kristian IV. Eine Kuriosität in der 1599 als letzte Bastion Dänemarks vor der schwedischen Grenze errichteten Stadt ist neben dem Campingplatz inmitten der Reste der 2 km langen Stadtmauer auch die 1620 gebaute Kirche mit dem typisch dänischen Treppengiebel. Im Sommer zieht der Jachthafen viele Segler an, es gibt Restaurants, Cafés und Kunsthandwerksläden zum Stöbern.

Wenige Kilometer nördlich erreicht die E 22 an der heutigen Grenze zwischen Blekinge und Småland den **Brömsebrosten** 9 – ein Denkmal zur Erinnerung an den 1645 an der Brücke über den Grenzfluß nahe dem Dorf Bröms unterzeichneten Friedensvertrag zwischen Dänen und Schweden, der allerdings dem Süden des Landes immer noch keinen Frieden brachte. Blekinge und Skåne kamen erst 13 Jahre später (1658) im Frieden von Roskilde zu Schweden. Der weiter südlich gelegene Ort Brömsebro entstand Jahrhunderte nach dem berühmten Friedensschluß. Rund 1 km von Gedenkstein und Brücke entfernt liegen die Trümmer der Burg Brömsehus, Reste der umkämpften Grenzfestung.

Im Mittelalter entstanden Befestigungsbauten entlang der ganzen südschwedischen Ostseeküste, vor allem als Schutz gegen die Überfälle von Seeräubern. Dazu gehörten auch zahlreiche Wehrkirchen, Rundbauten, die mit meterdicken Mauern, winzigen Schießscharten ähnelnden Fenstern sowie Vorratsräumen für lange Belagerungszeiten ausgestattet waren. Eine solche Rundkirche ist **Hagby kyrka** 10 aus dem 12. Jh. mit Wehrgang und Schießscharten, etwa 25 km südlich von Kalmar gelegen.

Eine Rundreise durch Småland

Kalmar

11 (S. 310) Kalmar ist eine der ältesten Städte Schwedens und wurde im Jahr 1000 erstmals schriftlich erwähnt: auf einem Runenstein. Die Keimzelle für das **Kalmar slott,** auf dessen Westseite sich das alte Stadtzentrum befand, bildete ein sogenanntes Kastal, ein Wehrbau, den Magnus Ladulås im 13. Jh. zu einer Burg umbaute. Hier wurde 1397 feierlich die Kalmarer Union beschlossen, die alle skandinavischen Reiche vorübergehend einte. Das jetzige Erscheinungsbild des Schlosses entspricht dem typischen Vasa-Stil mit vier runden Ecktürmen und geht auf Gustav Vasas Söhne Erik XIV. und Johan II. zurück, die auch für eine Innenausstattung im Stil der Renaissance sorgten. Im Innenhof geben schon der filigrane Brunnen (1597) des Baumeisters Dominicus Pahr und die restaurierte Wandbemalung einen ersten Eindruck von der königlichen Pracht.

Aus Furcht vor dänischen Angriffen und nach einem Brand wurde das Stadtzentrum Anfang des 17. Jh. auf die Insel Kvarnholmen nördlich der Schloßinsel verlagert. Die neue Festungsstadt im Barockstil mit rechtwinkligem Straßennetz und mehreren ausladenden Plätzen umgab eine Stadtmauer mit gesicherten Zugängen. Im Unterschied zu anderen schwedischen Städten entstanden in Kalmar aus Brandschutzgründen auffallend viele Steinhäuser – gutes Baumaterial lag mit dem kalksteinreichen Öland ja hier gewissermaßen vor der Tür.

Auf dem Weg vom Schloß zum ›neuen‹ Stadtzentrum von Kalmar passiert man das Kunstmuseum; ein Spaziergang durch den Park mit schönen alten Bäu-

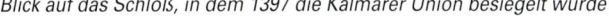

Blick auf das Schloß, in dem 1397 die Kalmarer Union besiegelt wurde

men führt ebenfalls zu dem ein oder anderen zeitgenössischen Kunstwerk. Kalmars Haupteinkaufsstraße ist heute die Kaggensgatan, wo sich Geschäfte, Cafés und Restaurants aneinanderreihen. Am zentral gelegenen Stortorget grüßt der von Nicodemus Tessin d. Ä. entworfene **Dom** (1660–82) mit seiner Fassade in italienischem Barock – ein Blick ins Innere überwältigt angesichts des üppigen Barockaltars von Tessins Sohn und Nachfolger (1705). Gegenüber steht das **Rathaus,** etwa zur gleichen Zeit im Stil der holländischen Renaissance erbaut.

Vom Hafen (zu erreichen über Stor- und Proviantgatan) eröffnet sich schon ein Blick auf Öland und die über 6 km lange Brücke über den Kalmarsund. In der riesigen ehemaligen Dampfmühle (Ångkvarnsbyggnaden) ist neben Kongreßeinrichtungen das **Kalmar Länsmuseum** untergebracht, dessen Hauptattraktion Funde aus dem königlichen Flaggschiff ›Kronan‹ sind. Das Schiff sank am 1. Juni 1676 gleich zu Beginn einer Seeschlacht gegen die vereinte dänisch-holländische Flotte vor Öland. Nachdem das Wrack 1980 entdeckt worden war, bargen die Unterwasserarchäologen vor allem Kanonen und Navigationsinstrumente, aber auch Alltagsgegenstände und einen Goldmünzen-Schatz, der heute im Museum zu sehen ist.

Von Kalmar ins Glasreich: Durch das südliche Småland

Karte s. S. 82

Dunkle Nadelwälder, am Boden ein dikker Teppich aus Heidekraut und Moos, Pilze, Heidel- und Preiselbeeren satt, blaue stille Seen, dazwischen riesige Wackersteine, wie von Riesen malerisch dahingewürfelt – und ab und zu ein Holzhäuschen in Rot oder Gelb. An dem einen oder anderen hält der Zug, Menschen stehen am Gleis mitten im Wald, vor jeder Kurve gibt der Zugführer ein Signal – es könnte ja ein Elch auf den Schienen stehen: Impressionen einer Zugreise durch Småland, die ›wildeste‹ der südlichsten Provinzen Schwedens. In seinen dunklen Wäldern kann man zwar keinem Bären begegnen, aber einen guten Eindruck von dem Begriff Wildmark bekommen. Ganz anders die Schärenküste im Osten, die bei Kalmar von einem äußerst fruchtbaren Streifen gesäumt wird. Daran schließen zum Binnenland hin uralte Eichenwälder an, bis das im Schnitt 300 m hohe Hochland mit seinen extremen Klimabedingungen nur noch Nadelwald zuläßt.

Bis 1658 war Småland finsteres Grenzland zum verfeindeten Dänemark, eine Brutstätte für Aufständische wie der Bauernführer Nils Dacke, der sich gegen Gustav Vasa wandte und grausam abgeurteilt wurde. Das Binnenland war nur dünn besiedelt und bot den Häuslern, den *torpare,* nur ein kärgliches Leben. Mühsam wurden kleine Waldstücke gerodet, die Steine ordentlich als Mauern an den Rand oder in der Feldmitte geschichtet, damit Wiesen oder gar Felder kultiviert werden konnten. Der Bevölkerungsanstieg im 19. Jh. führte zu Hunger und Armut, so daß viele in die Neue Welt auswanderten, in manchen Orten die Hälfte der Bevölkerung. Und der Trend hielt an. Die nach dem Zweiten Weltkrieg einsetzende Landflucht ließ ehemals kultivierte *torp,* winzige Weiler, veröden. Vor allem im Landesinneren um den See Algunnen trifft man auf verlassene, halb überwucherte Gebäude im Wald. Deshalb sind die vielen Deutschen, die in letzter Zeit hierhergezogen sind, durchaus willkommen, auch wenn die Boulevardzeitung

Im Glasreich locken stille Seen erholungsuchende Urlauber an

›Aftonbladet‹ bereits die deutsche Flagge über Småland wehen sieht.

Viele Wege führen durch Småland, und viele Reisen nach Schweden enden schon hier: Weil das Ferienhaus erreicht ist, denn Småland gehört zu den beliebtesten Regionen für einen Urlaub im eigenen Domizil. Kulturelle Sehenswürdigkeiten hat das Land dagegen nur wenige zu bieten, dafür viel Natur und Raum für Aktivitäten wie Angeln, Schwimmen, Beeren und Pilze Sammeln, Kanufahren und Wandern.

Für Freunde schwedischen Kunsthandwerks bietet sich eine Tour in das südliche Småland mit seinen unwegsamen Wäldern und einsamen Seen an. Sie führt ins Glasriket, wo sich eine alte Industrietradition mit dem modernen

Design verbündet hat und in den Glashütten von Boda, Orrefors oder Kosta wertvolle Produkte entstehen.

Nybro 12 bildet gewissermaßen das Tor zum Glasreich. Man verläßt den Ort Richtung Växjö (RV 25) über **Madesjö,** das mit seiner schönen Kirche und den Kirchhütten *(kyrkstallarna)* an die Zeiten erinnert, als die Bauern in dieser mit Gotteshäusern nicht so reich gesegneten, armen Gegend ihre religiösen Pflichten nur erfüllen konnten, wenn sie eine Übernachtung einlegten – ganz wie im hohen Norden.

Über **Boda** (berühmte Glashütte mit Einkaufsmöglichkeit) geht es nach **Lessebo** 13. Neben einer gigantischen modernen Papierfabrik der Klippan AB mit 360 Angestellten blieb als Relikt der

Modernes Design aus dem Glasreich

Schwedische Glaskunst ist heute weltweit Inbegriff hochwertigen Designs. Die berühmtesten Namen konzentrieren sich im småländischen *Glasriket* (Glasreich) zwischen Nybro und Växjö. Orrefors gelang 1925 der Durchbruch in Paris, als bei der Ausstellung ›Exposition des Arts décoratifs‹ von Simon Gate entworfene Stücke Furore machten. Seitdem gehören Glas und innovative Formgebung zusammen. Dafür sorgen z. B. bei Orrefors 17 festangestellte Designer, die immer neue Kollektionen voller Witz und Fantasie entwickeln. Bei der Form- und Farbgestaltung ist kaum noch etwas unmöglich; vor allem kräftige Farben spielen in der letzten Zeit eine größere Rolle. Knallgelbe Sonnenblumen sind beispielsweise das Markenzeichen von Birgitta Watz, eine von sieben Künstlern bei Lindshammars glasbruk. Bei Bengt Lindberg aus dem Hause Bergdala leuchten farbenfrohe stilisierte Elchköpfe von Schnapsgläsern – ein beliebtes Souvenir. Regenbogenfarben, durch verschiedenfarbiges, zunächst verschmolzenes und dann geblasenes Glas, erzeugt Thommy Bremberg gleich nebenan bei der Konkurrenz, in seiner Studiohütte Härdsmältan.

Die Grenzen zwischen Kunst und Kunsthandwerk sind wahrhaft fließend. Bei Kosta Boda entwickelt Kjell Engman Gebrauchsglas, aber gewinnt dem Glas auch als Künstler für seine Skulpturen und Reliefs sehr viel ab – ein nicht gerade gewöhnliches Material.

Auch für den ganz normalen Kaufinteressenten, dem es nur darum geht, sein Heim mit einem stilvollen wie praktischen Gegenstand zu verschönern, bieten die über 40 *glasbruk* mit Fabrikladen im Glasreich ein vielfältiges Angebot. Auf der Suche nach einem Pendant zu Großmutters Lampe wird man mit Sicherheit bei Rosdala fündig. Das Archiv der Glashütte birgt 9000 Formen aus über 100 Jahren Firmengeschichte. Nostalgiker wie Sammler finden hier bestimmt ›ihre‹ Lampe für die gute Stube.

Die absoluten Renner im Sortiment bei der kleinen Glasbläserei Skruf sind

Wasserbarometer, im Volksmund auch ›Pissebarometer‹ genannt, deren dicker Bauch mit Wasser gefüllt wird und die, an die Wänd gehängt, zuverlässig einen Wetterwechsel ankündigen; naht ein Tiefdruckgebiet, drückt das Wasser aus der Tülle. 400 000 Stück der praktischen mundgeblasenen Wetterfrösche sind bereits hergestellt worden.

Die originellste und vielleicht zukunftsträchtigste Idee hatte aber wohl Leif Hauge, der sich in seiner Werkstatt südlich von Fagerhult dem Recycling von Glasflaschen widmet. Die Metamorphose einer schlichten Heinz-Ketchup-Flasche zur formschönen Karaffe ist schon erstaunlich. Wer mag, kann seine eigenen Glasgegenstände mitbringen und sehen, was daraus wird.

Aber selbst wenn man nichts kauft, darf ein Besuch einer Hütte nicht fehlen, denn es gibt kaum etwas Spannenderes, als den Glasbläsern bei der Arbeit zuzusehen.

Und dann ist da noch der *hyttsill,* eine gute alte Sitte aus den Zeiten, als man energiebewußt die abkühlende Ofenglut auch noch zum abendlichen, gemeinschaftlichen Kochen nutzte. Damals wie heute werden in der Glut Salzheringe, Schweinerippchen, Würstchen und Kartoffeln knusprig gebacken. Die småländische *Isterbandkorv* ist eine geräucherte, gut gewürzte Wurst mit reichlich Getreideanteil, meist Graupen. Dazu wird kühles Bier serviert. Als Nachtisch gibt es natürlich die småländische Spezialität *Ostkaka* (ein süßer Auflauf) mit Sahne und Konfitüre. Bei Musik und Gesang können solche Hyttsill-Abende ziemlich fröhlich werden – besonders wenn die Gäste selber mal Glas blasen dürfen. Hyttsill-Abende veranstalten die Glashütten (Buchung im voraus) Kosta , Bergdala, Lindshammar, Målerås und Orrefors.

300jährigen Tradition der alte *handpappersbruk* erhalten. In den originalgetreu eingerichteten Fabrikgebäuden kann man zusehen, wie das Papier von Hand geschöpft wird. Brief- und Schreibpapier, das den Ruf von Lessebo einst begründete, wird hier ebenso angeboten wie sehr schöne mit getrockneten Blüten und Moosen durchsetzte Schmuckbögen sowie ausgezeichnetes Aquarellpapier.

Einige Kilometer hinter Lessebo biegt man vom RV 25 ab und fährt über **Bergdala** (kleine Glashütte) links an der Herråkra kyrka vorbei durch eine idyllische Landschaft mit zahlreichen vorzeitlichen Grabhügeln. Ziel ist die turmlose kleine **Dädesjö gamla kyrka** 14, die wahrscheinlich aus dem 13. Jh. stammt. Nur noch das Langhaus ist von der romanischen Kirche, die ursprünglich auch Chor und Apsis besaß, erhalten, eine typische frühmittelalterliche Landkirche, deren Deckenmalereien aus der zweiten Hälfte des 13. Jh. auch in Schweden eine Seltenheit darstellen.

Die Stadt **Växjö** 15 (S. 348f.) am Helgasjön, schon seit der Wikingerzeit Handelsplatz und ab 1172 Bischofssitz, ist noch heute Verwaltungs- und Einkaufszentrum von Zentral-Småland (Kronobergs län). Der Verwaltungsbezirk ist nach der heute in Ruinen liegenden Burg Kronoberg am Helgasjö benannt. Der im 14. Jh. errichtete Dom wurde in den 50er Jahren gründlich umgebaut. Das 1996 neu eingeweihte Glasmuseum beleuchtet die 400jährige Geschichte der schwedischen Glaskunst, die 1581 in Nyköping begann, und versammelt etliche Klassiker auch aus småländischen Glashütten; schon seit 1628 ist Småland dank seiner reichen Holzvorkommen Schwedens *Glasriket.* Die älteste noch betriebene Glashütte *(glasbruk)* ist Kosta (1742 gegründet), weitere berühmte kamen in der zweiten Hälfte des 19. Jh. dazu, darunter Orrefors und Boda. Die sehenswerte Ausstellung ist ein guter Einstieg für eine Rundfahrt zu den Glashütten mit ihren Fabrikläden (s. S. 89f.).

Die Dauerausstellung im Utvandrarnas Hus beschäftigt sich mit der Frage nach den Ursachen der Auswanderung, die zwischen 1850 und 1930 über eine Million Schweden in die USA trieb. Ein Raum ist Vilhelm Mobergs Arbeit gewidmet, sein Archiv mit den Aufzeichnungen und Quellen für die Roman-Tetralogie ›Utvandrarna‹ wird hier aufbewahrt.

Etwa 10 km weiter am RV 23 liegt Smålands einst bedeutendstes Eisenwerk, **Husebybruk** 16, heute beliebtes Ausflugsziel nicht nur wegen der Industriebauten, sondern vor allem wegen des Schlosses mit der Sammlung von Kuriositäten und Kunstwerken der Besitzer. Eine Ausstellung im Statarmuseet über das Leben der Landarbeiter und die Arbeit im Eisenwerk zeigt die andere Seite von Husebybruk.

Der Name von Carl von Linné wird meist mit Uppsala verknüpft, geboren ist der große Botaniker aber in Småland: in **Råshult** 17 bei Älmhult waren sein Vater und sein Bruder Pfarrer. Rund um Linnés Geburtshaus wurden Pfarrhaus, Hof mit Haustieren und Garten wie im 18. Jh. eingerichtet.

Bei **Älmhult** 18 stand die Wiege einer anderen schwedischen Berühmtheit: Das erste der verrückten Warenhäuser – damals noch nicht mit dem Elch – öffnete 1958 hier seine Pforten, und dort befindet sich auch heute noch ein IKEA-Markt – nicht die einzige Gelegenheit zum Einkauf von Möbeln dieses Anbieters, aber die traditionsreichste.

Von Älmhult gelangt man auf dem RV 120 in westlicher Richtung auf die E4.

Bis zum Öresund, nach Helsingborg und Landskrona oder an die Westküste ist es von hier aus nicht mehr weit.

Von Oskarshamn in die Wildnis

Die Route führt von der ›Blauen Küste‹, der Schärenküste bei Västervik mit ihren zahllosen Inseln und Inselchen, nach Vimmerby, wo sich alles um Astrid Lindgrens Romanfiguren dreht, und schließlich durch ›Schwedens südlichste Wildmark‹ im Nationalpark Store Mosse mit seinen Hochmoorgebieten. Von dort ist es nicht mehr weit bis zu den Fährhäfen Varberg und Halmstad an der Westküste.

Der Wechsel im Charakter der Landschaft auf der Fahrt von der Küste bei Kalmar hinein ins ›dunkle‹ Småland könnte kaum größer sein: An den äußerst fruchtbaren Küstenstreifen mit seinen schier unendlichen Getreidefeldern schließen sich herrliche mehrhundertjährige Eichenbestände an, bevor man eintaucht ins Dunkel des Nadelwaldes, der so typisch für das småländische Hochland ist.

Den besten Überblick über dieses ›wilde‹ Småland hat man von der **Aboda klint** 1. Überall im undurchdringlichen Wald schimmern die Seen des Algunnensystems, das größte und ursprünglichste Seengebiet in Ostsmåland und ein Paradies für Angler, während sich zu Füßen des Betrachters ein Badestrand ausbreitet. Vom Klevens Badplats sieht man dann erst die steile, über 50 m glatt senkrecht abfallende Klippe Aboda.

Über Högsby, den RV 34 und 23 geht es wieder an die Küste, wo sich nach Norden Richtung Östergötland Blå kusten erstreckt (Blaue Küste), eines der schönsten Schärengebiete Schwedens.

Die Industriestadt **Oskarshamn** 2 (S. 328) verdankt den Fähren nach Gotland und dem nahegelegenen Kernkraftwerk ihre Bekanntheit. Im Sjöfartsmuseum wird mit Schiffsmodellen, Navigationsinstrumenten und anderen mit der Seefahrt und dem Schiffbau verbundenen Exponaten an die Tradition der Hafenstadt erinnert, die noch bis 1856 Döderhultsvik hieß, Bucht von Döderhult. Aus diesem kleinen Ort stammte der Holzschnitzer Axel Petersson, bekannter unter dem Namen Döderhultarn (1868–1925), dessen Werk das Döderhultarmuseum gewidmet ist. Seine grob geschnitzten Figuren spiegeln das harte Leben der einfachen Leute und erinnern manchmal entfernt an Schöpfungen Heinrich Zilles.

Rustikal präsentiert sich das in seiner traditionellen Dorfstruktur erhaltene **Stensjö by** 3. Das Dorf nördlich von Oskarshamn, das im 19. Jh. noch 166 Menschen zählte, ist kein Museum, sondern wird als alte Kulturlandschaft nach althergebrachten Methoden weiterge-

pflegt. Man kann von den Wegen aus die altertümlichen Holzzäune und -gatter betrachten, die Apfelbaumwiesen und die Höfe mit ihren vielfältigen Nebengebäuden wie Vorrats- und Backhäusern oder Schuppen zum Trocknen von Lein und Brennholz.

Ähnlich präsentiert sich **Lunds by** 4, das man auf dem Weg nach Västervik bei Gladhammar passiert, ein altes, um einen zentralen Markt gruppiertes Gebäudeensemble, das bis aufs 17. Jh. zurückgeht. Damals war der Bauer Per Olsson, der es als Bauernvertreter bis an den Hof Karls XI. gebracht hatte, vom König mit dem Hof beglückt worden, der unter seinen Nachkommen zum Dorf heranwuchs. Über den Markt rollte einst der ganze Kutschverkehr zwischen Kalmar und Västervik. Die E 22 führt heute glücklicherweise nicht hindurch.

Västervik 5 (S. 348) war neben Kalmar und Oskarshamn einmal einer der bedeutendsten Häfen an der Ostküste, man lebte von Seefahrt und Schiffbau. Vom vergangenen Reichtum zeugen

Das nördliche Småland

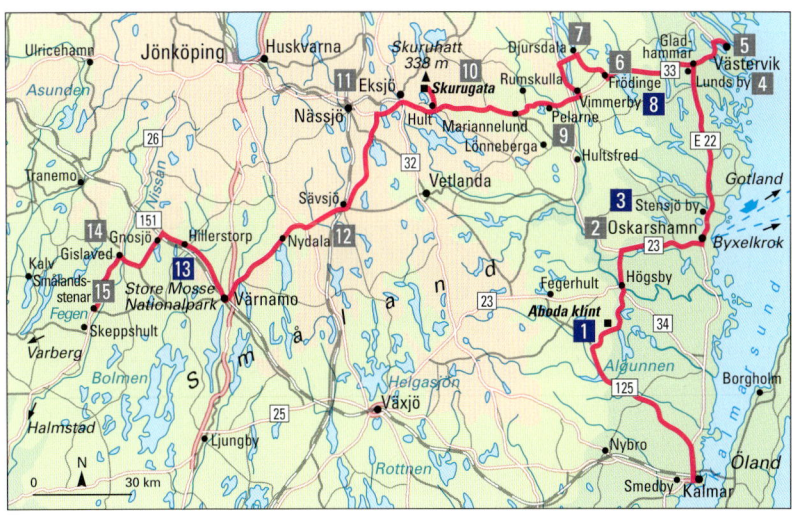

noch die idyllischen Holzhäuser aus dem 18. und 19. Jh., und, so merkwürdig es klingt, das Armenhaus Det Cederflycht-ska fattighuset, das immerhin der Hofar-chitekt Carl Hårleman 1749–51 entwarf und auf die Stiftung einer reichen Dame zurückgeht. Die aus dem 15. Jh. stam-mende S:ta Gertruds kyrka erhielt nach einem Blitzeinschlag im Turm 1782 durch Carl Frederik Adelcrantz einen neuen Oberbau und besitzt einen barok-ken Altaraufsatz von Burchard Precht. Vom einstigen Hafenleben geblieben ist noch Kulinarisches wie geräucherter Aal und das Fischfestival *(visfestival)* alljähr-lich im Juli, wenn die Ruine von Stege-borgs slott aus dem 14. Jh. zur Kulisse für Auftritte bekannter Bluessänger und Liedermacher wird. Ein Ausflug emp-fiehlt sich per Boot in die vorgelagerte Schärenwelt mit über 5000 Inseln und idealen Wassersportbedingungen.

Von der Küste geht es über den RV 33 ins Landesinnere Richtung Vimmerby. Zuvor warten in **Frödinge** 6 Versu-chungen ganz besonderer Art auf Freunde süßer Sachen. Der Ort gab dem berühmten Frödinge Ostkaka den Na-men, eine Spezialität aus Milch, Eiern, Sahne, Zucker und Mehl, die weit über die Grenzen von Småland berühmt und alles andere als ein gewöhnlicher ›Käse-kuchen‹ ist. Als das Sterben kleiner land-wirtschaftlicher Betriebe in den 60er Jah-

Sevedstorp war das Vorbild für Astrid Lindgrens Bullerby

ren auch der Frödinge Mejeri den Garaus zu machen drohte, kam man dort auf die glorreiche Idee, das gute alte *Ostkaka*-Rezept wiederzubeleben und in Serie zu produzieren. Heute werden jährlich 3500 t in alle Welt, sogar bis in die USA, verkauft. Der leckere Auflauf mit einem winzigen Hauch von Mandelaroma schmeckt nur warm und mit einem Schlag Preiselbeermarmelade.

Von Frödinge lohnt ein kleiner Schlenker nach **Djursdala**  hoch über dem idyllischen, fruchtbaren Tal mit den offenen Wiesenhängen und dem See Juttern im Talgrund. Das kostbarste Ausstattungsstück der besonders innen sehenswerten Kirche ist der gemalte Flügelaltar, vermutlich eine deutsche Arbeit des 15. Jh. Die üppigen Malereien an den Wänden und der Decke der 1692 fertiggestellten Holzkirche entstanden 1707/08.

Vimmerby 8 (S. 350) kennt eigentlich nur ein Thema – trotz der repräsentativen Holzhausbebauung entlang der Storgatan, dem klassizistischen Rathaus und der belebten Einkaufssträßchen –, eine Attraktion stellt alles andere in den Schatten: Auf dem Gelände von Astrid Lindgrens Värld etwas außerhalb des Ortes sind Schauplätze aus den über 30 Kinderbüchern von Astrid Lindgren nachgestellt. Im Juli erwecken Schauspieler Szenen aus ›Ronja Räubertocher‹ oder ›Pippi Langstrumpf‹ in Theaterstücken zu neuem Leben und begeistern ein junges Publikum, das auch gehörig mittun kann. Der Spaß ist natürlich nicht billig; eine Alternative ist vielleicht der Besuch der ›echten‹ Filmschauplätze, neben Sevedstorp vor allem Gibberyd, wo das ›Katthult‹ aus dem Roman ›Michel in Lönneberga‹ zu suchen ist (hinter Mariannelund nach Rumskulla abbiegen).

Am RV 33 trifft man kurz hinter Vimmerby auf die Kirche von **Pelarne** 9 aus dem 13. Jh. mit mittelalterlichem Inventar. Für Astrid-Lindgren-Fans ein Muß ist der Umweg (in Pelarne links ab) über das idyllische Sevedstorp alias ›Bullerbü‹. Das rote Holzhaus in Näs, wo die wohl berühmteste schwedische Schriftstellerin 1907 geboren wurde, ist im Sommer ebenfalls zu besichtigen. Davor steht noch der legendäre Limonadenbaum *(Sockerdrickstäd)*, bekannt aus ›Pippi Langstrumpf‹.

Eine hervorragende Aussicht über das wilde småländische Hochland mit seinen unendlichen Wäldern und ausgedehnten Seen hat man etwa 10 km östlich von Eksjö vom 338 m hohen Berg Skuruhatt. Die tiefe Schlucht **Skurugata** 10 ist mit ihren bis zu 60 m hohen senkrechten Wänden aus braunem Porphyr ein beeindruckendes Zeugnis der besonderen Topographie Smålands. Entstanden ist die 800 m lange, 7 bis 24 m breite Spalte durch das Abschmelzen des Eises vor 10 000 Jahren. In der tiefen Klamm wird es auch sommers nicht wärmer als 10 Grad Celsius.

Das alte Garnisonsstädtchen **Eksjö** 11 lockt mit seinem schönen Stadtbild. Umzüge von Militärkapellen und das Husarmuseum erinnern an die militärische Vergangenheit. Viele denkmalgeschützte alte Holzhäuser mit lauschigen Innenhöfen und Laubengängen im ersten Stock aus dem 16. und 17. Jh. säumen die kopfsteingepflasterten Gassen im Nordteil der Stadt. Wer sich für die Restaurierung alter Holzbauten interessiert, findet reichlich Anregungen und Material in Qvarnarps byggnadsvårdscenter 2 km südlich von Eksjö in Kvanarps gård.

Man kann sich kaum vorstellen, was die Zisterzienser im Jahr 1143 ausgerechnet in die Einöde der småländischen Wildnis trieb und **Kloster Nydala** 12 gründen ließ. Die findigen Mönche aus dem französischen Clairvaux suchten die schnellfließenden Flüsse als Energiequelle und die dichten Wälder als Brennstofflieferanten, denn sie waren spezialisiert auf die Eisengewinnung. Von dem neben Alvastra am Vättersee wichtigsten Zisterzienserkloster in Schweden bestehen noch Chorkapellen und Querschiff als Teile der heutigen 1688 errichteten Kirche. Von den Klostergebäuden sind nur einige Mauerreste erhalten.

In Värnamo wechselt man auf den RV 151 und erreicht kurz vor Hillerstorp Südschwedens größtes Moorgebiet, den 7740 ha umfassenden Nationalpark **Store Mosse** 13. Das ›Große Moor‹ ist der einzige Ort in Südschweden, an dem man die subarktischen Moltebeeren sehen kann und dazu noch etliche andere in Hochmooren beheimatete Pflanzen und Tiere. Vom Parkplatz am RV 151 erschließen Wanderwege das Gebiet um den Vogelsee Kävsjö, ein Vogelbeobachtungsturm ermöglicht Blicke über den dichten Schilfgürtel auf das Treiben auf dem Wasser. Hier brüten Kraniche, Singschwäne und das scheue Tüpfelsumpfhuhn. Das Betreten des Geländes abseits der Wege ist wegen der brütenden Vögel verboten.

In dieser Gegend gibt es die größte Dichte kleiner Handwerksbetriebe in Schweden. Die Småländer gelten als fleißig und anspruchslos – was blieb ihnen in dem kargen Land auch anderes übrig. **Gnosjö** 14 galt einst als Hochburg

der Drahtzieher. Das alte Gewerbe ist in Hulténs Industriemuseum lebendig geblieben. Dort kann man zusehen, wie allerlei nützliche Gegenstände aus Metall entstehen.

Am Ortsnamen erkennt man gleich, daß Småland hier bald zu Ende ist – die Grenze zu Västergötland verläuft etwa 15 km westlich – aber der 4500-Einwohner-Ort **Smålandsstenar** 15 verdankt seinen Namen nicht etwa einer Reihe von Grenzsteinen, sondern einer beachtlichen Ansammlung von 2500 Jahre alten Steinkreisen. Die fünf *domarringar* – Grabmonumente mit Resten von Brandgräbern in ihrer Mitte aus der späten Eisenzeit – stehen auf einer Wiese nordöstlich des Orts abseits des RV 26 (Schild ›Gravfält‹). Anfang des 19. Jh. taufte der örtliche Priester die auffälligen Steinkreise ›Smålandsstenar‹ im Glauben, es handele sich um einen Thingplatz der Småländer, Västgöten und Halländer. Man glaubte nämlich damals, die *domarringar* hätten den Richtern auf dem Thing als Sitzplätze gedient.

Smålandsstenar liegt schon im Tal des Nissan, an dem entlang man auf dem RV 26 nach 70 km den Fährhafen Halmstad (s. S. 133f.) erreicht. Eine geruhsamere Alternative bietet die Straße 153 entlang dem Südrand des ausgedehnten Fegen-Gebiets nach Varberg (s. S. 135). Während der Südostzipfel des **Fegen** unter Naturschutz steht und Fischadlern, schönen Pracht- und gewöhnlichen Haubentauchern vorbehalten bleiben soll, sind andere Teile des mit dem Ätrantal verbundenen Seengebietes im Dreiländereck Halland-Västergötland-Småland hervorragende Kanugewässer mit guter Infrastruktur (Camping, Bootsverleih und Vandrarhem in Kalv), die allerdings wegen der Nähe zu den Fährhäfen recht überlaufen sein können.

Öland – Die Sonneninsel

■ (S. 326f.) Öland ist anders als das übrige Schweden: Flach und windzerzaust, trocken und waldarm, vereint die kleinere der beiden großen schwedischen Ostseeinseln eine einzigartige, südländisch wirkende Natur und viele Zeugnisse einer langen Geschichte. Das schmale – nur 4 bis 16 km breite –, aber 137 km langgezogene flache Kalkplateau nur wenige Kilometer vor der Ostküste Schwedens bietet Tieren und vor allem Pflanzen völlig andere Grundlagen als das restliche Skandinavien – mit Ausnahme von Gotland, das große Ähnlichkeiten aufweist. Seinen Sockel bildet Kalkstein, entstanden aus den Resten von Lebewesen, die sich vor 500 Mio. Jahren am Boden eines tropischen Meeres ablagerten und später zusammengepreßt wurden. Die Moränenablagerungen aus Lehmschiefer, die die letzte Eiszeit vor 10 000 Jahren darauf hinterließ, bilden bis heute die fruchtbare Grundlage der Landwirtschaft, und noch immer bedecken Acker- und Weideflächen die Hälfte der Insel; nur etwa ein Zehntel ist bewaldet. Wo die Lehmschichten im Lauf der Jahrhunderte durch Wind und Meer abgetragen wurden, entstand eine in Europa einzigartige Heidelandschaft, *alvar*, besiedelt von Pflanzen, die man sonst vornehmlich in südosteuropäischen Steppengebieten findet. Auf Öland hat man 30 verschiedene Orchideenarten gezählt. Einige Pflanzenarten kommen sogar nur hier vor.

Öland ist flach – die höchste Erhebung beträgt 57 m – und ideal zum Radfahren, solange der Wind aus der richtigen Richtung weht. Windmühlen sieht man deswegen überall auf Öland, ein malerischer Anblick, der in Schweden sonst selten

ist. Daß die Insel schon seit Jahrtausenden besiedelt ist, dokumentieren reichlich vorhandene Grabhügel und -felder. Die frühe Eisenzeit (500 v. Chr. bis 500 n. Chr.) gilt als die Blütezeit Ölands. Im 11. Jh. christianisiert, errichteten die Bewohner im 12. Jh. vor allem Wehrkir-

Öland

chen; Überfälle von Piraten waren damals häufig und die Öländer nicht arm. Die Handelsbeziehungen reichten weit über den Ostseeraum hinaus bis ans Schwarze Meer. Auf der rekonstruierten Burg Eketorp läßt man diese guten alten Zeiten allsommerlich wieder aufleben.

Schließlich begann die schwedische Krone sich für die Insel zu interessieren, Gustav Vasa ließ landwirtschaftliche Musterhöfe *(kungsladugårdar)* errichten, und Johan II. erkor Öland zum Jagdrevier. Damit das Wild nicht gar soviel Flurschaden anrichtete und die Bauern nicht noch mehr in die Armut trieb, ließ Karl X. Gustav Mitte des 17. Jh. eine Mauer quer über die Insel ziehen. Der jetzige König hat ebenfalls ein Faible für Öland – der Sommersitz der schwedischen Royals befindet sich auf Schloß Solliden südlich von Borgholm. Eine offenbar wohl überlegte Wahl, denn schließlich gilt Öland als sonnigste Ecke des Königreichs und ist regelmäßig Spitzenreiter in der schwedischen Sonnenstatistik.

Auf der beliebten Ferieninsel findet man eine gute touristische Infrastruktur, herrliche Badestrände mit viel Sand an der Ostküste, während die eiszeitlichen Steinwälle der Westküste mit ihrer interessanten und reichen Vogel- und Pflanzenwelt für Naturfans Überraschungen bereithalten.

Im Unterschied zu der dreimal so großen Insel Gotland liegt Öland dicht vor der Küste und ist seit 1972 durch eine Brücke (Ölandsbron) mit dem Festland verbunden. Das 6070 m lange Bauwerk läßt auch größeren Schiffen mit einer Passierhöhe von 36 m ausreichend Platz und gehört zu den längsten Brücken Europas. Im Sommer dürfen Fahrräder nur per Bus den Sund zwischen Kalmar und Öland überqueren, was ja auch weitaus bequemer ist, als sich die 6 km abzustrampeln.

Ist man einmal in Färjestaden angelangt, steht an der großen Kreuzung beim ehemaligen Fähranlegerort die Entscheidung an: rechtsherum oder linksherum? Wer nur einen Tag Zeit für Öland mitbringt, sollte sich vielleicht auf die Mitte beschränken, denn die gesamte im folgenden beschriebene Rundfahrt ist über 300 km lang. Oder man entscheidet sich für den Norden, wo interessante Strände, ein ›Zauberwald‹ und eine mittelalterliche Wehrkirche zu finden sind. Die Entfernung für einen Tagesbesuch im Süden, der mit dem im Frühsommer in Blüte stehenden Heidegebiet Stora Alvaret und der Vogelstation Ottenby Ornithologen und Botaniker in Bann zieht, während Kinder das Geschehen auf Burg Eketorp begeistert, ist allerdings zu groß.

Der Süden

Wendet man sich ab Färjestaden Richtung Mörbylånga, lohnt sich ein erster Halt beim **Karlevisten** 1 ein Stück östlich der Straße. Der Runenstein steht in einer typisch öländischen Landschaft, inmitten von gegen den Wind mit Hekken geschützten Äckern. Seine Ende des 10. Jh. datierte Inschrift ist der einzige schriftliche Beleg einer Skaldenstrophe aus dieser Zeit und selbst für Experten nicht leicht entzifferbar. Sie ist dem dänischen Häuptling Sibbe dem Weisen gewidmet. Auf der Rückseite steht ein unverständlicher Text in lateinischen Lettern: »Ninoni«. Auf einer Zeichnung aus dem 17. Jh. sieht man den Stein noch von Grabhügeln umgeben, die heute eingeebnet sind. Man nimmt an, daß dort das Grab des Häuptlings war.

6 km südöstlich von Mörbylånga nahe der Straße hat man Gelegenheit, nicht nur einen Eindruck von einer landschaft-

Kastlösa kyrka

lichen Besonderheit Ölands zu bekommen, sondern auch eine gute Aussicht zu genießen: Die alte Fliehburg **Bårby borg** 2 haben ihre Erbauer direkt an die steile Kante des versteinerten Vorzeitstrands gesetzt und sparten sich damit an einer Seite die Befestigungsmauer. Und noch heute hat man von dort weite Sicht auf See und Land.

Stora Alvaret 3 macht fast den gesamten Süden der Insel aus. Den besten Zugang zu der rund 300 km² großen einzigartigen Steppenlandschaft, die unter Naturschutz steht, hat man vom Parkplatz bei Möckelmossen an der Strecke zwischen Resmo und Stenåsa. Frühling und Frühsommer sind die beste Zeit für einen Besuch, denn dann blüht die Steppe: Gelb leuchten Sonnenröschen – eine Art kommt nur auf Öland vor – und der Fingerkraut, rosa das Knabenkraut und der Wundklee, und weiße Blüten

treiben Steinbrech und das Knollen-Mädesüß. Im Hochsommer ist dann die Blütenpracht dahin, und die karge, fast baumlose Steppe knistert vor Trockenheit. Im durchlässigen Kalkuntergrund unter der dünnen Vegetationsdecke versickert das Wasser schnell.

Einen Ausflug in die neuere Kunst bietet ein Blick in die **Kastlösa kyrka** 4: Das farbenfrohe Fresko (1952) an der Altarwand der im 19. Jh. gebauten Kirche stammt von einem Mitglied der Halmstad-Gruppe, Waldemar Lorentzon, und zeigt Christi Auferstehung.

Vorbei an den eisenzeitlichen Grabhügeln von Gettlinge geht es auf die Südspitze der Insel zu. Kurz vor Ottenby passiert man die Reste der Mauer, die Karl X. zur Einhegung des Wilds in seinem Jagdrevier bauen ließ. Zuchthäusler und arme Bauern mußten seinerzeit mit anpacken, damit das Wild nicht die Felder kahlfraß.

Den Zugvögeln ist die Südspitze Ölands seit undenklichen Zeiten wichtiger Orientierungspunkt und Signal für einen Halt. Die Küsten ringsum bieten den hungrigen Reisenden jedes Jahr im Frühjahr und Herbst reichlich Nahrung. Auf der einzigen ganzjährig bemannten Vogelstation Schwedens **Ottenby** 5 ist zur Zeit der Vogelzüge Hochbetrieb, Vögel werden eingefangen, beringt, gemessen und registriert. Im Sommer lohnt sich ein Besuch im Zugvogelmuseum nebenan, ein Laden verkauft Bestimmungsbücher und andere Literatur zum Thema Natur. Aus der Vogelperspektive kann man einen Blick auf Ottenby und Stora Alvaret wagen, wenn man sich die 197 Stufen des **Lange Jan** 6 hinaufbemüht. Schwedens höchster Leuchtturm ist 42 m hoch und auch einer der ältesten: Seit 1785 markiert er Ölands Südspitze.

Auf der Ostseite der Insel geht es wieder nordwärts: Die Burg von **Eketorp** 7 bietet Einblicke in das Alltagsleben der rund 15 eisenzeitlichen (5.–7. Jh.) Fluchtburgen, die man auf Öland fand. Die Anlage mit der 5 m hohen Mauer, die sich um ein komplettes Bauerndorf zieht, wurde mit Hilfe alter Handwerkstechniken rekonstruiert und mit allerlei Geflügel und Vierbeinern alter Haustierrassen belebt. Nicht nur für Kinder ist der Besuch ein echtes Erlebnis: In Werkstätten kann man sich unter Anleitung von Archäologen selbst wie vor 500 Jahren in handwerklichen Tätigkeiten üben. Ein Museum zeigt eine Auswahl der Funde, die am Ort gemacht wurden.

Die Mitte

Gråborg 8 ist Ölands größte *fornborg* – der ellipsenförmige Grundriß mißt 165 bzw. 225 m Durchmesser. Die Fluchtburg aus der Völkerwanderungszeit wur-

de noch bis ins Mittelalter benutzt. Aus dieser Zeit stammen das Portal und die Reste eines Turms. Die St.-Knuts-Kapelle, die im 13. Jh. dazugebaut wurde, steht außerhalb westlich der Festungsmauern und bildet seit ihrer Zerstörung in der Reformationszeit eine romantische Ruine.

Windmühlen sind auf Öland allgegenwärtig; vor 150 Jahren gab es hier rund 2000 dieser praktischen Einrichtungen zur kostenlosen und entsorgungsfreien Energiegewinnung, heute sind noch 350 übriggeblieben, wenn auch nicht mehr in Betrieb. Eine ganze Windmühlenreihe steht entlang der Straße bei **Lerkaka** 9; einige der einfachen Holzgebäude kann man auch innen besichtigen. Bänke laden in der Nähe zum Picknick.

gungsanlage des 5. Jh.: **Ismantorps borg** 11 erreicht man auf einem kurzen Spaziergang durch den Wald, der sich plötzlich zu einer Lichtung öffnet. Die Fläche ist spärlich bewachsen mit einigen Wacholderbüschen, in dem Kalkmagerrasen blühen im Frühsommer Orchideen. Am überraschendsten ist aber der gewaltige verwitterte Steinwall, vor dem man steht. Archäologen fanden hier die Reste von 88 Häusern, eine richtige kleine Siedlung, deren Straßenverläufe und Grundrisse zum Teil noch gut erkennbar sind. Insgesamt neun Toröffnungen in der Burgmauer hat es gegeben; diese eigenartige Zahl hat Anlaß zu Spekulationen gegeben, ob es sich vielleicht um eine religiöse Kultstätte gehandelt haben könnte.

Ganz sicher bildete die **Gärdslösa kyrka** 12 seit dem Mittelalter einen (christlichen) Kultplatz; sie gilt als das am besten erhaltene Gotteshaus auf Öland. Die im 12. Jh. errichtete Kirche bekam ihren Turm um 1200, Mitte des 13. Jh. folgten die Querschiffarme, Ende des Jahrhunderts dann der Chor mit seinem hübschen Treppengiebel. Im Innern fallen die mächtigen Kalksteinsäulen auf; die Chorwand wurde 1642 mit Kalkmalereien zu alttestamentarischen Themen geschmückt.

Einen Abstecher auf die Landspitze **Kapelludden** 13 sollte man nicht versäumen. Die Ruine der S:t Birgittas Kapell und ein 3 m hohes Steinkreuz verfehlen ihre Wirkung auf romantische Naturen vor allem bei Nebel nicht. Dann erinnert der Ort ein wenig an Irland. An dieser Stelle sollen die sterblichen Überreste der in Rom gestorbenen hl. Birgitta aus Vadstena bei ihrer Rückführung 1374 an Land gebracht worden sein.

Auch im Freilichtmuseum **Himmelsberga** 10 steht natürlich eine Windmühle, etwas abseits des typischen Straßendorfs, das komplett, wie es war, mit zwei Höfen aus dem 18. und 19. Jh. als Museum eingerichtet wurde. Die urtümlichen Gebäude in Blockhausbauweise, rotgestrichen und meist reetgedeckt, stehen an drei Seiten um einen Hof. Einige zeigen im Innern bäuerliche Wohnkultur vergangener Zeiten, in einem anderen hat man einen kleinen Dorfladen eingerichtet.

Durch die Ausläufer des dichten Eichenwaldes Mittlandskogen, dem größten zusammenhängenden Waldgebiet auf Öland, geht es zu den beeindruckenden Resten einer weiteren Verteidi-

Turm und Kreuz stehen aber schon seit dem 13. Jh. hier und gehörten zu einer Handelssiedlung, die sich im Mittelalter an der Landzunge befand – heute ragt nur noch einsam der Leuchtturm 32 m in die Höhe. Der Eisenturm von 1872 ist ein Werk von Albert Theodor Gellerstedt (1836–1914), Begründer der schwedischen Freiluftmalerei und im Zweitberuf Leuchtturmbauer.

Die Ölandrundfahrt erreicht schließlich die ›Hauptstadt‹ **Borgholm** 14. Die gewaltige Schloßruine ist alles, was von hochfliegenden Plänen übrigblieb: Schon im Mittelalter mit Turm und Mauer befestigt, erstand auf dem Burghügel ab 1569 für König Johan III. ein prächtiges Renaissanceschloß von Baumeister Dominicus Pahr, das aber im Kalmarkrieg 50 Jahre später verwüstet wurde. So begann man Mitte des 17. Jh. mit

dem Umbau nach Plänen von Nicodemus Tessin d. Ä.; nach geändertem Geschmack wurde schließlich im Barockstil weitergebaut, bis alldem 1806 ein Großfeuer ein Ende setzte. In einem Flügel der Ruine wird eine Ausstellung zur wechselhaften Baugeschichte gezeigt.

Aus der Blüte- und Entstehungszeit der Kaufmannsstadt Borgholm im frühen 19. Jh. stammen noch einige der typischen Kaufmannshäuser mit ihren geräumigen Kellergewölben und doppelten Freitreppen zur Straße, z. B. Sjöbergska huset in der Norra Långgatan. In der ehemaligen Residenz des Inselvogts an der Ecke Tullgatan, Badhusgatan wurde Ölands Forngård eingerichtet, ein Museum zu Archäologie und Volkskunst.

3 km südlich liegt die heutige Sommerresidenz der schwedischen Königs-

familie, **Solliden** , dessen schöner Park mit einem Rosengarten im holländischen Stil, Skulpturen und Ausstellungspavillon für Besucher (gegen Entgelt) offen steht. Die königliche Villa wurde Anfang des 20. Jh. für die damalige Königin Victoria dem sonnigen Klima der Insel entsprechend in italienischem Stil errichtet.

Der Norden

Wer sich für die Geologie Ölands interessiert, sollte auf dem Weg von Borgholm nach Norden vom RV 136 nach links zum Freizeitgebiet Äleklinta abbiegen, denn bei einem Spaziergang am Strand kann man an der Abbruchkante der Steilküste – von der See immer wieder unterspült und weggerissen – gut

die unterschiedlichen Sedimente und Steinlagen sehen.

Östlich der Hauptstraße trifft man auf die einzige erhaltene der vielen im 12. Jh. entstandenen Wehrkirchen auf Öland, **Källa kyrka** . Die Kirche besaß drei Stockwerke, das oberste diente als Schützenstellung und trug Zinnen, die man heute von innen noch erkennen kann. Wenige Kilometer hinter Källa lohnt der Schlenker über **Byerums Sandvik** zum einzigen *rauk*-Gebiet (s. S. 17) auf Öland, an das sich im Norden Sanddünen mit Wald anschließen.

Ölands Norden gehört zu den am dichtesten bewaldeten Gebieten der Insel: **Trollskogen** – Zauberwald – heißt ein Gebiet mit von Wind und Nahrungsmangel skurril verwachsenen Kiefern, in dem man wunderbar spazierengehen kann. Den Steinstrand auf der Westseite taufte einst Carl von Linné bei seinem Besuch 1741 ›Neptunische Felder‹ – der Name blieb erhalten, und heute wie vor 250 Jahren tauchen die blauen stacheligen Blütenähren des Natterkopfs (schwed.: *blåeld*) die sonst vegetationslose Steinwüste jeden Sommer in leuchtendes Blau, so daß ein Meeresgott sich hier wohl zu Hause fühlen würde. An ihrem südlichen Ende trifft man auf die Schiffssetzung ›Forgallaskeppet‹. Von hier aus ist die hohe Felsinsel **Blå Jungfrun** auszumachen: fast gänzlich aus rotem Granit und von zahlreichen Vögeln bewohnt, darunter eine Kolonie Gryllteiste und Eiderenten. Ausflüge per Schiff auf das unter Naturschutz stehende Eiland sind nur bei ruhigem Wetter von Oskarshamn auf dem Festland und ab Byxelkrok möglich. Die abgelegene und schwer erreichbare Insel galt als Tanzplatz der Hexen, als schwedischer Blocksberg ›Blåkulla‹.

Das italienisch anmutende Schloß Solliden

Gotland

■ (S. 303ff.) Die größte Insel der Ostsee ist neben Öland mit ihrer so gänzlich ›unskandinavischen‹ Landschaft in Schweden einzigartig. Das 3100 km² große, 100 km vom schwedischen Festland gelegene Gotland bietet so viel Interessantes an Kultur und Natur, daß man mühelos einen vierwöchigen Urlaub mit der Erkundung verbringen kann – und noch immer etliches nicht gesehen hätte.

Ähnlich wie Öland besteht Gotland aus einer flachen Kalksteinplatte, die heute in drei Stufen max. 70 m aus dem Meer ragt und aus den zusammengepreßten Ablagerungen eines tropischen Korallenriffs vor 400 Mio. Jahren entstand. Wechselnde Wasserstände während der späteren Eiszeiten sind für die Stufenbildungen der Kalkklippen und Strandwälle – besonders gut sichtbar im Norden und Süden – verantwortlich. Sie formten auch die skurrilen Silhouetten der *raukar*, eigentümliche Kalksteinsäulen, die aus härterem Riffkalk bestehen und deshalb der Erosion trotzen konnten.

Der durchlässige, schnell erwärmte trockene Kalkgrund bietet einer besonderen Flora Lebensraum: über 30 Orchideenarten, Bodendecker wie Sedum- und Saxifraga-Arten, Adonis- und andere Sonnenröschen oder Blaue Kugelblumen fühlen sich hier wohl. Manche gehören eher in südliche Gefilde und kommen einzig hier in Schweden noch vor. Dazu gesellt sich eine vielfältige Vogelwelt, die man vor allem bei Ausflügen auf die Inseln Stora und Lilla Karlsö erleben kann. Über 50 Naturschutzgebiete wurden auf Gotland eingerichtet, denn natürlich werden auch hier diese Lebensräume durch die Landwirtschaft gefährdet. Wald macht – ganz anders als im übrigen Schweden – nur knapp zwei Fünftel des Landes aus, Niederschläge sind spärlich und die sommerliche Trockenheit ist manchmal ein Problem für die Landwirtschaft.

Von Menschen besiedelt wird diese Landschaft nachweislich seit 8000 Jahren, die frühsten Grabfunde datiert man ins 2. Jt. v. Chr.: Grabhügel, Schiffs- und Steinsetzungen sind auf der Insel besonders zahlreich. Man nimmt sogar an, daß die Grabform der Schiffssetzungen auf Gotland mit seiner seefahrenden Bevölkerung ihren Ursprung hat. Aus der Völkerwanderungs- und Wikingerzeit stammen die berühmten Bildsteine, die man nur auf Gotland findet und die häufig Szenen aus altnordischen Sagen zeigen, zu bewundern im Museum Gotlands Fornsal und im Freilichtmuseum Bunge.

Gotland war schon zur Wikingerzeit ab dem 8. Jh. ein wichtiges Zentrum des Ostseehandels, ein Warenumschlagplatz von ähnlicher Bedeutung wie Haithabu an der Schleimündung und Birka im Mälarsee; das belegen reiche Schatzfunde oströmischer, fränkischer und sogar arabischer Münzen. Denn Gotlands selbständige Bauern waren zugleich Seefahrer und Händler. Bevor die Kreuzzüge die Handelsverbindungen zerstörten, gab es, kontrolliert von den Warägern (schwedischen Wikingern) einen regen Warenaustausch zwischen dem Ostseeraum über das russische Flußsystem bis nach Byzanz, ans Schwarze Meer und damit zum Endpunkt der chinesischen Seidenstraße.

Visby, heute mit 21 000 Einwohnern die Hauptstadt Gotlands, wurde führend

Högklint ist ein beliebter Aussichtspunkt

Während der Mittelalterwoche verkleiden sich auch die Bürger von Visby stilecht

im Handel nach Lettland und nach Nowgorod, als sich im 12. Jh. Gotlandfahrer aus Lübeck hier ansiedelten. Die Verbindungen zur deutschen Hansestadt waren eng, und nicht nur der Baustil, sondern auch die Epitaphien im Dom, der als Kirche der deutschen Kaufleute ab dem 13. Jh. errichtet wurde, dokumentieren deutlich deutschen Einfluß. Heinrich der Löwe stattete Visby mit weitreichenden Privilegien aus, und die Stadt geriet immer mehr in Gegensatz zu den ebenfalls als Fahrleute Handel treibenden Gotländern des bäuerlichen Umlandes. 1288 kam es zu blutigen kriegerischen Auseinandersetzungen zwischen einem Bauernheer und der Stadt, die als mächtigen Verbündeten die Hanse im Rücken wußte. Die bis heute fast vollständig erhaltene Stadtmauer, die um

1300 fertig war, sollte Visby gegen Angriffe der Landbevölkerung, nicht vor Feinden von See, schützen.

Schon im 14. Jh. begann der Niedergang. Neben strategischen Überlegungen war es wohl auch der sprichwörtliche Reichtum der Insel, der im Jahr 1361 den sieggewohnten dänischen König Valdemar Atterdag zugreifen ließ. Die eigenständige, nur lose mit dem schwedischen Reich verbündete Insel war eine leichte Beute für die Dänen. Der gesamte Süden Schwedens – Halland, Skåne, Blekinge – gehörte bereits zu Dänemark. Bei dieser Gelegenheit, am 27. Juli 1361, zeigte sich der Haß zwischen der Stadt Visby und der übrigen Insel in ganzer Härte. Das gotländische Bauernheer wurde von dänischen Truppen vor den Toren der Stadt niedergemetzelt, ohne daß die Bewohner Visbys ihnen zu Hilfe gekommen wären. Fast 300 Jahre lang herrschten von nun an dänische Vögte über das Land.

Die Insel wurde zum Piratennest: Nicht nur die Vitalienbrüder, auch der dänische Thronfolger und Erbe der Kalmarer Union, Erik af Pommern, setzte sich nach seiner Vertreibung aus Schweden 1436–49 in Gotland fest und tyrannisierte von der Visborg aus die vorbeifahrenden Koggen. Selbst Gustav Vasa und die Angriffe der Lübecker im Jahr 1525 vertrieben die Dänen nicht. Nur die Kirchen der Stadt sind seitdem Ruinen, sie wurden wegen der nachfolgenden Reformation mit Ausnahme des Doms nicht wiederaufgebaut. Die Insel kam 1645 ganz friedlich an Schweden, und zwar im Frieden von Brömsebro, wie die anderen ehemals dänischen Teile Südschwedens. Ein kurzes dänisches Intermezzo, als Seeheld Nils Juel die Visborg 1676–79 wieder besetzt halten konnte, endete mit einem weiteren Zerstörungswerk, als die Dänen vor ihrem Rückzug die Festung der Visborg sprengten.

Seitdem schlummerte die Insel im Dornröschenschlaf, ein Bild, das zu den mittelalterlichen rosenberankten Mauern von Visby sehr gut paßt. Die über 90 Landkirchen aus dem 12.–14. Jh., die vom Wohlstand der gotländischen Seefahrer-Bauern zeugen, blieben seit 700 Jahren fast unverändert erhalten – mit einzigartigen Schätzen mittelalterlicher Kunst: Kalkmalereien, Glasfenster, Holzkruzifixe und fein ziselierte Skulpturen an den Portalen und Kapitellbändern. Der wirtschaftliche Niedergang, aber

Die Grünflächen an der Stadtmauer sind beliebte Treffpunkte für Erholungsuchende

Visby 1 Donnerska Huset 2 Almedalen 3 Burmeisterska hus 4 Gotlands Fornsal und
Naturmuseet 5 S:ta Karin 6 Dom 7 Stadtmauer 8 Helge Ands kyrka 9 S:t Nicolai
10 Botanischer Garten 11 Gamla Apoteket 12 Drottens ruin 13 S:t Lars 14 Gotlands
Konstmuseum 15 S:t Hans och S:t Per 16 Trojaburgen 17 Galgberget

auch die Lage abseits der Kriegsschau-
plätze ließen die Altstadt von Visby mit
ihrem Gassengewirr, den Kirchenruinen
und der Stadtmauer, die seit 1995 im
UNESCO-Weltkulturerbe gelistet ist, unangetastet, bis die Stadt mit dem Mitte
des 19. Jh. einsetzenden romantischen
Ruinentourismus ›wachgeküßt‹ wurde.

Eine kurze Stippvisite auf Gotland ist
kaum sinnvoll, nicht nur wegen der
2,5–4stündigen Fährüberfahrt, sondern
auch wegen der Fülle an Sehenswürdigkeiten sollte man sich mindestens eine
Woche Zeit nehmen. Doch die Saison
auf Gotland ist kurz: Kleinere Museen
öffnen vielfach erst um Mittsommer,
manche sogar erst Anfang Juli, und
nach der Medeltidsvecka, dem unbe-
strittenen Veranstaltungshöhepunkt des
Sommers in der ersten Augustwoche,
wenn sich die Bewohner von Visby in
mittelalterliche Kostüme kleiden und
Gaukler und Ritter die Gassen unsicher
machen, ist auch schon das Ende der
Hochsaison erreicht.

Visby

■ Die Sehenswürdigkeiten innerhalb der
Stadtmauern erkundet man am besten
zu Fuß. Radfahren ist in den oft steilen,
kopfsteingepflasterten Gassen jedenfalls
kein Vergnügen, und Autofahren verbietet sich in der Enge des mittelalterlichen
Stadtgefüges von selbst (die Altstadt ist
in den Sommermonaten ohnehin für
den Autoverkehr gesperrt).

Ein guter Ausgangspunkt ist der Donners Plats, 250 m vom Hafen und von
dort über die Hamngatan erreichbar.
Den Platz dominiert das breit hingelagerte gelb gestrichene **Donnerska
Huset** 1, das man auf jeden Fall betreten sollte, denn in dessen Untergeschoß
befindet sich die Turistinformation mit
einem gutsortierten Bücher-, Karten-
und Souvenirangebot. Benannt sind
Haus und Platz nach dem Kaufmann
Jürgen Hindrich Donner, der von Lübeck
nach Visby übersiedelt war und 1749
das mittelalterliche Kaufmannshaus für

2500 Silbertaler erwarb. Donners Witwe und seine Nachkommen ließen das zuvor als Packhaus genutzte Gebäude mit Ursprüngen im 12. Jh. in den 1780er Jahren in großem Stil ausbauen.

Folgt man von Donners Plats der Donnersgatan Richtung Strand passiert man den Park **Almedalen** 2, der bekannt ist als Schauplatz politischer Reden und gemütlicher Spaziergänge im Grünen.

Vom Donners Plats führt die Strandgatan in nördlicher und südlicher Richtung, die Hauptlebensader des mittelalterlichen Visby. Die Kaufmannshäuser mit ihren Treppengiebeln dokumentieren die Blütezeit Visbys im 13., 14. und 15. Jh. Sie stehen mit der Schmalseite zur Straße – das kostete weniger Steuer – und hatten über dem gewölbten Hochkeller mehrere Stockwerke mit Speichern, die von der Giebelseite her über Kräne beladen wurden – wie in Amsterdam die Grachtenhäuser. Kontor und Wohnräume lagen meist separat dahinter auf dem langgestreckten schmalen Grundstück. Eines der wenigen erhaltenen Holzhäuser ist das urige **Burmeisterska hus** 3 von 1652 am Nordende des Platzes, mit reichen Wand- und Deckenmalereien und benannt nach seinem Erbauer Hans Burmeister, auch er ein aus Lübeck zugezogener Kaufmann.

Den Besuch von **Gotlands Fornsal** 4 mit seinen umfangreichen Sammlungen sollte man sich für einen Regentag aufheben. Im Erdgeschoß faszinieren die übermannshohen Bildsteine aus dem 5.–8. Jh. Ein Blick in den Innenhof zeigt weitere Steinmonumente. Ausstellungen über die frühzeitlichen Grabkulte und die mittelalterliche Sakralkunst Gotlands stehen im Mittelpunkt, darunter die Madonna aus der Kirche von Öja (Original) und die Viklau-Madonna (Kopie). Beeindruckende Funde vom Schlachtfeld vor den Mauern Visbys lassen vor dem in-neren Auge des Betrachters die grausame Metzelei beim Überfall von Valdemar Atterdag 1361 wiedererstehen. In der Schatzkammer bezeugen Gold- und Silberfunde aus der Wikingerzeit, darunter oströmische, arabische und fränkische Münzen, daß es wirklich eine Menge Gold auf Gotland gab – und noch immer werden Schätze entdeckt.

Das **Naturmuseet** im gleichen Gebäude informiert über Gotlands vielfältige Geologie, Flora und Fauna. Zum Teil mit moderner Computer-Technologie kann man sich über Vogelstimmen und die unterschiedlichen Lebensräume auf Gotland orientieren oder auch eine der unzähligen Schubladen herausziehen, in denen fein säuberlich etikettiert der Fossilienreichtum der Kalkklippen dokumentiert wird.

Vom Packhusplan über die Danzigergränd oder eine andere der von der Strandgatan auf die Höhe führenden Gassen geht es über die Mellangränd und S:t Hans gatan hinweg in die verwinkelte S:ta Katarina gränd zur ersten der insgesamt elf erhaltenen mittelalterlichen Kirchenruinen, die Visby zu bieten hat: **S:ta Karin** (= Katarina) 5. In den Ruinen des ehemaligen Franziskanerklosters gibt eine sehenswerte Ausstellung über die Stilentwicklung der mittelalterlichen Kirchen von Visby Auskunft, die sich an westfälischen Kirchen orientierten. Gegenüber dem Eingang zum Klostermuseum liegt die moderne Gotlands Bryggeri, deren große Kupferkessel (Import aus Bamberg) verheißungsvoll durch die großen Fenster glänzen. Auf Gotland hat sich schwedischer Alkoholpolitik zum Trotz aber auch die traditionelle Hausbrauerei erhalten können, *Gotlandsdricka* heißt das hefetrübe Malzgetränk, das durch den Zusatz von Wacholder eine besondere Geschmacksnote bekommt und heute wieder nach alter

Methode von der Vivungs Brauerei in Vänge gebraut wird.

Platzmangel innerhalb der Stadtmauern führte dazu, daß manche Häuser über eine Gasse hinübergebaut wurden. Einige solche auf Bögen ruhende Häuser kann man in Visby noch sehen, etwa in der S:t Hans gatan und der Klosterbrunnsgatan.

Vom Stora Torget sind es nur wenige Schritte bis zum **Dom 6**. Erst einige Zeit nach der Reformation, 1572, wurde die Kirche Sankta Maria zur Domkirche erkoren und als einzige der Visbyer Kirchen wieder aufgebaut. Anfang des 13. Jh. als Gotteshaus der deutschen Gotlandfahrer errichtet – von jedem deutschen Schiff wurde ein Beitrag für den Bau erhoben –, präsentiert es sich heute als Hallenkirche im romanischen Stil mit gotischen Zutaten; die eigenartigen Turmhauben aus Holz stammen aus dem 18. Jh. Das Innere des Domes ist vor allem wegen seiner Epitaphien und Reminiszenzen an die Geschichte von Visby interessant. Als echte Kaufmannskirche besitzt sie über dem Mittelschiffgewölbe übrigens zwei Geschosse Speicherraum, daher auch der Kranenbaum auf der Ostseite. Die Epitaphien aus dem 16. und 17. Jh., viele in deutscher Sprache, beweisen die engen Verbindungen nach Lübeck.

Neben dem Dom führen Treppen auf einen steil abfallenden Kalkabhang (Norderklint) mit Blick auf die roten Dächer der Stadt und ihre grauen, oft mit Efeu grün überwucherten Kirchenruinen sowie den Dom im Vordergrund. Hat man einmal die Höhe erreicht, sind es nur wenige Schritte zur **Stadtmauer 7**, die einzige so vollständig erhaltene in Nordeuropa, insgesamt 3,5 km lang, 12 m hoch und mit über 30 Türmen versehen. Wer nicht die Zeit hat, die gesamte Mauer ent-

Blick auf S:t Nicolai

langzumarschieren – es führen schöne Fußwege durch das Wiesengelände besonders auf der Nord- und Ostseite, kann sich mit dem Stück zwischen Dalmansporten und Norderporten begnügen.

Durch das Nordtor geht es dann schnurstracks hinunter zu einer der interessantesten Kirchenruinen: **Helge Ands kyrka 8** wurde um das Jahr 1200 errichtet, als der Bischof von Riga auf Gotland eine Zwischenstation für Pilger und Kreuzfahrer zur Weiterreise über das Baltikum einrichtete. Erst später gehörte die mit dem achteckigen Grundriß und den zwei Stockwerken sehr originelle Kirche wohl zu einem Heilig-Geist-Spital, daher der Name (*Helge And* = Heiliger Geist).

Vorbei an den Resten der S:ta Gertruds kyrka geht es hinunter zur Ruine der Kirche **S:t Nicolai 9**, einst eine der größten Klosterkirchen in Schweden und um 1230 als erster Dominikanerkonvent im Ostseeraum gegründet. Der Prior des Klosters, Petrus de Dacia (1235–89), ging als erster schwedischer Schriftsteller in die Literaturgeschichte ein. 1284 verfaßte er die Biographie ›Vita B. Christinae Stumbulensis‹ (Von der Seligen Jungfrau Christina von Stommeln). Mit der Beginennonne und Mystikerin verband ihn seit seinen Studienzeiten in Köln eine enge Freundschaft, und die beiden unterhielten einen regen Briefwechsel. Seit 1929 wird in der Ruine alljährlich zu seinen Ehren ein Musikschauspiel aufgeführt. An der Nordfassade des dreischiffigen Kirchenbaus, wo der Kreuzgang lag, kann man noch die Ansätze der Spitzbögen erkennen. Bei dem Überfall der Lübecker 1525 auf Visby wurde auch diese Kirche beschädigt und nicht wieder aufgebaut.

Gleich hinter der Ruine der Kirche S:t Clemens liegt, auf der anderen Seite geschützt durch die Stadtmauer, der **Bota-**

nische Garten ⑩. Er ist berühmt für seine Rosenvielfalt und einige exotische Pflanzen wie Magnolien und Mandelbäume, die bezeugen, daß Gotland mit seiner Insellage klimatisch begünstigt ist. Insgesamt zählt der Garten 350 Arten Sträucher und Bäume. Natürlich darf auch hier eine efeuberankte Ruine nicht fehlen: S:t Olof bietet einen romantischen Anblick.

Über die S:t Olofs gränd geht es in die Fiskargränd oder Skogränd, die beide mit ihrem Blumenschmuck als die schönsten Gassen von Visby gelten, und weiter zum ältesten und niedrigsten Teil der Stadtmauer, wo sich neben dem Fischertor (Fiskarporten) einsam der älteste der Befestigungstürme, der Pulverturm (Kruttornet), erhebt. Wo heute die Grünanlage Almedalen einen kleinen Teich umschließt, lagen im Mittelalter die Koggen der Hanse vor Anker.

Anschließend geht es wieder in das mittelalterliche Gassengewirr vorbei an der imposanten Fassade der **Gamla**

Apoteket ⑪ in der Strandgatan 28, wo heute eine Kunstsilberschmiede ihren Laden hat. Die Lybska gränd führt hinauf über die Mellangatan zur idyllischen S:t Hans gatan mit ihren Bogengängen. Dort kommt man nach links zur **Drottens ruin** ⑫. *Drotten* bedeutet im Altnordischen ›Herr‹ und meint die Heilige Dreifaltigkeit, der die Kirche offiziell geweiht war. Der Chor der im 13. Jh. gebauten Kirche ist mit Hundszahnornamenten und anglonormannischen Zickzackmustern verziert, wie es sie sonst nirgends auf Gotland gibt. Vor den Kirchenruinen erinnert eine im Jahr 1911 aufgestellte Bronzeplastik an Christopher Polhem, der 1661 auf Gotland als Sohn armer Leute geboren wurde und es als Selfmademan zum ›Vater der Schwedischen Mechanik‹ brachte; unter anderem gehen die Schleusen in Stockholm und Trollhättan auf seinen Erfindergeist zurück.

Gegenüber Drottens ruin steht das Kapitelhaus aus dem 13. Jh. Im Sommer lockt der Kapitelhusgården mit mittelalterlichen Banketten in der Schänke, Handwerksvorführungen, einem Kräutergarten und einem spannenden Programm für Kinder Besucher an.

Nur etwa 10 m entfernt findet man die nächste Kirche: **S:t Lars** ⑬, im 13. Jh. errichtet und dem hl. Laurentius (= Lars) geweiht, unterscheidet sich in ihrer von byzantinischen Kirchen inspirierten Form erheblich von den anderen Gotteshäusern in Visby. Sie könnte eine der beiden russischen Kirchen sein, die die Kaufleute aus Nowgorod, mit denen Visby ja enge Kontakte unterhielt, hier gebaut haben sollen. Rätsel geben noch die Gänge in den Mauern und blind endende Treppen auf, die man in der Kirche gefunden hat.

Auf der S:t. Hans gatan führt der Weg vorbei am Rådhusplan, ehemals Standort des Rathauses, zum **Gotlands Konstmuseum** [14], das mit wechselnden Ausstellungen der aktuellen Kunstszene des In- und Auslands Rechnung trägt, aber auch eine kleine Sammlung von Werken der Künstler ausstellt, die sich ab Ende des 19. Jh. auf Gotland niederließen. Noch heute gibt es auf der Insel eine aktive Kunstszene, wovon in Visby etliche Galerien zeugen.

Hinter dem S:t Hans Plan trifft man auf die Kirchenruinen **S:t Hans och S:t Per** [15]. Inmitten der imposanten Ruinen der beiden Kirchen hat heute ein Café Tische und Stühle aufgestellt und bietet eine angenehme Gelegenheit zum Ausruhen vom Spaziergang über Kopfsteinpflaster. In der Gutasaga (ca. 1280) wird S:t Per als älteste Kirchengründung in Visby bezeichnet. Entstanden ab Mitte des 12. Jh., wurde sie später zusammen mit der S:t Hans-Kirche zu einer gigantischen Doppelkirche kombiniert. Warum ein Gotteshaus mit solchen Dimensionen notwendig wurde, ist nicht bekannt.

Ausflüge in die nähere Umgebung von Visby unternimmt man am besten zu Fuß oder per Fahrrad. Der vor allem botanisch interessante Galgberget ist mühelos zu Fuß zu erreichen. Man verläßt die Stadt auf der Nordseite und trifft hinter dem Krankenhaus am Ende der S:t Göransgatan auf ein interessantes Monument der Vorzeit, **Trojaburgen** [16]. Solche Labyrinthe, deren Wege durch kleine Steine markiert werden, gibt es auch auf dem schwedischen Festland. Dieses mißt 18 m im Durchmesser. Man vermutet, daß diese rätselhaften Steinsetzungen, deren Eingang immer im Westen liegt, im Zusammenhang mit Kulttänzen eine Rolle spielten.

Schotterwege führen steil (Alternative: S:t Göransgatan zurück zur Norderport, dann Bergsgatan) zum **Galgberget** [17] hinauf, wo der klägliche Rest des Gal-genbaums die Blicke weniger anzieht als die Flora an der steilen Abbruchkante der Kalkklippen. Im Frühsommer blühen Knabenkräuter in Hülle und Fülle. Außerdem sprießen Blaue Kugelblumen, im zeitigen Frühjahr Küchenschellen, im Sommer Sedum-Arten in den Felsen und der blaue Natterkopf. Wärmeliebende Sträucher wie Hagedorn und Wilde Rosen, Insekten wie die rot-schwarzen Feuerwanzen und viele Schmetterlinge fühlen sich hier wohl.

Der Süden

Nimmt man für die Erkundung des Inselsüdens von Visby kommend nicht den RV 140, sondern die kleine Küstenstraße, lohnt der Aussichtspunkt **Högklint** [1] mit dem schönen Klippenstrand unbedingt einen Stopp. Vor allem die dramatischen Sonnenuntergänge über dem Meer sind legendär. Am Wege liegt der Campingplatz **Kneippbyn,** wo zur Freude der Kinder die ›original‹ Villa Villekulla aus dem Pippi-Langstrumpf-Film begutachtet werden kann. Die Straße passiert die vornehme Sommerhaussiedlung Axelsro mit schönen alten Villen, die teilweise unsichtbar inmitten von Kiefernwald liegen. Die hübsche **Villa Fridhem** [2], heute Hotel, diente im 19. Jh. als Sommerresidenz der Prinzessin Eugénie, Tochter König Oskars I., die sich mit ihren Künstlerfreunden nicht ohne Grund diese Stelle der Insel ausgesucht hatte.

Der Weg zu dem kleinen Fischerdorf **Gnisvärd** [3] mit hübschen Bootsschuppen und einer Kapelle (1839) führt vorbei an mehreren Vorzeitgräbern, darunter die mit 45 m Länge größte bronzezeitliche Schiffssetzung Gotlands.

Wenige Kilometer südlich in **Tofta Strandbad** [4] spielt sich am ausgedehn-

Gotska Sandön

Norsholmen

Ekevik

Skär

Helgumannen

Ringvide

Lauterhorn

27

Färö

Sudersandsviken

Kappelhamnsviken

Harudden

25

Bläse

Bäste-
träsk

Fårö-
sund

Hall

Kappels-
hamn

Bunge

26

Skenholmen

Hangvar

Rute

Vallevik

Irevik

Vallhagen

24

Lärbro

Furilden

28

Jungfruklint

149

Lickershamn

Stenkyrka

Hellvi

Kyllaj

Ytterholmen

Nyhamn

Martebo

22

148

Slite

Nyhamn

*Lummelunda-
grottan*

23

Tingstäde

29

Valleviken

Vallfagumeviken

Lokrume

Tingstäde
träsk

Boge

*Stora
Hästnäs*

Bro

Hejnum

146

21

Visby

Vitviken

147

Endre

Källunge

Botvaldvik

1 *Högklint* *Fridhem*

2

Träkumla

Dalhem

31

Hörsne

Gothem

30

Västerhejde

Gatumanen

140

Stenkumla

Roma

Björke

*Roma
kloster*

Toita

3 Gnisvärd

Mästerby

Atlingbo

Sjonhem

Norrlanda

Skarnvik

Kattham-
marsvik

Östergarnsholm

4 Toftastrand

Eskelhem

20

Väte

Vänge

19

*Vivungs
bryggeri*

Kräklingbo

Herrvik

Västergarn

142

Hejde

Ala

Östergarn

Sysne

5

Buttle

143

18 *Torsburgen*

Utholmen

6 Kovik

Västerby

Klintehamn

7

L o j s t a h a j d

Etelhem

Ljugarn

17

8 Gannarve

Lojsta

Garde

Lausvik

Fröjel

Linde

Lye

16

Storholmen

Lilla Karlsö

Levide

141

Stånga

Djupvik

144

Ammunde

Närsholmen

Stora Karlsö

Sproge

Hemse

Rone

Närshamn

Närshamn

Silte

Bandlundviken

Kvarnåkershamn

Hablingbo

Ronehamn

Petesvik

Havdhem

Gansviken

Petesgård

9

140

Näs

Kattlundsgård

15

Näsudden

Fidenäs

O s t s e e

Fide

Burgsviken

142

10

Öja

Burgsvik

Faludden

11 *Bottarvegården*

Hemra

*Yttre
Stockviken*

Vamlingbo

13 Sundre

Vändburg

Holmhällar

Hoburgen

12

14

N

0   10 km

ten Sandstrand im Sommer fröhliches Badeleben ab. Das populäre Familienbad verfügt über Cafés und Campingplätze mit fast allen denkbaren Freizeiteinrichtungen. Eine kleine Erfrischungspause bietet sich also hier an. Wenig später passiert man den Abzweig zu Kronholmens Golfbana, wohl der schönste Golfplatz der Insel, nahe am Meer gelegen.

Das Dörfchen **Västergarn** [5] war noch im 10. Jh. einer der besten Häfen im Westen der Insel, sank aber durch die Landhebung zur Bedeutungslosigkeit herab. Heute wird die ehemalige Meeresbucht Påviken von zahlreichen Vögeln bevölkert, die den See als eines der wenigen Feuchtgebiete auf der Insel sehr zu schätzen wissen. Von der Blütezeit des Ortes zeugt noch die Kirche, neben den Ruinen des alten romanischen Gotteshauses und dem runden Kastal im 13. Jh. als gotischer Neubau begonnen. Aber nur der Chor wurde fertig – groß genug für die gesamte Gemeinde heute.

Hinter Västergarn geht es rechts ab zum Fischereimuseum von **Kovik** [6]. Neben einem echten alten Fischerdorf stehen hier in einem kleinen Freilichtmuseum eine Anzahl *fiskebodar,* hölzerne Bootsschuppen und Fischerkaten, die von verschiedenen Orten in Gotland zusammengetragen wurden. Ausgestellt sind Fischereigeräte und andere Gegenstände zur Geschichte dieses typischen Erwerbszweiges auf Gotland.

Am Horizont sind sie schon länger sichtbar: die **Karlsöarna** Stora (Große) und Lilla (Kleine) Karlsö. Beide sind Naturreservate und Brutplatz von Kolonien von Seevögeln wie Tordalken, Trottellummen und Gryllteisten. Das größere Eiland, Stora Karlsö (2,46 km²), bietet ein kleines Restaurant und eine Jugend-

Gotland

herberge, einen Leuchtturm von 1887 sowie ein Museum. Während sich auf der großen Insel seit dem Abtransport der Schafe vor etwa 100 Jahren die Vegetation erholt, im Frühsommer üppige Orchideenwiesen blühen und sich neben Wacholder sogar Laubbäume angesiedelt haben, soll Lilla Karlsö (1,58 km²) den urtümlichen halbwilden Gotland-Schafen vorbehalten bleiben, die von alters her Sommer wie Winter auf der Insel weiden. Als Tourist bekommt man nur auf einer geführten Wanderung die einzigartige Natur des kleineren der beiden Felseilande mit ihren Höhlen und Heidegebieten auf dem steilen Hochplateau und natürlich auch deren Bewohner mit den charakteristischen Spiralhörnern zu sehen.

Klintehamn [7] war im 18. Jh. neben Visby der größte Hafen im Westen und ist auch heute noch einer der bedeutenden Orte der Insel. An der Hauptstraße 4 km südlich von Klintehamn liegt bei **Gannarve** [8] zwar nicht die größte, aber eine wegen ihrer Lage mit Blick aufs Meer und die Karlsinseln besonders schöne Schiffssetzung aus der jüngeren Bronzezeit (7./6. Jh. v. Chr.). Ihre Schönheit geht allerdings zum Teil auf eine Restaurierung in den 60er Jahren zurück, als die Form ›harmonischer‹ gestaltet wurde. Im nahegelegenen Gannarve gård sind im Landbruksmuseum landwirtschaftliche Geräte vergangener Zeiten ausgestellt.

Der Erbauer des historischen Bauernhofs **Petesgård** [9], zu dem ein Abzweig vom RV 140 gut 15 km südlich führt, hat sich ebenfalls einen aussichtsreichen Ort mit Meerblick ausgesucht. Das steinerne Wohnhaus ist im Stil des 19. Jh. eingerichtet und gibt einen Eindruck vom Leben der reicheren gotländischen Bauern. Zum Hof gehört neben einem Ziehbrunnen auch eine Windmühle.

Daß die lange in Vergessenheit geratene Windkraftnutzung eine Zukunft hat, hat man auf Gotland früher als anderswo erkannt. Schon vor 100 Jahren gab es auf der Halbinsel **Näsudden** rund 40 Windmühlen, heute sollen die Rotoren der mehr als 60 Windräder die mächtigen Westwinde an dieser Stelle der Insel ausnutzen. Eine Ausstellung informiert über die moderne Technik der Energiegewinnung, die auf Gotland schon 10 % des Strombedarfs deckt.

Nach dem Abstecher in die High-Tech-Gegenwart ein ›Rückschritt‹ ins Mittelalter: **Öja kyrka** 10 verdankt ihre Berühmtheit nicht nur der Madonnenfigur, die heute im Fornsal in Visby aufbewahrt wird (Kopie in der Kirche), und dem reichgeschmückten gotischen Triumphkruzifix aus dem späten 13. Jh., sondern auch der gelungenen Architektur. Der auffällige hohe graue Turm mit dem Spitznamen ›Graugans‹ diente schon immer als Seezeichen.

Bottarvegården 11 5 km südlich von Burgsvik neben der Straße nach Hoburgen ist eine typisch südgotländische Hofanlage: Die Steingebäude, das Haupthaus ist mit Sandsteinziegeln gedeckt, die anderen sind mit Schneidegras bewachsen, liegen eng beisammen und sind innen noch eingerichtet wie im 19. Jh. Im Sommer ist der gut von Touristen besuchte Hof häufig Schauplatz von Veranstaltungen (Café).

Die Südspitze Gotlands ist ähnlich einsam und naturschön wie der Norden, nur nicht ganz so karg. Mit den grünen Wiesen und sorgsam aufgeschichteten Trockensteinmauern, hinter denen die Schafe Schutz vor Wind und Sprühregen finden, erinnert sie ein wenig an Irland oder Schottland. Eine besondere Atmosphäre herrscht, wenn im Frühsommer noch die weißen Dolden des Wiesenkerbels in voller Blüte wie Wol-

ken über dem Grün stehen und ein wahres Vogelkonzert aufgeführt wird: Lerchentriller, Kuckucks- und Kibitzrufe, das Trällern von Rotschenkeln, das Geschimpfe von Austernfischern und anderen Seevögeln.

Ob per Fahrrad oder Auto, man sollte dem Schild ›Vacker kustväg‹ (schöne Küstenstraße) nach Hoburgen folgen, statt die Straße 140 im Landesinnern zu nehmen. Der schmale Asphaltweg führt einspurig durch eine Wacholderheide an den sanft, bis zu 35 m hoch ansteigenden Kalkhängen. Bis zum mit Kieseln bedeckten Strand erstrecken sich riesige Sandsteinplatten. Dieses Material wurde hier im Süden als Baumaterial und für die Herstellung von Wetzsteinen abgebaut. Eine Fabrik für Schleifsteine (*slipstensfabrik*) gibt es noch in Burgsvik. In Kettelviken kann man nahe der Straße noch einen aufgelassenen Steinbruch sehen.

Zwar lädt der Strand der Halbinsel Storsudret nicht gerade zum Baden ein, dafür bietet er Wasservögeln reiche Nahrung. Im September/Oktober ist die Südspitze Gotlands ein wichtiger Rastplatz für Zugvögel aus ganz Nordostskandinavien, die sich dann zu Tausenden Richtung Süden aufmachen.

Von der Höhe **Hoburgen** 12 bietet sich eine fantastische Aussicht über die Südspitze Gotlands. Der harte rötliche Kalkstein, den man hier findet, heißt Hoburgsmarmor und besteht hauptsächlich aus Fossilien, Seelilien (Krinoiden) und Stromatoporen. Der berühmte, sagenumsponnene *rauk* Hoburgsgubben steht einsam oben auf der Klippe, ein bizarr geformter Felsen, dessen Silhouette mit reichlich Fantasie an einen zerfurchten Riesenkopf erinnert. Die größte der zahlreichen Höhlen in den Klippen heißt Hoburgsgubbens Matsal (Eßzimmer des Riesen). Die Legende vermutet unter

Auf Gotland gibt es ca. 90 Landkirchen, hier die Kirche von Tofta

den Klippen natürlich die Schatzkammer des Riesen.

Das Straßenschild am Südende von Gotland klärt auf: 93 km bis Visby, 176 km bis Fårö Fyr am anderen, dem Nordende der Insel. Zum Leuchtturm am Südende sind es nur wenige hundert Meter. Carl von Linné, der Gotland 1741 besuchte, hatte sich schon gewundert, daß es hier seinerzeit trotz der zahlreichen Schiffsunglücke kein Leuchtfeuer gab. Erst 1846 wurde der Turm errichtet, heute noch einer der letzten bemannten Leuchttürme in Schweden, der als Touristenattraktion natürlich auch besichtigt werden kann.

Auf dem Weg zurück nach Visby passiert man so manchen grasgedeckten, aus Stein errichteten Schafstall *(lambgift)* mit dem typischen hohen steilen Dach und den gekreuzten Stangen am Firstende, die einzige Zuflucht der Schafe auf den von Steinwällen eingefaßten Wiesen. Es geht vorbei an der Kirche von **Sundre** 13 und der alten Wallburg

Sundre Kastal mit einem der am besten erhaltenen Verteidigungstürme aus dem 12. Jh., rundgemauert aus dem lokalen Sandstein.

Nördlich von Sundre gibt es einen Abzweig zum Naturschutzgebiet **Holmhällar** 14, wo sich ein mehr als 1 km langes *rauk*-Feld direkt am Strand, teils sogar im Wasser, erstreckt. Am besten parkt man beim Pensionat Holmhällar. Man passiert den hohen grauen Kirchturm von Öja und die Häuser von Fide, bevor auf der rechten Seite kurz vor Grötlingbo der Abzweig nach **Kattlundsgård** 15 auftaucht. Die ältesten Teile des urtümlich und trutzig wirkenden Hofs stammen aus dem Mittelalter, sind vielleicht aber noch älter. Das gänzlich aus Stein gebaute Hauptgebäude, das sogar mit Sandsteinschindeln gedeckt ist, war ab dem 15. Jh. mehrere Jahrhunderte lang im Besitz von einflußreichen Leuten: Die Eigner waren Richter am Thing.

Wer sich für mittelalterliche Sakralkunst interessiert, sollte noch in der **Lye**

Buden bei Ljugarn

kyrka 16 vorbeischauen, denn in ihrem Chor gibt es einen ganzen Zyklus mittelalterlicher Glasmalereien zu bewundern, der sich so vollständig kaum irgendwo im Norden erhalten hat (14. Jh.). Das Chorportal zeigt reichen Figurenschmuck: Christus im Giebel und Szenen aus Christi Kindheit an den Kapitellbändern.

Der Fischerhafen von **Ljugarn** 17, seit dem 19. Jh. der beliebteste Badeort an der Ostküste, wartet mit einer Reihe Buden auf, wo man gelegentlich geräucherten Fisch oder Krabben einkaufen kann. Neben dem ehemaligen Zollhaus aus dem 19. Jh., heute Vandrarhem, steht am Hafen der kleine Holzbau des alten Strandridaregården, in dem ein winziges Zollmuseum steckt. Weitere Ausstellungen, darunter eine Fossiliensammlung, werden während der Saison in den restaurierten alten Magazingebäuden gezeigt. Der *strandridare* kassierte als eine Art Zollbeamter Abgaben von den im Hafen anlegenden Schiffen. Das war nicht sein einziges Privileg: Zur Aufbesserung seines Gehalts erhielt er eine Schanklizenz, durfte also eine Kneipe eröffnen. Im 18. Jh. erlebte Ljugarn als Haupthafen der Ostküste einen Boom, und die reiche Kaufmannsfamilie Donner engagierte sich auch hier im Handel. Im 19. Jh. begann der Tourismus, wovon heute noch die vielen schönen Villen und einige traditionsreiche Pensionate zeugen. Auch jetzt erwacht der Ort nur während der kurzen Sommersaison zum Leben.

Romantisch mitten im Wald versteckt sich eine Sehenswürdigkeit der Superlative: die von der Fläche her größte der *fornborgar* im Norden, **Torsburgen** 18, übertrifft mit 1,5 km Ausdehnung sogar die Altstadt von Visby. Auf der einen Seite durch natürliche Klippen geschützt, sind die Festungsmauern an anderer Stelle bis zu 7 m hoch.

Wen es jetzt nach einer Stärkung verlangt: Ein Abstecher nach Vänge führt zu **Vivungs bryggeri** 19, wo noch nach guter alter gotländischer Art gebraut wird. Das mittlerweile in ganz Schweden angebotene Starkbier *Gotlandsdricka* erhält seine charakteristische Geschmacksnote durch Zusatz von Wacholderholzsud. Die Brauereigaststätte bietet auch typisch gotländische Kost.

Die Ruinen von **Roma kloster** 20 sind kaum weniger imposant als die Torsburg. Man erreicht sie über eine zwischen den Orten Roma kloster und Roma nach rechts abzweigende Allee. Das Zisterzienserkloster wurde 1164 von Mönchen aus dem småländischen Nydala ge-

gründet und wuchs zu einem mächtigen Wirtschaftsbetrieb heran. Nach der Reformation aufgelöst, wurden die Mauern für den Bau des benachbarten Königshofs abgetragen. Die Überreste der Klosterkirche sind alljährlich Schauplatz für Aufführungen von Shakespearestücken.

Roma selbst ist heute einer der größten Orte der Insel und besitzt alle Einkaufsmöglichkeiten und Versorgungseinrichtungen. Die riesige Zuckerfabrik am Ortseingang wurde bereits 1894 gegründet und dokumentiert den Wandel von der traditionellen Landwirtschaft zur Industrialisierung, der mit dem im großen Stil betriebenen Zuckerrübenanbau auch in Gotland begann – aber zum Glück nicht sehr weit kam, denn bis heute ist die Roma sockerfabrik die größte ihrer Art auf der Insel geblieben.

Der Norden und Fårö

Für die Erkundung des Inselnordens verläßt man Visby auf dem RV 148 Richtung Fårö. Erstes Ziel ist eine der sehenswertesten Kirchen auf Gotland: **Bro kyrka** 21, in deren Umgebung es noch einiges andere Bemerkenswerte gibt wie eine wunderwirkende heilige Opferquelle (250 m südlich). Einen Blick wert ist der überreich geschmückte Taufstein vom Ende des 12. Jh. unter der Orgelempore gleich am Eingang. Er zeigt auf der Wandung Christus und die Apostel im Relief, auf dem Deckel ragen vier Kirchtürme auf. Neben dem Taufstein gehört das Kruzifix aus der Mitte des 12. Jh. zu den ältesten Stücken der Innenausstattung. Bro kyrka steht auf seit uralten Zeiten heiligem Grund. Davon zeugen auch die Bro steinkällingar 2 km nordöstlich der Kirche, zwei Bildsteine des 8. Jh., deren Bilder aber der Verwitterung zum Opfer gefallen sind. Der Legende nach sind sie in Steine verwandelte Frauen *(källingar),* denen dieses Mißgeschick passierte, als sie auf dem Weg zur Kirche Streit anfingen. Man sieht sie noch heute neben der Straße im Acker stehen.

Die Kirche von **Martebo** 22, entstand im 13. und 14. Jh. mit romanischem Turm und gotischem Langhaus, das reich mit figuralen Skulpturen geschmückt ist. Alle drei gotischen Portale, zwei auf der Süd- und eines auf der Nordseite, besitzen Kapitellbänder mit lebhaften Szenen im Relief, die der sogenannten Egypticus-Werkstatt zugeschrieben werden, einer zwischen ca. 1325 und 1375 auf Gotland tätigen Bauhütte. Die Skulpturen sind unglaublich fein ausgearbeitet und erzählen die Lebensgeschichte Jesu.

Wer nach zwei Kirchen ein Naturdenkmal besichtigen möchte, zweigt hinter Martebo nach links zum RV 149 ab. Durch das insgesamt 3,7 km lange Höhlensystem der **Lummelundagrottan** 23 verläuft mehr als 1 km lang ein unterirdischer Bach. Entstanden ist die nur teilweise zu besichtigende Karsthöhle durch einsickerndes Oberflächenwasser, das nach und nach durch seinen Säuregehalt das Kalkgestein aufgelöst hat. Der gelöste Kalk hat sich dann in bizarren Formationen an den Wänden der Tropfsteinhöhle niedergelassen, daneben kann man dort auch Fossilien entdecken. Der natürliche Ausgang der Höhle liegt ein kleines Stück neben dem Eingangsgebäude, dort mündet auch der unterirdische Bach in einer großen Höhlenöffnung ins Freie. Die erhebliche Fallhöhe des Baches wurde früh als Energiequelle entdeckt, und so wurde hier ab dem 17. Jh. Eisenerz weiterverarbeitet.

Das riesige Rad der Wassermühle soll das größte in Schweden sein. Die ehemaligen Fabrikgebäude beherbergen ein Café.

Der RV 149 führt an die Küste nach Lickershamn. Westlich des Fischerdorfs liegt ein besonders schönes *rauk*-Feld mit Gotlands höchster Kalksäule, **Jungfruklint** 24, um die sich natürlich eine Sage rankt: Hier soll sich im 11. Jh. ein Liebesdrama abgespielt haben, als die Tochter des legendären Herrschers Likkair zusammen mit ihrem Geliebten vom Vater in den Tod getrieben wurde. Christliche Interpreten sehen dagegen in der Silhouette des Felsens die Jungfrau Maria mit dem Kind.

Auf dem Weg nach Kappelshamn durchquert man ein Stück des größten Naturschutzgebietes von Gotland: **Hall-Hangvar** besteht aus Heideflächen und zahlreichen Moorgebieten, in denen noch reichlich Schneidegras wächst. Das Gras mit den sägezahnartigen scharfen Blättern liefert das Material für die Eindeckung der hohen steilen Dächer, die früher auf Gotland üblich waren und vor allem im Norden der Insel noch immer häufig zu sehen sind.

Am südlichen Ende der Bucht von Kappelshamn zweigt eine Straße nach **Bläse** 25 ab, wo bis 1945 noch der in der Nähe abgebaute Stein gebrannt und weiterbearbeitet wurde, weshalb die gesamte Küste den Namen ›Stenkusten‹ trägt. Heute fährt eine Werksbahn Besucher durch das Gelände von Bläse Kalkbruk, und Ausstellungen informieren über das harte Leben der Arbeiter.

Der Turm der ansonsten hochgotischen Kirche (14. Jh.) von **Bunge** 26 direkt neben der Straße 148 aus dem 13. Jh. diente ursprünglich der Verteidigung. Die erst vor wenigen Jahren restaurierten Kalkmalereien geben der Fachwelt noch Rätsel auf. Ein Stück wei-

Blick auf die Kirche von Gothem

ter ist das Freilichtmuseum Bunge unbedingt einen Halt wert. Rund 50 Gebäude repräsentieren die für den kargen und rauhen Norden der Insel typische Bauweise. Zwei komplette zeittypisch eingerichtete Bauernhöfe aus dem 17. und 18. Jh. sind hier aufgebaut, und die urigen, mit Schneidegras gedeckten Blockhausbauten dürfen natürlich auch nicht fehlen. Hauptattraktionen von Bunge sind vielleicht die Bildsteine, der berühmteste zeigt Szenen aus der Sage der entführten Königstochter Hildur, eine Art Helena des Nordens, deren durch eigenes Zutun unterstützter Raub dazu führte, daß ein blutiger Krieg zwischen den Sippen entbrannte. Auf dem von oben nach unten zu lesenden Bildstein sieht man zunächst eine Frau zwischen zwei Männern (der Raub), ein Menschenopfer durch Erhängung als Vorbereitung auf den Rachefeldzug und ein mit Kriegern besetztes Wikingerschiff.

Die Insel **Fårö** 27 vor der Nordostspitze Gotlands besitzt einen herben, spröden Charme, der sich nicht jedem erschließt. Stille und Einsamkeit, Natur pur kann man zwar an vielen Stellen Gotlands erleben, aber Fårö bietet noch einmal eine Steigerung. Man nähert sich der Insel per Fähre von Fårösund aus, wo man auch alle nötigen Einkäufe tätigen kann, bevor es aufgeht in die ›Einsamkeit‹. Heute hat die Insel ungefähr 650 ganzjährige Bewohner, im Sommer sind es viel mehr, schließlich haben auch etliche Stockholmer hier ihre *sommarställe* (Sommerhaus). Im Fährort kann man auch ein Fahrrad mieten, auf der flachen Insel mit der empfindlichen Natur und den vielen kleinen Wegen das ideale Fortbewegungsmittel – selbst wenn die Fähre auch Autos gratis hinüberbringt.

Auf den kargen Sand- und Steinböden von Fårö hat es die Vegetation schwer, Fuß zu fassen, besonders im Westen.

Ein *rauk*-Gebiet erstreckt sich kilometerweit zwischen Lauterhorn und dem Fischerdörfchen Helgumannen. Es ist über einen parallel zur Küste verlaufenden Weg erreichbar.

Bäume, sogar recht stattliche Kiefernwälder, gibt es dagegen im Osten, wo der Kalksteinsockel von Sand bedeckt wird. Hier liegen daher auch schöne Sandstrände: Sudersand ist ein beliebtes Freizeitgebiet, mit Campingplatz, Café und langem Sandstrand. Ruhiger ist der Strand von Ajkesvik (Ekevik) auf der Nordseite.

Von Fårösund verkehrt im Sommer auch ein Boot zu einer weiteren einsamen Insel: **Gotska Sandön** liegt 40 km nördlich von Gotland und ist auch von Nynäshamn zu erreichen. Die ca. 8 mal 5 km große, seit 1963 als Nationalpark geschützte Insel trägt ihren Namen völlig zu Recht, denn sie besteht fast ausschließlich aus Sand und ist bis auf das Nationalparkpersonal unbewohnt – mit Ausnahme von Seehunden und zahlreichen Vogelarten. Wer die Einsamkeit und Stille auf der abgelegenen, nur von Kiefernurwald und Heidekraut bewachsenen Insel, gesäumt von Sandstränden und Leuchttürmen an allen vier Ecken, richtig genießen will, kann in einfachen Hütten übernachten, für Proviant muß selbst gesorgt werden.

Die erste Station auf dem Weg von Fårösund gen Süden ist die Kirche von **Lärbro** 28, eine der größten der Insel mit einer schönen Portalplastik. Neben dem Gotteshaus steht ein Wehrturm aus dem 11. Jh., der am besten erhaltene dieser Art auf Gotland.

Slite 29, Gotlands drittgrößte Stadt, dominiert offensichtlich die Zementherstellung, dessen Rohmaterial die umliegenden Kalksteinbrüche liefern.

Das heute so unbedeutend wirkende **Gothem** 30 muß in historischer Zeit einmal eine weitaus größere Bedeutung für die Insel gehabt haben als heute. Darauf deuten jedenfalls die Dimensionen der Kirche mit einem der höchsten Türme (52 m) auf Gotland, insgesamt drei Portalen in der Friedhofsmauer und das Kastal aus dem 12. Jh. hin. Im Innern der Kirche haben sich zudem eindrucksvolle Kalkmalereien aus der Zeit um 1300 erhalten.

Die Kirche von **Dalhem** 31 ist vielleicht die stattlichste Landkirche Gotlands. Chor und Langhaus entstanden 1230–50, ebenso der Turm mit seinen Galerien. Das obere Stockwerk und das Portal, dessen seltsamer Figurenschmuck noch Rätsel aufgibt, wurden erst im 13. Jh. fertig. Während die Glasmalereien noch großteils original mittelalterlich sind – die ältesten auf Gotland – entstammen die Kalkmalereien der Fantasie des gotländischen Künstlers Axel

Herman Hägg, der sie nach mittelalterlichen Vorbildern, wie man sie um die Jahrhundertwende interpretierte, von 1899 bis 1914 restaurierte.

Südlich der Kirche liegt die Station einer Museumseisenbahn, der Rest der in den 50er Jahren stillgelegten Bahnlinie. Im Sommer fahren manchmal von Dieselloks gezogene Touristenzüge die 1 km von Dalhem nach Hesselby.

Bootshäuser in Smögen ▷

Die Westküste

Von Landskrona bis vor die Tore von Göteborg

Als historische Festungsstädte bewachen Landskrona und Helsingborg seit alters her den Öresund, jenes ›Nadelöhr‹, durch das sich der Schiffsverkehr zwischen Nord- und Ostsee bewegt. Wer eine geruhsame Reise gen Norden dem raschen Vorwärtskommen auf der E6 vorzieht, hat immer wieder die Mög-

Von Landskrona nach Göteborg

lichkeit, auf kleine Straßen entlang der Küste oder ins Landesinnere auszuweichen. An den feinsandigen Stränden dieses Abschnitts der Westküste, der ›schwedischen Riviera‹, liegen Badeorte, die im Sommer aus allen Nähten zu platzen scheinen, aber man findet auch ruhige Strandabschnitte und unter Naturschutz stehende Dünen. Das Land ist bis auf wenige Höhenzüge wie den Hallandsåsen flach. Er bildet die Grenze zwischen Skåne und Halland, die beide vor 1645 noch fest in der Hand der Dänen waren. Die historischen Verkehrswege verliefen entlang der Flüsse aus dem waldreichen Binnenland an die Küste, und wo sie den Küstenweg kreuzten, bildeten sich wichtige Städte, die heute noch einen Halt lohnen: Laholm am Lagan, Halmstad am Nissan, Falkenberg am Ätran.

Landskrona **1** (S. 317) entstand im 15. Jh. als Festungsstadt, und noch immer ist die Zitadelle am Rand des Städtchens seine wichtigste Sehenswürdigkeit. Dem von König Adolf Fredrik veranlaßten Sanierungsprogramm 1748–68 fiel die ältere Bebauung der Stadt zum Opfer, und so wird das Bild heute von Gebäuden aus dem 19. Jh. und der Wende zum 20. Jh. geprägt. Im ehemaligen Kasernengebäude aus der Mitte des 18. Jh. erinnert das Stadtmuseum unter anderem an den schwedischen Pionier der Fliegerei Enoch Thulin und an Nell Walden. Die Frau des Gründers der Zeitschrift ›Der Sturm‹ und wichtigen Theoretikers des Expressionismus, Herwarth Walden, hinterließ dem Museum ihre Sammlung von Ikonen und anderen Kunstwerken. Durch einen ausgedehnten Park geht es vorbei am Konstmuseum-Pavillon mit Wechselausstellungen vor allem zeitgenössischer Kunst Richtung Zitadelle.

Zwei Wallgräben umgeben die unter dem Dänenkönig Kristian III. ab 1549 angelegte Zitadelle. Zu der aus Backstein errichteten wuchtigen Festung gesellen sich zahlreiche gelb getünchte Nebengebäude, wo früher Versorgungseinrichtungen wie Bäckerei oder Kleiderstube fürs Militär untergebracht waren. Heute haben hier Handwerker ihre Werkstätten und führen im Sommer ihr Können vor; zu den jährlichen Höhepunkten gehört der im August stattfindende mittelalterliche Markt. Die sternförmig angelegte Festung mit ihren vier Bastionen diente vom 19. Jh. bis noch 1940 als Gefängnis, unter anderem als Zuchthaus für Frauen. Den Gefängnisturm und andere Kerker kann man im Sommer bei Führungen besichtigen. Auf der Nordostseite jenseits des Wallgrabens leuchten die bunt gestrichenen Lauben einer 100 Jahre alten Schrebergartensiedlung aus dem Grün der Gärten – die älteste stammt von 1903.

Von Landskrona aus verkehren täglich Fähren zur Insel **Ven** (Fahrtzeit 30 Minuten), die als Domizil des Astronomen Tycho Brahe (1546–1601) Berühmtheit erlangte. Die 4,5 km mal 2,4 km große Insel ist aber auch wegen ihres milden Klimas und ihrer malerischen Küste mit Steilufern im Westen und schönen Stränden einen Ausflug wert. Das Observatorium von Tycho Brahe, der in Prag starb, ein Museum, ein Teil des wiederhergestellten Schloßgartens (vom Renaissanceschloß selbst sind nur noch die Grundmauern erkennbar) und die mittelalterliche S:t Ibbs kyrka können besichtigt werden. Fahrräder kann man am Fähranleger mieten, Unterkunfts- und Einkehrmöglichkeiten gibt es reichlich.

Helsingborg

2 (S. 307f.) Die meisten Schwedenreisenden kennen Helsingborg – vom Durchfahren. Auch nach der Fertigstellung der Öresundbrücke im Jahr 2000 bleibt der Fährhafen an der schmalsten Stelle des Sund eines der wichtigsten Tore Schwedens nach Europa. In Sichtweite des Hamletschlosses Helsingør auf dänischer Seite pendeln ständig die Schiffe der DSB zwischen beiden Städten. Die europäische Region Öresund ist schon heute Wirklichkeit – es gibt Netzkarten für Bus und Bahn im gesamten Südostskåne und nach Kopenhagen, Dänen pendeln nach Schweden und umgekehrt – die Regionen wachsen zu einem Ballungsraum zusammen, der bis Malmö im Süden reicht: ›Ørestaden‹. Auch wenn der kleine Grenzverkehr noch immer vielfach aus Passagieren besteht, die die Kehlen ihrer Landsleute auf schwedischer Seite mit dem billigeren dänischen Bier und Spirituosen vor dem Austrocknen bewahren wollen. Schwer bepackte Trolleys hinter sich her schleppend, bewegen sich ganze Busladungen durch das Fährterminal.

Jenseits des Hafenterminals und der vierspurig ausgebauten E6-Schneise liegt ein gemütliches Altstadtviertel mit Kopfsteinpflastergassen, an denen sich kleine Läden, Cafés und Restaurants reihen. Haupteinkaufsstraße und Fußgängerzone Helsingborgs ist die Kullagatan nördlich des Stortorget. Hier blühen Handel und Wandel, vor allem solange wegen des günstigen Wechselkurses so viele Dänen hier einkaufen kommen.

Die Beziehungen zum Nachbarn auf der anderen Sundseite waren nicht immer so gut. Wegen ihrer strategischen Lage war die Stadt in den ewigen Scharmützeln mit Dänemark jahrhundertelang heiß umkämpft. Um von der Burg auf

Sofiero für Gartenfreunde

stav Adolf dank seiner zweiten Frau Lady Louise Mountbatten besonders gute Kontakte pflegte. Viele Sorten können Hobbygärtner in der angrenzenden Gärtnerei als Topfpflanzen erwerben.

Die *rhododendronslingorna* gehen unmerklich über in einen herrlichen alten Buchenwald, dessen Boden im Frühsommer von Buschwindröschen und Scharbockskraut übersät ist. Dazwischen haben allerlei zeitgenössische Künstler ihre Werke hinterlassen, ein wunderbares Miteinander von Natur und Kultur, beispielsweise die sehr sinnig im Goldfischteich plazierte Skulpturengruppe ›Vattenballet‹ (Wasserballett) von Ulf Sjöstrand.

Auf den grün überwucherten lauschigen Pfaden geht es dem Bachtal folgend hinab bis zum Öresund. Unten bietet sich der Ausblick auf die vielbefahrene Wasserstraße, dahinter die dänische Küste, wo man im Dunst Schloß Helsingør ausmachen kann. Besonders markant ist der Totempfahl des an Kanadas Pazifikküste beheimateten Haida-Volks, der an Ort und Stelle aus 400 Jahre alter roter Zeder nur mit Äxten und Messern geschnitzt wurde.

In dem gepflegten Terrassencafé auf der Rückseite des Schlosses kann man bei *spettkaka* und einer Tasse Kaffee den herrlich von Grün gerahmten Blick auf den Sund genießen. Ein 1996 eingeweihter weiterer Teil des Gartens wurde nach viktorianischem Vorbild angelegt, außerdem gibt es Themengärten mit Duftpflanzen, Obst, Dahlien usw.

G ustav VI. Adolf war ein vielseitig interessierter König. Neben der Archäologie waren die Botanik und Gärtnerei seine Hauptleidenschaften. Um 1910 ließ er die Rhododendrontunnel (rund 500 Sorten) in den schattigen Bachtälern beiderseits des Schlosses anlegen. Die Blüten leuchten ab Ende Mai bis etwa Ende Juni in Rot-, Rosa-, Blau-, Weiß- und Gelbtönen, manche duften sogar. Etliche davon stammen, wenn nicht direkt aus dem Himalaya, so doch aus den Königlichen Gärten in Kew bei London, wohin Guder Anhöhe oberhalb der Stadt freies Schußfeld zu haben, ließ man im Krieg 1670–79 zahlreiche Häuser abreißen. Von dieser Burg ist heute nur noch **Kärnan,** der mittelalterliche Festungsturm, erhalten, über dessen Zinnen man in 35 m Höhe einen wunderbaren Blick über die Stadt und den Öresund genießt. Die Burg selbst wurde 1679 geschleift.

Zu Füßen des Turms liegt, über Treppen erreichbar, der Stortorget mit dem Rathaus und dem **Reiterdenkmal** (von John Börjesson, 1901). Es zeigt den Feldherrn Magnus Stenbock (1665–1717), den Sieger in der letzten entscheidenden Schlacht im Jahr 1710, die blutigste der Geschichte Helsingborgs. Die Stadt war völlig zerstört und entvölkert und erholte sich erst Mitte des 19. Jh., als Eisenbahn- und Fährverbindungen den Handel belebten. Großzügige Boulevards mit bis zu fünfstöckigen Jahrhundertwendeprachtbauten zeugen vom neuen Wohlstand, ebenso die Jugendstilvillen im Stadtviertel östlich von Kärnan. Auch der Bau des prächtigen **Rathauses** 1893–97 mit seinem 65 m hohen Glockenturm und der neogotisch verzierten Backsteinfassade fällt in diese Zeit. Auf der anderen Seite des Stortorget geht es in das Gassengewirr der Altstadt, deren Mittelpunkt der Platz mit der **Marienkirche** bildet. Die hübsche Backsteinkirche mit dem Treppengiebel blieb als einer der wenigen Bauten des Mittelalters erhalten. Die dreischiffige gotische Kirche aus dem 14. Jh. zeigt im Innern schlichte ungetünchte Backsteinmauern. Nur im Chorumgang sieht man noch Reste von Kalkmalereien, wie sie einmal die ganze Kirche geschmückt haben müssen.

Vikingsberg Konstmuseum zeigt in einer schönen Villa mit herrlichem Park eine interessante Sammlung schwedischer Gemälde des 18. bis 20. Jh. und ›Alte Holländer‹, darunter das berühmte, Frans Hals zugeschriebene Porträt von René Descartes.

Der Kurort **Ramlösa,** durch das europaweit vertriebene Mineralwasser in aller Munde, liegt südlich von Helsingborg und lädt zum Flanieren im gepflegten Park mit seinen eleganten, weitgehend aus dem 19. oder frühen 20. Jh. stammenden Kurgebäuden ein. Ebenfalls im Süden der Hafenstadt liegt der kleine pittoreske Fischerort **Råå,** von dem aus man nach Ven (s. S. 127) übersetzen kann.

Das **Freilichtmuseum Fredriksdal** im Osten der Stadt rühmt sich, das flächenmäßig größte in Schweden zu sein. Viel Zeit, gute Kondition und bequeme Schuhe dürften die richtige Ausrüstung sein, um das weitläufige Gelände (36 ha) zu erkunden. Immerhin finden hier ein schonisches Dorf und eine Reihe interessanter Gärten Platz, etwa ein Botanischer Garten, Parkanlagen verschiedener Stilepochen, Kräuter- und Obstgärten sowie ein symmetrisch angelegter Rosengarten mit 450 Rosensorten. Das gelbverputzte Herrenhaus von 1787 spiegelt mit seiner Inneneinrichtung die Eleganz des gustavianischen Stils und des 19. Jh. wider.

Statt auf der E6 Richtung Ängelholm zu rasen, kann man ab Helsingborg die Fahrt geruhsam auf der Küstenstraße 111 fortsetzen. Den Park von **Schloß Sofiero** 3 (s. S. 128) sollte sich kein Gartenfreund entgehen lassen. Er enthält vielleicht die größte Rhododendronsammlung in Europa außerhalb Englands und könnte genausogut statt am Öresund auch am Ärmelkanal liegen. Das Schloß selbst kann im Rahmen von Führungen besichtigt werden. 1865 erbaut, erhielt es sein endgültiges Aussehen 1875. Im Jahr 1905 schenkten König Oskar II. und dessen Frau Sophia

(daher der Name ›Sophie-Ruh‹) das An-
wesen ihrem Enkel Gustav Adolf, der es
als schwedischer König nicht nur als privaten Sommersitz, sondern auch für
Staatsempfänge und für Beratungen
nutzte. Die verschiedenen Räume des
Schlosses sind jeweils unterschiedlich
zeittypisch möbliert und dekoriert – von
der düsteren grünen Seidentapete und
viktorianischem Plüsch über den lichten
luftigen Jugendstil bis zu den nüchter-
nen 60er Jahren, als Sofiero häufig
Schauplatz sommerlicher Konsultatio-
nen des Monarchen mit dem damaligen
sozialdemokratischen Regierungschef
Tage Erlander war.

Die Halbinsel Kullen

4 (S. 315) Vorbei am Badeort **Viken** mit
seinem alten Stadtkern, einem Idyll aus
Fischerhäusern entlang kopfsteinge-
pflasterter Gassen, steuert man mit
Höganäs das städtische Zentrum der
Halbinsel Kullen an. Die nach ihr benannte Region Kullabygden besitzt eine
alte Töpfertradition, weshalb das Museum von Höganäs neben Wechselausstellungen auch eine Keramiksammlung
zeigt. Von hier bis nach Helsingborg ziehen sich Steinkohleflöze, deren Ausbeutung in Verbindung mit dem Tonabbau
rentabel war. Die Kohle heizte die Töp-

feröfen und gab der Industrie kräftigen Auftrieb.

Das auf das 15. Jh. zurückgehende **Krapperups slott** erhielt sein heutiges Aussehen erst um 1790. Die sechszackigen Sterne aus weißem Putz auf der Gartenseite des Backsteinschlosses künden von Besitzerstolz: Sie sind das Wappen des Gyllenstierna-Geschlechts, das noch heute im Besitz des Anwesens ist. Sehenswert ist auch der im englischen Stil angelegte Garten. Der Kunstverein Kullen stellt hier im Sommer zeitgenössische Kunst aus, und Ende Juni/Anfang Juli finden Sommerkonzerte statt.

Der traditionsreiche Badeort **Mölle** (s. Abb.) bietet sich als Zwischenstation an, um die Halbinsel zu erkunden. Für Modelleisenbahn-Fans dürfte die Sammlung von 500 Loks und 3000 Waggons eine echte Attraktion sein. Mölle liegt fast schon an der Spitze der Halbinsel, die mit dem bis zu 117 m aufragenden **Kullaberg** eine Natursehenswürdigkeit besonderer Qualität vorzuweisen hat: steile Klippen mit bizarren Felsformationen, ähnlich den *raukar* auf Gotland. Seit 1971 ist das Gebiet Naturreservat, die Straße für Autos gebührenpflichtig. Entstanden sind die teils bis 50 m schroff aus dem Meer aufragenden Felswände aus rotem Gneis mit Diabaseinsprengseln dadurch, daß sich zwei tiefe Risse im Urgestein bildeten und der seitliche Grund sich stark absenkte. Auf der Nordseite des Kullen gibt es mehrere Höhlen. Der Nachfolger des ersten, bereits 1561 errichteten Leuchtturms blinkt aus 88,5 m Höhe 46 km weit. Er ist damit nicht nur der lichtstärkste in Skandinavien, sondern auch der höchstgelegene in Schweden. Bei der Weiterfahrt entlang der Nordseite der Kullen-Halbinsel passiert man die Kirche von **Brunnby,** deren Kalkmalereien im Sterngewölbe des Schiffs aus der Zeit um 1500 stam-

men. Die Votivschiffe in der romanischen Kirche, die auf das 12. Jh. zurückgeht, erinnern an die Seefahrertradition der Region, die im Fischerdorf **Arild** noch lebendig ist.

Die ›schwedische Riviera‹ von Ängelholm bis Varberg

Von der dramatischen Felsküste des Kullen geht es in die sanfte Sandbucht Skälderviken. **Ängelholm** 5 (S. 292) am Fluß Rönneå ist das touristische Zentrum der wegen der kilometerlangen Sandstrände bei Familien mit Kindern beliebten ›Riviera‹. Doch hat das Meerwasser nicht gerade Badewasserqualität – es gehört zu Europas schmutzigstem. Und auch die in manchen Sommern auftretenden Quallenschwärme, die hier an Land getrieben werden, steigern wohl kaum das Schwimmvergnügen. In der Innenstadt von Ängelholm sind noch etliche alte Häuser erhalten; im ehemaligen Rathaus von 1775 residiert das Turistbyrå, und im ältesten Gefängnis des Landes von 1780 am Tingstorget das Hantverksmuseet. Es stellt regionale Keramik aus, denn auch Ängelholm war ein bedeutendes Töpferzentrum, wo man vor hundert Jahren noch *lergökar,* wörtlich Lehm-Kuckuck, d. h. Tonflöten, fertigte, ein Kinderspielzeug in originellem Design, das heute wieder als Souvenir zu Ehren kommt.

Nördlich von Ängelholm schiebt sich der Höhenzug Hallandsåsen wie ein Riegel in Ost-West-Richtung in die flache Landschaft bis hinaus in das Kattegat und bildet die Halbinsel **Bjärehalvön.** Ein kurzer Abstecher lohnt in den kleinen Badeort Torekov an ihrem Westzipfel. Weitgereiste pensionierte Seefahrer brachten die Sitte des warmen Bades seinerzeit aus Teilen der Welt mit, wo man in Hygienedingen schon weiter war als in Nordeuropa, und errichteten das heute noch funktionstüchtige Warmbadehaus. Vom Hafen Torekov aus verkehren im Sommer Boote zur 3 km² großen Insel Hallands Väderö. Auf dem unbewohnten, unter Naturschutz stehenden Eiland haben sich ungestört vielfältige Naturräume entwickeln können, ein Refugium für zahlreiche Vogelarten, deren Küsten Brutplatz für die seltenen Grylteisten und bei Seehunden beliebte Sonnenbänke sind. Ebenfalls unter Naturschutz stehen die schroffen Felsklippen an der Nordwestecke der Halbinsel, dort wo der Hallandsåsen in die Brandung ragt: **Hovs Hallar** 6.

Båstad 7 (S. 295) ist vor allem ein Synonym für Tennis. Alljährlich findet hier das berühmte Turnier statt, zu dem internationale Tennisasse anreisen. Das Stadion mit zehn Tennisbahnen faßt 6000 Zuschauer. Nicht nur dann wird es eng: Im Sommer tobt hier das Badeleben, ein reiches Freizeitangebot sorgt für Abwechslung. Allein vier Golfplätze gibt es in der Umgebung. Auch eine große Marina gehört zu Båstad, das einst von der Familie Nobel zur Sommerresidenz geadelt wurde. Nach einem Brand 1870 blieb nicht viel von der alten Bausubstanz, außer der Kirche mit Resten von Kalkmalereien und einigen Häusern in der Agardhsgatan.

Jenseits des 187 m hohen Hallandsåsen, traditionell die Grenze zwischen Skåne und Halland, hat man auf dem Weg nach Laholm die Wahl zwischen Schloß und Vorzeithügel: Wenige Kilometer nördlich des RV 115 liegt das in den 60er Jahren des 17. Jh. nach Entwürfen von Nicodemus Tessin d. Ä. gebaute **Skottorp slott** 8, im Jahr 1680 Schauplatz der Hochzeit des schwedischen Königs Karl XI. mit der dänischen

Prinzessin Ulrika Eleonora. 1820 wurde das Schloß im Empirestil umgestaltet.

Bei Hasslöv bietet der **Lugnarohögen** 9 Einblick in die Bronzezeit. Im Unterschied zu anderen Grabhügeln in dieser Region wurde er geöffnet, und es kamen interessante Dinge zutage: eine 8 m lange Schiffssetzung und daneben eine Steinkiste mit den verbrannten Resten einer Frau, die mit Bronzewerkzeug im Miniaturformat beigesetzt worden war. Ein unterirdischer Gang ermöglicht heute Besuchern den Zugang.

Vorbei an Skummeslövsstrand und Mellbystrand, beliebten flachen Sandstränden mit reichlich Platz, die zu den besten Windsurfrevieren der Westküste zählen, geht es nach **Laholm** 10 (S. 316f.) der vermutlich ältesten Stadt in Halland. Am Kreuzungspunkt des am Fluß Lagan zur Küste führenden Weges und der Nord-Süd-Verbindung entlang der Küste entstand neben einem Handelsplatz im 13. Jh. auf Befehl von König Valdemar auf einer Flußinsel die Festung Lagaholm, die der Stadt den Namen gab. In die Ruinen der Burg, wo 1278 der schwedische König Magnus Ladulås und sein dänischer Kollege Erik Glipping zu Verhandlungen und Turnier zusammentrafen, ist heute eine Lachszucht eingezogen. Für den üppigen Lachsfang im Lagan war Laholm von alters her berühmt. Seit aber ein Kraftwerk die Stromschnellen des Flusses ausbeutet und der Lachs nicht mehr wandern kann, wird der Edelfischnachwuchs eben hier gezüchtet.

Wie ganz Halland wurde auch Laholm erst mit dem Frieden von Brömsebro 1645 schwedisch, und die dänische Fachwerk- und Backsteinbauweise hat sich in der Altstadt Gamleby noch in schönen Beispielen erhalten. Die S:t Clemens kyrka ist das älteste Gebäude der Stadt mit Ursprüngen im 13. Jh., sie wurde allerdings zu Beginn des 19. Jh. umgebaut. Im ehemaligen Haus eines Lachshändlers nicht weit von der Kirche erinnert das Keramikmuseet an Laholms Tradition als Töpferstadt. Das Rathaus am Marktplatz Stortorget aus dem 18. Jh. erfreut Passanten mehrmals täglich durch ein Glockenspiel im Turm. Innen ist neben der Turistinformation das einzige Museum Schwedens untergebracht, das nur Zeichnungen sammelt: Teckningsmuseet zeigt Werke schwedischer Künstler von 1780 bis heute.

Halmstad 11 (S. 306), Verwaltungshauptstadt an der Mündung des Nissan mit Fährverbindung nach Grenå in Dänemark, lockt rund um den Stora Torg mit großen Kaufhäusern und Einkaufsstraßen samt Cafés und Verführungen aller Art. Den Marktplatz mit Carl Milles' berühmtem Brunnen ›Europa und der Stier‹ (1926) säumen Fachwerkhäuser und das Rathaus (1938). Die St. Nicolai-Kirche, deren heutiges Aussehen auf eine Restaurierung 1941 zurückgeht, besitzt im Innern eine schöne holzgeschnitzte Kanzel von 1634 – die Inschrift ist natürlich dänisch, denn auch Halmstad gehörte bis 1645 zu Dänemark. Weitere hübsche Fachwerkhäuser findet man in der Kyrkogatan.

Das im 17. Jh. erbaute Schloß ein Stück den Nissan abwärts ist heute Residenz des *landshövding* und nicht zu besichtigen. Einen Besuch kann man dagegen dem vor dem Schloß vertäuten Segelschiff ›Najaden‹ von 1897 abstatten, einem der kleinsten Vollschiffe der Welt und ehemaligen Schulschiff.

Zum Museum von Stadt und Län kommt man, wenn man vom Stora Torg flußaufwärts geht. Es präsentiert die ganze Vielfalt halländischer Kunst, von Bauernmalerei und Wandteppichen bis zu Galionsfiguren und Schiffsmodellen in der Abteilung Seefahrt. Zwar finden sich auch hier einige Werke der 1929 gegründeten, in Halmstad arbeitenden Künstlergruppe, aber am umfassend-

Strandidylle an der sandigen südlichen Westküste

sten findet man die Halmstad-Gruppe auf **Mjällby Konstgård** 12, 5 km außerhalb in Richtung Steninge, repräsentiert. Die Tochter eines der Gründungsmitglieder hat in dem alten Schulhaus nicht nur Werke der sechs dem Surrealismus verpflichteten Künstler versammelt, sondern es werden auch internationale Ausstellungen zu vor allem französischen Künstlern der klassischen Moderne veranstaltet.

Exotisches Getier fasziniert Kinder in einem bestimmten Alter, und so ist die Existenz eines Svenskt Tropikcenter in Halmstad wohl durch die Gefahr von Regentagen im Sommerurlaub und entsprechenden Ausfall von Strandaktivitäten zu erklären. Im erst 1995 eröffneten Tropikarium wird den Kleinen dann beim Anblick von Taranteln und Boas warm ums Herz.

Hinter Halmstad lohnt es sich, von der E6 abzubiegen und auf ruhigen Straßen durch eine nach Norden zu immer rauhere Heidelandschaft von Küstenort zu Küstenort zu bummeln, jedenfalls nachdem man Miniland, Schwedens Antwort auf Legoland mit rund 100 Miniaturnachbildungen schwedischer Sehenswürdigkeiten und für Familien mit Kinder einen Halt wert, hinter sich gelassen hat. Man passiert Hallands bekanntesten Badeort **Tylösand** 13 mit seiner berühmten ›Playa‹. Der viele Sand kam den Bauern früherer Zeiten anders als den heutigen Touristen nicht sehr gelegen. Die guten Ackerböden wurden häufig durch Wanderdünen verschüttet. Mißernten und Armut waren die Folge, bis der Flugsand mit Waldpflanzungen festgelegt wurde. Einige der mit bis zu 36 m höchsten Dünen Nordeuropas findet man in dem Naturschutzgebiet **Haverdal** 14. Vom Wind in Schräglage geblasene Bäume, vereinzelt eine Windmühle und kärglich bewachsene Sanddünen und Wachold-

erheiden bestimmen das Landschaftsbild bis Steninge. Steine und Klippenstrand rechtfertigen den Namen dieses Ortes, doch auch hier gibt es sandige Abschnitte und Naturschutzgebiete.

Langsam und fast unmerklich beginnt aber nun die Schärenküste, die erst im Norden von Varberg ausgeprägtere Formen annimmt. In Ugglarp verleitet ein Automuseum zum Halten, mit Oldtimern, für die man in Schweden ein unglaubliches Faible hat, Motorrädern und neuen Flugzeugen. Vorbei an der schönen Kirche von Eftra geht es gleich auf die E6 – oder hinein nach **Falkenberg** 15 (S. 297).

Das Städtchen an der Mündung des einst für seinen Lachsreichtum berühmten Ätran lohnt einen Abstecher, nicht nur für Freunde guten Biers, denn hier hat die Falcon-Brauerei ihren Sitz (im Sommer Fabrikführungen). Der Name stammt allerdings vom lebhaften Handel mit Jagdfalken, dessen Zentrum Falkenberg im Mittelalter war. Im alten Stadtzentrum Gamla Stan, heute ein ruhiges Viertel mit pastellfarben gestrichenen Holzhäuschen und Kopfsteinpflaster, liegt die weißgekalkte, aus Feldsteinen errichtete S:t Laurentii kyrka, die im Mittelalter als Wehrkirche diente. Die großen Fenster und der Turm (1787) sind spätere Veränderungen. Im Inneren zeigen die bemalte Holzdecke das Jüngste Gericht (18. Jh.), die Kalkmalereien (16. Jh.) an der Nordwand Szenen aus dem Alten, die an der Südwand aus dem Neuen Testament. 1892, nach dem Bau der neugotischen Kirche gegenüber dem Bahnhof, war die St. Laurentii Kirche 30 Jahre lang als Kino und Turnhalle zweckentfremdet, die Malereien übertüncht worden. In der Krukmakaregatan (nahe der Bahnbrücke) arbeiten in der traditionsreichen, seit sieben Generationen betriebenen Werkstatt von Törn-

Blick in die Kirche St. Laurentii in Falkenberg

grens Krukmakeri noch heute die Töpfer. Auf dem Weg zum heutigen Stadtzentrum kommt man an Falkenbergs Wahrzeichen, der Tullbron (Zollbrücke) von 1756 vorbei, eine der wenigen noch erhaltenen Steinbrücken des Landes. 1825 kostete der Übergang noch einen Öre für Fußgänger und fünf fürs Pferd, heute ist er kostenlos, für Anhänger und Caravans allerdings verboten. Am Hafen, im Fältströmska magasinet, kann man sich in Falkenbergs Museum in die 50er Jahre zurückversetzen lassen, auch im zeittypisch eingerichteten Museumscafé.

Auf der Weiterfahrt Richtung Varberg gelangt man entlang der Küste zur Landzunge Morups tånge, die als Rastplatz für Zugvögel unter Naturschutz steht, mit dem 1842 errichteten Leuchtturm. Nebenan liegt der idyllische Fischerort Glommen.

Der Name **Varberg** 🟦16 (S. 346f.) stammt von Vardhberg, was soviel wie ›Wartburg‹ oder Festung bedeutet, und tatsächlich verdankt der quirlige Ort seine Entstehung der Festung, noch heute die Hauptsehenswürdigkeit. Sie stammt im Kern aus dem 13. Jh. und birgt heute neben den Einzel- bis Sechserzellen der Jugendherberge im ehemaligen Gefängnistrakt auch das Museum der Stadt, mit einer für Schweden einmaligen Attraktion: ›Bockstensmannen‹, das Skelett eine Mannes, dessen Originalkleidung aus den 60er Jahren des 14. Jh. vollständig erhalten geblieben ist. Der gute Zustand ist dem Fundort zu verdanken: Ein Bauer und sein zwölfjähriger Sohn fanden den Toten aus dem Mittelalter vor rund 60 Jahren beim Torfstechen im Moor Bockstens mosse. Warum er sterben mußte, weiß man nicht: Man fand ihn jedenfalls von drei Pfählen durchbohrt.

Dank der Fährverbindung nach Grenå in Dänemark und seiner Tradition als Kurort ist Varberg im Sommer ein recht lebhaftes Pflaster. Die südlich gelegenen ehemaligen Fischerdörfer **Apelviken** und **Träslövsläge** sind beliebte Bade-

Glattgeschliffene Felsen und ein wenig Sand: Strandidylle bei Frillesås

orte mit Sandstrand und genießen besonders bei Surfern einen guten Ruf. Für Familien mit Kindern, die Abwechslung in den Strandalltag bringen wollen, bietet sich als Ausflugsziel der Vergnügungspark **Himleriket** südlich von Varberg an der E6 an: Zirkus, Kindertheater, Kutschfahrten und Ponyreiten gehören außer zahlreichen Wasserattraktionen zum Programm.

Nördlich von Varberg auf der Halbinsel **Getterön,** wo ein Naturum über das vielfältige Vogelleben im Naturschutzgebiet informiert, beginnt dann die eigentliche Schärenküste, wenn auch zunächst noch sehr flach.

Schwedens größtes AKW passiert man 10 km nördlich von Varberg: **Ringhals,** wie die anderen vom staatlichen Energiekonzern Vattenfall betrieben, besitzt ein Informationszentrum, wo die Besucher von der Unbedenklichkeit dieser Form der Energieerzeugung überzeugt werden sollen (Anmeldung im Turistbyrå Varberg).

Frillesås in der nächsten Bucht bietet an einem von glatten flachen Felsen eingerahmten Sandstrand ein kleines Ferienzentrum mit Zeltplatz und Vandrarhem in Campinghütten.

Spätestens jetzt kann man der Küste auch einmal den Rücken kehren und einen Abstecher ins Schweden der einsamen Wälder und Seen machen. Quer zur E6 geht es ins zutiefst ländliche Binnenland über Gällinge Richtung Förlanda nach **Äskhult** 17, einem idyllisch auf einer Anhöhe gelegenen kleinen Holzhausensemble, fast unverändert wie im 18. Jh. Wo bis vor hundert Jahren noch 35 Einwohner lebten, laden heute inmitten der durch Wind und Wetter ergrauten Holzhäuser – sie wurden

nie gestrichen – Tische und Bänke nachmittags zu Kaffee und Kuchen. Durch herrliche, von Steinmauern gesäumte Wiesen spaziert man hinunter zu einem waldgesäumten See – Schweden wie im Bilderbuch. Auf dem insgesamt 380 km langen Wanderweg Hallandsleden sind es von hier etwa 10 km bis **Fjärås Bräcka** 18, eine eiszeitliche Randmoräne. Von dort oben bietet sich eine schöne Aussicht auf Hallands größten Binnensee, den Lygnern, der vor 13 000 Jahren von den Gletscherablagerungen aufgestaut wurde. Beeindruckend ist auch das eisenzeitliche Gräberfeld von Li mit über 100 Bautasteinen, dessen größter 5 m mißt.

Wem eher englische Schloßromantik liegt, der sollte **Tjolöholm** 19 einen Besuch abstatten. Das etwas fremdartig wirkende Bauwerk, von dem Götebor-

ger Kaufmann schottischer Herkunft J. F. Dickson im reinsten Tudor-Stil, den man sich Anfang des 20. Jh. vorstellen konnte, errichtet, liegt in einem typisch englischen Park und wird ergänzt durch ein ganzes Dorf mit den Wohnhäusern der ehemaligen Gutsangestellten. Am Rand des Geländes thront sogar eine gotische Kirche, die man bei der Anfahrt hoch über dem Marschland der Halbinsel sieht. Im Sommer finden im Schloß Konzerte und Ausstellungen statt, im Wagenmuseum kann man Schwedens ältesten Staubsauger bewundern; das tonnenschwere Ungetüm wurde für die Pflege der Teppichböden im Schloß eingesetzt – ebenfalls *very British.*

Nach dem Stadtbrand von 1846 wurde **Kungsbacka** 20 (S. 316) großzügig in rechteckigem Grundriß neu angelegt und besitzt heute viele Holzhäuser mit dem Charme der Zeit um 1900. Ein Abstecher führt von Kungsbacka auf die dichtbevölkerte Onsala-Halbinsel. Bei der hübschen Kirche des gleichnamigen Ortes ruht das Ehepaar Gathenhjelm in dem achteckigen Chor. Der ob seiner Erfolge als Kaperfahrer 1715 von Karl XII. geadelte Bauernsohn mit dem Spitznamen ›Lasse i Gatan‹ starb mit nur 29 Jahren und wurde, wie später seine Frau, in einem der prächtigen Sarkophage aus italienischem Marmor beigesetzt, die er auf einem seiner Raubzüge erbeutet hatte. Sie waren angeblich ursprünglich für das dänische Königspaar bestimmt gewesen. Einen Besuch wert ist auch der kleine Fischerhafen **Gottskär,** wo man frische Schalentiere und die Aussicht auf den Kungsbackafjord genießen kann.

Göteborg

■ (S. 301ff.) Schwedens heute zweitgrößte Stadt wurde 1619 von Gustav II. Adolf als westliches Gegengewicht zur Ostseemetropole Stockholm gegründet, der sie bis heute in Rivalität und treuer Feindschaft verbunden ist. Der Hafen, der größte des Landes, ist wegen des milderen Klimas im Unterschied zu denen der Ostsee praktisch eisfrei. Und die Region repräsentiert trotz aller Einbußen eine immense Wirtschaftskraft: 20 % der schwedischen Industrieproduktion werden hier erwirtschaftet. Volvo und SKF (Svenska Kullagerfabriken) bieten Tausenden von Menschen Arbeitsplätze, ebenso der Hafen, der sich nördlich der Stadt bis zur Götaälv-Mündung hinzieht.

Vorläufer hatte Göteborg viele, die Geschichte seiner Bewohner ist eine Geschichte ihrer Umzüge. Im frühen Mittelalter besaß Schweden nur einen schmalen Streifen Land an der Westküste, zwischen dem dänischen Halland im Süden und dem norwegischen Bohuslän im Norden. Hier an der Mündung des Götaälv war der einzige Zugang zur Nordsee des ansonsten ganz auf die Ostseehäfen angewiesenen Reiches. Als nächste schwedische Siedlung lag 40 km flußaufwärts die Stadt Lödöse, in der eingewanderte Deutsche und Schweden den Handel vom Väner-Umland und Västergötland an die Küste abwickelten. Etwas hinderlich dabei: Mit der Festung Bohus kontrollierten die Norweger den Nordarm der Flußmündung. Zusammen mit den verbündeten Dänen hatten sie die Schweden hier in der Zange.

Um das zu ändern, gingen die Schweden Schritt für Schritt vor: 1303 entstand zunächst am Südarm die Festung Gullberg, 30 Jahre später weiter nördlich Lindholmen auf der Flußinsel Hisingen, wieder 30 Jahre später noch näher an der Flußmündung und nahe dem heutigen Göteborg die Festung Älvsborg: Am Beginn des 15. Jh. kontrollierten die Schweden den Südarm des Flußwegs. Eine Stadt wurde gegründet, per königlichem Dekret bevölkert von den zwangsweise umgesiedelten Bürgern von Lö-

Blick auf den Stadtteil Haga

döse. ›Nya Lödöse‹ lag etwa im Bereich der heutigen Altstadt. Als die Dänen Älvsborg 1570 einnahmen, endete die florierende Handelstätigkeit abrupt. Die dänische Bedrohung ließ sich nicht militärisch lösen, nur durch Zahlung eines stattlichen Tributs. Die Investition sollte sich dennoch lohnen: Ab 1619 erstand in der sumpfigen Senke eine neue Siedlung, das heutige Göteborg, eine Stadt der Einwanderer. Die Urkunde, in der der König zwei Jahre später die Stadtprivilegien festhielt, war auf deutsch verfaßt, schwedische Bürger stellten nur ein Drittel des Magistrats, und holländi-

scher Einfluß bestimmt bis heute das Bild der Stadt: Sie wurde von niederländischen Experten zur Festungsstadt ausgebaut. Den Zickzackwallgraben, der sich mit vorspringenden Bastionen um die Innenstadt zieht, erkennt man heute noch. Das Stadtgebiet wurde von den Entwässerungskanälen, denen die Straßen folgen, in langgestreckte Viertel unterteilt. Alle Grachten bis auf den Stora Hamnkanal wurden später zugeschüttet.

Zur Zeit Gustavs III. war Göteborg eine der wenigen Städte, in denen sich Juden niederlassen durften. Vor allem deutschstämmige jüdische Kaufleute

bestimmten nicht nur das Geschäfts-, sondern auch das Kulturleben bis weit ins 19. Jh. Den Ausländern und ihrem Kapital verdankte Göteborg die Entstehung bedeutender Textilmanufakturen, aber auch der Handel, besonders mit England, florierte. Die kapitalstarken Handelshäuser besaßen eine Flotte von Ostindienfahrern. 1731 wurde die Ostindiska Kompaniet gegründet, Göteborg war der wichtigste Umschlagplatz des Nordens für Porzellan, Tee und Seide aus Fernost. Mitte des 18. Jh. zählte die Stadt rund 10 000 Einwohner.

Mit Napoleons Kontinentalblockade Anfang des 19. Jh. verstärkten sich die Bindungen nach England. Schwedens Tor zum Westen ignorierte das Handelsembargo des Korsen, und vor allem

schottische Kaufleute prägten bald das Handelsleben mit Namen wie Chalmers, Dickson und Carnegie. 1804 nennt Ernst Moritz Arndt Göteborg »Schwedens England (…) Man frühstückt englisch, man trinkt Porter und Portwein, man reicht vor und bei dem Tee Toddy, man reitet, man kleidet sich wie die beaux von Pallmall und Westminster…«.

Mit dem Bau des Trollhätte-Kanals, der die Eisenerz- und Holzausschiffung ermöglichte, und der Eröffnung der Bahnlinie nach Stockholm 1862 ging der Aufschwung weiter. Daneben spielte die Heringsfischerei eine wichtige Rolle. Nach dem Ausbau des Hafens und im Zuge der Industrialisierung entstanden außerhalb des Wallgrabens neue Stadtteile. Die alte Holzhausbebauung über-

Göteborg 1 Ostindiska Huset 2 Christina kyrka 3 Gustav Adolfs Torg 4 Nordstan 5 Opernhaus 6 Utkiken 7 Göteborgs Maritima Centrum 8 Kronhuset 9 Dom 10 Drottning Kristinas Slott 11 Saluhallen 12 Feskekörkan 13 Trädgårdsföreningen 14 Avenyn 15 Konstmuseet 16 Röhsska Museet 17 Skansen Kronan 18 Sjöfartsmuseet 19 Masthuggskyrkan 20 Klippan

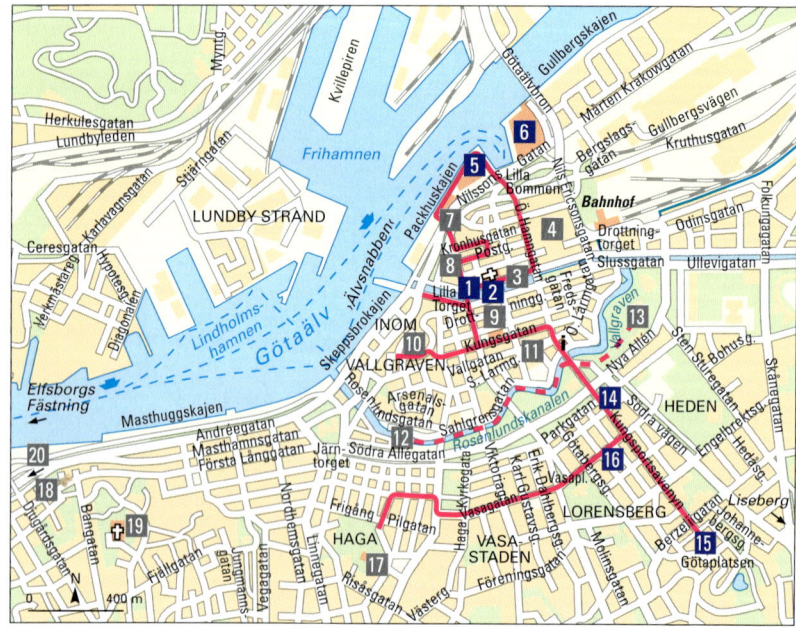

Ostindiska Huset

stand in einigen wenigen Vierteln die Feuersbrünste des 19. Jh. und blieb auch später von der Abrißwut des 20. Jh. verschont.

Heute ist die Westküstenmetropole innerhalb Schwedens zum einen bekannt als ›Stadt der Straßenbahnen‹, und gilt zum anderen als besonders weltoffen und kontinental, mit einem ausgeprägten Nachtleben. Die günstige Lage macht sie zu einem idealen Standquartier für Ausflüge in die Schären. Familien mit Kindern zieht es nicht zuletzt wegen dem Liseberg, Schwedens flächenmäßig größtem Vergnügungspark nach Göteborg. Jedes Jahr locken neue atemberaubende Attraktionen, zu den harmloseren zählen sicher Achterbahn und weithin sichtbares Riesenrad.

Stadtrundgang

Vom Skeppsbroplatsen führt der Stora Hamnkanalen Richtung Zentrum, der als einziger von den durch die holländischen Stadtplaner im 17. Jh. angelegten Grachten erhalten ist. Der palastähnliche Bau an seinem Nordufer ist das **Ostindiska Huset** 1 und wurde 1762 als Sitz der Ostindischen Kompanie errichtet, die bis 1813 bestand. Der Göteborger Stadtarchitekt Carl Wilhelm Carlberg und der Stararchitekt jener Zeit, Carl

Hårleman, dokumentierten darin die ganze Macht und Herrlichkeit der blühenden Handelsstadt, die Göteborg im 18. Jh. war. Nach einem Umbau wurde 1996 hier das neue Stadtmuseum eröffnet, mit Ausstellungen zur Geschichte der Industrialisierung, der Stadtentwicklung und natürlich des Ostindienhandels. Außerdem ist hier das einzige in Schweden gefundene Wikingerschiff – ein Handelsschiff vom Typ ›Knarr‹ – zu sehen, und es wird das Leben und die Vorstellungswelt der Wikingerzeit erläutert. Allein schon das Innere des restaurierten Ostindienhauses mit den gußeisernen Säulen in den Hallen und dem prächtigen mit Wandmalereien und Glasfenstern ausgeschmückten Treppenhaus mit seiner interessanten Backsteinarchitektur ist sehenswert.

Vom Handelspalast sind es nur wenige Schritte am Kanal entlang und dann ein paar Stufen hoch bis zur **Christina kyrka** 2, auch Tyska Kyrkan (Deutsche Kirche) genannt. Sie wurde kurz nach der Stadtgründung 1623 als evangelische Kirche für die damals zahlreichen Deutschen, Holländer und Schotten gegründet. Ihr heutiges Aussehen geht aber auf einen Umbau von 1748 zurück, der Turm kam 1783 dazu. Noch heute ist sie die Kirche der sehr aktiven deutschen Gemeinde in Göteborg, mit zur Zeit 1600 Mitgliedern. Sonntagsgottesdienste in deutscher Sprache sind selbstverständlich, auch wenn man offiziell der lutherischen Schwedischen Staatskirche angehört.

Am Ende des Kanalbeckens liegt das Zentrum des alten Göteborg: Eine Statue des Stadtgründers und sein Name schmücken seit 1854 den ehemaligen Marktplatz: **Gustaf Adolfs Torg** 3. Das Standbild (von Bengt Erland Fogelberg) gelangte erst in einem zweiten Anlauf an seinen Bestimmungsort. Nachdem der in München nach Fogelbergs Modell angefertigte erste Guß Schiffbruch erlitten hatte und die Helgoländer Schiffer, die das Standbild geborgen hatten, eine horrende Summe dafür verlangten, ließ man eben einen zweiten Guß machen. Der Gustaf Adolfs Torg wird flankiert von Rathaus und Börse, den Insignien wirtschaftlicher und bürgerlicher Macht, in blendend weiß-gelbem reinem Klassizismus. Das Rathaus auf der Westseite errichtete 1670 kein geringerer als Nicodemus Tessin d. Ä., doch wurde es 1810 umgebaut; den vielgepriesenen und -gescholtenen Erweiterungsbau mit Innenhof realisierte Gunnar Asplund 1936.

Reisende, die vom Bahnhof unvermittelt in das Gewimmel der **Nordstan** 4 geraten, können hier allzu leicht die Orientierung verlieren. In Schwedens größtem Shoppingparadies verlocken auf 160 000 m² rund 130 Geschäfte mit allen möglichen schönen, überflüssigen Dingen. Zum Glück gibt es an der zentralen Kreuzung in der überdachten Einkaufspassage, die sich hinter der Östra Hamngatan bis zum Bahnhof erstreckt, einen Stand der Touristeninformation, die Ratlosen weiterhilft.

Hat man glücklich den Ausgang aus dem Shopping-Labyrinth an der Östra Hamngatan gefunden, führt ein Abstecher über die vierspurige Straßenschneise an den Hafen zum Lilla Bom-

men zu zwei sehr jungen Sehenswürdigkeiten der Stadt. Göteborgs neues **Opernhaus** 5 von 1994 gilt mit Recht als eines der architektonisch schönsten Musiktheater, vor allem abends mit Festbeleuchtung.

Utkiken 6, eine rot-weiß gestreifte Schöpfung des Architekten Ralph Erskine, lädt zu einem Blick über die Stadt aus 86 m Höhe ein; um bei allzu grellem Gegenlicht nicht enttäuscht die Augen abwenden zu müssen, sollte man den Sonnenstand beachten, bevor man in den Aufzug steigt. Die Hebebrücke dahinter – eine von 20 Brücken in Göteborg – klappt für größere Schiffe auf.

Nicht mehr auf große Fahrt geht das ehemalige Schulschiff, der Windjammer ›Barken Viking‹ von 1907, in dessen Restaurant sich gut einkehren läßt. Das schwimmende Hotel wurde im Innern originalgetreu restauriert.

Von Lilla Bommen starten Ausflugsboote in die Schären und die ›Paddan‹-Boote (›Paddan‹ heißt auch Kröte, ein passender Name für die flachen Boote, die auch unter niedrigen Brücken hindurchfahren können) zu Stadt- und Hafenrundfahrten, aber auch das Linienschnellboot ›Älvsnabben‹, das in nur 30 Minuten bis Klippan fährt und auf diese Weise ebenfalls eine Hafenrundfahrt bietet.

Am Packhuskajen hinter dem Opernhaus erstreckt sich eine Art Freilichtmuseum der Seefahrt, das größte Schiffsmuseum der Welt, heißt es: **Göteborgs Maritima Centrum** 7 versammelt vom Feuerschiff bis zum U-Boot eine Vielzahl moderner Militär- und Zivilschiffe, die auch besichtigt werden können.

Vom Hafen führt der Weg zurück in die Innenstadt durch die engen Straßenschluchten zwischen vielstöckigen Bürohäusern zu dem ältesten Gebäude der Stadt: **Kronhuset** 8. Es überlebte als

Blick von der Oper zum Utkiken

eines der wenigen Backsteinhäuser die zahlreichen Stadtbrände, denen die ältere Holzbebauung zum Opfer fiel. Das 1643–55 als Zeughaus errichtete Bauwerk mit den kupferbeschlagenen Fensterläden diente später als Lager, Garnisonskirche und Reichstagssaal. Am 4. Januar 1660 wurde der von Karl X. Gustav einberufene Reichstag hier feierlich eröffnet, doch eine schwere Lungenentzündung raffte den nur 37jährigen König unerwartet dahin. Bis zur Regelung der Nachfolge – sein fünfjähriger Sohn Karl XI. wurde bei diesem Reichstag als König ausgerufen – und der Vormundschaft blieben alle Stadttore sicherheitshalber geschlossen. Kronhuset, jetzt gelegentlich Ausstellungsstätte des Stadsmuseum, ist umgeben von einem Hof und niedrigen gelbgetünchten Häusern, Kronhusbodarna, in denen Kunsthandwerker ihre Produkte anbieten. Es gibt Keramik, Uhren, Antiquitäten, und sogar eine Glasbläserei wird in einem der Häuser betrieben.

Der Rundgang innerhalb des alten Stadtkerns wäre damit perfekt, wer mehr Zeit hat, kann zu einer Entdeckungstour jenseits des Hamnkanalen aufbrechen. Über die Brücke beim Ostindiska Huset führt die Västra Hamngatan vorbei an den Antikhallarna. In dem prächtigen ehemaligen Bankpalast breiten auf zwei Stockwerken Antiquitätenhändler der oberen Preiskategorie ihre Schätze aus. Die Fußgängerstraße Kungsgatan hat sich eher dem neuzeitlichen Warenangebot verschrieben. Wer Ruhe vom Einkaufstrubel sucht, findet sie und eine Bank zum Ausruhen im **Dom** 9 oder der zugehörigen kleinen Grünanlage. Es ist der dritte Dom an derselben Stelle – die Vorgänger brannten 1721 und 1802. Entstand 1815 nach Entwürfen des Stadtarchitekten C. W. Carlberg.

Treppen erleichtern den Aufstieg von der Fortsetzung der Kungsgatan Richtung Otterhällegatan auf den Börje Drakenberg, eine der Urgesteinsbergkuppen, die Göteborgs Stadtlandschaft prägen: Hat man Glück, wird der anstrengende Aufstieg mit Kaffee und Kuchen belohnt, denn das Ziel der Wanderung, **Drottning Kristinas slott** 10, beherbergt ein vorzügliches Café. Das hübsche Schlößchen – 1670 als Jagdschloß gebaut und 1971 in letzter Minute vorm Abriß gerettet – wirkt allerdings etwas verloren inmitten der Hochhäuser aus den 60er und 70er Jahren.

Folgt man ab dem Dom der Kungsgatan in die andere Richtung, steht man bald am betriebsamen Kungsportsplatsen: Straßenbahngebimmel, Verkehrslärm, Menschengewimmel. Ab hier fahren die Straßenbahnen nach Liseberg und ins Vasa-Viertel. Wenige Schritte entfernt vom Getümmel liegt die große Markthalle der Stadt, **Saluhallen** 11, in der es Lebensmittel, von Gemüse über Fleisch, Wurst und Käse bis hin zu südländischen Spezialitäten zu kaufen gibt. Wer hier Hunger bekommen hat, kann sich im Restaurant Peterssons Krog mit einem feinen Fischgericht stärken. Oder die Kungsportsavenyn entlangbummeln, an der sich ein Café ans andere reiht. Hier an der Brücke (Kungsportsbron) über den Wallgraben, der die Stadt seit dem 17. Jh. im Zickzack umgrenzt, starten die ›Paddan‹-Boote zu Stadt- und Hafenrundfahrten. Bei dieser Kanalfahrt passiert man die **Feskekörkan** 12, die berühmte Fischhalle von Göteborg. Der Verkauf beginnt um 7 Uhr, dann ist es hier am lebhaftesten. Einen Imbiß mit Krabbencocktail oder anderen frischen Schalentieren bieten Restaurants aber auch zu anderen Zeiten noch an. Der Name Feskekörkan ist Göteborger Dialekt für ›Fiskkyrkan‹ (Fisch-Kirche) – der Spitzname bezieht sich auf das an ein Kirchenschiff erinnernde Äußere der Auktionshalle von 1874, entworfen von Victor von Gegerfeldt.

Gleich jenseits des Wallgrabens liegt mit dem Park **Trädgårdsföreningen** 13 eine grüne Oase in greifbarer Nähe zum Zentrum. Auf dem 1842 im Zuge der Stadterweiterung angelegten Gelände verbreitet das Palmhus von 1878 mit seiner fragilen Glas- und Eisenkonstruktion viktorianische Atmosphäre. Im Fjärilshus (Schmetterlingshaus) werden tropische Schmetterlinge in entsprechender grüner Umgebung gehalten.

Avenyn 14, wie die Kungsportsavenyn kurz genannt wird, ist die Flaniermeile der Stadt, Bühne für Straßenmusikanten und für das Spiel des Sehen und Gesehenwerdens. An lauen Sommerabenden quellen die Straßencafés schier über, die den Boulevard zwischen Kungsportsplatsen und Götaplatsen säumen. Die Gebäude außerhalb des Wallgrabens sind nicht älter als 150 Jahre: Das

Avenyn, die beliebteste Flaniermeile der Stadt

Gebiet wurde nach dem ersten schwedischen Stadtplanungswettbewerb 1861 bebaut, allerdings fielen den Stadtplanern des 20. Jh. etwa 100 Jahre später viele der schönen alten Patriziervillen zum Opfer.

Den Auftakt der Kultur- und Vergnügungsmeile bildet das Stora Teatern. An ihrem Ende, am Götaplatsen, blickt der Poseidon von Carl Milles gütig und etwas von oben herab auf das flüchtige Treiben. Der Brunnen wird flankiert von dem Dreigestirn aus Stadsteater, Konserthuset und **Konstmuseet** 15. Das Kunstmuseum ist berühmt für die große Sammlung skandinavischer Malerei ab dem 19. Jh., als man hier das spezielle ›Licht des Nordens‹ auf die Leinwand bannte. Dabei sind die Werke von Carl Larsson, Anders Zorn, Edvard Munch und den dänischen Skagen-Malern nur oberflächlich den französischen Impressionisten verwandt. Natürlich fehlen auch die üblichen ›Klassiker‹ der Kunstgeschichte von Rembrandt bis Van Gogh und Picasso nicht. Seit 1996 ist zusätzlich das Hasselblad-Fotomuseum in das Gebäude eingezogen.

Fährt man nicht mit der Straßenbahn zurück in die Innenstadt, kann man einen Bummel durch das Universitätsviertel **Vasastan** mit seinen Studentencafés, interessanten Lädchen und bunten Kulturangebot anschließen.

Die Gegend um Vasaplats und Vasaparken wird geprägt von den großbürgerlichen Fassaden des ausgehenden 19. Jh. und beginnenden 20. Jh., als hier die Professoren und andere Gelehrte residierten. 1887 war die Universität gegründet worden, zunächst nur mit einem humanistischen Zweig. Elf Professoren gegenüber 100 Immatrikulierten und 1100 freien Zuhörern – traumhafte Zustände. Auf der Vasagata läßt sich ungezwungen flanieren, das studentische Milieu ist eine angenehme Alternative zur Avenyn.

Das 1916 eingeweihte **Röhsska Museet** 16 in der Vasagatan ist das einzige umfassende zum Thema Kunsthandwerk und Design in Schweden. Seine Sammlungen von Möbeln, Textilien, Glas, Keramik, Buchkunst, darunter auch viel Fernöstliches, basieren auf Stiftungen u. a. der Familie Röhss.

In völligem Gegensatz zu den großzügigen Straßenfronten in Vasastan mit den üppig geschmückten drei- bis vierstöckigen Steinhausfassaden stehen die niedrigen, liebevoll restaurierten pastellfarben gestrichenen Holzhäuschen im ehemaligen Arbeiterviertel **Haga,** heute eine der ruhigsten und gemütlichsten Ecken zum Wohnen und Einkehren. Einer der schönsten Aussichtspunkte über die Stadt liegt nur ungefähr 200 Stufen höher: Eine steile Treppe führt zur **Skansen Kronan** 17, eine der Schanzen, die Festungsbaumeister Erik Dahlbergh im späten 17. Jh. errichten ließ. Die Waffen- und Uniformenausstellung in dem Festungsturm, der später auch als Gefängnis diente, ist aber lange nicht so reizvoll wie der Blick von hier oben über die umliegenden Stadtteile.

Außerhalb des Zentrums

In Göteborg konnten außer in Haga besonders in Majorna und Masthugget, wo früher Hafenarbeiter und Seeleute wohnten, Teile der ursprünglichen Holzbauten rechtzeitig vor dem Abriß gerettet werden. Mit der Straßenbahn Nr. 3, 4 und 9 ist man schnell am Stigsbergstorget, wo das **Sjöfartsmuseet** 18 an die alten Zeiten der Seefahrt erinnert. Größere Anziehungskraft als die vielen Schiffsmodelle haben heute die lebenden Exponate des Museums, das auch ein Aquarium mit einheimischen und bunten tropischen Fischen umfaßt. Die 44 m hohe Säule neben dem Museumsbau krönt die Skulptur ›Kvinna vid havet‹, die nach ihrem Mann auf See ausschauende Seefahrerfrau, von Ivar Johnsson. Das Seefahrerdenkmal (den Turm kann man besteigen) erinnert an

hängen, die senkrechten Stützen sind mit Schnitzereien verziert, Holzsäulen und das Ziegelmauerwerk innen sind weiß getüncht. Wie bei Seefahrerkirchen üblich, hängt natürlich ein Schiffsmodell von der Decke. Als Seezeichen grüßt die Masthuggskyrkan noch immer die heimkehrenden Seeleute.

die im Ersten Weltkrieg auf See ums Leben gekommenen Soldaten.

Der steile Weg hinauf zur **Masthuggskyrkan** 19 lohnt sich in jedem Fall wegen der atemberaubenden Aussicht. Vorher müssen von der Bangatan bzw. Kjellgatan allerdings etliche Höhenmeter bezwungen werden, am Schluß über blanken Fels. Dann liegt der gesamte Hafen dem Betrachter zu Füßen, der Blick geht bis zur Älvsborgsbron. Die Kirche selbst, 1910–14 von Sigfrid Ericson im Stil der Nationalromantik aus rotem Backstein über einem Granitsockel gebaut, gilt als Musterbeispiel dieses Stils, der an ›altnordische‹ Formen anknüpfen wollte. Fast erdrückend wirkt die dunkle Holzbohlendecke im Innern, von die die schwarzen gußeisernen Leuchter in rustikaler Einfachheit

Mit der Nr. 3 oder 9 einige Haltestellen weiter landet man im Stadtteil **Majorna,** ein reines Wohngebiet mit kleinen Kiosken, Tante-Emma-Läden, in dem die ursprüngliche Bebauung nicht abgerissen wurden: schöne drei- bis vierstöckige gelbe Holzhäuser, bei denen nur das unterste Geschoß aus Backstein ist. Auf diese Weise konnte die wegen der Brandgefahr erlassene Vorschrift des *landshövding* (Regierungspräsidenten), daß in Göteborg nur noch Steinhäuser gebaut werden durften, teilweise umgangen werden.

Klippan 20, erreichbar mit dem Wasserbus ›Älvsnabben‹, ist ein lohnendes Ausflugsziel bei schönem Wetter. Hier landeten zu Zeiten der Ostindiska Kompaniet die großen Weltumsegler ihre Waren aus Fernost an, die, auf kleinere

Boote umgeladen, flußaufwärts bis in die Stadt gebracht wurden. Im Sjömagasinet, heute ein Restaurant mit nobler Atmosphäre für Geschäftsessen, war damals das Lager für chinesisches Porzellan und andere Waren aus der Ferne wie Tee und Stoffe. Neben der Auffahrt zur gigantischen Älvsborgsbron, der

waren. Es gab Laden, Badehaus, Kirche, Schule und Wohnhäuser direkt neben der Fabrik, gratis ärztliche Versorgung, bei Krankheit immerhin noch den halben Lohn.

Auf dem Gelände liegen darüber hinaus versteckt die Ruinen der alten Älvsborgs Fästning. Die ›neue‹ **Elfsborgs**

1966 eingeweihten 933 m langen Hängebrücke über den Götaälv (s. Abb.), die mit 45 m Höhe auch noch den großen Fähren nach Dänemark genug Durchfahrtshöhe läßt, wurden in den riesigen ehemaligen Backsteinspeichern hypermoderne Hotelzimmer eingerichtet.

Auf dem Gelände gegenüber sind Reste einer bis 1957 bestehenden Zukkerfabrik, Carnegieska Bruken, zu einer Art Freilichtmuseum mit Handwerkerateliers, aber auch an Familien und Firmen vermieteten Gebäuden umgewandelt worden. David Carnegie, Zuckerfabrikant und Brauereibesitzer bis 1907, war, an seiner Zeit gemessen, ein aufgeklärter Arbeitgeber, der in seinem Betrieb eine Mustergemeinschaft schaffen wollte, in der Arbeit und Alltagsleben nicht allzuweit voneinander getrennt

Fästning auf einer winzigen Insel in der Hafeneinfahrt erreicht man in 30 Minuten per Boot ab Lilla Bommen. Die ab 1653 gebaute Festung konnte den letzten Dänenangriffen im Jahr 1719 erfolgreich trotzen, Spuren der Kanonenangriffe sind aber noch zu sehen. Später war sie Gefängnis und Zuchthaus. Heute ist die kleine Festungskirche beliebt bei Brautpaaren für Trauungen.

Ausflüge in die Umgebung von Göteborg

Gunnebo slott, ca. 6 km südlich Göteborg auf der E 6 Richtung Mölndal, ist ein Musterbeispiel für den gustavianischen Stil – daß es ganz aus Holz ist, kann man von weitem kaum erkennen.

1784 bis 1796 ließ es der Göteborger Kaufmann John Hall für sich und seine Familie errichten. Nach den Originalplänen des Architekten C. W. Carlberg wurde das Schloß inzwischen mit Küchengarten, Park und den seinerzeit gar nicht mehr gebauten Nebengebäuden wie Hühnerstall und Wohnungen fürs Personal originalgetreu wiederhergerichtet und ist einen Besuch wert.

Von Göteborg folgt man der E 20 etwa 25 km gen Osten bis zum Abzweig nach **Nääs slott,** ein Gutshaus in herrlicher Lage oberhalb des Sees Sävelången. Bis 1966 war in der 1880 entstandenen großbürgerlichen Residenz eine Gewerbelehrerschule untergebracht, Ende des 19. Jh. als erste der Welt gegründet. Heute finden hier Ausstellungen zu Handwerk und Denkmalpflege statt und man kann *hemslöjd*-Waren (Kunsthandwerk) kaufen. Zum Mittsommerfest wird im Schloßpark mächtig gefeiert, und schwedische Volksmusik sorgt für die passende Stimmung.

In der Nähe liegt ein beliebtes Ausflugsziel vor allem für Familien mit wißbegierigen Kindern. **Nääs Experimentum** ist in den 1833 als Baumwollspinnereien gebauten Nääs Fabriker in Tollered untergebracht. Dort kann man herausfinden, wie eine Batterie funktioniert, den Weltraum erkunden und selber Experimente machen.

In die Schären nördlich von Göteborg

Nördlich von Göteborg breitet sich bis zur norwegischen Grenze die wunderbar zerfranste und zergliederte, von den Gletschern der Eiszeit geriefte und abgeschürfte Schärenlandschaft von Bohuslän aus. Dem Auge bietet sich eine verwirrende Vielfalt aus Wasser und Land oder besser blankem Fels, glatt geschliffene Klippen wie geschaffen zum Sonnenbaden und Picknicken mit reichlich Badestellen. Darauf leuchten wie zufällig hingestreut neben ein paar kargen Bäumen und Büschen bunte Holzhäuschen in allen möglichen Farben.

In einer Region, die mangels Ackerkrume so wenig und wenn dann kärgliche Landwirtschaft ermöglichte, leben die Menschen traditionell vom Meer, von Fischfang und von der Seefahrt. Die ›Früchte des Meeres‹ wie *räkor* (Grönlandkrabben), Taschenkrebse, geräucherten Fisch und andere Köstlichkeiten bekommt man hier überall günstig zu kaufen. Und die Fabriken, in denen der typisch schwedische süßsauer eingelegte Hering in die Gläser kommt, liegen auch in Bohuslän, vorzugsweise in den großen Fischereihäfen Lysekil, Smögen und natürlich auf der ›Heringsinsel‹ Klädesholmen.

Kurz nachdem man die Ausläufer der Großstadt Göteborg hinter sich gelassen hat, zweigt der RV 45 Richtung Trollhättan von der E 6 ab. Die Straße folgt dem breiten Flußtal des Götaälv ins Landesinnere, der sich hier einige Kilometer vor seiner Mündung in einen Nord- und einen Südarm teilt. Seit fast 700 Jahren thront die **Festung Bohus** [1], die dem Land Bohuslän den Namen gab, grau und düster hoch über dem Fluß und der Stadt Kungälv, Schauplatz vieler blutiger Auseinandersetzungen. Sie markierte bis zum Frieden von Roskilde 1658 die Grenze nach Norwegen, nur wenige Kilometer weiter südlich saßen die

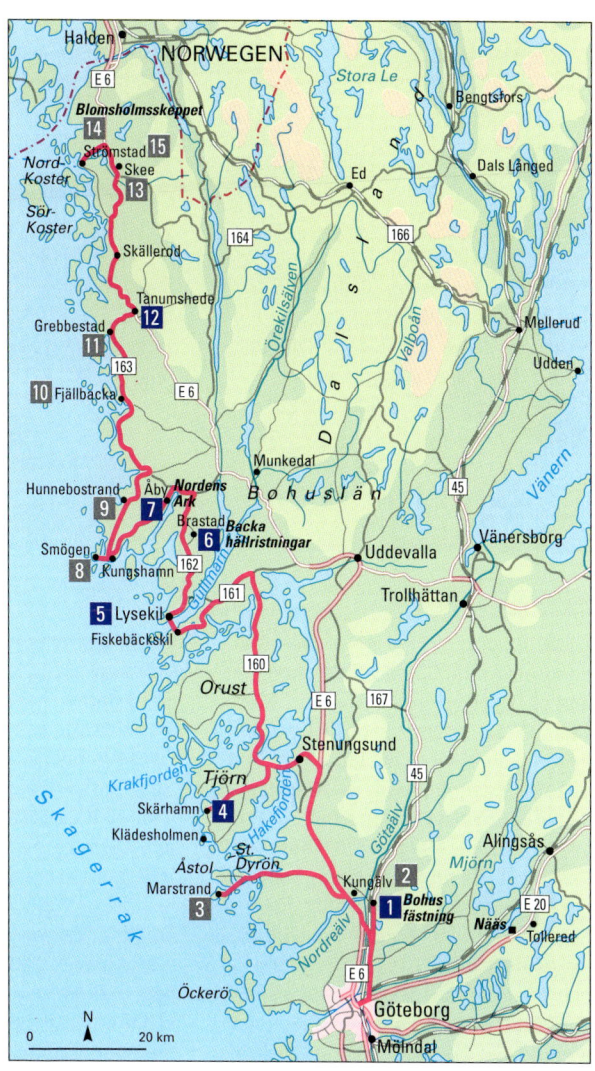

Die Westküste nördlich von Göteborg

Dänen fest im Sattel, so daß Schweden nur rund 20 km Westküste besaß – eben das Gebiet an der Mündung des Götaälv. Die Burg, deren großer runder Hauptturm mit dem Spitznamen ›Vaters Hut‹ restauriert wurde, ist tatsächlich nie erobert worden.

Die kleine Stadt **Kungälv** 2 (S. 315) zu Füßen der Burg hat eine über tau-

sendjährige Geschichte. Bis in das Jahr 1658 eine wichtige norwegische Ortschaft, wurde sie im Laufe der Streitigkeiten zerstört und 1682 in ihrer heutigen Lage an der Gabelung des Götaälv wieder errichtet. Etliche Holzbauten des alten Stadtkerns stammen aus dem 18. und 19. Jh., die Kirche am Gamla Torget aus dem 17. Jh.

Blick auf die Insel Klädesholmen im Schärengebiet vor Tjörn

Nachdem man den nördlichen Mündungsarm des Götaälv überquert hat, gibt es die Möglichkeit zu einem Abstecher an die Küste. Ein beliebtes Ausflugsziel auch für Göteborger (im Sommer Bootsverbindung) ist **Marstrand** 3, ca. 30 km westlich auf einer Schäreninsel im Skagerrak gelegen (Fähre). Die Kleinstadt, deren Wohl lange vom Heringsfang abhing, ist bekannt für ihre Regatten im Juli. An die bewegte Vergangenheit von Carlstens Fästning, in den 60er Jahren des 17. Jh. oberhalb der Stadt errichtet, wird bei Führungen erinnert. Sie diente im 17. und 18. Jh. als Gefängnis, und Ausbrecher- und Diebeskönig Lasse-Maja war der berühmteste Insasse. Seit 1781 leuchtete auf dem Burgturm das erste Leuchtfeuer von Bohuslän den Fischern heim.

Ein besonders lohnender Abstecher von der E 6 führt bei Stenungsund über eine 5 km lange Kette von insgesamt drei Brücken auf die Insel **Tjörn** 4 (S. 342) mit ihrem Hauptort Skärhamn. Bei einem Zwischenhalt auf dem Parkplatz läßt sich ein herrlicher Blick über den Sund und aus angemessener Höhe auf die Schärenwelt ringsum genießen. Ganz am Südzipfel der relativ dicht besiedelten Insel Tjörn liegen der Ort Rönnäng und vorgelagerte Inseln wie Åstol und Dyrö, zu denen Fährverbindungen bestehen, sowie Klädesholmen. Der Geruch ist untrüglich: Hier wird Fisch verarbeitet. Zahlreiche kleine Einlegebetriebe arbeiten in den Wellblechschuppen und Holzhäuschen. Das stört die Idylle nicht im geringsten: Kunterbunt und harmonisch in ihrer Vielfalt liegen die Gebäude dicht an dicht überall auf den Felskuppen und im Schutz der Klippen. Bunt bemalte Briefkästen zeugen von der Kreativität der Bewohner. Ein Bummel durch Klädesholmen führt unweigerlich zum Aussichtspunkt auf der höchsten Felskuppe, von dem sich eine weite Aussicht über die zig Inselchen bietet, alle bestückt mit sauber und in leuchtenden Tönen frisch gestrichenen

Häuschen. Wenn im Winter die Stürme aus West und Südwest durch die Gassen heulen, setzt der salzige Wind dem Anstrich so sehr zu, daß er fast jedes Jahr erneuert werden muß.

Nach Norden geht es weiter auf dem RV 160 über die Insel Orust, mit Tjörn und dem Festland durch Brücken verbunden. Vor der (kostenlosen) Fährpassage über den Gullmarn-Fjord empfiehlt sich ein Abstecher nach Fiskebäckskil. Die meisten alten Fischer- und Skipperhäuser werden heute als Sommerresidenzen genutzt, viele sind mit aufwendigen Schnitzereien verziert.

Lysekil 5 (S. 320) ist der wichtigste Fischereihafen weit und breit und ein idealer Ausgangspunkt für Ausflüge per Boot in die Schärenwelt. Der große Frachthafen mit Eisenbahnanschluß, Ölraffinerien, ein Meeresforschungszentrum und Betriebe der Fischereiindustrie sind Arbeitgeber für viele der 15 000 Einwohner der Gemeinde. Trotz dieser Betriebsamkeit hat die Stadt mit ihrem Jachthafen und einer auf die Mitte des 19. Jh. zurückgehenden Badeorttradition viel von ihrem Charme erhalten. Aus dieser Zeit stammte das 1985 völlig abgebrannte, aber wiederaufgebauten Societetshus, das den angemessenen Rahmen für das Gesellschaftsleben der Badegäste, darunter König Oskar II., bot. Seit 1859 wirkte in Lysekil der Badearzt Carl Curman, dessen künstlerische Ambitionen in den beiden als Badehäuser errichteten Curmanska Villorna in nationalromantischem Stil mit Anklängen an wikingerzeitliche Ornamentik gipfelten. Sie liegen am Rand des Jachthafens. Neueren Datums ist das Meerwasseraquarium Havets Hus an seinem Südende. Es zeigt einen Querschnitt durch die einheimische Unterwasserfauna der Westküste, der im Forschungszentrum nebenan auf den Grund gegangen wird.

Lysekil

Am Ende der Turistgatan mit dem hübschen Havshotell findet man das Vikarvets Museum mit einer großen Sammlung von Schiffsmodellen sowie Informationen über die Vergangenheit von Lysekil als Zentrum des Granitabbaus und der Heringsfischerei. Zum Museum gehört direkt am Strand eine restaurierte reetgedeckte Fischerkate. Nördlich des Havets Hus liegt an der Kyrkogatan der alte Friedhof der Stadt. Die ehemalige Holzkirche wurde im Jahr 1901 von der in neogotischem Stil errichteten Granitkirche ersetzt. Sie wurde aus Platzgründen ausnahmsweise in Nord-Süd- statt in Ost-West-Richtung gebaut und dient mit ihrem 95 m ü. d. M. aufragenden Turm unübersehbar auch als Seezeichen.

Ein gutes Stück nördlich der heutigen Innenstadt findet man das 200 Jahre alte frühere Stadtzentrum Gamlestan mit engen Gassen und pastellfarben gestrichenen Holzhäuschen, die noch bewohnt werden, in die aber auch das eine

Felsritzungen –
Botschaften aus der Vorzeit?

Bohuslän

152

Es gibt sie auch anderswo in Europa, in Irland und auf Malta, in Norddeutschland und Spanien. So zahlreich und vor allem so gut erhalten wie auf den Granitfelsen in Norwegen

und Schweden sind sie sonst nirgends. Auf dem Gelände bei Tanum zählte man allein 1713 Schiffs-, 1994 Menschen- und 465 Tierdarstellungen. *Hällristningar*, Felsritzungen, heißen die Zeichnungen, die Menschen vor mindestens 3000 Jahren in mühsamer Arbeit in den Stein meißelten. Überall dort, wo Kalk- oder Sandstein vorkommt, sind sie wegen der natürlichen Verwitterung des Gesteins seltener. Am dichtesten liegen die *hällristningar*-Gebiete an der schwedischen Westküste in Bohuslän (Museum in Tanum) sowie in Väster- und Östergötland.

Bis heute ungeklärt ist die Funktion der Darstellungen, deren Bandbreite von abstrakt wirkenden geometrischen Figuren bis zu stilisierten Tieren und Menschen reicht. Sind es magische Zeichen, um das Jagdglück zu beschwören? Oder raffinierte Kalender, zur Berechnung der für eine Kultur von Ackerbauern wichtigen Aussaat- und Erntetermine? Schon bei der Datierung und Identifizierung der einzelnen Motive tappen die Forscher im dunkeln. Am besten sind die Ritzungen im Streif-

oder andere Café oder Antikgeschäft eingezogen ist.

Die Weiterfahrt von Lysekil nach Norden führt durch die etwas eintönige Landschaft im Landesinneren. Bei Brastad lohnt es sich, dem Schild ›hällristningar‹ zu folgen. Fast direkt neben dem

Sträßchen kann man die außergewöhnlich schönen bronzezeitlichen Felsritzungen von **Backa** 6 betrachten. Berühmt ist die als ›Schuster‹ titulierte, nahezu lebensgroße hammerschwingende Figur, deren Bedeutung jedoch bis heute unklar ist.

licht zu erkennen, bei tief stehender Sonne etwa. Heute sind sie als Sehenswürdigkeit ausgeschildert und mit roter Farbe ›hergerichtet‹, denn man hat bei einigen Ritzungen ältere Farbreste entdeckt – vielleicht haben schon die Schöpfer der Felszeichnungen die Linien mit Erdfarben ausgefüllt.

Auffällig bei vielen Felsritzungen ist, daß sie scheinbar wahllos über- und nebeneinander ohne kompositorische Überlegungen angeordnet sind. Man weiß heute, daß unter den deutlich sichtbaren Ritzungen aus der Bronzezeit andere, ältere liegen. An ein und derselben Stelle wurde in längeren Zeitabständen immer wieder geritzt, möglicherweise von unterschiedlichen Kulturen mit völlig verschiedenen Weltanschauungen, denen nur die Sitte gemeinsam war, etwas in Stein verewigen zu wollen. Sicher waren die Plätze, wo sie entstanden, von Anbeginn heilige Orte, Kultplätze über viele Generationen und Kulturen hinweg, so wie ja auch christliche Kirchen oft an heidnischen Opferplätzen stehen.

In der ältesten Schicht aus der mittleren Jungsteinzeit (ca. 3000 v. Chr.) konnten Schalengruben und Zickzacklinien identifiziert werden, vermischt oder geradezu in Wettstreit mit Waffendarstellungen wie Streitäxten, wobei eine Ritzung, über der anderen eingehauen, die andere offenbar absichtlich zerstören sollte. Fand hier etwa ein Streit der Kulturen statt? In den Ritz-

schichten der jüngsten Steinzeit dominieren die Waffen; Kontakte mit metallproduzierenden Völkern in Südeuropa sind nachgewiesen. Die jüngste, bronzezeitliche Schicht der Felsritzungen ist schließlich die am deutlichsten sichtbare: Hier findet man die ganze Palette bildlicher Darstellungen: Schiffe, Waffen, Tiere wie Schafe, Pferde, Schweine und Hirsche sowie Menschen. Zumeist halfen die hier dargestellten Gegenstände, die man anderswo in Gräbern gefunden hat, bei der Datierung dieser Ritzungen in die Bronzezeit (1500–500 v. Chr.); im Unterschied zu anderen archäologischen Funden ist es ansonsten sehr schwer, ihr Alter festzustellen.

Die meisten *hällristningar* findet man am Rand ehemaliger Wasserwege; in früher Zeit kam man fast nur auf dem Wasser vorwärts, im undurchdringlichen Waldland herrschte wegelose und gefährliche Wildnis. So erklären sich auch die vielen Schiffsbilder, viele davon mit den typischen Tierköpfen am Bug. Schiffsopfer und -bestattungen kamen ja ebenfalls vor.

Viele unbekannte Motive werden im Rückschluß aus der bekannteren altnordischen Mythologie erklärt: Sonnenräder, Schlangenlinien, Tiergestalten, Fußsohlen, Götterfiguren wie Thor mit dem Hammer usw. Weil jegliche schriftliche Quelle aus der fraglichen Zeit fehlt, wird man wohl nie das Rätsel lösen können, welche Botschaft hinter den geheimnisvollen Zeichen der *hällristningar* steckt.

Die Arche des Nordens – **Nordens Ark** 7 – ein ungewöhnlicher Zoo, wird nach dem Modell des auf der englischen Kanalinsel beheimateten Jersey Zoo von einer Stiftung betrieben und hat sich zum Ziel gesetzt, bedrohten Tierarten durch Nachzucht in Gefangenschaft

eine Chance zum Überleben zu geben. Anders als in Jersey liegt der Schwerpunkt hier – verständlicherweise – auf der Fauna der kühleren Zonen: 1991 kam erstmals ein Schneeleopard zur Welt, aber auch Wölfe, Luchse, Polarfüchse und selten gewordene Haustier-

Die Westküste ist ein beliebtes Segelrevier

rassen kann man hier in Freigehegen beobachten.

Smögen 8 (S. 333) an der Spitze der Halbinsel Sotenäs ist zwar ein aktiver Fischereihafen, aber im Sommer offenbar in erster Linie Tummelplatz für Ausflügler. Auf kilometerlangen Holzstegen flaniert man vorbei an den in ehemaligen Bootsschuppen untergebrachten Geschäften, Cafés, Restaurants auf der Landseite und Jachten und Jollen auf der Seeseite – und abends trifft man sich in Pubs und Diskos: sehen und gesehen werden. Eine der täglich stattfindenden Fisch- und Garnelenauktionen mitzuer-

leben ist dagegen ein echtes Erlebnis und erinnert daran, daß es hier auch noch Fischer gibt.

Vom benachbarten Hafen Kungshamn – über eine Brücke mit Smögen verbunden und wie dieses Sitz etlicher Konservenfabriken – kann man einen Ausflug auf die naturgeschützte Insel **Hållö** machen, baumlos, aber besiedelt von 130 Pflanzenarten. Der Leuchtturm von 1842 ist der älteste in Bohuslän.

Einen Eindruck vom harten Arbeitsleben der im Granitabbau Tätigen erhält man im 1993 eingerichteten Stenhuggarmuseet bei **Hunnebostrand** 9. Man kann sich sogar selbst in der Steinbearbeitung versuchen. Der Granitabbau gehörte noch bis in die 40er Jahre zu den wichtigsten Wirtschaftszweigen in Bohuslän.

Der Name von **Fjällbacka** 10 deutet seine Lage schon an: Der ›Berg-Hang‹ liegt malerisch eingeklemmt zwischen dem Meer und dem 76 m steil aufragenden Vetterberg. Der Fischer- und Badeort bietet sich als Ausgangspunkt für Ausflüge auf die vorgelagerten Schäreninseln an, z. B. nach Hjärterö oder noch weiter draußen auf die Väderöarna, Naturschutzgebiete mit reichem Vogelleben, zu denen teilweise Zugangsverbot herrscht.

Grebbestad 11 ist berühmt als Schwedens ›Austernstadt‹. 80 % aller Austern werden in dem Fischerhafen angelandet, daneben Hummer und Langusten. Je weiter nördlich im Skagerrak, desto salzhaltiger wird das Wasser und desto günstiger die Lebensbedingungen für diese im Atlantik beheimateten Schaltiere. Die Region um Grebbestad war aber auch schon in der Vorzeit dicht besiedelt. Nordwestlich der Stadt in Ulmekärr liegt ein vorzeitliches Labyrinth, wie es selten in so gutem Zustand erhalten ist. Und nördlich hat man bei Greby rund 200 Grabhügel aus der Völkerwanderungszeit gezählt.

Ihren Höhepunkt erreicht die Reise in die Vorzeit aber weiter im Landesinnern. Was die Leute der Bronzezeit sich bei ihrer Art der Steinbearbeitung gedacht haben, ist Gegenstand lebhafter wissenschaftlicher Forschung. Die Beispiele sind besonders im Norden von Bohuslän sehr zahlreich: Das größte und beeindruckendste Gebiet mit rund 3000 Jahre alten Steinritzungen findet man um **Tanumshede** 12 (S. 341), von der UNESCO als Weltkulturerbe eingestuft. Auf wenigen Quadratkilometern gibt es

eine ungewöhnliche Fülle und Vielfalt. Vitlyckehällen ist ein riesiger Granitblock, über und über beritzt, der größte und figurenreichste überhaupt. Als Ergänzung zu den in den Granit geritzten Zeichnungen, die dem Betrachter durch Rotfärbung deutlich gemacht wurden, hat man in Vitlycke mittlerweile den Nachbau eines bronzezeitlichen Dorfes und ein Museum errichtet, das dem Besucher versucht, die Welt der Menschen zu jener Zeit näherzubringen.

Wer sich für die Frühzeit in Skandinavien interessiert, findet in dieser Region noch weitere ›Leckerbissen‹: An der E 6, wenige Kilometer hinter dem ersten Abzweig nach Strömstad, liegt die von vorzeitlichen Grabhügeln umgebene **Skee kyrka** 13, mit romanischen Portalen aus dem 12. oder 13. Jh. und Heiligenskulpturen aus dem 15. Jh. Der Grabhügel Grönehögen, mit 6 m Höhe und 45–50 m Durchmesser der größte in Bohuslän, und **Blomsholmskeppet** 14, die zweitgrößte Schiffssetzung in Schweden (42 m lang und 9 m breit) aus der Völkerwanderungszeit, liegen wenige Kilometer nördlich.

Strömstad 15 (S. 339f.) ist die letzte größere schwedische Stadt vor der norwegischen Grenze. Bis 1658 war sie nur ein kleines norwegisches Fischerdorf, im 19. Jh. begann auch hier das Badeleben. Nach dem Brand 1876 sind etliche Häuser mit Schnitzwerk und Holzverzierungen restauriert worden. Einen Blick wert ist auch das Jugendstil-Stadthaus.

Bootsausflüge von Strömstad auf die autofreien **Kosteröarna** sind sehr beliebt – die Inseln gelten als von der Sonne verwöhnt und prahlen mit der statistisch längsten Sonnenscheindauer. Immerhin wächst auf der am westlichsten gelegenen Inselgruppe Schwedens eine besondere Lindenart, ein sicheres Zeichen für mildes Klima.

Land der großen Seen

Von Göteborg entlang dem Südufer des Vänern nach Örebro

Die Strecke führt durch altes Kulturland, das fruchtbare Västergötland auf der Südseite des Vänersees. Hier stehen einige der ältesten Kirchen des Landes, denn die Könige der Göten ließen sich bereits früh, um das Jahr 1000, auf die Christianisierung ein. Die Gegend von Falköping weist auch die größte Dichte mehrere tausend Jahre alter vorzeitlicher Ganggräber in Schweden auf. Runensteine, Klosterruinen und Schlösser begleiten den Weg, der sich grob an der E 20, der Hauptroute von der Westküste nach Stockholm, orientiert. Der Vänersee ist Europas drittgrößter See, mit eigenem Schärenparadies aus 22 000 Inseln. Abstecher lohnen sich auf die Halbinsel Kålland, die von Süden weit in das Binnenmeer hineinragt, und in den urwüchsigen Nationalpark Tiveden. Örebro ist bereits ›Brückenstadt‹ ins Umland von Stockholm. Am Hjälmarsee entlang kann man von dort weiter zum Mälarsee fahren (s. S. 170ff.).

Von Göteborg folgt man der E 20 gen Osten vorbei am Abzweig nach Schloß Nääs und dem Experimentum (s. S. 148). Mit ihren Textilmanufakturen gehörte die idyllische Holzhaus-Kleinstadt **Alingsås 1** (S. 291) Mitte des 18. Jh. zu den wichtigsten Industriestädten Schwedens. Der Unternehmer Jonas Alströmer wurde aber weniger dank der Einführung neuer Strumpfwirktechniken berühmt denn als Initiator des Kartoffelanbaus in Schweden. 1724 züchtete er auf seinem Gut Nolhaga die ersten schwedischen Erdäpfel. Noch immer gibt es in dem ausgedehnten

Nolhaga Park ein paar Kartoffelbeete, daneben aber auch einen kleinen Tierpark und Haustierzoo für Kinder. Das Gutshaus von 1880 beherbergt heute ein Restaurant, hier finden Ausstellungen und Konzerte statt. Bei einem Bummel durch die Gassen um den kopfsteingepflasterten Marktplatz (Torget) mit dem Rathaus (Sitz des Touristenbüros) und einer Büste des ›Kartoffelkönigs‹ Alströmer lassen sich Bäckereien, Cafés und Antiquitätengeschäfte entdecken. Im Alströmerska Magasinet am Lilla Torget, dem Vorratsgebäude von Alströmers Fabrik und ältesten Steinhaus von Alingsås (1731), ist ein kleines Museum zur Stadtgeschichte eingerichtet.

Nordwestlich von Alingsås liegt eine naturgeschichtliche Sehenswürdigkeit: **Brobacka 2**, ein Bergpaß zwischen den Seen Mjörn und Anten, dem man die gewaltigen Kräfte, die beim Abschmelzen des Inlandeises wirksam waren, noch deutlich ansehen kann. Die wirbelnden Wassermassen haben hier riesige Gletschermühlen (*jättegrytor*) ausgewaschen. Die größte dieser Rund- und Halbrundformen im Fels besitzt einen Durchmesser von 18 m. Im Naturmuseum in den Gebäuden eines ehemaligen Soldatendorfes können Besucher sich an Sommerwochenenden über Flora und Geologie der Region informieren.

Von der Südspitze des Sees Anten verkehrt im Sommer am Wochenende eine dampflokbetriebene Museumseisenbahn zur Schloßruine **Gräfsnäs 3**. Die von einem Landschaftspark umgebenen Mauerreste sind ein beliebtes Ausflugsziel. Das 1571 befestigte, auf das frühe 14. Jh. zurückgehende Schloß be-

◁ *Blick auf Mariefred*

saß starke Wälle mit Wachttürmen, Laufgraben und Zugbrücke und ist seit dem letzten Brand Mitte des 19. Jh. eine malerische Ruine. Es brannte insgesamt dreimal – es heißt, aufgrund eines Fluches.

7 km nördlich von Vårgårda gelangt man bei **Södra Härene** 4 zum größten Steinplattengrab *(hällkista)* in Nordeuropa: Es ist 15 m lang und 4 m breit und etwa 3500 Jahre alt. In der Region zwischen Alingsås und Skara fand man besonders viele Relikte vorzeitlicher Besiedlung: so etwa südlich von Fölene kyrka das jüngere Grabfeld von **Nycklabacken** 5 mit insgesamt 30 Hügelgräbern, 40 runden Steinsetzungen *(domarringar)* und 20 einzelnstehenden Steinen.

Herrljunga 6 ist bekannt für die (natürlich ungemein süße) schwedische Variante des Apfelweins bzw. Cidre und den *Knallemarknad* jeden zweiten Dienstag im Monat, ein Markt mit Haushaltswaren u. a. Im Heimatmuseum Haraberget hat man alte Gebäude aus der Gegend wiederaufgebaut.

Über Floby geht es weiter Richtung Falköping, wo man auf den RV 47 stößt. Hält man sich auf diesem ein kleines Stück links, kommt man zur Kirche von

Von Göteborg nach Örebro

Das Ganggrab bei Luttra

Gökhem 7, deren Gewölbe Malereien vom Ende des 15. Jh. schmücken. Die schlichten Bilder stammen von einem unter dem Namen Amund bekannten Künstler und zeigen u. a. die Schöpfungsgeschichte, die Klugen und die Törichten Jungfrauen.

10 km östlich liegt **Falköping** 8 (S. 298), wo sich schon in grauer Vorzeit ein wichtiger Handelsplatz befunden haben muß: Im Dreieck zwischen Axvall (östlich von Skara), Gökhem und Kymbo (südöstlich von Falköping) fand man über die Hälfte aller steinzeitlichen Ganggräber *(gånggrift)* in Schweden, 17 davon mitten in der heutigen Stadt, wie das Ganggrab Kyrkerör im Stadtpark. Im Falbygdens Museum nebenan kann man Funde aus Vorzeit und Kulturgeschichte der Region besichtigen. Eine andere Spezialität von Falköping ist Käse *(ost)*, schließlich weiden im Falbygden die meisten Milchkühe des Landes.

Etwas außerhalb liegt besonders malerisch in der flachen Kulturlandschaft das Ganggrab von **Luttra** 9 abseits der Straße 46 in Richtung Ulricehamn. Von der 5300 Jahre alten Stätte aus kann man ringsum eine Reihe kleinerer Hügel ausmachen; insgesamt gibt es rund 290 solcher Gräber in der Region Falbygden.

Ein Stück weiter in südlicher Richtung auf dem RV 46, in Åsarp, können sich Kinder und Erwachsene in **Ekehagens Forntidsby** 10 auf eine Zeitreise begeben und sich mit dem Steinzeit- oder Bronzezeit-Alltag vertraut machen: Mehl mahlen mit der Steinmühle, Bogenschießen mit selbstgefertigten Pfeilen, Spinnen, Paddeln im Einbaum usw.

9 km nördlich von Falköping an der Straße nach Skara trifft man auf die Ruinen von **Gudhem** 11. Das Kloster war eines der elf im 12. Jh. in Schweden gegründeten Zisterzienserklöster (s. a. Alvastra, Varnhem). Zuvor lag hier ein großer Königshof. Nach der Reformation wurde der Besitz von der Krone eingezogen und als Lehen an den Adligen Per Brahe gegeben. Der neue Besitzer ver-

wertete die Steinmaterialien teilweise zum Bau seines Herrensitzes. Die romanische Klosterkirche war reich mit Skulpturen geschmückt. Im Klostermuseum sind Portalreste und Kapitelle zu besichtigen. In der Gemeindekirche nebenan gibt es einige sehenswerte alte Grabplatten und einen Runenstein mit christlicher Inschrift aus dem 12. Jh.

Richtung Skara verweisen Hinweisschilder auf den **Hornborgasjö** [12] rechts der Straße. Zur Kranichsaison in der zweiten Aprilhälfte kommen Zehntausende von Vogelfreunden, um den Balztanz der Kraniche auf den Feldern zwischen Bjurrum und Dagsnäs zu beobachten.

Die Domstadt **Skara** [13] (S. 332) wirkt heute etwas verschlafen, gehörte aber im Mittelalter zu den größten Städten Schwedens und war wichtiges Zentrum der Christenheit im ›wilden Norden‹. Um 1015 wurde die Stadt zum ersten Bischofssitz in Schweden. Aus dieser Zeit stammen noch Teile der Krypta, wo sich auch das Grab Adalvards, des ersten Bischofs, und in einer Glasvitrine der winzige Silberkelch mit seinem Namenszug befinden. Die Baugeschichte der Bischofskirche verzeichnet Brände, Zerstörung und Wiederaufbau, aber auch ›mutwilligen‹ Umbau: Im 14. Jh. erhielt das Mittelschiff sein Sterngewölbe. Das heutige gotische Aussehen ›verdankt‹ der Dom der Restaurierung Ende des 19. Jh. Mit ihren 65 m Höhe ragen die Türme heute weithin sichtbar aus der Landschaft.

Beeindruckende Zeugnisse der Geschichte sind im Skaraborgs Länsmuseum zu sehen: Das Skara-Missal ist wahrscheinlich das älteste in Schweden erhaltene Buch (ca. 1100–1150), geschrieben von Mönchen aus Skara. Die 16 nahezu unversehrten Bronzeschilde, die 1985 auf der Halbinsel Kålland beim Pflü-

gen entdeckt wurden, sind rund 3000 Jahre alt. Der Fundort war zur Bronzezeit eine Bucht im Vänersee, und die prächtig verzierten Schilde wurden vermutlich anläßlich einer Opferzeremonie versenkt.

Im Freilichtmuseum Fornbyn hinter dem Länsmuseum kann man etwa 30 alte Häuser aus der Region besichtigen. Zu einer Stärkung in den weitgehend im mittelalterlichen Straßenmuster verbliebenen Gassen von Skara laden gute Bäckereien und Cafés ein. Im September lockt die Käsemesse viele Besucher in das sonst eher ruhige Städtchen.

Zwar ist Skara heute ohne Bahnanbindung, aber es war einmal ein wichtiger Eisenbahnknotenpunkt Europas – für Schmalspureisenbahnen! Hier kreuzten sich im Jahr 1909 vier Bahnlinien. Ein 12 km langes Teilstück ist als Museumseisenbahn noch in Betrieb und endet im Kurort Lundsbrunn. Die fast einstündige Dampflokfahrt ist nicht nur für Eisenbahnfans ein Erlebnis. Im ehemaligen Lokomotivschuppen in Skara ist ein Museum eingerichtet.

Bekannter als der Dom von Skara ist den meisten wahrscheinlich Skara Sommarland in Axvall 8 km östlich auf dem RV 49 Richtung Skövde – ein Land der unbegrenzten Möglichkeiten, was das Geldausgeben angeht, besonders beliebt bei Familien mit Kindern. An den stets gut besuchten Vergnügungspark – der größte Skandinaviens – grenzen direkt ein großer Campingplatz mit Hüttendorf und ein Einkaufszentrum.

Einige Kilometer weiter östlich liegt eine völlig andere Attraktion: Die Kirche von **Varnhem Kloster** [14] ist nicht nur eine der schönsten des Landes, sondern auch Grabstätte der Könige des Eriks-Geschlechts und des berühmten Birger Jarl; sein Grab befindet sich im Westteil der Kirche gegenüber dem Eingang, die

Kloster Varnhem

Könige sind im Chor beigesetzt. Man sieht der dreischiffigen romanischen Kirche mit Chorumgang und Kapellenkranz deutlich das französische Vorbild an: Das Kloster wurde um 1150 von Zisterziensermönchen aus Alvastra nach dem Muster von Clairvaux gegründet. 1260 war die Kirche der Mönche fertig, damals die größte des Landes, 69 m lang. Im Halbdunkel der Grabkapellen des Chorumgangs kann man die Inschriften der Denkmals-Tumben der Könige entziffern, Verfechter des Christentums in einem noch vom Asenglauben geprägten, unter verschiedenen Königsgeschlechtern umstrittenen Land. Nach der Zerstörung durch die Dänen 1566 blieb die Kirche nur durch den Glücksumstand erhalten, daß Reichskanzler Graf Magnus Gabriel de la Gardie das verfallene Gebäude zu seiner (und seiner Gattin) Grabkirche erkor. 1654 bis 1674 ließ er sie restaurieren sowie Strebepfeiler, Glockenturm und die beiden Westtürme errichten. Etwas

oberhalb von Friedhof und Klosterruinen liegt ein kleines Klostermuseum. Unter den von den Zisterziensern aus Mitteleuropa eingeführten technischen Neuerungen war auch das Wasserrad. Es lohnt sich, dem hinter Friedhof und Museum bergaufführenden Wanderweg Pilgrimsleden wenigstens ein Stück zu folgen, der ca. 10 km weiter an der Kirche von Häggum endet. Der reizvolle, mit roten Pfeilen markierte Weg führt meist durch schattigen Wald, passiert einen ehemaligen Kalksteinbruch und einen über Schieferterrassen fließenden Bach samt Resten einer Mühle.

Lidköping und die Halbinsel Kållandsö

Nach Lidköping kann man von Varnhem aus gut über kleine Straßen bummeln, wobei man in **Lundsbrunn** die Endstation der Schmalspurbahn aus Skara passiert. Ein Stück weiter kommt man an einem der schönsten Schlösser der Region vorbei. **Mariedals slott** ist Privatresidenz und nicht zugänglich. Steht das Tor aber gerade offen, kann man im Vorbeifahren einen diskreten Blick auf die schöne Barockfassade werfen. Jean de la Vallée baute Mariedal 1666 für die Gattin des in Varnhem begrabenen Reichskanzlers und Herrn auf Läckö, Graf de la Gardie.

Die 32 000-Einwohner-Stadt **Lidköping** 15 (S. 318) an der Mündung des Lindan in den Vänersee ist im Vergleich mit Skara eine eher junge Gründung: 1446 erhielt die Siedlung östlich des Flusses, die heutige Gamla Staden, die Stadtrechte. Doch 1553 wurde sie durch Brand zerstört, nur am Limtorget, wo früher der Kalk aus den Steinbrüchen des Umlands verkauft wurde, sind noch einige alte Häuser erhalten. Die Entwicklung der aufblühenden Hafenstadt am Südufer des Vänern stockte, bis der einflußreiche Adlige Magnus Gabriel de la Gardie, Herr auf Läckö slott, Mitte des 17. Jh. auf der Westseite des Lidan Nya Staden, die Neustadt, das heutige Stadtzentrum, errichten ließ. Er stiftete auch ein Rathaus: Das leuchtend rote Holzgebäude wurde ursprünglich als Jagdschloß auf der Halbinsel Kålland errichtet. 1672 transportierte man es Brett für Brett nach Lidköping, wo es am 10. Juni 1676 feierlich von den Bürgern eingeweiht wurde. Nach einem Brand 1960 hat man das Gebäude originalgetreu wiedererrichtet. Im Erdgeschoß ist heute ein gemütliches Café eingerichtet, daneben das Touristenbüro. Jeden Samstag findet auf dem Platz rundum ein großer Markt statt.

Lidköping ist auch noch heute ein wichtiger Hafen und Industriestandort. Die Porzellanfabrik Rörstrand mit Museum und Café lohnt einen Besuch. In einem Laden kann man Fabrikware mit kleinen Fehlern preiswert erstehen. Gegenüber von Rörstrand liegt das Paleo Geology Center, ein kleines, aus einer Privatsammlung entstandenes Museum. Paradestück ist ein 1992 in einem Kalksteinbruch am Kinnekulle entdeckter Meteorit, dessen Alter auf 460 Mio. Jahre geschätzt wird. Daneben kann man Versteinerungen von urzeitlichen Tintenfischen und Krebsen aus den an Fossilien besonders reichen Kalksteinbrüchen der Region bewundern.

Auch das direkt am Seeufer gelegene Vänermuseum hat eine geologische Abteilung. Die Ausstellung zeigt außerdem das frühere Leben der Fischer und Schiffer am Vänersee. Im Museumsrestaurant werden typische Väner-Spezialitäten serviert. Anschließend kann man sich mit einem kühlen Bad in Schwedens größtem See erfrischen. Eine Badestelle liegt direkt vor der Tür.

Die Halbinsel Kålland war schon für die mächtigen Bischöfe von Skara, deren Einfluß bis auf die Nordseite des Sees nach Dalsland und Värmland reichte, ein wichtiger Stützpunkt. An Stelle des heutigen **Schloß Läckö** 16 stand Ende des 13. Jh. eine trutzige Bischofsburg. Gustav Vasa ließ die Kirchengüter einziehen, er und seine Nachfolger verteilten sie an verdiente Krieger und Adlige; 1615 erhielt der Feldherr Jacob Pontusson de la Gardie Grafschaft und Schloß Läckö für seine Verdienste im Krieg gegen Rußland. Das prächtige, heute wie ein Märchenschloß am Vänerufer liegende Gebäude geht auf seinen Sohn Magnus de la Gardie zurück, der die Sommerresidenz zu einem üppigen Barockschloß umbauen ließ. 248 Räume, viele – wie der Rittersaal – mit Deckenmalereien und Porträtgalerien geschmückt, zeugen noch heute vom Luxus der schwedischen Großmachtzeit. Angeblich ziehen die Sommerausstellungen auf

Schloß Läckö

Läckö dreimal so viele Besucher an wie das Nationalmuseet in Stockholm. Der Schloßgarten ist im strengen französischen Stil wieder so angelegt worden, wie er dem Schloßherrn und seiner Frau Maria Eufrosyne einst zum Lustwandeln diente. Am Abend sorgen Konzerte, ein Restaurant und ein Pub dafür, daß auf Läckö immer etwas los ist.

Viele Familien kommen aber auch einfach nur zum Picknick in die Schärenlandschaft **Ekens skärgård** oder kaufen im nahegelegenen Fischerort **Spiken** frische oder geräucherte Spezialitäten aus dem See: Renken *(sik),* Aal oder Lachs. Hier kommt man sich vor wie am Meer; schließlich ist der Vänern Europas drittgrößter Binnensee, auf dem es auch richtig stürmisch werden kann.

Getreidefelder zeugen von der Fruchtbarkeit der Schwemmlandböden auf Kålland, auch einige Windmühlen wurden restauriert und stehen malerisch über dem wogenden Korn. Auf dem Rückweg sollte man einen Abstecher

zur ca. 7 km nach Westen vorspringenden Landzunge **Hindens rev** 17 nicht versäumen. Es ist ein einzigartiges Erlebnis, auf der schmalen, 25–100 m breiten flachen Endmoräne hinauszuwandern, der Abschmelzkante des riesigen Gletschers, der hier vor ca. 10 000 Jahren lag und nur Steine und Kies hinterließ. Die Endmoräne markiert die Südgrenze des damals auf der skandinavischen Halbinsel lastenden Eises und setzt sich am nördlichen Vänerufer in Dalsland mit Hjortens udde fort. Die von windgebeugten Bäumen und Sträuchern bewachsene Landzunge steht unter Naturschutz.

Am Fuß des Kinnekulle

18 (S. 312) Wer etwas Zeit hat, sollte für den Weg von Lidköping nach Mariestad die reizvolle Strecke am Fuß des Plateaubergs Kinnekulle wählen. Dieses Gebiet ist reich an Sehenswürdigkeiten.

In **Husaby** besaß Olof Skötkonung, der erste zum Christentum bekehrte schwedische König, einen Hof, und an dieser Stelle ließ er wohl den ersten Dom des Landes bauen. An den Turm, im 11. Jh. als Wehrturm entstanden, baute man zuerst eine Stabkirche aus Holz. Im 12. Jh. wurde sie dann durch die heutige Steinkirche ersetzt. Das Innere beeindruckt durch zahlreiche Altertümer. Im Chor steht Schwedens ältestes Möbel: ein Bischofsthron aus dem 13. Jh. Der holzgeschnitzte Lettner, der Chor und Kirchenraum trennt, ist ebenfalls eine Rarität. Die Holzskulpturen und das Triumphkreuz stammen aus dem 14. Jh., eine Besonderheit ist der in die Wand eingelassene Ambo, eine altertümliche Art Kanzel. Die Kalkmalereien an Decke und Wänden aus dem 15. Jh. sind nur im Chor noch original erhalten. Der verwitterte Steinsarkophag draußen vor dem Eingang gehört laut Legende Olof Skötkonung. Er wurde der Überlieferung nach im Jahr 1008 vom englischen Missionar Sigfrid in der Quelle im Wald etwas unterhalb (Stufen) nordöstlich der Kirche getauft. Noch heute finden hier Taufen unter freiem Himmel statt. Auf der anderen Straßenseite finden sich Ruinen eines Bischofshofes aus dem 15. Jh., etwa 1 km nordöstlich mehrere hundert Steinritzungen aus der Bronzezeit bei Lilla Flyhov.

Gegenüber der Kirche von Husaby kann man den Weg auf dem **Kinnekulleleden** fortsetzen. Er führt zunächst zur mittelalterlichen Kirche von **Västerplana**. *Munkängarna* heißen die bis zum 15. Jh. von Mönchen aus Vadstena angelegte parkartige Waldlandschaft mit Eschen, Ulmen und Linden. Im Frühjahr ist der Waldboden mit duftendem Bärenlauch bedeckt. Am Hafen von **Råbäck** zeigt Råbäcks Mekaniska Stenhuggeri, wie man in früheren Zeiten aus dem hier abgebauten Kalkstein Bausteine und andere nützliche Dinge fertigte. Der 306 m hohe Gipfel des Plateauberges **Kinnekulle** mit einem Aussichtsturm im romantischen Stil des späten 19. Jh. bietet eine phantastische Aussicht über den Vänersee. Die naturgeschützte Heidelandschaft von **Österplana** verdankt ihre einzigartige Flora dem kalkhaltigen Boden. Hier findet man reichlich Wacholderbüsche und seltene Pflanzen wie Karlszepter und Küchenschelle.

Die Kirche von **Forshem** vermittelt interessante Einblicke in die Bauweise einer mittelalterlichen Kirche. Die Portalskulpturen aus der Bauzeit im 12. Jh. zeigen einen Spender bei der Anlieferung von Kalk und Steinmetzen bei der Arbeit an der Kirche.

Bei **Lugnås** weist das Schild ›Minnesfjäll‹ auf die Relikte des Sandsteinabbaus, der hier 800 Jahre lang ein wichtiger Erwerbszweig war. Vor allem Mühlsteine wurden aus dem Lugnås-Tafelberg gewonnen. Durch das Aufkommen künstlicher Mahlsteine wurde der Sandsteinabbau in den 20er Jahren des 20. Jh. unrentabel. Im Sommer werden Führungen durch die Stollen im Berg angeboten; keinesfalls sollte man auf eigene Faust hineingehen.

Die ›Perle des Vänern‹ nennt sich **Mariestad** 19 (S. 322) stolz. Gegründet wurde die Kleinstadt 1583 vom späteren König Karl IX. als Konkurrenz zu der von seinem Bruder und Rivalen, Johan III., beherrschten Bischofsstadt Skara. Er nannte seine Gründung nach seiner Gattin Maria von der Pfalz. 20 Jahre dauerte der Bau des Domes, und ungefähr genauso lange war Mariestad auch Bischofssitz. Nachdem Johan III. wegen seiner katholischen Neigungen abgesetzt worden war, ging der Bischofssitz nach Karlstad. Eine Anzahl alter Holzge-

bäude aus dem 17. Jh. entlang Kungs-
gatan, Kyrkogatan und Västerlånggatan
blieben aus dieser Zeit – und die frühere
Residenz Karls IX. und seiner Frau,
Schloß Marieholm, auf einer Insel in der
Mündung des Tidan. Heute sind hier die
Residenz des *landshövding* und das
Vadsbo-Museum untergebracht. Es
zeigt wechselnde Ausstellungen zur
Stadtgeschichte.

In Lyrestad kreuzt die Straße den **Götakanal,** der hier Vänern und Vättern
verbindet. Ein Kanalmuseum erinnert in
Sjötorp an die Arbeiten zu diesem Jahr-
hundertbauwerk (s. S. 187ff.).

Abstecher in den Trollwald: Tiveden

Auf der E 20 kommt man nach Hova, die
letzte Gelegenheit zum Einkaufen, bevor
man zu einem Abstecher in die Wildnis
des Nationalparks Tiveden abbiegt. Fast
übersieht man die kleine Holzkirche von
Älgarås 20, die zu den ältesten Holzgebäuden des Landes gehört (ursprünglich im 13. Jh. errichtet). Ihr Inneres ist
schon wegen der einzigartigen Atmosphäre sehenswert. Die Dekken sind
vollständig in einem schlichten, volkstümlichen Stil ausgemalt: Auferstehung,
Himmelfahrt und Jüngstes Gericht
(über der Orgel und dem Ausgang). Ein
kleiner Marienschrein aus dem 13. Jh.
und ein Triumphkruzifix gehören zum
Inventar.

Der Weg führt nun fast ausschließlich
durch Wald und sehr dünn besiedelte
Gebiete zu herrlichen einsamen Seen.
Dennoch finden sich oft unvermittelt
Spuren einer sehr frühen Besiedlung.
Die Stabkirche von **Skaga** 21, auf einer
Landnase am See Unden gelegen, steht
an der Stelle eines uralten Heiligtums.
Hier gibt es mehrere Quellen, und eine

alte Sage rankt sich um diesen Ort. Der
heutige Holzbau stammt von 1960.

Der Nationalpark **Tiveden** 22 steht in
auffälligem Kontrast zu dem klimatisch
begünstigten Land südlich des Vänern.
Entstanden ist das wilde, von teilweise
unzugänglichen Wäldern bedeckte un-
ebene Terrain vor ca. 1 Mrd. Jahren, als
gleichzeitig mit der Spalte des Vättern
der Granitgrund des schwedischen Ur-
gesteins tiefe Risse bekam. Die Gletscher der Eiszeiten sorgten dafür, daß
riesige Findlingsblöcke im Wald liegen-
blieben – die richtige Umgebung für
Trolle, als deren Hort Tiveden lange galt.
Nur hier wächst die seltene rote See-
rose. Ein- bis zweistündigen Wanderungen auf markierten Wegen führen ins
›Reich der Trolle‹.

In **Ramundeboda** 23 überschreitet
man unmerklich eine historisch bedeutende Grenze: Hier stoßen Götaland und
Svealand aneinander. Um das Jahr 1400
errichteten Antonitermönche an dieser
Stelle ein Kloster für Reisende auf der
noch heute so wichtigen Ost-West-Ver-
bindung. Von den Gebäuden sind nur
noch Spuren, einige Mauerstümpfe am
heutigen Badestrand direkt am See Bo-
darnesjö, zu sehen.

Besser erhalten ist die Kirche, die hier
im 17. Jh. der Hüttenwerksbesitzer und
›König des Tiveden‹, Anton von Boij,
bauen ließ. Heute steht sie allerdings
5 km weiter, in **Laxå** 24 (S. 317). Ende
des 19. Jh., als dieser Ort um den Haltepunkt der Haupteisenbahnverbindung
Göteborg–Stockholm neu gegründet
wurde, wurde die abseits gelegene Holzkirche von Ramundeboda mitsamt ihrer
barocken Ausstattung hierher versetzt.
Die Original-Holzschnitzereien und Dek-
kengemälde von 1688/89 im prächtigen
Innern lohnen einen Besuch des von
außen unscheinbaren holzschindelver-
kleideten Zentralbaus. Von Mitte Juni

Die Kirche von Ramundeboda steht heute in Laxå

bis Mitte August kann man in einer Glashütte abseits der E 20 Glasbläsern bei der Arbeit zusehen und Waren aus der Fabrikation in Laxå kaufen.

Ein Abzweig von der E 20 wenige Kilometer hinter Laxå führt nach **Porla brunn** 25, einem bekannten Kurort mit Heilwasserbrunnen. Das Wasser kann man selbst zapfen: Im winzigen Brunnenpavillon muß nur der Hahn aufgedreht werden (eine kleine Spende in den dafür vorgesehenen Kasten ist Ehrensache). Die in einer der Kurortvillen liebevoll zusammengetragene Sammlung von Charlotte von Mahlsdorf entführt den Besucher in das Berlin der Gründerzeit um 1900 (Sekelskiftesmuseet).

Die E 20 führt bald durch stärker besiedeltes Gebiet: Man nähert sich dem Großraum Örebro. Sehenswert ist die Kirche von **Mosjö** 26, auch wenn das Original der berühmten ›Madonna von Mosjö‹ aus dem 12. Jh. im Stockholmer Historischen Museum zu sehen ist. Das Gebäude aus dem Mittelalter mit Turmhaube und Rundbogenluken birgt eine Kopie der rätselhaften Holz-Madonna. Der ältesten Darstellung der Maria im Norden wird nachgesagt, sie trage deutliche Züge der altnordischen Nornen.

Örebro

27 (S. 327) Mit 123 000 Einwohnern ist Örebro zwar die sechstgrößte Stadt Schwedens, aber die Innenstadt, durch die sich der von viel Grün gesäumte

Svartån schlängelt, vermittelt alles andere als pulsierende Großstadtatmosphäre.

Wo die beiden Fußgängerstraßen Drottninggata und Storgata heute durch Storbron verbunden werden, erstreckte sich schon in früher Zeit die natürliche ›Kies-Brücke‹ im Svartån, die Örebro den Namen gab (altschwed.: *öre* = Kies), denn die Stadt fungierte schon früh als ›Brückenstadt‹ auf dem wichtigsten Weg zwischen Südwesten und Nordosten, Nordsee und Ostsee. Zur Sicherung dieses strategischen Übergangs ließ Birger Jarl im 13. Jh. eine Festung errichten, Ende des 16. Jh. entstand ein prächtiges **Renaissanceschloß,** das u. a. König Gustav II. Adolf als Residenz diente. Das heutige Aussehen geht auf den Umbau Ende des 19. Jh. zurück, der sich am Stil der Vasaschlösser orientierte. Das Schloß beherbergt heute neben einem Restaurant im Schloßhof im Untergeschoß die Touristeninformation und in den anderen Etagen Verwaltungsbüros von Örebros län. Das Schloßmuseum im zweiten Stock zeigt Exponate zur Geschichte von Stadt und Provinz. In der Geschichte Schwedens spielt Örebro Slott als zeitweiliger Sitz des Reichstags eine wichtige Rolle: 1347 wurde hier das allgemeine Landrecht beschlossen, 1617 die Reichstagsordnung verabschiedet.

Wendet man sich nach Überquerung der Storbron nach links, passiert man gleich den prächtigen, klassisch inspirierten, gelbgetünchten Bau des **Alten Stadttheaters.** Vor allem historische Bedeutung besitzt die im späten 13. Jh. erbaute **St.-Nicolai-Kirche:** Der am 4. Mai 1436 auf einer Insel im Hjälmarsee von seinen politischen Gegnern ermordete Engelbrekt Engelbrektsson soll hier beigesetzt worden sein. In der Folge entstand ein wahrer Heiligenkult um den schwedischen Volkshelden. Ob die heute als Engelbrektskapellet bezeichnete Kapelle wirklich seine Grabstätte ist, ist ungewiß. Sicher dagegen ist, daß die St.-Nicolai-Kirche im Jahr 1810 kurzerhand zum Reichssaal umfunktioniert wurde und der Reichstag hier den Franzosen Jean Baptiste Bernadotte zum schwedischen Thronfolger wählte.

Ob zu Fuß oder per Fahrrad – eine Tour auf **Kulturstråket,** einer ausgeschilderten Strecke entlang dem von üppigen Bäumen beschatteten Ufer des Svartån, führt vom Schloß über die Schloßparkinsel und eine weitere Brücke zum **Kunstmuseum** (Konstmuseet), wo hauptsächlich Wechselausstellungen stattfinden. Die eigene Sammlung umfaßt vor allem Malerei des 19. und 20. Jh. In dem hübschen, mit Skulpturen geschmückten Innenhof des Museums läßt sich eine geruhsame Kaffeepause einlegen.

Dem Kunstmuseum gegenüber, am Hamnplan, findet man in einem ehemaligen Hafenspeicher aus Backstein das **Tekniska Museet** mit einer Sammlung zur Geschichte der Seefahrt und der Technik.

Weiter am Fluß entlang geht es durch den Stadtpark, vorbei an **Barnens Ö,** einer durch eine kleine Ruderbootfähre erreichbaren Flußinsel mit Attraktionen für Kinder, wie Minieisenbahn, Ponyreiten und Kutschfahrten, bis nach ca. 1 km (ab Schloß) die Museumsstadt Wadköping erreicht ist.

Als man in den 50er Jahren daranging, die Altstadt von Örebro zu sanieren, drohte vielen der schönen alten Holzhäuser der Abriß. Man siedelte sie an den Rand der Innenstadt um, wo die Siedlung heute unter dem Namen **Wadköping** – der Name geht übrigens auf die fiktive Stadt in einem Roman des aus Örebro stammenden Hjalmar Bergman zurück (›Markurells i Wadköping‹, dt.

Blick auf das Schloß von Örebro

›Skandal in Wadköping‹, 1919) – ein romantisches Ensemble bilden. In die historischen Häuschen sind Antiquariate, Cafés, Bäckereien und Kunsthandwerksläden eingezogen.

Verläßt man Örebro auf dem RV 60 gen Norden, fällt er sofort ins Auge: Der Wasserturm **Svampen** ist ein Prachtexemplar seiner Gattung aus dem Jahr 1956. Vom Restaurant/Café in rund 50 m Höhe bietet sich eine phantastische Aussicht auf Stadt und Umgebung. Eine genaue Kopie des Turms steht in der arabischen Wüste: Ein saudischer Prinz ließ einen zweiten Svampen für die Wasserversorgung von Riyadh bauen.

Kleine Seenrunde um Hjälmaren und Mälaren

Zwischen Örebro am Hjälmaren und Stockholm am Mälarsee erstreckt sich das Kernland des alten schwedischen Königreichs, wie die Fülle an Runensteinen und alten Kirchen belegt. Der Reichtum des Landes, dessen fruchtbare Böden durch der Landhebung nach und nach auftauchten, zeigt sich in den vielen Schlössern und Herrenhöfen. Die Rundfahrt berührt die drei historischen an den Mälarsee grenzenden Landschaften Västmanland im Nordwesten, Södermanland (Sörmland) im Süden und Uppland im Osten. Auf der Nordseite des Sees geht es über Västerås bis zur alten Stadt Sigtuna und dem prächtigen Schloß Skokloster vor den Toren Stockholms und auf der Südseite durch das reiche Södermanland mit vorzeitlichen Relikten, alten Kirchen und stattlichen Herrenhöfen zurück zum Hjälma-

ren-See. Das Mälargebiet gehört zu den am dichtesten besiedelten Regionen Schwedens. An der Schönheit der Landschaft hat das wenig geändert. Die vielen verschwiegenen Buchten bieten Badestellen und Picknickplätze in Hülle und Fülle und Gelegenheit zu ausgedehnten Spaziergängen zwischen dem gedrängten ›Kulturprogramm‹, das den Besucher hier erwartet.

Die Fahrt beginnt in Örebro (s. S. 167ff.). 15 km nordöstlich lohnt sich ein Abstecher von der E 18 nach **Glanshammar 1** – weniger wegen der Marmorsteinbrüche, die es hier reichlich gibt, als wegen der Kirche des kleinen Ortes. Sein Name erinnert an den bis ins 16. Jh. hinein in der Nähe abgebauten silberhaltigen Bleiglanz. Die Kirche stammt aus der Mitte des 12. Jh., der auffällige spitze Kirchturm allerdings

Hjälmaren und Mälaren

erst von 1679 – so das Datum auf einem Stein über dem Eingang. Im Innern bedecken Kalkmalereien von 1579 Wände und Gewölbe, deren volkstümliche Details besonders interessant sind. An der Nordmauer gut zu erkennen: die Erschaffung des Menschen, Adam und Eva (die in einem schilfgedeckten Bauernhaus leben), Vertreibung aus dem Paradies, Kain erschlägt Abel. An der Nordwestecke der Kirche findet man einen eingemauerten Runenstein.

Schon hinter der Grenze nach Västmanland liegt die hübsche Kleinstadt **Arboga** 2 mit großer Vergangenheit als Handelsplatz und Umschlaghafen für das nördlich in der Region Bergslagen gewonnene Eisen. Bei der allsommerlich stattfindenden *Medeltidsvecka* lassen in Sackleinen und groben Wollstoff gehüllte Einwohner die gute alte Zeit wiederaufleben, als 1435 in Arboga der erste schwedische Reichstag zusammenkam und Engelbrekt Engelbrektsson zum Reichshauptmann wählte. Auch die um 1300 errichtete, strahlend weiß getünchte Heliga Trefaldighetskyrka, ehemals die Kirche eines Franziskanerklosters, zeugt von einstiger Größe: Sie beherbergt nicht nur die größten Messingleuchter aller schwedischen Kirchen, sondern auch eine prächtige Kanzel von Burchard Precht (1736). Beim Bummel durch die kopfsteingepflasterten Gäßchen gelangt man zum Bryggerimuseum, Pilgerziel schwedischer Heimbrauer, denn Arboga ist seit alters her für sein gutes Bier bekannt, und hier kann man den Entstehungsprozeß von Anfang bis Ende mitverfolgen.

Kurz hinter Arboga überquert die Straße E 18/20 Richtung Kungsör den **Hjälmare kanal,** den ältesten durch Menschenhand geschaffenen schwedischen Wasserweg (1639 nach 10 Jahren fertiggestellt). Der 13 km lange Kanal verbindet den Hjälmaren mit dem Mälarsee, wobei der Höhenunterschied von 21 m mit Hilfe von neun Schleusen überwunden werden muß.

Köping 3 liegt schon am Westrand des Mälarsees, seit frühster Zeit Umschlagplatz für Waren und seit dem Mittelalter Hafenstadt. Nicht der berühmteste Sohn, aber der berühmteste Tote der Stadt ist der 1742 in Stralsund geborene Apotheker Carl Wilhelm Scheele, der 1786 in Köping begraben wurde und als Entdecker zahlreicher Säuren in die Geschichte der Chemie einging. Ihm haben wir auch die geniale Idee zu verdanken, daß man Wein mit Hilfe von Glycerin zu mehr Süße verhelfen kann – heute eine eher umstrittene Methode. Das Museum der Stadt besitzt Scheele zu Ehren eine beachtliche Sammlung zum Thema Apotheken, aber auch zur Stadtgeschichte. Für Freunde eines guten Essens lohnt sich ca. 10 km langer Abstecher in das Tal des Hedströmmen nach Kolsva, wo das Gourmetrestaurant Kohlswa Herrgård mit einem viergängigen Dinner lockt.

Nordwestlich von Köping an der Straße nach Västerås (E 18) liegt der rätselhafte und beeindruckende **Ströbohög** 4, einer der höchsten Grabhügel Schwedens. Wessen Grab sich darin verbirgt, ist noch unbekannt.

Ein Muß nicht nur für Reitsportfans und Pferdefreunde ist **Strömsholms slott** 5 (S. 347) Sitz eines von Gustav Vasa gegründeten Gestüts. Es bietet einen prächtigen Anblick, wie es so auf einer Insel über dem Wasser thront. Baumeister Nicodemus Tessin d. Ä. entwarf, mit Anleihen beim französischen und italienischen Barock, das heutige Schloß in den 70er Jahren des 17. Jh. Ein Großteil der Inneneinrichtung entstand im 18. Jh. im Gustavianischen Stil, z. B. die Chinoiserien im Chinesischen Salon, dem ehemaligen Speisesaal. Strömsholm ist heute alljährlich Schauplatz großer Pferdesportveranstaltungen.

Ein weiteres bestens erhaltenes Mälarschloß aus dem 17. Jh. ist **Tidö** 6 15 km südlich von Västerås. Reichskanzler Axel Oxenstierna ließ es 1625–45 errichten. Bei den Plänen soll auch Nicodemus Tessin d. Ä. wieder seine Hand im Spiel gehabt haben. Zu besichtigen sind die Repräsentationsräume mit schönen Intarsientüren, die Schloßkapelle, ein Wagen- und ein Spielzeugmuseum mit 30 000 Exponaten. Im Tidö värdshus gibt es Mittagstisch und Abendessen mit Blick auf den Wildpark.

Västerås 7 (S. 347f.) ist die Hauptstadt von Västmanlands län, der größte Binnenhafen des Landes und mit 121 700 Einwohnern immerhin auf Platz sieben der Städtestatistik Schwedens. Das moderne Erscheinungsbild mit einem im Land sonst eher seltenen Wolkenkratzer in der Skyline und der Ruf als Industriestandort – mit der Firma ABB (Asean Brown Boveri) als größtem Arbeitgeber – sollten niemanden abschrekken. Denn in Västerås ist so viel Interessantes aus einer langen Stadtgeschichte bewahrt, daß ein Halt lohnt, nicht nur um die dicken kurzen, mit Dill aromatisierten Salzgurken *Västeråsgurkor* einzukaufen, die es hier wie fast überall in Schweden noch auf dem Markt gibt.

Die zur Wikingerzeit als Handelsplatz an der Mündung des Svartån in den Mälarsee errichtete Siedlung hieß im Unterschied zu Östra Aros (Uppsala) Västra Aros (*aros* = Flußmündung), später Västerås und wurde schon 1120 Bischofssitz und schließlich Münzpräge. 1972 fand man unter dem Marktplatz einen Schatz aus 18 000 Silbermünzen – fast alle hier geprägt. Der Silberschatz ist neben anderen Exponaten zur Stadt- und Regionalgeschichte heute im Läns-

museum im Schloß zu sehen, dessen Geschichte bis auf das 13. Jh. zurückgeht. Der einzige Stadtteil, in dem das mittelalterliche Straßennetz erhalten blieb, ist Kyrkbacken nördlich des Doms mit seinen alten Holzhäuschen, die ältesten aus dem 18. Jh.

Der älteste Teil des heutigen Doms datiert um 1240. Im Innern sind ein mittelalterliches Triumphkruzifix (frühes 14. Jh.) und verschiedene kostbare Altarschreine Brüsseler und Antwerpener Provenienz zu bewundern. Der unglückliche Erik XIV., der nach der Absetzung durch seinen Bruder 1577 als Gefangener starb – er hatte sich zuvor durch den von ihm veranlaßten Sturemord auch nicht mit Ruhm bekleckert – verdankt den stilvollen Sarkophag aus Carraramarmor einem seiner späteren Nachfolger, Gustav III. In der Kirche sind außerdem Reichsrat Magnus Brahe (gest. 1633) und dessen zwei Frauen beigesetzt.

Mit seiner 102 m hohen Turmspitze, 1693 von Nicodemus Tessin d. J. entworfen, setzt der Dom noch immer einen wichtigen Akzent in der Stadtsilhouette. Dominiert wird sie allerdings vom gläsernen Wolkenkratzer des 25 Stockwerke hohen Radisson SAS Plaza Hotels. Auch ohne dort abzusteigen kann man aus der ›Skybar‹ oder auch schon bei der Liftfahrt nach oben die Aussicht bewundern.

Ein Stück den Svartån aufwärts liegt **Skultuna** 8, seit dem frühen 17. Jh. ein Begriff wegen seiner Messingschmiede. Im Museum Messingskammaren kann man sich die älteren Modelle anschauen und aus dem günstigen Fabrikverkauf formschöne Messingleuchter, -kannen und andere Gegenstände als Souvenirs erstehen.

Biegt man von der E 18 östlich von Västerås Richtung Gävle ab und orientiert sich dann nach Tortuna, stößt man

Västerås

bei Badelunda auf eine ganze Reihe vorzeitlicher Sehenswürdigkeiten: Der markante Grabhügel **Anundshögen** 9 direkt neben der Straße ist 14 m hoch und hat 60 m Durchmesser. Es heißt, der legendäre König Bröt-Anund liege hier begraben. Der Grabhügel aus dem 5.–8. Jh. ist nie untersucht worden, aber die Größe deutet auf eine wichtige Persönlichkeit hin. Zu seinen Füßen gibt es noch zwei große Schiffs- und drei kleinere Steinsetzungen sowie weitere Grabhügel, ein Stück weiter einen Runenstein und eine Steinreihe, die darauf schließen lassen, daß hier Anfang des 11. Jh. der Königsweg Eriksgata verlief. Im 2 km entfernten Tuna hat man bei Ausgrabungen reiche Goldfunde ge-

macht, die jetzt im Länsmuseum in Västerås zu sehen sind. Wahrscheinlich gründete sich der Reichtum der Häuptlinge in dieser Region auf den Eisenhandel. Bei Tibble, vom Anundshögen wenige 100 m zurück Richtung Västerås und dann links einen Feldweg hinein, findet sich ein beeindruckendes Arrangement von fast 3000 kleinen Steinen zu einem Labyrinth, dessen Öffnung zur Sonnenuntergangsseite zeigt. Es gibt noch heute Rätsel auf. Diente es einem Fruchtbarkeitskult?

Auch **Engsö slott** 10, etwa 10 km südlich der E 18 wunderschön auf einer Mälarinsel gelegen, ist von einem Geheimnis umgeben. Als Schloßherr Johan Sigismund Sparre im Kartenspiel gegen den Teufel gewann, soll eine mysteriöse Kette mit unbekanntem Ursprung in seinen Besitz gekommen sein. Der Pferdefuß: Die Kette mußte unbedingt im Schloß bleiben. Tatsächlich traf jeweils ein Unheil ein, sobald sie entfernt wurde; zweimal brannte das Schloß schon. Um das Risiko zu verringern, wird sie heute sicher in einer Mauernische verwahrt. Das Schloß geht auf das späte 15. Jh. zurück, das jetzige Aussehen verdankt es Carl Hårlemans architektonischen Bemühungen in den 40er Jahren des 18. Jh. Der außen so schlicht wirkende Kubusbau besitzt ein selten intaktes Rokoko-Interieur mit prächtigen Kachelöfen, Möbeln, Tapeten und eine Porträtsammlung. Die Schloßkirche aus dem 14. Jh. zeigt noch Wandmalereien, und im ausgedehnten Park mit angrenzendem Naturschutzgebiet kann man schöne Spaziergänge machen.

Fast schon an der Grenze nach Uppland nahe der E 18 hat sich **Nykvarns Hantverksby** 11 um ein vierstöckiges

altes Mühlengebäude geschart: In ehemaligen Ställen und Scheunen wird gewebt, geschmiedet, Holz bearbeitet. Originelle Gegenstände kann man hier erwerben und außerdem sehr gut im Restaurant Lyckliga Grisen einkehren.

Am besten umgeht man Enköping auf der E 18, hält sich zunächst Richtung Sala und biegt dann nach **Härkeberga** 12 ab. Die spätmittelalterlichen Kalkmalereien der Kirche schuf in den 80er Jahren des 15. Jh. ›Maler Albert‹, bekannter unter dem latinisiertem Namen Albertus Pictor. Bemerkenswert ist, daß die Malereien die Jahrhunderte völlig unverändert – nur das ursprüngliche Rot ist zu Schwarz oxidiert – und vor allem vollständig überdauerten, so daß man ein komplettes mittelalterliches Bildprogramm betrachten kann, in dem auch Ungeheuer und volkstümliche Szenen nicht fehlen.

Über die vielfachen Ausläufer des Mälarsees winden sich die Straßen parallel zur E 18 bis nach **Sigtuna** 13 (S.

Kirchenruine S:t Olof in Sigtuna

331), Schwedens älteste noch beste-
hende Stadt, wo unter Olof Skötkonung
995 die ersten Münzen des schwedischen Königreichs geprägt wurden. Daß
Sigtuna von Christen bewohnt wurde,
zeigen die drei romanischen Kirchenruinen und die S:t Maria kyrka, die aus
Backstein als Klosterkirche eines Domi-
nikanerkonvents entstand. Sigtuna war
der erste Bischofssitz im Land der Svear,
eine Rolle, die es erst 1164 an Uppsalas
Erzbistum abgab. Das Museum zeigt die
reichen Funde aus Wikingerzeit und frü-
hem Mittelalter im Stadtgebiet. Im
12. Jh. begann der Niedergang der
Stadt, die fortan im Dornröschenschlaf
verharrte; so brauchte sie auch nur ein
kleines, Schwedens kleinstes, Rathaus
(1744). Dies, die niedrigen Häuschen mit
Kunsthandwerksläden, Cafés und Restaurants machen den Charme der
Kleinstadtidylle perfekt, die Touristen in
Scharen hierherzieht, zumal im Sommer
Schiffsausflüge von Stockholm oder
Uppsala aus angeboten werden.

Etwa 10 km östlich von Sigtuna steht
Steninge slott, ein hübsches Barockschloß im Stil einer römischen Villa, im
Rahmen von Führungen Besuchern
offen. Im Kulturcentrum nebenan kann
man Glasbläsern bei der Arbeit zusehen
und Kunsthandwerk kaufen.

Auch **Skokloster** 14, das stattlichste
Adelsschloß am Mälarsee, ist Ziel der
Ausflugsschiffe auf dem Mälaren. Bauherr Carl Gustav Wrangel (1613–76)
hatte sich als Feldherr im 30jährigen
Krieg ausgiebig bereichert. Für seinen
Landsitz beauftragte er den Erfurter Architekten Caspar Vogel, der dem Herzog
von Gotha schon ein ähnliches Schloß
errichtet hatte – vollkommen quadra-
tisch mit vier gleich hohen und gleich
großen Flügeln um einen Innenhof,
dazu vier Ecktürme. Das Bemerkenswerte: Das Schloß blieb nahezu unver-

ändert mitsamt einer Baustelle, denn
der über zwei Stockwerke reichende
Bankettsaal wurde nicht mehr fertig. Die
Ausstattung aus der Großmachtzeit
1660–70 umfaßt Stuckdecken, Täfelun-
gen, Kamine, Kachelöfen und zahlreiche
Familienporträts, dazu die umfangreiche Waffensammlung des Feldherrn
von Wrangel. Auf dem Schloßgelände
ist das Motormuseum mit alten Auto-
mobilen und Motorrädern Anziehungs-
punkt für Motorfans. ›Lebendiges Mittelalter‹ vermittelt alljährlich das fünftägige
Spektakel *Skoklosterspelen.* Ritterturr-
niere und Ringreiten, Gaukler und Feu-
erschlucker machen dann – etwas ana-
chronistisch vor der noblen Barockku-
lisse aus dem 17. Jh. – den Schloßpark
unsicher.

Über Enköping und dem RV 55 gelangt
man an das Südufer des Mälaren nach
Strängnäs 15 (S. 339), wo man wieder-
um auf historischem Boden steht. 1523
wählte der Reichstag in der Bischofsstadt Gustav Vasa zum neuen König. Der
zwischen dem 13. und 15. Jh. auf einer
Anhöhe erbaute Dom bekam seine typische Turmhaube erst 1740 von Carl Hårleman. Im Innern sind neben Resten mittelalterlicher Wandmalereien (14./15. Jh.)
kostbare Inventarstücke wie Bernt Not-
kes Statue des hl. Erik und ein Brüsseler
Altar von 1490 versammelt. Der 1611 gestorbene Karl IX. liegt im Dom begraben.
Das Strängnäs museum hat sich mit seiner Sammlung zur Stadtgeschichte in
der ehemaligen bischöflichen Druckerei
aus dem 17. Jh. eingerichtet. Vom großen Stadtbrand 1871 blieb der Stadtteil
Västervikshamn auf einem weiteren
Hügel verschont; hier kann man noch
alte Holzhäuser aus dem 17. und 18. Jh.
und sogar eine Windmühle sehen.

Von Strängnäs ist es nicht mehr weit
nach **Gripsholm** 16, das deutschen Le-
sern dank Kurt Tucholskys 1931 erschie-

nenen Roman gleichen Titels wohlbe-
kannte Mälarschloß. Seit 1929 lebte Tucholsky im schwedischen Exil, 1933
wurde er ausgebürgert, seine Bücher
verbrannt. In Läggesta bei Mariefred
hatte er ein Haus gemietet, wohnte aber
eigentlich an der Westküste. Von ge-
sundheitlichen Problemen geplagt,
nahm er sich dort am 21. Dezember
1935 das Leben. Seine Urne wurde auf
dem alten Friedhof in Mariefred beigesetzt. So beschrieb er das Schloß: »Das
Schloß Gripsholm strahlte in den Himmel; es lag beruhigend und dick und be-
wachte sich selbst.«

Das rote Backsteinschloß auf einer
kleinen Insel im Mälarsee mit seinen
wuchtigen Rundtürmen und den dicken
Mauern umgibt tatsächlich eine wehrhafte Aura. Schon Reichsrat Bo Jonsson
Grip – auf den der Name Gripsholm zurückgeht – ließ 1380 eine Burg anlegen,
Gustav Vasa ab 1537 den heutigen Bau
errichten. Seine Söhne Erik XIV. und
Johan III. hielten sich gegenseitig hier
gefangen, bis Vasas dritter Sohn Karl
das Schloß übernahm. Nach ihm nutzte
erst Königin Hedvig Eleonora Gripsholm wieder, die die umfangreiche Porträtsammlung, heute in Staatsbesitz, begründete, und dann ›Theaterkönig‹ Gustav III., der seinem Beinamen alle Ehre
machte und 1782 ein Schloßtheater einrichtete. Außer den Herrscherporträts
kann man bei der Schloßbesichtigung
auch einige Werke von Lucas Cranach
aus Gustav Vasas Besitz und die Gemächer mit Originalmobiliar betrachten. In
einem der Nebengebäude des Schlosses steht seit 1996 die Grafik im Zentrum: Grafikens hus zeigt Werke in- und
ausländischer Künstler der Moderne.

Die klassische Anreise nach **Mariefred,** wie sie schon Kurt Tucholsky in
seinem Roman beschreibt, ist noch
immer per Dampfzug von Läggesta aus

(nur im Sommer). Die Gassen des Städtchens laden zum geruhsamen Bummel
ein, Cafés und Restaurants zum Einkehren. Die Kirche, deren Kirchturm man
vom Schloß aus malerisch über das
Wasser leuchten sieht, stammt von 1624,
hübsch ist auch das Rathaus von 1784.

Von Strängnäs geht es nach Westen.
Einen Abzweig von der E 20 noch vor
Eskilstuna in Richtung Mälarufer sollte
man nicht versäumen: Vorbei an der
Grabkirche der Oxenstierna, der Mitte
des 17. Jh. von Jean de la Vallée und Nicodemus Tessin d. Ä. in holländischer
Renaissancemanier umgebauten mittelalterlichen **Jäder kyrka** 17, kommt man
zu dem berühmten Runenstein mit der
Sigurdsristning 18. Die um 1030 entstandene Ritzzeichnung mit umlaufen-
dem Runenband ist wegen ihrer Größe
von fast 2 mal 4,6 m und dem dargestellten Motiv aus der Volsunga-Saga,
Sigurds Kampf mit der Schlange, sehr
beeindruckend. Laut Inschrift wurde sie
in Erinnerung an einen Verstorbenen gefertigt. Die Episode wird in der Edda berichtet: Sigurd der Schmied tötet auf Geheiß seines Herrn Reigen die Schlange
Favne (Fofner), Hüterin eines Goldschat-
zes. Sigurd weiß nicht, daß in dem
Schatz ein unheilbringender Ring ist –
der Ring der Nibelungen – und so ist
sein Glück nicht von allzu langer Dauer.
Sein Herr beschuldigt ihn, seinen Bruder
Fofner ermordet zu haben (er war nur in

eine Schlange verwandelt) und läßt ihn deren Herz über dem Feuer der Schmiede braten. Dabei leckt Sigurd zufällig etwas vom Blut der Schlange; so versteht er plötzlich die Sprache der Vögel. Diese (rechts auf einem Baum sitzend zu sehen) warnen ihn vor der Heimtücke des Reigen, der es nur auf den Goldschatz abgesehen hat. Sigurd tötet Reigen (der Enthauptete liegt links im Bild) und zieht mit seinem Pferd und dem Schatz von dannen. Später entwickeln sich daraus die Verwicklungen der Nibelungensage.

Eskilstuna 19 (S. 297) ist als Stadt der Messer- und Scherenschmiede bekannt. Karl X. Gustav belebte die einheimische Tradition der Eisenbearbeitung und holte als Experten Reinhold Rademacher aus Livland in die Stadt. Die unter seiner Leitung entstandenen Schmiedewerkstätten Rademacherska Smedjorna, ab 1658 nach Plänen des Hofbaumeisters Jean de la Vallée gebaut, waren Musterbetriebe und sind heute Museum, wo man verfolgen kann, wie aus unförmigen Eisenstücken praktische Instrumente werden. Natürlich wurden hier auch Waffen geschmiedet, besonders im 19. Jh. De la Vallée sorgte für das rechtwinklige Straßennetz. Im Tingsgården aus dem 18. Jh. in der Altstadt um die Köpmangata zeigen Glasbläser und -maler ihr Können. Außerhalb liegt der Parken Zoo, ein Tierpark, der inzwischen auch mit allerlei technischen Attraktionen für experimentierfreudige Kinder ausgestattet ist.

Die goldene Krone auf der Kuppel der Kirche von **Kungsör** 20 zeigt deutlich, wer der Bauherr war. König Karl XI. ließ die Kirche Ende des 18. Jh. von Nicodemus Tessin d. J. bauen und von Bildhauer Burchard Precht und Maler Klökker Ehrenstrahl mit barocker Pracht ausstatten. Vom nahegelegenen Königshof

aus pflegten Karl XI. und Karl XII. zur Bärenjagd auszuziehen.

Auf dem RV 56 steuert man in südlicher Richtung geradewegs auf den Hjälmaresund zu. Von der Brücke über den Hjälmaren hat man einen herrlichen Blick auf die vielen Buchten des viertgrößten schwedischen Binnensees. Parallel zur Straße überquert den See an dieser Stelle eine Werksseilbahn; in den Gondeln wird seit über 50 Jahren Kalkstein von der Grube in Forsby über 42 km Luftlinie nach Norden bis Köping transportiert, wo der Kalk gemahlen und zum Kalken versäuerter Seen sowie für die Papierherstellung vorbereitet und verschifft wird. Anders als die ehemalige Werksseilbahn in Boliden (s. S. 274) wird diese wohl nie für den Passagierverkehr umgerüstet werden.

Gegenüber der Kalkgrube von Forsby auf der Ostseite des Öljarensees liegt **Julita gård** 21. Im Mittelalter von Zisterziensern gegründet, kam das Gut nach der Reformation in Besitz von Gustav Vasas jüngstem Sohn Karl IX., der das heute älteste erhaltene Gebäude, das Backsteinhaus der ehemaligen Abtsresidenz, angeblich als Liebesnest nutzte. Fest steht, daß er sich auf Julita mit seiner Geliebten Karin Nilsdotter traf und ihr das Gut nach der Geburt ihres Sohnes schenkte. Heute ist hier als Pendant zum Freilichtmuseum Skansen und dem Nordiska Museet in Stockholm das schwedische Land- und Forstwirtschaftsmuseum (Sveriges lantbruksmuseum) untergebracht. In Bauten aus verschiedenen Regionen wird über vergangene Landwirtschaftstechniken informiert, und es werden alte Obstsorten und Haustierrassen gezüchtet, um ein lebendes ›Genarchiv‹ anzulegen. Das prächtige schloßähnliche Gutshaus entstand ab Mitte des 18. Jh. als Umbau des älteren Gebäudes.

Entlang Vättersee und Götakanal

Der Vättern ist ein merkwürdiger See. Um Schwedens zweitgrößtes Binnengewässer ranken sich Sagen und Legenden, er fasziniert mit seinem kristallklaren tiefblauen Wasser, das sich bei schlechtem Wetter schnell in eine schwarzgraue bedrohliche Wasserwüste verwandelt, die schon so manchem Schiff zum Verhängnis wurde: Über 120 Wracks liegen auf dem Grund des Sees. Gefürchtet sind besonders die Herbststürme, wenn die Winde ungehindert von Nord nach Süd über das langgestreckte Gewässer fegen und rasch hohe Geschwindigkeiten erreichen. Merkwürdig ist auch, daß der Vättern am Südende bis über 100 m, im Norden dagegen nur 20 bis 30 m tief ist, noch verstärkt durch die Landhebung, die im Norden das Land schneller aufsteigen läßt als im Süden. In Jönköping steigt der Pegel um 15 cm in 100 Jahren – noch kein Grund zur Besorgnis für die Stadt.

Die Ebene von Östergötland und die fruchtbaren Osthänge des Vättersees gehören zu den Kernbereichen früher Besiedlung und den schönsten Kulturlandschaften Schwedens mit mittelalterlichen Königshöfen, Runensteinen und Kirchen. Auf Geheiß des Göten-Königs Sverker ließen sich im 12. Jh. Zisterzienser-Mönche aus dem burgundischen Cîteaux hier nieder, brachten Obstbäume, Kräuter- und Arzneipflanzen nach Alvastra am Fuß des Ombergs. In Vadstena gründete die einzige Heilige Schwedens, Birgitta, im 14. Jh. ihr Kloster, das zum Wallfahrtsziel wurde. Gustav Vasa ließ hier 200 Jahre später eines seiner wuchtigen Schlösser bauen.

Der Götakanal trennt das reiche Land im Süden von der Region Bergslagen im Norden. Auf der Strecke zwischen Vättern und Ostsee durchqueren alljährlich fast zwei Millionen Menschen auf Ausflugsschiffen und als Freizeitkapitäne die Schleusen. Fahrrad- und Spazierwege folgen heute einem Verkehrsweg, der im 19. Jh. ein wichtiger Faktor der Industrialisierung Schwedens war.

Von Jönköping nach Vadstena

Jönköping 1 (S. 310), die moderne Stadt am Südende des Vättersees mit ca. 113 000 Einwohnern liegt noch heute an einem wichtigen Verkehrsknotenpunkt: Über den in west-östlicher Richtung verlaufenden Sandrücken zwischen Vättern und Munksjö (dem innerstädtischen See) führte schon vor 1000 Jahren eine Handelsroute, die hier mit den von Südwesten kommenden Wegen aus dem Nissan- und dem Lagantal zusammentraf. ›Juna köping‹ erhielt als erste Stadt in Schweden 1285 von Magnus Ladulås königliche Privilegien und auch als erste einen Stadtrat. Jönköpings Ruf als ›Streichholzstadt‹ begründeten die Gebrüder Lundström dann mit der Erfindung von Sicherheitszündhölzern – ein Riesenerfolg auf der Weltausstellung in Paris 1855. Ende des 19. Jh. war der Höhepunkt des Streichholzbooms erreicht, an den das Tändsticksmuseet in der ältesten erhaltenen Streichholzfabrik von 1848 im Tändsticksområde in Bahnhofsnähe erinnert.

Die ältesten Bauten findet man im Stadtteil östlich des Munksjö. Das alte Rathaus und das Göta Hovrätt am Hovrättstorg wurden 1692 bzw. in den 40er

Jahren des 17. Jh. vom Baumeister und damaligen *landshövding* Erik Dahlbergh entworfen. Im Länsmuseum kann man sich von den Werken des Malers John Bauer verzaubern lassen, der als Illustrator von Trollgeschichten und Märchen berühmt wurde. Er kam 1918 bei einem tragischen Schiffsunglück auf dem Vättern ums Leben.

Jönköping geht im Osten unmerklich über in den Nachbarort **Huskvarna** 2. Der Name der erst 1911 zur Stadt erhobenen Siedlung ist weltweit Synonym für Nähmaschinen. Aber mit der aus den über 100 m hohen Wasserfällen gewonnenen Energie wurden hier ab dem 17. Jh. auch Waffenschmieden und später Fahrradfabriken betrieben. Im Smedbyn (Schmiededorf) sind heute Läden

mit Kunstgewerbe, Kunsthandwerk und ein Antiquariat eingezogen. Ein Abstecher von der vierspurigen E 4 zur 2 km nordöstlich von Huskvarna gelegenen Kirche von Hakarp bietet sich an. Sie ist vor allem wegen der Malereien (1729) zum Thema Jüngstes Gericht mit zahlreichen Höllendarstellungen interessant.

Den auf der E 4 in Richtung Norden brausenden Verkehr grüßt kurz hinter Huskvarna die gigantische, 12 m hohe Figur des ›Jätten Vist‹, ein Riese aus der Mythologie. Das Interessante daran: Das Material für die Holzskulptur von Calle Örnemark stammt vom Abbruch alter Holzhäuser.

Nun passiert man liebliche, von Obstbäumen bewachsene Hänge. Das Klima am Ostufer des Vättern ist für schwedi-

Entlang Vättersee und Götakanal

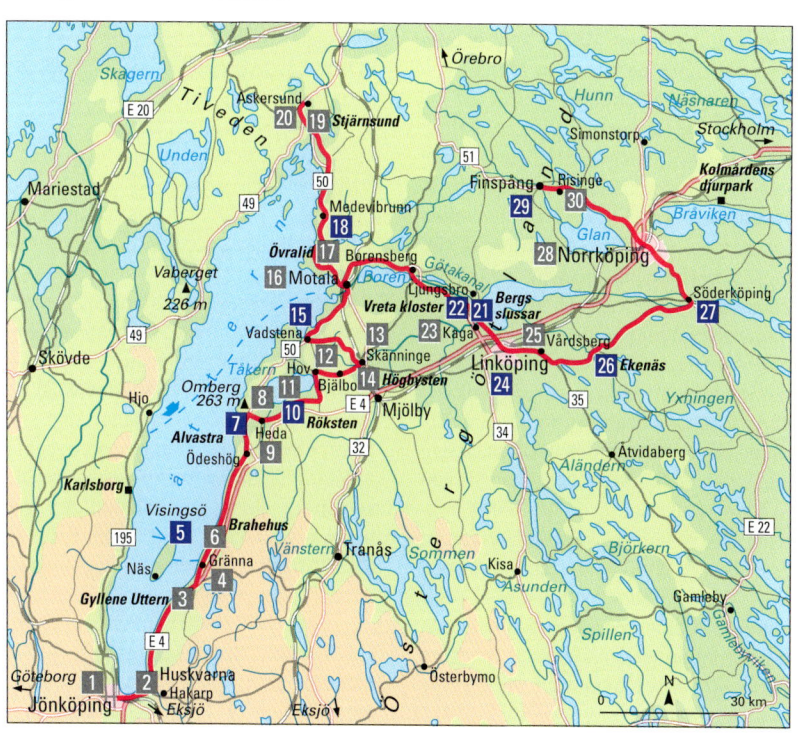

sche Verhältnisse ausgesprochen mild. Trotz des Verkehrs ist eine Fahrt auf dieser Straße oberhalb des Sees mit gelegentlichen Ausblicken sehr schön.

Das Gasthaus **Gyllene Uttern** 3 ist auf jeden Fall einen Halt wert. Selbst wenn man hier nicht einkehrt, sollte man nicht den Blick von der Terrasse hinter dem einer Ritterburg nachempfundenen Gasthaus versäumen. Der Vättersee mit der flachen Insel Visingsö – oft kaum im Dunst auszumachen – und die von Gränna aus verkehrenden weißen Fährschiffe liegen dem Betrachter zu Füßen. Wer etwas mehr von der Vätterlandschaft sehen will, sollte nun die kleinere Touristenroute vorziehen, die ab hier parallel zur E 4 am See entlang führt.

Am Ortsrand vor **Gränna** 4 (S. 306) liegen der Röttlegården und weitere Hofgebäude aus dem 17. Jh. mit der im Sommer noch betriebenen Mühle Rasmus kvarn. In Gränna herrscht – zumindest auf der Hauptstraße – im Sommer ein unglaublicher Trubel. Der Grund: Hier reihen sich Läden mit Zuckerwerk, den berühmten *polkagrisar,* aneinander. So machen vor allem Familien mit Kindern den Ort unsicher, und die bunten Zuckerstangen beherrschen als überdimensionale Werbeträger sogar das Ortsbild. In einigen Fabriken kann man bei der Herstellung zuschauen. Ein Abzweig vom *polkagris*-Parcours führt zum Andréemuseet und Polarcenter, das an den 1897 bei einer Polarexpedition verunglückten Ballonfahrer S. A. Andrée erinnert. Ihm zu Ehren wird alljährlich im Frühjahr ein Treffen der schwedischen Ballonfahrer veranstaltet. Vieles von der alten Holzbebauung ist in Gränna noch erhalten, die 1652 als einzige Stadt im Reich ihre Privilegien statt vom König von den Grafen Brahe erhielt.

Das einflußreiche Grafengeschlecht – König Erik XIV. hatte Per Brahe dem Älteren 1562 den Grafensitz verliehen – residierte auf der Insel **Visingsö** 5 im Vättersee. Über dem Anleger sind die kümmerlichen Reste des prächtigen, 1718 durch einen Brand zerstörten Visingsborg slott zu erkennen. Am sehenswertesten von den Brahe-Relikten auf Visingsö ist wohl der originalgetreu wieder angelegte Kräutergarten *(örtagård)* mit 750 Arznei- und Küchenkräuterarten. Das milde Inselklima läßt hier nicht nur Kräuter- und Obstgärten gedeihen. Im 19. Jh. pflanzte man sogar

bäume für die königliche Seidenraupen-
zucht auf Visingsö an. Die Kokons reichten aber nur für ein einziges Kleid der
Königin und die Ausstaffierung eines
Salons im Königlichen Schloß. Per
Brahe d. J. ließ im Jahr 1636 eine Schule
und die Brahekyrka errichten, die heute
wegen ihres reichen Inventars und vor
allem des Silberschatzes mit der Braut-
krone der Ebba Brahe einen Besuch
wert ist. Gustav II. Adolf war unsterblich
in die Grafentochter verliebt; eine Ehe
war allerdings für beide Familien nicht
opportun, geheiratet wurde ja nicht aus
Liebe.

Mit einem der speziellen Insel-Pferde-
wagen *(remmalag)* kann man sich ans
Südende der Insel nach Näs kutschieren
lassen, wo die imposanten Überreste
der ältesten Königsburg Schwedens aus
der Mitte des 12. Jh. stehen, vom islän-
dischen Geschichtsschreiber Snorri Stur-
lusson als ›stärkster Punkt im Reich‹ beschrieben. Dort beendete König Magnus
Ladulås im Jahr 1290 ganz friedlich
seine Tage und löste damit heftige Wir-
ren um seine Nachfolge aus. Schon
1318 wurde die Burg in den Machtkämp-
fen zwischen den Königsgeschlechtern
der Folkunger und der Nachfolger von

Sverker und Erik niedergebrannt. Seitdem verschwinden ihre Trümmer nach und nach in den Fluten des Vättersees.

Hinter Gränna geht es durch die flache Wiesen- und Weidenlandschaft entlang dem See, es eröffnen sich immer wieder schöne Ausblicke. Eine Geländestufe höher erhebt sich die Schloßruine **Brahehus** 6, von unten führen Wanderwege bis hinauf. 1708 ist auch dieses Schloß, 1636 von Per Brahe errichtet, einem Brand zum Opfer gefallen. Wer auf der E 4 geblieben ist, bekommt die Schloßruine zwar auch zu sehen – sogar von sehr nah –, doch nur von ihrer tristesten Seite.

Das Vätternufer wird immer mehr zur Steilküste, und jenseits von Ödeshög nähert man sich dem Omberg mit seiner Steilwand. An seinem Südrand bietet die Klosterruine **Alvastra** 7 einen malerischen Anblick. Gegründet wurde das später zu großem Einfluß und Reichtum gekommene Kloster 1143 von Zisterziensermönchen, die König Sverker d. Ä. aus Frankreich ins Land geholt hatte. Im Sommer finden vor der Kulisse der Klosterruine mit ihrem Rosen- und Kräutergarten Theateraufführungen statt.

Von Alvastra führt eine Straße steil bergauf auf den 263 m hohen Gipfel des **Omberg** 8, von dem man eine phantastische Aussicht auf See und Umland genießt. Das Gebiet bietet zahlreiche geologische und botanische Besonderheiten: Der Omberg ist ein Horst aus rotem Urbergsgranit und Porphyr, auf dem das Eis später kalkhaltige fruchtbare Lehmschichten ablagerte. So kann eine artenreiche, für Schweden ungewöhnliche Flora entstehen: Im Frühjahr ist der Boden des Buchenwaldes am Südhang des Omberg bedeckt mit den Blüten von Schlüsselblumen, Buschwindröschen, Leberblümchen, Lungenkraut und Sauerklee. Die beliebtesten

Ausflugsziele für Wanderer sind Stocklycke, wo ein Naturum eine kleine Ausstellung zum Omberg bietet, und – wegen der guten Aussicht – der Gipfel Hjässan. Unterhalb der rund 100 m senkrecht in den Vättern abfallenden Steilwände liegen Höhlen, die allerdings nur vom Wasser aus erreichbar sind.

Wer mehr kulturhistorisch interessiert ist, sollte von Alvastra Richtung Osten fahren: **Heda kyrka** 9, nach älteren Vorgängern unter dem Einfluß von Alvastra im 13. Jh. im Zisterzienserstil errichtet und später häufig umgebaut, birgt eine bemerkenswerte hölzerne Madonnenstatue aus dem 12. Jh., die allerdings in der barocken Bemalung etwas üppig wirkt. Erst kürzlich wurden bei Heda zudem Reste von vorzeitlichen Pfahlbauten entdeckt.

Rökstenen 10 ist als der Runenstein mit der längsten und zugleich rätselhaftesten Inschrift berühmt. Die Inschriften auf dem überdachten Stein neben der Kirche stammen aus der Mitte des 9. Jh. »Varin ließ diesen Gedenkstein für Vämod, seinen toten Sohn, ritzen«, heißt es da, und der Ostgotenkönig Theoderich wird erwähnt. Zu denken gibt den Forschern noch eine verschlüsselte Runeninschrift unten auf den Schmalseiten, die den Gott Thor nennt. Man nimmt an, daß sich auch Bezüge zu unbekannten Sagen finden.

Nördlich von Rök liegt der Vogelsee **Tåkern** 11, eine der wichtigsten Stationen für Zugvögel in ganz Europa. 250 Vogelarten haben die Ornithologen an diesem flachen (ca. 80 cm tiefen) und nährstoffreichen See gezählt. Besonders lohnend ist ein Halt außerhalb der ›normalen‹ Reisezeiten: im April und Oktober, wenn Graugänse in Scharen (bis zu 25 000 im Herbst) einfallen. Drei Beobachtungstürme erschließen Vogelfreunden den von dichten Schilfgürteln umgebenen Lebensraum von Hauben- und Ohrentauchern, Höckerschwänen, Drosselrohrsängern und Bartmeisen. Damit alle diese Vögel in Ruhe am Tåkern brüten können, ist während der Zeit vom 1. 4. bis 30. 6. der Zugang zu den Ufergebieten außer auf den Wegen und den Beobachtungsstellen verboten. Eine davon liegt am Ostufer des Sees südlich von Hov.

Hovs kyrka ⑫ besitzt einige schöne Exemplare der sogenannten Eskilstuna-Sarkophage mit Runeninschriften und dokumentiert damit den Übergang vom alten zum neuen Glauben: Hier war mit Sicherheit schon vor dem Siegeszug des Christentums ein Heiligtum zu finden.

Ein Abstecher vom geraden Weg nach Vadstena führt nach **Skänninge** ⑬, und zumindest am ersten Donnerstag im August sollte man den Abzweig nicht versäumen, denn dann erinnert der Trubel auf dem *Skänningemarken,* wenn die ganze Stadt sich in einen großen Markt verwandelt, an die einstige Bedeutung der Stadt im Mittelalter. Vor allem deutsche Kaufleute ließen sich hier damals nieder. Die rote Backsteinkirche Vår Fru kyrka aus dem Jahr 1301 zeugt außerdem von der Rolle Skänninges als geistliches Zentrum vor dem Aufstieg von Vadstena.

Diese Gegend von Östergötland ist besonders reich an Runensteinen. Allein in der Gemeinde Mjölby gibt es 38 davon, bei Sjögestad, am Motel direkt neben der E 4 stehen weitere. Hier verlief die wichtige Route der Eriksgatan, auf der der König nach seiner Wahl bei den Mora-Steinen nördlich Uppsala von Landschaft zu Landschaft zog, sich per Eid die Gefolgschaft zusichern ließ und sich seinerseits zur Einhaltung der Landesgesetze verpflichtete. Wichtige Königshöfe standen in Bjälbo und Hov. **Högbystenen** ⑭ südlich von Skän-

ninge ist ein besonders bemerkenswerter Runenstein, etwa 100 Jahre jünger als der Röksten; der Text besagt:»Ingegerd ließ diesen Stein für Assur, den Bruder ihrer Mutter, errichten, der in Griechenland starb.« Wahrscheinlich diente Assur in der Leibgarde des byzantinischen Kaisers.

Vadstena

⑮ (S. 345f.) In der Klosterstadt am Vätterufer herrscht noch immer eine ganz eigene Atmosphäre – daran ändert auch der kleine Touristenzug nichts, der die Besucher auf eine Stadtrundfahrt entführt. Trotz der Vielzahl an Sehenswürdigkeiten ist Vadstena eine idyllische Kleinstadt mit beschaulichen Gäßchen geblieben. Eher unscheinbar von außen gibt sich die Hauptsehenswürdigkeit der Stadt: die ehemalige **Klosterkirche** der hl. Birgitta (1303–73). Sie entstand, wie die meisten Kirchen der Bettelorden, ohne Turm, nur mit einem kleinen Dachreiter. Weiter folgt sie getreu auf Elle und Zoll den Bauanleitungen, die Birgitta in ihren Visionen mitgeteilt worden waren, und die sie später in den ›Revelationes extravagantes‹ schriftlich niederlegte. Die erste Kirche des Birgittinenordens besitzt beispielsweise einen nach Westen statt Osten ausgerichteten Chor. Betritt man die Hallenkirche, sieht man links die Holzskulptur, die für ein Porträt der Heiligen gehalten wird, und rechts die ›ekstatische Birgitta‹. In dem großen Grabmal im Eingangsbereich ruht Herzog Magnus von Östergötland, Gustav Vasas Lieblingssohn, der zeitweise geisteskrank war und 1595 im Schloß starb. Das wertvollste und interessanteste Ausstattungsstück – trotz einiger Beschädigungen – ist der Lübecker Birgittenaltar aus dem 15. Jh., den man im

Nonnenchor einige Stufen abwärts hinter dem Altarraum findet. Im Zentrum zeigt er die Heilige, wie sie gerade einigen Kardinälen ein Exemplar ihres Buches überreicht. Die Hierarchie ist durch die Größenverhältnisse klargestellt – Birgitta scheute ja auch die Auseinandersetzung mit dem Papst nicht. Die meisten Besucher verweilen auch bewundernd vor dem üppigen, in Brüssel gefertigten Marienaltar von 1520, heute der Hauptaltar. Den Reliquienschrein mit den sterblichen Überresten Birgittas, ihrer Tochter Katarina und anderer Heiliger findet man im Mönchschor. Besonders empfehlenswert sind die im Sommer häufig stattfindenden abendlichen Orgelkonzerte – ein Erlebnis nicht nur wegen der ausgezeichneten Akustik, sondern auch durch den Effekt der untergehenden Sonne, die ihre Strahlen von Westen über den Vättersee durch die Chorfenster schickt.

Den Hof hinter der Klosterkirche säumt das langgestreckte Gebäude des **Bjälboättens Palats.** Den Palast ließ Birger Jarl, der Begründer des in Bjälbo beheimateten Folkunger-Geschlechts, (ätten = die Familie, das Geschlecht) im 13. Jh. bauen; es handelt sich damit um den ältesten Profanbau in Schweden. König Magnus Eriksson überließ ihn Birgitta, die darin das Nonnenkloster einrichtete. Im ehemaligen Königspalast entstanden Zellen für die Nonnen. Der kriegerische Gustav II. Adolf funktionierte später das Gebäude zum Lazarett für seine Soldaten um – das Kloster war schon seit 1595 geschlossen.

Hinter dem Gebäude gelangt man an den See und steht bald vor dem **Klosterhotell,** daneben liegt das ehemalige Mönchskloster, heute ein Restaurant mit Fischspezialitäten aus dem Vättersee. Die Küche profitiert auch vom idyllischen **Kräutergarten** (örtagården), der nebenan liegt und außer Küchenkräutern vor allem die zur damaligen Zeit in den Klöstern bekannten Arzneipflanzen enthält.

Hinter dem daran anschließenden Obstgarten erhebt sich ein hübscher Turm aus rot-weißem Backstein: Das **Rödtorn** ist der einzige Überrest der Stadtkirche S:t Per, die 1829 abgerissen wurde. Fortan diente er der Klosterkirche als Glockenturm. Viele Stücke vom Inventar der Blå Kyrka, wie die ehemalige Klosterkirche auch genannt wird, entstammen der früheren Stadtkirche.

Ein Bummel durch die malerischen Gäßchen von Vadstena führt hinüber ans andere Ende der Stadt zum Schloß. Man passiert die **Apotheke** in einem Holzbau aus der Mitte des 18. Jh. (seit 1830 als Apotheke genutzt und noch heute mit der Einrichtung von 1863) und das kompakte weißgekalkte **Rathaus** mit seinem Turm aus dem frühen 16. Jh., das älteste im Land, schon 1417 zum ersten Mal erwähnt. Das heutige Gebäude stammt allerdings vom Ende des 16. Jh.

Wie um ein Gegengewicht zum Kloster zu setzen, dessen Bedeutung nach der Reformation immer mehr abnahm, ließ Gustav Vasa ab 1545 am anderen Ende der Stadt das **Schloß** errichten. Das typische Vasa-Schloß mit den wuchtigen runden Ecktürmen, ursprünglich an drei Seiten von 9 m hohen Wällen und an einer Seite durch die Lage am See von Wasser geschützt, bildet heute die Kulisse für einen kleinen Jachthafen. Die Mitte des 19. Jh. abgerissenen Schloßwälle wurden erst 1995 für das Magazin des Landesarchivs (eines von sieben in Schweden) rekonstruiert, das auch einen Teil des Schlosses nutzt. Die Mitglieder der königlichen Familie residierten übrigens nicht im ungemütlichen Schloß, sondern in einem kleinen Holzbau auf der Südseite. Dort feierte

Blick auf das Schloß von Vadstena

man 1552 auch die Hochzeit Gustav Vasas mit Katarina Stenbock und damit seine dritte Eheschließung. Bei einer Besichtigung der auf drei Stockwerke verteilten Räume gibt das düstere Erdgeschoß Aufschluß über die Baugeschichte des Schlosses, dem im 16. Jh. ein ganzes Stadtviertel weichen mußte. Die Wände der ›Drottningvåningen‹, der königlichen Gemächer, in den oberen Stockwerken sind nicht nur mit Wandmalereien, sondern auch einigen Werken bedeutender flämischer Maler des 16. und 17. Jh. dekoriert: Hans van Aachens ›Judith und Holofernes‹, eine ›Kreuzabnahme‹ von Anthonis van Dyck, eine ›Susanna‹ aus der Rubens-Werkstatt und Jacob Jordaens ›Traum‹, daneben Herrscherporträts und Brüsseler Gobelins. Das dritte Stockwerk mit den schönen Schmuckgiebeln außen und der Schloßkapelle ließ Gustav Vasas Sohn und zweiter Nachfolger, Johan III., anbauen.

Entlang dem Vättersee nach Norden

Die Stadt **Motala** 16 (s. S. 323) verdankt ihre Bedeutung vor allem der Lage an der Mündung des Götakanals in den Vättersee und ihre fächerförmige Anlage seinem Erbauer und eisernen Verfechter, Baltzar von Platen (1766–1829), der 1822 auch die Maschinenfabrik Motala verkstad gründete. An ihn erinnern ein Grabmal direkt am Wasser und sein Standbild auf dem Stortorget, während sich das Kanal- och sjöfartsmuseum der Lebensader Götakanal und seiner Geschichte widmet. Das Motala museum in Charlottenborgs slott zeigt eine Ausstellung von feinsten Holzschnitzereien der lokalen Künstlerin Sofie Isberg (1819–75), ausgestopfte Vögel, Puppenstuben und ein Schulzimmer von Anno dazumal sowie schwedische Malerei des 19. und 20. Jh. Das Schloß gehörte einem gewissen Ludwig Weirik Lewen-

Stjärnsunds slott

haupt, der sich im 30jährigen Krieg so viele ›Verdienste‹ erstritten hatte, daß Königin Kristina ihn 1651 mit reichlich Land bedachte. Das Schloß nannte er nach seiner Frau Charlotte, die heute noch als ›Weiße Dame‹ hier umgehen soll. Das Haus, wie es derzeit in klassischer Schlichtheit über dem Wasser steht, entstand nach einem Umbau 1799–1809.

Ab Motala hat man zwei Möglichkeiten zur Weiterfahrt, entweder man wählt die längere Route entlang dem Götakanal und wendet sich später im Bogen nach Norden Richtung Mälarsee, oder man folgt dem Vätterufer weiter und stößt in Kürze auf die Strecke nach Örebro (s. S. 167ff.).

Ein Abzweig vom RV 50 weist nach **Övralid** 17. Das Haus des Nobelpreisträgers von 1916 Verner von Heidenstam wird als Gedenkstätte für den Dichter gepflegt, der sich hier im Alter ein Haus ganz nach seinen Vorstellungen bauen ließ. Heidenstams nationalromantische Dichtungen sind heute selbst in Schweden nicht sehr zeitgemäß, aber das Haus gibt auch einen Eindruck von einem alten einsamen Mann, der »unter der Bürde seiner eigenen Größe litt«, wie es ein schwedischer Autor ausgedrückt hat.

Für eine Zwischenstation mit Übernachtung empfiehlt sich Schwedens ältester Kurort **Medevi brunn** 18. Von Kurortrummel ist hier nichts zu spüren, im Gegenteil, die Zeit im weitläufigen Park mit dem alten Brunnenpavillon, wo zur Dämmerstunde zum Tanz aufgespielt wird, scheint stehengeblieben zu sein. Der allabendliche *Grötlunken* (Verdauungsspaziergang) kommt einem nach kurzem Aufenthalt in diesem Refugium fast wie eine Massenveranstaltung vor.

Initiiert wurde der Kurort Medevi von dem Stockholmer Arzt Urban Hjärne, der 1678 Proben aus den Quellen untersuchen ließ. Zwar war die Wunderwirkung des eisenhaltigen Wassers schon lange bekannt, doch das Nachsuchen um medizinischen Segen hatte einen besonderen Grund: Dem König mißfiel, daß der schwedische Adel zum Kuren ins Ausland reiste und dort sein Geld ließ. Heilkräftige schwedische Quellen mußten her. Hjärnes Büste schmückt heute den Platz oberhalb des eleganten Brunnengebäudes im Empirestil (1809). Und noch heute wird das Heilwasser mit Kupferkellen von Hand aus dem 1,80 m tiefen Brunnen geschöpft.

Stjärnsunds slott 19 lohnt auf jeden Fall einen Besuch. In vollendeter Schönheit, klassischer Strenge und strikter Symmetrie steht das Schloß über einer Bucht des Alsen am Nordzipfel des Vättern. Der Bau geht auf den führenden klassizistischen Architekten seiner Zeit, Carl Fredrik Sundvall (1754–1831), zurück, der auch die Universitätsbibliothek in Uppsala entwarf. Auftraggeber war der ob seiner Verdienste um die Wirtschaft geadelte *Brukspatron* (Hüttenbaron) Olof Burenstam, der das Gut seinerseits von den Oxenstierna gekauft hatte, die hier schon ab 1637 ein Schloß errichtet hatten. Selbst wenn man nicht das Schloßinnere mit seiner Möblierung und kostbaren Ausstattung aus der Mitte des 19. Jh. besichtigen will, als Stjärnsund zeitweise im Besitz Prinz Gustafs, eines Mitglieds der königlichen Familie Bernadotte war, ist ein Spaziergang im herrlichen Park mit uraltem Lindenbestand sehr zu empfehlen. Es kann sein, daß man dabei über ein paar Steinpilze stolpert.

Das Städtchen **Askersund** 20 (S. 294) liegt ganz am Nordende des Vättern, mit der überdimensionierten backsteinernen Landkyrka (im Unterschied zur Stadtkirche) auf der einen und dem Stadtzentrum mit kleinen Holzhäusern und der Stadtkirche auf der anderen Seite des Alsenzuflusses. Die Oxenstierna von Stjärnsund ließen sich die Landkirche nach einem Brand im 17. Jh. als Grabkirche herrichten, und so überrascht der üppige französisch-holländische Barockschmuck am Ostchor kaum noch, zumal wenn man bedenkt, daß die Entwürfe für den Bau von Jean de la Vallée stammen, Hausarchitekt des Reichskanzlers in Stockholm und Erbauer von Skokloster. Im Chor sind die Prunksärge des Herrn von Stjärnsund, Johan Oxenstierna, Neffe des Reichskanzlers, und seiner Frau Christina Soop, die ebenfalls einem einflußrei-

chen Geschlecht mit Verbindung zum Hof angehörte, zu bewundern.

Askersund selbst ist Ausgangspunkt für Dampferfahrten auf dem Vättersee und bietet ein kleines Bootsmuseum, in dem man Wrackteile von in den Fluten des unberechenbaren Sees versunkenen Schiffen sowie Schiffsmodelle und -originale sehen kann. Von Askersund erreicht man in rund 50 km Örebro (s. S. 167ff.).

Entlang dem Götakanal

Statt von Motala aus nach Norden weiterzufahren, kann man alternativ dem von Fahrrad- und Spazierwegen gesäumten ›Blauen Band‹ des Götakanal gen Osten folgen. Hinter **Borensberg,** wo Brücken über den Kanal führen, die bei der Ankunft der Schiffe jeweils hochgeklappt werden müssen, lassen sich sieben Schleusen kurz hintereinander bewundern: **Bergs slussar** 21 überwinden 17 m Höhenunterschied. Und bei Ljungsbro überquert der Kanal auf einem Aquädukt die Straße.

In der flachen fruchtbaren Region von Östergötland gab es schon im 12. Jh. viele Königshöfe. König Inge und seine Frau Helena gehörten zu den ersten Christen und gründeten schon 1120 das erste Kloster Schwedens: **Vreta kloster** 22 . Die ursprünglich für den König bestimmte Kirche übernahmen dann Zisterzienserinnen. In einer südlich angebauten Kapelle sind zahlreiche Fürsten der frühen Zeit begraben, die nicht immer auf natürliche Weise ums Leben kamen: Inges Neffe, Inge der Jüngere, wurde beispielsweise 1128 vergiftet.

Auf dem Weg nach Linköping sollten Freunde mittelalterlicher Kalkmalerei einen Blick in die Kirche von **Kaga** 23 werfen. Die Malereien im Chor stammen

Das ›Blaue Band‹ der Nostalgie –
Eine Reise auf dem Götakanal

Als der ›Vater des Götakanals‹ gilt Baltzar von Platen, von dem das Wort überliefert ist: »Man kann, was man will, und wenn man sagt, man kann nicht, dann will man auch nicht.« Als Vertrauter des Königs forcierte der willensstarke Mann aus altem Rügenschen Landadel den Bau der Wasserstraße, die, statt wie von ihm angegeben 830 000, am Ende 9 Mio. Reichstaler verschlang, umgerechnet in heutige Währung ungefähr 24 Mio. DM.

Der Plan einer Verbindung von Nord- und Ostsee quer durch das Land hatte schon Gustav Vasa beschäftigt, aber erst im frühen 19. Jh. war die Zeit reif, ihn zu vollenden. Baubeginn war 1810. 1832 weihte Karl XIV. Johan die 100 km lange Wasserstraße zwischen Motala und Mem bei Söderköping ein, die mit 58 Schleusen den Höhenunterschied vom Vättern zur Ostsee überwindet.

Einer der Beweggründe für den Bau mag die angeschlagene Machtstellung Schwedens im Ostseeraum gewesen sein – nach dem Verlust von Finnland und Vorpommern im Tausch gegen Norwegen war die Ostsee kein ›schwedisches Binnenmeer‹ mehr. Die strategischen Überlegungen gingen dahin, im Zentrum des Landes eine Verteidigungslinie aufzubauen, deren wichtigste Komponente die Festung Karlsborg und der Götakanal waren. Doch wurde das ›Blaue Band‹, wie der Kanal in Schweden auch genannt wird, nicht militärisch, sondern nur wirtschaftlich ge-

nutzt. Wie in anderen Ländern, die in der Industriellen Revolution steckten, kam dem Transport großer Rohstoffmengen zu den Produktionsstätten auf dem Wasserweg eine wichtige Rolle zu. Nicht umsonst holte sich von Platen Rat beim englischen Kanalexperten Thomas Telford.

Heute gehört der Götakanal den Touristen. Viele machen einen Traum wahr und unternehmen eine nostalgische Reise von Stockholm nach Göteborg. Drei der 100 Jahre alten, speziell für die Maße des Kanals gebauten Schiffe sind noch im Einsatz, nur daß der Dieselmotor die Dampfmaschine inzwischen ersetzt hat. Noch immer läutet der Kapitän die Schiffsglocke, gleitet der Dampfer mit maximal 5 Knoten durch die enge Fahrrinne, so daß man hautnah und lautlos die Landschaft vorbeiziehen sieht. Zum pünktlich servierten Abendessen kleiden sich die Fahrgäste, meist ältere Ehepaare, festlich. Im Laufe der vier Tage an Bord kommt man schnell in Kontakt. In der ›schwimmenden Pension‹ wird man aus unserer schnellebigen in eine völlig andere Zeit versetzt.

Ein bißchen Kreuzfahrt-Atmosphäre ist dabei, auch bezüglich des Preises: Die Vier-Tage-Reise mit Vollpension kostet ab 1400 DM. Wer nicht unbedingt an Bord übernachten will, kann auch preiswerter reisen, z. B. ab Norrköping. Oder noch einfacher: mit dem eigenen Boot (Gebühren: hin und zurück bei einem 9,5 m langen Boot ca. 3500 SEK).

vom Risinge-Meister, der um die Mitte des 15. Jh. tätig war, die im Langhaus dagegen von seinem namentlich bekannten Schüler Armund. Besonderes Interesse haben die Darstellungen von Ratten geweckt, eine Plage des Mittelalters und Peiniger der hl. Kakukilla, deren Martyrium Thema einer Darstellung ist.

Schon von Vreta Kloster aus sieht man den über 100 m hohen Turm des Doms von **Linköping** 24 (S. 318) aus der Ebene aufragen. Seit dem 11. Jh. war die Stadt Bischofssitz, in der ersten, romanischen Kirche wurden mehrere Könige gekrönt. Im 14. Jh. gestaltete man den Dom zu einer gotischen Hallenkirche um, die erst Ende des 15. Jh. mit Hilfe von aus Köln verpflichteten Baumeistern, darunter Adam von Düren, fertig wurde. Im Innern ist der frühere Hauptaltar mit Gemälden des niederländischen Manieristen Maarten van Heemskerck mit Szenen aus dem Leben des hl. Laurentius einen Blick wert, der 1566 vor dem Bildersturm im niederländischen Alkmaar gerettet wurde. Mit dem großen Stein rechts außen vor dem Eingang der Bischofskirche hat es eine besondere Bewandtnis: Nach einer alten Sitte wurde er früher an Karfreitag vor die Kirche gerollt, die mit Jesu Grab gleichgesetzt wurde. Am Ostertag rollte man den riesigen Stein wieder fort – Zeichen der Auferstehung Christi.

Während des Sanierungskahlschlags in den 1950er Jahren begann man erhaltenswerte alte Häuser umzusiedeln und südwestlich der Stadt eine Art Freilichtmuseum zu schaffen, Gamla Linköping. Dabei kamen insgesamt etwa 90 Häuser zusammen, in denen heute Wohnungen und Werkstätten sowie Lädchen und Cafés im Stil der Zeit um 1900 eingerichtet sind.

Daß Linköping auch Universitätsstadt ist, macht sich am munteren Treiben in Straßencafés, der Grünanlage hinter dem Dom, wo im angrenzenden Schloß (ursprünglich 15. Jh.) heute der *landshövding* residiert und auf dem Marktplatz bemerkbar. Blickfang des Stora Torget ist allerdings Carl Milles' ›Folkunga-Brunnen‹ (1927); der Reiter ist Folke Filbyter auf der Suche nach seinem geraubten Enkelsohn. Das Länsmuseum zeigt neben schwedischer auch niederländische Kunst des 17. und französische Malerei des 18. Jh.; Prunkstück der Stammlung ist Lucas Cranachs ›Adam und Eva‹.

Eine der frühesten Kirchen der Gegend ist die als Wehrkirche konzipierte **Vårdsbergs kyrka** 25, wenige Kilometer östlich von Linköping über den RV 35 zu erreichen. Sie lag im 12. Jh. noch am Ende einer Meeresbucht und war so den räuberischen Überfällen von See her ausgesetzt. Das Obergeschoß des runden Turms diente gänzlich der Verteidigung, im Untergeschoß wurde gebetet. Später, im 13. Jh., wurden ein Chorraum und Kreuzarme angebaut, so daß eine ›normale‹ Kirche entstand; die Wandmalereien stammen von 1617.

Um diese Zeit wurde auch das Renaissanceschloß **Ekenäs** 26 errichtet, an der Stelle, wo am heute verlandenden Seeufer Svante Sture etwa ein halbes Jahrhundert früher eine Burg gebaut hatte. Das hübsche dreitürmige Schloß birgt einige Geheimnisse, so heißt es. Denn Reichsrat Maurits Wellingk, der Anfang des 18. Jh. zwei Flügel anbaute, soll in einer Geheimkammer im Keller kompromittierendes Material eingemauert haben – und den Mitwisser gleich dazu. Außer düsteren Geheimnissen und Gespenstern bilden die alljährlich Anfang Juni stattfindenden Ritterspiele die größte Attraktion von Ekenäs.

Mit **Söderköping** 27 (S. 333) hat man wieder den Götakanal und auch sein

Ende, die Mündung in die Ostsee, erreicht. Der Kleinstadtidylle mit den kopfsteingepflasterten krummen Gassen sieht man nicht an, daß hier zeitweise eine von Schwedens wichtigsten Handelsstädten lag. Ende des 13. Jh. als Niederlassung von Kaufleuten aus Lübeck gegründet – *köping* bedeutet wörtlich ›Kauf-ort‹ – war der Hafen, der vor der Landhebung gleich neben dem hübschen Rathaus von 1777 lag, wichtigster Stapelplatz des Mittelalters in Östergötland. 1567 zerstörten die Dänen die blühende Händler- und Handwerkerstadt. Das konnte auch Stegeborgs Festung, deren Ruinen noch die Einfahrt zur Bucht bewachen, nicht verhindern. Der Wiederaufbau der Holzstadt in Stein kam trotz königlicher Gunst nicht recht voran, nachdem Norrköping zum Verwaltungszentrum erklärt worden war. So blieben an vielen Ecken die malerischen alten Gassen erhalten, besonders um die S:t Laurentii kyrka, eine Gründung des 13. Jh., und um die Drothems kyrka aus derselben Zeit. Die Entdekkung einer Heilquelle führte zur Entwicklung als Kurort, die schönen Anlagen des 19. Jh. werden noch immer genutzt und ziehen ebenso die Besucher an wie der lebhafte Bootsverkehr auf dem Götakanal die Ausflügler.

Norrköping 28 (S. 325) – im 19. Jh. als das ›schwedische Manchester‹ bezeichnet – ist heute mit 120 000 Einwohnern Schwedens achtgrößte Stadt. Die Industrietradition am Motala ström, der hier 22 m Gefälle hat, reicht bis ins 17. Jh. zurück. Die Fabriken der Metall-, Papier- und Textilindustrie nutzten von der Kraft des Wassers angetriebene Maschinen. Inzwischen wurde das alte Industrieviertel gegenüber dem Gamla Torget restauriert. Anstelle der größten Papierfabrik der Stadt, Holmens Pappersbruk, ist ein nach ihrem Gründer

Louis de Geer benanntes modernes Kongreß- und Kulturzentrum eingezogen. An den Brukspatron erinnert Carl Milles' Standbild gegenüber auf dem Gamla Torget (1945). Das in einer ehemaligen Baumwollspinnerei – laut Milles »die schönste Fabrik Schwedens« – eingerichtete Museum der Arbeit (Arbetets Museum) beleuchtet eingehend die mit dieser Wirtschaftsweise verbundenen Arbeits- und Lebensbedingungen des frühen Industriezeitalters. Das interessante Fabrikgebäude namens Bügeleisen *(Strykjärn)* nutzt mit seinem sechseckigen Grundriß geschickt den Platz auf der Insel im Motala ström aus – rationelles Bauen zur optimalen Energieausnutzung. Dahinter erstreckt sich das passend ›Bügelbrett‹ *(Strykbräd)* getaufte Holmens Museum, wo an die Arbeit in der alten Papierfabrik erinnert wird.

Norrköpings Konstmuseum am Kristinaplats, nach dem Moderna Museet in Stockholm eines der Schwerpunktmuseen für schwedische Kunst des 20. Jh., besitzt als eines der bekannten Exponate Isaac Grünewalds Gemälde ›Der singende Baum‹ von 1915. Das Museum, ein Muß für jeden Freund der Moderne, wurde nach einem grundlegenden Umbau im Frühjahr 1998 mit Skulpturenpark und Kino neu eröffnet.

Jederzeit zugänglich ist dagegen eine Vorzeitsehenswürdigkeit ersten Ranges: Im Südwesten der Stadt beim Freizeitgebiet Himmelstalund entdeckte man außerordentlich figurenreiche Felsritzungen *(hällristningar):* Menschen, Tiere, Waffen, Schiffe und Sonnensymbole aus der Zeit von vor 3000 Jahren.

Ein Ausflug in den **Kolmården Zoo** ca. 20 km nordöstlich von Norrköping lockt vor allem Familien. Der größte Tierpark Nordeuropas liegt am Rande des für seinen wunderschönen grünen Marmor bekannten Höhenzuges.

Die Grenze zwischen den fruchtbaren Ackerflächen und Bergslagen, dem dicht bewaldeten Bergbaurevier im Norden Östergötlands, bilden der Götakanal und die Seenkette, die er verbindet. **Finspång** 29 30 km nordwestlich von Norrköping ist eng mit dem Namen Louis de Geer (1587–1652) verbunden. Der Sproß einer wallonischen Eisengießerfamilie aus Lüttich kam als Geschäftsmann über Amsterdam nach Schweden und übernahm 1641 die Waffenschmiede in Finspång von seinem niederländischen Vorgänger Willem de Wijk. Der 30jährige Krieg bescherte dem Waffenproduzenten Reichtum und Wohlstand, und als einer der ersten Brukspatrone pflegten er und seine Familie, in deren Besitz der Betrieb noch 300 Jahre blieb, einen aufwendigen Lebensstil. Das Schloß wurde ab 1660 in reinstem palladianischen Baustil errichtet, der damals in den Niederlanden en vogue war. Das Innere stattete man mit kostbaren Materialien, aber in schlichten Formen, mit Stuckdecken und an der Antike orientiertem Figurenschmuck aus. Die unter Louis de Geer dem Jüngeren (1705–58) angebauten Seitenflügel und der Park mit Orangerie, Lustpavillons und zentralen Wasserspielen spiegeln das Selbstverständnis der Brukspatrone, die lebten wie in Mitteleuropa die Fürsten. Heute nutzt die ABB Stål AB das Schloß als Firmensitz, das runde, nobel parkettierte Gartenzimmer bildet den passenden Rahmen für Geschäftsverhandlungen – mit Blick auf die Kanonen, die durchaus nicht nur Zierde sind: Zur Feier der Walpurgisnacht werden sie alljährlich abgefeuert. Die für schwedische Verhältnisse etwas düster wirkende Schloßkapelle links vom Eingang im Erdgeschoß diente den vielen wallonischen Einwanderern jener Zeit schon als – damals katholisches – Gotteshaus. Die

Das Museum der Arbeit in Norrköping

Fenster stammen aus dem 19. Jh., der Altarschrein stand ursprünglich in der alten Kirche von Risinge. Auf Anfrage können Besucher während der normalen Bürozeiten einen Blick in das Schloß, die Kapelle und den Park werfen.

Risinge gamla kyrka 30 6 km südlich von Finspång ist wegen ihrer Ausmalung berühmt. Der anonyme Künstler, der auch in Kaga um 1430–60 tätig war, ging als Risinge-Meister in die Kunstgeschichte ein. Die Kalkmalereien vor allem in den Stichkappen der Gewölbe sind Illustrationen zum Alten und Neuen Testament und den Apostellegenden.

Stockholm

Geschichte

■ (S. 333ff.) Wo sich heute Schwedens Hauptstadt mit ca. 700 000 Einwohnern auf 14 Inseln ausbreitet, ragten vor 6000 Jahren allenfalls ein paar Inselchen aus dem Wasser, so wie heute draußen in den Schären. Mit der allmählichen Landhebung wuchs auch Stockholm – der Name bedeutet wörtlich ›Pfahl-Insel‹. Er könnte sich darauf beziehen, daß im frühen 11. Jh. die Bewohner von Helgeandsholmen, der Keimzelle des späteren Stockholm, wo heute der Reichstag steht, an dem strategisch wichtigen Zugang vom Mälarsee zur Ostsee Holzpfosten errichtet hatten, zwischen denen eine Kette den Schiffen den Weg versperren konnte. 300 Jahre später war der Spiegel des Mälarsees durch die Landhebung höher als der der Ostsee, an den Stromschnellen (Strömmen) mußten die Waren umgeladen werden.

Die Schlüsselstellung an der einzigen natürlichen Einfahrt zum Mälargebiet, inmitten der fruchtbaren Ebenen und nahe den Eisenabbaugebieten von Bergslagen sicherte im frühen Mittelalter Stockholms Rolle als Zentrum des Ostseehandels: Bereits für die Mitte des 15. Jh. wird die Bewohnerzahl auf 5000–6000 geschätzt; neben Schweden (nur mit knapper Mehrheit) setzte sich die Bevölkerung zusammen aus deutschen Kaufleuten und finnischen Handwerkern und Tagelöhnern. Der deutsche Einfluß war so groß, daß laut Beschluß die deutsche Kaufmannschaft die Hälfte der Ratssitze im Magistrat der Stadt innehatte.

Offizielle Hauptstadt wurde Stockholm erst im 17. Jh., aber ein Schlüssel zur Macht war es schon vorher. 1520 war die Stadt Schauplatz jener Hinrich-

tung von 80 Männern aus nahezu allen einflußreichen schwedischen Adelsfamilien, mit der der dänische König Kristian II. die aufständischen ›Nationalisten‹ einzuschüchtern versuchte. Dieser als ›Stockholmer Blutbad‹ in die Geschichte eingegangene spektakuläre Höhepunkt im Machtkampf zwischen dem schwedischen Adel und dem ausbeuterischen dänischen Unionskönig Kristian II. war gleichzeitig der Auslöser für Gustav Vasas Aufstieg und Machtübernahme wenige Jahre später.

Ende des 17. Jh. war die Bevölkerung Stockholms auf 60 000 Einwohner gewachsen, der Reichstag und die Einrichtungen der Zentralverwaltung etabliert, und der König residierte im Schloß Tre Kronor, dem Vorläufer des heutigen Schlosses, das erst Mitte des 18. Jh. als königliche Residenz bezogen wurde. Die drei Kronen bilden noch heute das Stadtwappen. Mit dem Niedergang der schwedischen Großmachtstellung im Ostseebereich ging auch eine Stagnation in der Stadtentwicklung einher, und zu Beginn des 19. Jh. überflügelte die Fabrikmetropole Norrköping sogar die Hauptstadt, bis am Ende des Jahrhunderts auch in Stockholm die Industrialisierung einsetzte und damit ein immenser Wachstumsschub. In den damaligen Randbezirken wie Södermalm und Norrmalm schossen die Mietskasernen aus dem Boden. Schlechte hygienische Verhältnisse machten Stockholm zu einer der ungesundesten Städte Europas.

1930 hatte die Stadt einschließlich der Vororte 500 000 Einwohner, heute sind es im Großraum über 1,7 Mio. Die Dominanz der Regierungs- und Verwaltungseinrichtungen – 85 % der Arbeitskräfte sind im Dienstleistungsbereich tätig – ist kaum verwunderlich, aber der Großraum Stockholm ist immer noch Schwedens größtes Industriegebiet,

◁ *Blick vom Stadshuset nach Riddarholmen*

wenn auch mit abnehmender Tendenz, und bietet die meisten Arbeitsplätze.

Die schwedische Hauptstadt ist vor allem das Kulturzentrum des Landes mit einer lebendigen innovativen Szene. Natürlich hat auch Stockholm trostlose Hochhaussiedlungen und graue Vorstädte, aber gerade die Innenstadt bietet besonders viele grüne Oasen. Der unverwechselbare Charme der »schwimmenden Stadt«, wie sie Selma Lagerlöf so treffend beschrieben hat, beruht auf dem Zusammenspiel von Natur und Kultur. Nirgendwo sonst in Europa gibt es eine Hauptstadt mit höherem Freizeitwert: Die Einwohner Stockholms teilen sich 250 000 Freizeitboote, man kann im Mälarsee angeln oder baden, im Winter eislaufen – mitten in der Stadt.

Spaziergang durch die Altstadt

Der Rundgang beginnt am nördlichen Ende des Kungsträdgården, wo die Touristeninformation im Sverigehuset Anregungen für die Gestaltung des Stockholm-Aufenthalts geben kann. **Kungsträdgården** 1, der ›Königs-Garten‹, diente ursprünglich als Küchengarten für den königlichen Haushalt, wurde aber schon im Zuge des Schloßneubaus unter Nicodemus Tessin d. J. in den strengen Formen eines Barockgartens umgestaltet. Der langgestreckte, baumumstandene Platz wird heute von Cafés gesäumt und ist mit seinem Springbrunnen, Bänken und dem überdimensionalen Schachspiel Treffpunkt und Freilichtbühne, wo es an Sommernachmittagen ganz schön voll werden kann.

Kaum merklich geht der Kungsträdgården nach Süden in den Karl XII:s Torg über, erkennbar an der Statue des Königs, dessen außenpolitische Mißer-

folge manche dennoch nicht hindern, ihn als Heldenkönig zu verehren. Der Ort dient gelegentlich als Aufmarschplatz für Rechtsradikale, die vor allem unter Jugendlichen in Schweden Zulauf haben; selbst die radikalsten Nazi-Organisationen werden nicht verboten – ein ungeschriebenes Gesetz der sozialdemokratisch geprägten schwedischen Innenpolitik verbietet jeden Eingriff in die Versammlungsfreiheit. Den Platz flankiert auf der Westseite die **Oper** 2, die 1891–96 im Neobarock gebaute Nachfolgerin der alten Oper, in der Gustav III. bei einem Maskenball erschossen wurde. Im Operakällaren versammeln sich heute die, die sehen und gesehen werden wollen.

Das Stockholmer Opernhaus ist bis heute Schauplatz klassischer Ballettaufführungen. Nebenan, am Gustav Adolfs Torg mit dem Reiterstandbild des Königs, ist ein weltweit einzigartiges Museum zu Hause: **Dansmuseet** 3 widmet sich der Geschichte des Tanzes, wobei neben dem schwedischen besonders das klassische russische Ballett im Mittelpunkt steht. Direkt am Wasser führt eine Promenade entlang Strömmen. Hier sieht man manchmal Netzfischer und Angler ihr Glück versuchen.

Der Westflügel des **Reichstags** 4 auf der Insel Helgeandsholmen gegenüber

Stockholm 1 Kungsträdgården 2 Oper 3 Dansmuseet 4 Reichstag 5 Medeltidsmuseum 6 Stadshuset 7 Riddarholmskyrkan 8 Schloß 9 Myntkabinett 10 Storkyrkan 11 Tyska kyrkan 12 Waldemarsudde 13 Skansen 14 Vasamuseet 15 Junibacken 16 Nordiska Museet 17 Dramaten 18 Nationalmuseum 19 Moderna Museet 20 Hallwylska Museet 21 Kulturhuset 22 Klara kyrka 23 ehem. Hauptpost 24 Hötorget 25 Adolf Fredriks kyrka 26 Strindbergsmuseet 27 Stadtsbibliothek 28 Kungliga Bibliotek 29 Östermalms Saluhall 30 Historiska Museet

▷

NORRA DJURGÅRDEN

Fågel-
berget

Valhallavägen

Östermalmsgatan

Karlavägen

Karlaplan

ÖSTERMALM

Karlavägen

Hakberget

LADUGÅRDSGÄRDET

Skansberget

Kaknästornet

Djurgårdsbrunnsvägen

Folke Bernadottes Väg

Nobelgatan

Strandvägen

Djurgårds-
bron

Djurgårdsbrunnsviken

Björnberget

SKEPPS-
HOLMEN

Djurgårdsfärjan

DJURGÅRDEN

Af
Chapman

Södra
Brobänken

Allmänna
Gränd

Djurgårdsvägen

Prins Eugens Väg

Gröna
Lunds
Tivoli

Strömmen

Djurgårdsfärjan

Schären,
Fjäderholmarna

Ostsee

N

0   500 m

Im Goldenen Saal des Stadshuset

entstand ursprünglich für die Reichsbank. Das Parlament tagt in dem eher nüchtern gestalteten Plenarsaal im halbrunden Westtrakt, hinter dessen Glasfassade im Obergeschoß sich die Besuchertribüne verbirgt. Ein Teil der Stadtmauer von 1530 ist gegenüber im unterirdisch angelegten **Medeltidsmuseum** 5 im Original zu sehen. Archäologen fanden heraus, daß schon um 1010 eine rege Bautätigkeit in diesem Teil Stockholms herrschte und die Bewohner hier an strategisch wichtiger Stelle die Schiffahrt im Norrström, der natürlichen Verbindung des Mälarsees zur Ostsee, kontrollieren konnten.

Entlang dem Strömmen geht es zum **Stadshuset** 6. Den goldglänzenden Turm zieren die drei Kronen des Stockholmer Stadtwappens. In dem 1911–23 gebauten repräsentativen Verwaltungsbau knüpfte Architekt Ragnar Östberg an venezianische und niederländische Rathaus-Vorbilder an und übersetzte sie

in moderne Formen; bei einer Führung bekommt man die Innenhöfe und Räumlichkeiten zu sehen, darunter den Blauen Saal, alljährlich festlicher Rahmen für die Nobelpreisgala. Auf keinen Fall versäumen darf man den Blick vom 106 m hohen Turm über die gesamte Innenstadt. 3000 Stockholmer Bürger stifteten seinerzeit die Kupferplatten fürs Dach (zu je 25 Kronen) und wurden damit Eigentümer eines Stückes vom Stadshus, in das jeweils ihr Name eingraviert ist.

Auf der Eisenbahnbrücke geht es von Kungsholmen hinüber nach Riddarholmen mit dem barocken **Riddarhuset** links. Die gußeiserne Turmspitze der **Riddarholmskyrkan** 7 überragt alle Türme auf Gamla Stan in ihrer neogotischen Pracht aus den 30er Jahren des 18. Jh. Das um 1280 als Klosterkirche der Franziskaner gebaute Gotteshaus wurde als Grablege der schwedischen Könige nach und nach dynastienweise von Grabkapellen umgeben: Der gustavianische Grabchor entstand 1634, der hochbarocke karolinische goldbesternte Kuppelchor mit dem Sarkophag Karls XII. 1671 bis 1743 und als letzter der Bernadottesche Grabchor im Jahr 1860.

Auf der ›Ritter-Insel‹ hatten im 17. Jh. die Adligen ihre Paläste, viele werden heute von Regierungsbehörden genutzt. Am schönsten ist vielleicht der Wrangelska Palatset mit seinen runden Ecktürmen, Sitz des Svea Hovrätt (Gerichtshof). Von der nach Evert Taube benannten und mit einer Statue des Sängers geschmückten Terrasse unterhalb hat man einen schönen Blick aufs Stadshus.

Spätestens ab Mitte des 13. Jh. standen auf der Nordseite der Insel Stadsholmen die noch eher bescheidenen Vorgänger des heutigen **Schlosses** 8. Nachdem 1697 durch einen Brand das Vasaschloß Tre Kronor zerstört worden

Blick auf Schloß und Storkyrkan

war, begann unter Carl Hårleman und Nicodemus Tessin d. J. der Neubau, der erst 1770 fertig war. Mit seinen 608 Zimmern gehört der offizielle Arbeitsplatz des Königs zu den größten Schlössern Europas und stellt allein einen halben Tag Besichtigungsprogramm dar. Wenn gerade kein Staatsbesuch ins Haus steht, können auf Führungen im Kungliga Slottet die heute für Staatsempfänge genutzten Königlichen Paraderäume begutachtet werden. Weitgehend unverändert aus der Zeit von 1730–55 erhalten blieben die Innenausstattungen der Schloßkirche (Slottskyrka) und des Reichssaals (Rikssalen) mit Königin Kristinas Silberthron.

Die Schatzkammer blendet mit dem schimmernden Prunk der Reichsregalien das Auge. Im Yttre Borggården auf der Westseite des Schloßkomplexes bietet die königliche Leibgarde werktags um 12 und sonntags um 13 Uhr das kostenlose Schauspiel der Wachablösung.

Die Rüstkammer (Livrustkammaren) eine Treppe tiefer fasziniert mit prunkvollen Ritterrüstungen der Vasazeit und dem ausgestopften Pferd Gustav Adolfs, das nach der Schlacht von Lützen reiterlos zurückgekehrt war, während im untersten Gewölbe Staatskarossen vergangener Zeiten, ob auf Kufen oder Rädern, wirkungsvoll präsentiert werden.

Gegenüber im 1997 eröffneten **Myntkabinett** 9 kann man sich überzeugen, daß auch ein so trockenes Thema wie Zahlungsmittel mit geschickter Beleuchtung dramaturgisch reizvoll präsentiert werden kann. Eine Sparschweinsammlung und Königin Lovisa Ulrikas Medaillen sind hier u. a. zu sehen.

Am Ende der steilen Auffahrt Slottsbacken ragt die **Storkyrkan** 10 auf. Äußerlich an die Barockfassaden des Schlosses angepaßt, entpuppt sich die schon 1306 eingeweihte Hochzeits- und Krönungskirche der schwedischen Könige innen eindeutig als spätgotische

Hallenkirche. Blickfang im nördlichen Seitenschiff ist die Skulpturengruppe des hl. Georg (S:t Göran) im Kampf mit dem Drachen von Bernt Notke. Reichsverweser Sten Sture ließ die beeindrukkende Eichenholzskulptur im Jahr 1489 nach dem Sieg über die Dänen bei Brunkeberg aufstellen. In aller Drastik zeigt das Denkmal die Häßlichkeit des menschenfressenden Ungetüms, dagegen steht die makellose Gleichgültigkeit des Heiligen, der wie beiläufig zum Lanzenstoß ausholt. Meister Notke ging für seinen mystischen Realismus sehr weit: Für die Zackenflügel des Drachen wurden echte Elchschaufeln verwendet.

Eine Kopie steht übrigens auf dem Köpmantorget.

Wer mag, kann einen Bummel durch die engen Gassen von **Gamla Stan** mit ihren Cafés, Restaurants, Kneipen und Kunsthandwerksläden anschließen. Die Hauptachsen Väster- und Österlånggatan markieren den Verlauf der Strandlinie im Mittelalter. Dazwischen blieb das mittelalterliche Straßennetz erhalten, die Bebauung stammt allerdings höchstens aus dem 17. Jh., wegen der Brandgefahr ausnahmslos in Stein. Die kurzen, parallel verlaufenden Gassen hinunter nach Skeppsbron entsprechen den Brücken zum Kai in früheren Zeiten,

des 16. Jh., sie bekam aber ab 1609 wieder das alleinige Nutzungsrecht.

Am Südende der Insel Stadsholmen, auf der Gamla Stan und das Schloß liegen, überquert man die Schleuse **Slussen,** ursprünglich Mitte des 17. Jh. vom Erbauer der Trollhättan-Schleusen, Christopher Polhem, zur Überbrückung des Gefälles zwischen Mälaren und Ostsee gebaut. In den 30er Jahren wurde Slussen an die Erfordernisse des städtischen Autoverkehrs angepaßt und 1935 von Le Corbusier als »erstes großes Meisterwerk der Moderne« gefeiert. Heute ist der Beton so mürbe, daß Slussen eine grundlegende Restaurierung braucht, eventuell sogar abgerissen werden muß. Den besten Blick über die genial angelegte Verkehrskreuzung hat man, wenn man sich die Stufen hinauf zum Stadtteil Södermalm bemüht oder den Aufzug **Katarinahissen** benutzt.

Wer ungezwungene Unterhaltung und legere Cafés und Kneipen bevorzugt, tut gut daran, seinen abendlichen Bummel in den Stadtteil **Södermalm** zu verlegen. Beim Streifzug durch die teilweise steilen Gäßchen des auf hoher Bergkuppe gebauten Stadtteils wird man nur wenige großartige Sehenswürdigkeiten, dafür viel authentische Atmosphäre, idyllische Flecken und vor allem herrliche Aussichtsplätze finden (s. S. 204).

Museumsrunde über Djurgården und Skeppsholmen

Vom Fährableger Slussen bietet sich die Fahrt nach Djurgården an, zur ›Freizeitinsel‹ der Stockholmer. Ein Stockholmaufenthalt ist nicht denkbar ohne mindestens eine solche Bootsfahrt. An lauen

als Skeppsbron noch schwimmender Schiffsanleger war.

Östlich der Västerlånggatan, in der Svartmangatan/Ecke Tyska Brinken steht die **Tyska kyrkan** 11, wie die S:ta Gertruds kyrka meist genannt wird. Hier hatte die reiche deutsche Kaufmannschaft, die sich in der St.-Gertruds-Gilde organisiert hatte, schon im 14. Jh. ihren Versammlungssaal, den Willem Boy ab 1570 zu einer Kirche umbaute. Gustav Vasas Bemühungen, den deutschen Einfluß zurückzudrängen, zwangen die Gemeinde vorübergehend, ihr Gotteshaus mit den Finnen zu teilen, der zweiten großen Ausländergruppe im Stockholm

Mittsommerfeier im Freilichtmuseum Skansen

Sommerabenden zieht es halb Stockholm in die Lokale und Theater auf Djurgården, dem ›Tiergarten‹, vom 16. Jh. an als königliches Jagdrevier genutzt. Die erste Verlockung wartet gleich nach Verlassen der Fähre: Der Vergnügungspark Gröna Lund besitzt eine beliebte Freilichtbühne, auf der im Sommer berühmte Stars ihre Gastspiele geben.

Wer etwas Zeit für den Ausflug nach Djurgården mitgebracht hat, kann durch den Ekoparken, als Naturschutzgebiet mitten in der Stadt einmalig in der Welt, streifen und vielleicht **Waldemarsudde** 12, besuchen, wohin sich Malerprinz Eugen (1865–1947) in sein Domizil mit Atelier zurückzog. In der Jugendstilvilla werden neben den Werken des Prinzen seine Sammlung von Werken anderer

Künstler der Zeit ausgestellt, darunter Ernst Josephson, Carl Larsson und Anders Zorn sowie Bror Hjorth und Edvard Munch.

Einen Gutteil der Insel nimmt **Skansen** 13, das älteste Freilichtmuseum der Welt, ein. Vom Zirkusgebäude, dem Haupteingang, führen Rolltreppen bequem hinauf in das auf einer Bergkuppe gelegene 300 000 m² große Gelände. Das 1891 vom Direktor des Nordiska Museet, Artur Hazelius, initiierte Freilichtmuseum versammelt Gebäude aus ganz Schweden, von Windmühlen aus Öland über Sennhütten *(fäbodar)* mit den dazugehörigen Tieren bis zum Sami-Lager mit Rengehege aus dem hohen Norden. Dazu kommen ein Tierpark mit Kinderzoo und Zirkus, Freilichtbühne, Restaurants. Hazelius wollte ein lebendiges Museum schaffen, in dem man nicht nur etwas über die Vergangenheit lernen, sondern sich auch vergnügen kann.

Am ›Eingang‹ von Djurgården liegen einige besuchenswerte Museen: Drei Schiffsmasten ragen aus dem **Vasamuseet** 14, dessen Form und Dimension sich nach seinem Ausstellungsstück bemessen, dem 1961 auf dem Grund der Mälarsees geborgenen königlichen Flaggschiff ›Vasa‹. Es sank am 10. August 1628 auf seiner Jungfernfahrt und bietet gutes Anschauungsmaterial in Sachen überbordender barocker Ornamentik. Es heißt, die aufwendigen Aufbauten des Kriegschiffs hätten letztlich seinen Untergang verursacht. 17 Jahre lang wurde daran gearbeitet, die geborgenen Holzteile zu konservieren und anschließend das ›größte Puzzle der Welt‹ zusammenzusetzen.

Mit Kindern ist der Besuch von **Junibacken** 15 ein Muß. Mit einem Zug fahren kleine und große Besucher durch die Welt im Kindermaßstab. Die Themen sind entlehnt aus den Büchern verschiedener schwedischer Kinderbuchautoren, darunter natürlich Astrid Lindgren.

Um die Wende zum 20. Jh. wurde im Stil der ›Vasarenaissance‹ **Nordiska Museet** 16 gebau. Es ist mit seinen umfassenden Sammlungen zur Volkskunde ganz Schwedens von Lappland bis Skåne ein würdiges Pendant zu Skansen. Das Museum besitzt zudem etliche Gemälde von August Strindberg.

Wenn man nicht den Bus nimmt, kann man mit den nostalgischen Wagen der Museumsstraßenbahn Nr. 7 aus den 20er bis -60er Jahren – Djurgårdslinjen ist die einzige erhaltene Stockholmer Straßenbahnlinie –, den Weg nach Östermalm abkürzen. Sie hält direkt vor **Dramaten** 17, wie die Stockholmer das Kungliga Dramatiska Teater kurz und

bündig nennen. Hinter der figurenreichen Marmorprunkfassade des Jugendstilbaus (1901–07) von Fredrik Liljekvist verbergen sich bis heute die offiziellen Bühnen der Stadt. Von 1963 bis 1966 war Ingmar Bergman hier Intendant.

Nicht weit vom Dramaten drängen sich am Nybrohamnen die Ausflugsboote in die Schären dicht an dicht und die Hotelpaläste in erster Reihe an der Wasserlinie gleich dahinter. Flaneuren bietet sich hier ein guter Blick auf die charakteristische Silhouette des Vasamuseums und das Nordiska Museet.

Hat man das **Nationalmuseum** 18 erreicht, kann eine neue Museumsrunde beginnen. Den Kunsttempel an der Skeppsholmsbron, 1860 eine der ersten Eisenbrücken des Landes, entwarf ein erfahrener Museumsbauer, der Architekt des Neuen Museums in Berlin, Friedrich August Stüler. Anders als auf der Berliner Museumsinsel entschied er sich bei dem 1846–66 errichteten Museum in Stockholm für die Neorenaissance – der Historismus des 19. Jh. ist ein variabler Baustil. Wichtige Werke niederländischer Maler des 17. Jh., u. a. Rembrandts ›Bataverschwur‹ und Arbeiten französischer Künstler des 18. Jh., aber auch eine Reihe schwedischer ›Klassiker‹ wie etwa Alexander Roslins berückende ›Dame mit dem Schleier‹ oder Prinz Eugens Landschaftsbilder sind in den Sammlungen vertreten, die es mühelos mit nahezu jeder kontinentalen aufnehmen können.

Ein Spaziergang auf Skeppsholmen bietet neben viel Kunstgenuß auch wieder reichlich Natur. Entlang der Promenade flaniert man vorbei an der beliebtesten Jugendherberge der Stadt, dem historischen Segelschiff ›Af Chapman‹ von 1888.

Nach dem Neubau ist das **Moderna Museet** 19 im Jahr 1998 größer und

Sechsmal Stockholm von oben – die schönsten Aussichtspunkte

Der **Kaknästorn** bietet unübertroffen den weitesten Blick über die Stadtlandschaft. Der 155 m hohe Fernsehturm war lange Zeit Schwedens höchstes Bauwerk, und ein Blick von oben überzeugt: Die Stadt scheint tatsächlich auf dem Wasser zu schwimmen, überall zwischen den Inseln blinken die Mälarwellen, und auf ihnen schimmert grün der Wald; nur die Hochhaussilhouetten am Horizont stören ein wenig das Bild einer idyllischen Stadt in vollendetem Einklang mit der sie umgebenden Landschaft (Bus Nr. 69).

Der zweifellos schönste Blick öffnet sich vom Turm des **Stadshuset** auf Riddarholmen und Gamla Stan. Für Fotografen empfiehlt sich der Nachmittag, wenn man nicht mit Gegenlicht konfrontiert sein will.

Katarinahissen: Der beste Aussichtspunkt, um ›Stockholm bei Nacht‹ zu sehen (der Aufzug fährt aber nur tagsüber), Zugang vom Mosebackstorg auf Södermalm.

Die schönsten natürlichen Aussichtspunkte befinden sich auf Södermalm: Der mit Bänken bestückte Fußweg **Monteliusvägen** führt auf der Klippenkante vom Ende der Skolgränd parallel zur Bastugatan – mit Paradeansichten auf Stadshuset und das Verkehrsgewimmel im Zentrum der Stadt.

Am Ende der **Duvnäsgatan** blickt man von den Klippen abends auf den Trubel in Gröna Lund und kann zusehen, wie direkt zu Füßen das Beladen einer der Riesenfähren nach Finnland abläuft (Bushaltestelle Sofia, Nr. 46).

Fjällgatan: Zur Aussicht auf das Treiben in Djurgården und Skeppsholmen bekommt man unter Umständen auch eine Tasse Kaffee in einem der Terrassenlokale am Ende der Erstagatan.

schöner an seinen angestammten Platz auf der Insel Skeppsholmen zurückgekehrt. Die Sammlungen zur klassischen Moderne gehört zu den besten der Welt, und ein Besuch gibt einen hervorragenden Überblick über alle wichtigen Strömungen der Kunst des 20. Jh. von Dada bis zur Gegenwart. Der Spanier Rafael Moneo schuf die originelle Dachsilhouette des Gebäudes. Auf den 20 000 m² Fläche findet zusätzlich die Sammlung des **Architekturmuseums** Platz.

Norrmalm-City und Östermalm

Statt sich ab dem Dramaten (s. S. 203) zu Museumsbesuchen nach Skeppsholmen zu begeben, kann man den Besuch der Stadtteile Norrmalm und Östermalm auch direkt anschließen. Die City verdankt ihre kühle, bisweilen abweisende und in manchen Ecken sogar schmuddelige Atmosphäre dem großen Umbau der 50er Jahre, als in diesem Stadtteil im Zuge des U-Bahnbaus ein

städtebaulicher Kahlschlag nur noch wenig von der älteren Bebauung übrig ließ. Die breiten, mehrspurigen Straßenschneisen Sveavägen und Birger Jarlsgatan, zugige Plätze, Hochhäuser und kalte Beton- und Glasfassaden sind das Ergebnis. Doch richtiges Großstadtleben pulsiert zumindest tagsüber am ehesten in der City: Einkaufsstraßen und große Kaufhäuser locken konsumfreudige Touristen und Einheimische, und viele Menschen arbeiten in den Bürogebäuden der umliegenden Straßen.

Kurz vor dem Norrmalmstorg, Endhalteplatz der Museumsstraßenbahn nach Djurgården und umgeben von Luxusläden, liegt das **Hallwylska Museet** [20], das Architekt Isak Gustaf Clason nach venezianischem und spanischem Vorbild 1893–98 als Privatpalais für den Grafen Walter Hallwyl errichtete. Als die Gräfin das Gebäude mitsamt der reichen Kunstsammlung dem Staat vermachte, wurde bestimmt, daß jede Veränderung unterbleiben müsse. So bekommt man hier einen authentischen

Eindruck von der Wohnumgebung einer noblen Familie in der ersten Hälfte des 20. Jh.

Entlang der Hamngatan geht es weiter mit Konsumtempeln und hektischem Großstadtleben. Das traditionsreiche, 1915 gegründete Nobelkaufhaus NK (Nordiska Kompaniet) macht den Anfang, hier läßt sich in den Abteilungen Küchenausstattung und Heimtextilien hervorragend skandinavisches Design einkaufen.

Nach den Planungen zur Neugestaltung der Innenstadt in den 50er und 60er Jahren sollte **Sergels Torg,** dort, wo Sveavägen, Klarabergsgatan und Hamngatan aufeinander treffen, das großstädtische Zentrum bilden. Deshalb erstreckt sich unterirdisch zwischen Sergels Torg und Kungsträdgården eine einzige riesige Shoppingmeile. Einen Besuch wert ist der Laden ›Designtorget‹ im Untergeschoß des **Kulturhuset** 21 an der Südseite des Platzes, wo auch Ausstellungen und andere kulturelle Ereignisse stattfinden. Es gibt ein Internetcafé und in der Bibliothek eine große Auswahl ausländischer Zeitungen.

Eine wahre Oase der Ruhe inmitten des Einkaufsgetümmels bildet **Klara kyrka** 22. Die Kirche dominiert mit ihrem markanten kupfergrünen Turm die Silhouette der Innenstadt mindestens ebenso wie die fünf Hochhäuser am Hötorget. Johan III. ließ die Gemeindekirche für den Stadtteil Norrmalm Mitte des 16. Jh. von den Flamen Henrik van Huwen und Willem Boy bauen. Auf dem Friedhof ist das Grab des Musikers und Dichters Carl Mikael Bellman zu finden, erkennbar am Porträtmedaillon von Johan Tobias Sergel.

Nahe dem Busbahnhof Cityterminalen, an der Vasagatan, erhebt sich hinter der Einmündung der Mäster Samuelsgatan ehrfurchtgebietend die wuchtige Gebäudekomplex der früheren **Hauptpost** 23, ein wichtiger Bau der Jahrhundertwende mit abgerundeten Ecken in rosa Sandstein, den der Jugendstilarchitekt Ferdinand Boberg entwarf.

Über die belebte Kungsgatan und Drottninggatan, eine der Haupteinkaufsstraßen der City, erreicht man den **Hötorget** 24 (Heumarkt). Auf dem Blumen- und Gemüsemarkt vor der antiken Säulenfront des Konserthuset herrscht lebhaftes, orientalisch anmutendes Treiben. Das Gebäude mit Carl Milles' Orpheusfontäne davor ist ein typisches Beispiel für den Kulturklassizismus der 20er Jahre, alljährlich Schauplatz der Nobelpreisverleihung und, als Heimstatt des Stockholmer Philharmonischen Orchesters, natürlich von Konzerten. Jenseits des Hötorget ragen im Süden am Sveavägen die fünf hintereinandergestaffelten Hochhäuser auf, die schon aus der Ferne die Stockholmer City markieren. Sie wurden in den 50er Jahren errichtet.

Mit dem Rücken zu Konzerthaus und Hochhäusern geht es gen Norden, zur **Adolf Fredriks kyrka** 25, von Carl Fredrik Adelcrantz Ende des 18. Jh. nach Vorbildern des französischen Klassizismus gebaut. Aus derselben Zeit stammen im Innern die Relieffigur des auferstehenden Christus mit barock bewegter Draperie von Johan Tobias Sergel, der auch das Grabdenkmal für René Descartes fertigte. Der französische Philosoph war 1650 in Stockholm gestorben, wo er sich auf Einladung von Königin Kristina aufhielt. Das Grab von Tobias Sergel selbst ist ebenso wie das des 1986 ermordeten schwedischen Ministerpräsidenten Olof Palme auf dem Friedhof zu finden.

Im Eckhaus Drottninggatan 85 trifft man auf eine Pilgerstätte für Literatur-Fans. Im Jahr 1908 bezog August Strind-

T wie Tunnelbana

Ein großes T signalisiert, wo es abwärts geht ins U-Bahnnetz der schwedischen Hauptstadt. Die in das harte Urgestein der Felsen gesprengte *tunnelbana* ist mehr als eine nüchterne öffentliche Verkehrsröhre und alles andere als langweilig. Sie ist eine Sehenswürdigkeit an sich. Man nennt das 110 km lange U-Bahnstreckennetz auch die ›längste Kunstgalerie der Welt‹.

Die Stadtväter hatten beim Bau viel Sinn für moderne Kunst. So fand Mitte der 50er Jahre der Vorschlag Gehör, »schöne Räume und eine anregende Umgebung in den Stationen der *tunnelbana* zu schaffen … und damit aus der einen oder anderen Hauptstation eine unterirdische Kathedrale, eine Fanfare aus Farbe und Rhythmus zu formen«. Die meisten Kunstwerke stammen aus den 70er bis 90er Jahren. An der Station **Kungsträdgården** empfängt den U-Bahnbenutzer seit 1977 eine geschickt ausgeleuchtete Grotte mit Wänden wie aus gewachsenem Fels, mit Spritzbeton gestaltet, und im Untergeschoß erinnern Abgüsse von Skulpturenfragmenten an den legendären ersten Königspalast Makalös an dieser Stelle. Eine der jüngsten Schöpfungen ist die Komposition aus beleuchtetem Glas in Regenbogenfarben in der Station **Bagarmossen** von 1994. Das Schöne mit dem Praktischen verbinden die 17 Granitskulpturen in **Skarpnäck,** die von den Fahrgästen mit Vorliebe als Wartebänke genutzt werden. Und wer in **Solna Centrum** aussteigt, findet sich konfrontiert mit eindrucksvollen Motiven zum Thema Umweltzerstörung.

Insgesamt gestalteten bislang 152 Künstler in enger Zusammenarbeit mit Architekten und Ingenieuren 70 der 100 U-Bahn-Stationen. Und jedes Jahr geben die Stockholmer Verkehrsbetriebe 2 Mio. Kronen für den Unterhalt und dem Neuankauf von Kunstwerken aus. Denn auch vor der Kunst macht Vandalismus nicht halt.

Jede Station der Blauen Linie von Kungsträdgården nach Akalla bzw. Hjulsta ist interessant gestaltet. Es lohnt sich also, ein Ticket zu kaufen und auf Entdeckungsfahrt zu gehen. Ein kostenloses Heft mit allen Stationen, Künstlernamen und Entstehungsdaten ist in der Touristeninformation oder bei den Verkehrsbetrieben SL erhältlich.

Kette aus dem Goldschatz des Historiska Museet

berg (1849–1912) eine Dreizimmerwohnung in dem erst 1907 errichteten Haus, das mit für die damalige Zeit modernstem Komfort wie Strom, Aufzug und Zentralheizung ausgestattet war. Seit 1973 ist sie im ursprünglichen Zustand als **Strindbergsmuseet** 26 wiederhergerichtet. Diese Wohnung im Haus ›Blå Tornet‹, der Blaue Turm, ist die einzige erhaltene der über 20 Wohnungen, die Strindberg in Stockholm bewohnte. Hier verbrachte er die letzten vier Jahre seines Lebens, als er schon ein berühmter Autor war. In der mit Originalmöbeln eingerichteten Wohnung sind Erinnerungsstücke an den vielseitig begabten Autor zu sehen, der sich auch mit Astronomie und Fotografie beschäftigte.

Ein Stückchen weiter die Drottninggatan entlang, erhebt sich auf einem Hügel im Park Observatorielunden ganz unauffällig die 1748 für die Akademie der Wissenschaften gebaute Sternwarte. Am Rand des Parks leuchtet weithin der Bücherturm der **Stadtbibliothek** 27.

Ein Blick ins Innere des schlichten, schönen Baus, ein 1927 von Gunnar Asplund entworfenes Werk des Funktionalismus, lohnt sich nicht nur wegen der Bücher.

Von der Ecke Sveavägen ist über die Odengatan die zweite große Verkehrsachse von Norrmalm erreicht, Birger Jarlsgatan, ein nach Pariser Vorbild entstandener großzügiger Boulevard, auf dem man Richtung Innenstadt zurückgeht. Im Park Humlegården (Hopfengarten) kann man auf einer Bank eine Pause einlegen. Die 1878 eingeweihte **Kungliga Bibliotek** 28 auf seiner Südseite besitzt als schwedische Nationalbibliothek ein Exemplar von jedem seit 300 Jahren im Land erschienenen Buch bzw. jeder Broschüre.

Kulinarisch könnte man den Ausflug nach Östermalm am Östermalmstorg mit einem Besuch der **Saluhall** 29 beenden, wo Feinschmecker zwischen allerlei Köstlichkeiten wählen können.

Kulturell könnte man ihn mit einem Besuch des **Historiska Museet** 30 beschließen, dessen Schatzkammer (Guldrummet) insgesamt 50 kg Gold und 250 kg Silber aus der Wikingerzeit birgt, darunter der erst 1995 entdeckte Trollhättefund mit 2 kg schweren goldenen Halsreifen und die rätselhaften Goldkragen aus dem 5. Jh. mit winzigen Fabeltieren und Masken. In den übrigen Sälen des Museums erfährt man alles über die gar nicht so graue Vorzeit von der Steinzeit vor 6000 Jahren bis zum Mittelalter, als die christliche Mission den hohen Norden eroberte.

Künstlerateliers, Schlösser und Schären: Außerhalb der Innenstadt

Schwedens erste Siedlung **Birka** 1 lag auf der Mälarinsel Björkö westlich von Stockholm und bot Archäologen in den vergangenen Jahrzehnten ein reiches Betätigungsfeld. Im 8. Jh. gegründet,

stieg Birka später zur neben Haithabu wichtigsten Handelsstadt im Norden auf, eine multikulturelle Gemeinschaft von Kaufleuten und Handwerkern, in der auch Missionar Ansgar im Jahr 825 sein Glück versuchte. Die Handelsbeziehungen reichten von der Wolga bis nach Byzanz mit Anschluß an die Seidenstraße. Die neuen Erkenntnisse über die Wikingerstadt illustriert ein kleines Museum mit Reproduktionen und anschaulichen Modellen. Für einen Ausflug per Schiff zu der Insel sollte man unbedingt auf gutes Wetter warten: Birka bietet vor allem schöne Umgebung und gute Badestellen, die Kunstwerke aus der Wikingerzeit schaut man sich besser im Historiska Museet oder im Museum von Sigtuna (s. S. 174ff.) an. Im Sommer verkehren Ausflugsboote vom Stadshuskai in Stockholm oder vom Birka gegenüberliegenden Adelsö.

Ein Stockholmaufenthalt wäre unvollkommen ohne den Besuch wenigstens

Die Umgebung von Stockholm

eines der an der Peripherie der Innenstadt gelegenen königlichen Schlösser. Allen voran **Drottningholm** 2, das sich die schwedische Königsfamilie zur Residenz erkoren hat. Zunächst von Baumeister Tessin d. Ä. und nach dessen Tod von seinem Sohn wurde Drottningholm 1690 im Stil französischer und holländischer Schlösser fertiggestellt. Mitte des 18. Jh. ließ Kronprinzessin Lovisa Ulrika Seitenflügel mit Rokoköräumen anbauen. Der Herkulesbrunnen und andere Skulpturen im Park sind Kriegsbeute u. a. aus Prag. Im Innern birgt das Schloß Skulpturen und Gemälde schwedischer Hofkünstler wie David Klöcker Ehrenstrahl. Das im Originalzustand von 1766 erhaltene Schloßtheater wird heute noch benutzt. Hier eine Oper oder Ballettaufführung mitzuerleben wie zu Zeiten Gustavs III., ist ein einmaliges Erlebnis. Den weiten Weg durch den Park zum Lustschloß Kina slott sollte man nicht scheuen. Das erst 1995 originalgetreu bis ins Detail restau-

rierte Schlößchen spiegelt die China-Mode des 18. Jh. vollendet wider und zeigt mit Seidentapeten, lackierten Stellschirmen und anderem Mobiliar sowie der exquisiten königlichen Chinaporzellansammlung eine außerordentlich kostbare Ausstattung.

Auch für **Haga** 3 im Norden der Stadt sollte man etwas Zeit mitbringen. Auf der Ostsee-Bucht Brunnsviken verkehren im Sommer Ausflugsboote, und die weitläufigen Wiesen laden zum Picknick. Gleich am Eingang grüßen die Kupferzelte, 1787–90 im Stil römischer Heerzelte als Unterkunft für die königliche Leibwache nach Entwürfen des Theatermalers Louis Jean Desprez gebaut. Die Fassaden der Holzbauten wurden mit Kupfer verkleidet und anschließend bemalt. Die Ideen für seinen Lustpark Haga hatte der ›Theaterkönig‹ Gustav III. auf Reisen in Italien und Frankreich 1783–84 gesammelt, ein großes Lustschloß sollte entstehen, dazu im Park Tempel, Grotten, Monumente –

Kupferzelt in Haga

den hochfliegenden Plänen setzte dann der tödliche Schuß auf dem Maskenball ein jähes Ende. Geblieben ist Gustav III:s Paviljong, 1787 von Olof Tempelman entworfen, dessen Inneneinrichtung in Hellblau und Gold Gustavianischen Stil in Reinkultur zeigt. Kronleuchter, Spiegel und große verglaste Scheiben zum See geben dem Salon ein einmaliges Flair.

Ebenfalls im Norden liegt **Ulriksdal** **4**. Mitte des 17. Jh. barock umgebaut, ist das Schloß innen im Stil des frühen 20. Jh. eingerichtet. Zu sehen ist u. a. der Salon Gustavs VI. Adolf (1882–1973). Der Park in wunderschöner Lage am Wasser begeistert Sonnenhungrige und Picknickfreunde, während die Orangerie Skulpturen schwedischer Bildhauer des 18. bis frühen 20. Jh. inmitten mediterraner Vegetation zeigt, dazu Gipsabgüsse berühmter klassischer Kunstwerke. Im ehemaligen Stall steht Königin Kristinas Krönungsequipage von 1650. Ein beliebtes Ausflugslokal ist Ulriksdals Wärdshus in einem hundert Jahre alten Bau im Wald vor der Zufahrt zum Schloß; und das restaurierte Theater Confidencen von 1753, Schwedens ältestes Theater, lockt mit einem ausgesuchten Sommerprogramm.

Der Philosophenkönig Karl XIII. und sein Nachfolger, der erste Bernadotte, prägten **Rosersberg** **5**, rund 35 km nordwestlich von Stockholm. Die Inneneinrichtung hat 137 Jahre Dornröschenschlaf unbeschadet überstanden, auch wenn die einst knalligen Originalfarben der Seidentapeten zu Pastelltönen verblichen sind. Die Schloßkapelle wird gern für Trauungen genutzt, und der wunderschöne englische Park am Wasser lädt zu Spaziergängen ein.

In herrlicher Lage auf den Felsen von Lidingö in dem Schärengürtel westlich der Innenstadt ist das Wohnhaus und Atelier von Carl Milles (1875–1955) zu

finden, einem der wichtigsten und international bekanntesten schwedischen Künstler. Der Skulpturenpark **Millesgården** **6** zeigt fast das gesamte Werk des Künstlers – vornehmlich Bronzeplastiken–, der außer in Skandinavien vor allem in den USA arbeitete. Besonders schön ist die große Terrasse über dem Wasser mit Blick auf das Finnlandterminal, wo die Kunstwerke besonders effektvoll in Szene gesetzt wirken. Milles eigene Sammlung umfaßt eine Reihe antiker Skulpturen.

Von Stockholm aus bieten sich eine ganze Reihe ganztägiger Ausflüge per Schiff in die einmalig schöne Inselwelt der Schären. Die der Stadt am nächsten liegende Schärenidylle findet man auf den winzigen **Fjäderholmarna** **7**, nur 25 Minuten Bootsfahrt vom Nybroplan entfernt. Restaurant, Fischräucherei und Kunsthandwerker, Kinderzoo und Ostseeaquarium ziehen große und kleine Besucher an.

Etwas mehr zu bieten hat da schon **Vaxholm** **8**, in ca. einer Stunde Bootsfahrt und auch per Auto zu erreichen. Schon Gustav Vasa ließ ein Kastell auf Vaxholm errichten, die heutige Festung aus dem 19. Jh. ist zum Museum umgerüstet. Rund 60 Inseln umgeben die Stadt in den Schären, die vor hundert Jahren zu den beliebtesten Sommerhausregionen der Hauptstädter gehörte. Entsprechend viele alte Holzbauten mit schönen Veranden und Schnitzwerk sieht man deshalb in der ›Holzstadt‹, wo noch bis 1912 Steinhäuser verboten waren. Der Segelboothafen ist einer der größten in den Stockholmer Schären.

Kein königliches, aber ein besonders hübsch gelegenes Schloß ist **Tyresö slott** **9** ca. 20 km südwestlich von Stockholm am Rand der Schären, eingebettet in einen zauberhaften englischen Park, der als einer der ersten in Schwe-

In den Stockholmer Schären

den schon in den 70er Jahren des 18. Jh. an einer wunderschönen Bucht angelegt wurde. Bauherr des Schlosses war Gabriel Oxenstierna (1620–36), doch wurde es später immer wieder umgebaut. Heute ist hier die Möbel- und Kunsthandwerksammlung des letzten Besitzers Marquis Klaes Lagergren zu besichtigen. In der benachbarten Villa Lilla Tyresö kann man sogar übernachten; das von Prinz Eugen 18 Sommer lang als Maleratelier genutzte Haus ist heute ein Vandrarhem. Die hübsche Backsteinkirche von Tyresö wurde 1641 als Grabkirche für Gabriel Oxenstierna errichtet.

Uppsala

(S. 343ff.) Architektonisch und atmosphärisch atmet Uppsala bis heute den Charme alter Universitäts- und Residenzstädte. Im Jahr 1477 wurde hier die damals nördlichste Universität der Welt gegründet. Daß man in der viertgrößten Stadt Schwedens ist, merkt man zumindest im Zentrum kaum.

Ganz bewußt hatten die christlichen Herrscher 1164 ihren ersten Bischofssitz gerade bei den Königshügeln, dem alten Kultzentrum der Svear, errichtet, die sich noch bis ins 11. Jh. der christlichen Missionierung widersetzt hatten. Aber schon im 13. Jh. zog der Bischof um – die Landhebung ließ den Hafen trockenfallen – von Gamla Uppsala an den Fluß Fyrisån gegenüber der Handelssiedlung Östra Aros mit guten Verbindungen zum reichen Landstrich um den Mälarsee. Auf diese Siedlung wurde der Name Uppsala einfach übertragen.

Die Stadt wurde schon damals vom Fluß in eine aktive, dem Handel verpflichtete Seite und eine an Lehre, Glaube und schließlich Macht orientierte Seite geteilt: Am Westufer des Fyrisån dominieren Dom, Universität und Schloß, während das Ostufer mit Cafés und Läden zum Stadtbummel einlädt.

Eine Besonderheit von Uppsalas Studentenleben sind die ›Nationen‹, nach den jeweiligen Landschaften benannte Versammlungshäuser, in denen man sich zum gemeinsamen Essen und Trinken trifft und die den oft von weither kommenden jungen Leuten ein Gefühl von Heimat unter Landsmännern und -frauen vermitteln wollen. Mit Burschenschaften haben diese ›Nationen‹ nichts gemein.

Stadtrundgang

Den **Dom** 1, die größte Kathedrale des Nordens, wird man kaum übersehen, denn die hohen Doppeltürme dominieren weithin die Stadtsilhouette. Der exakt 118,7 m hohe wie lange Bau wurde im 13. Jh. nach französischem Vorbild begonnen, aber erst 1435 eingeweiht. Sein einheitlich gotisches Äußeres und die Spitztürme erhielt er Ende des 19. Jh. durch Helgo Zettervall. Man warf dem Architekten die allzu freizügige Auslegung der vermuteten Bauabsichten im 13. Jh. vor. Dem Innern merkt man noch den schlichtenden Einfluß der westfälischen Baumeister an, von französischer Gotik ist es weit entfernt.

Prunkstück im Innern ist der Schrein des hl. Erik aus vergoldetem Silber, der die Gebeine des niemals offiziell heiliggesprochenen, der Legende nach 1160 bei einer Schlacht vor der Stadt getöteten Königs bergen soll. Gustav Vasas Sohn stiftete den Schrein 1573. Sein Vater hatte den ersten Eriksschrein konfiszieren lassen. Gustav Vasas prunkvolles Grabdenkmal, das den König von zwei seiner Frauen flankiert liegend zeigt, steht hinter dem Hauptaltar. Der flämische Künstler Willem Boy stellte es erst 1583 fertig. Die Jagellonenkapelle links vom Altar beherbergt die Grabmäler von Johan III. und dessen Frau Katharina Jagellonica.

Auch andere Berühmtheiten fanden ihre letzte Ruhe im Dom, darunter Carl von Linné – dessen Spuren man in Uppsala noch öfter begegnen wird –, der Theologe und Erzbischof Nathan Söderblom und der Philosoph Emanuel Swedenborg. Das Dommuseum im Nordturm zeigt kostbare Sakralgewänder, Silber und die Begräbnisregalien der Könige, außerdem das Gewand, das der unglückliche Svante Sture trug, als er wie seine Brüder 1512 im Schloß zu Uppsala ermordet wurde.

Das **Gustavianum** 2 in der ehemaligen Bischofsresidenz dem Dom gegenüber stiftete Gustav II. Adolf 1625 als Universitätsgebäude. Die Kuppel überwölbt das Anatomische Theater, das Olof Rudbeck im späten 17. Jh. für seine Medizinvorlesungen einrichten ließ. Von

den steil ansteigenden Sitzreihen des genial konstruierten Raumes konnten alle Studenten den Seziertisch betrachten. Der eigentliche Höhepunkt im Museum Gustavianum ist aber der Kunstschrank, den Gustav Adolf 1632 von der Stadt Augsburg geschenkt bekam. Er gehört zu den ältesten erhaltenen Stükken dieser Art, die so etwas wie die Keimzelle heutiger Museen darstellen: Die Reichen und Mächtigen jener Zeit sammelten Kunst, Kostbarkeiten und Raritäten wie Krokodilbabymumien,

Uppsala   1 *Dom*   2 *Museum Gustavianum*   3 *Universität*   4 *Universitätsbibliothek Carolina Rediviva*   5 *Schloß*   6 *Botanischer Garten*   7 *Bror Hjorths hus*   8 *Upplands museum*   9 *Linnéträdgården*   10 *Gamla Uppsala*   11 *Linnés Hammarby*   12 *Danmarks kyrka*

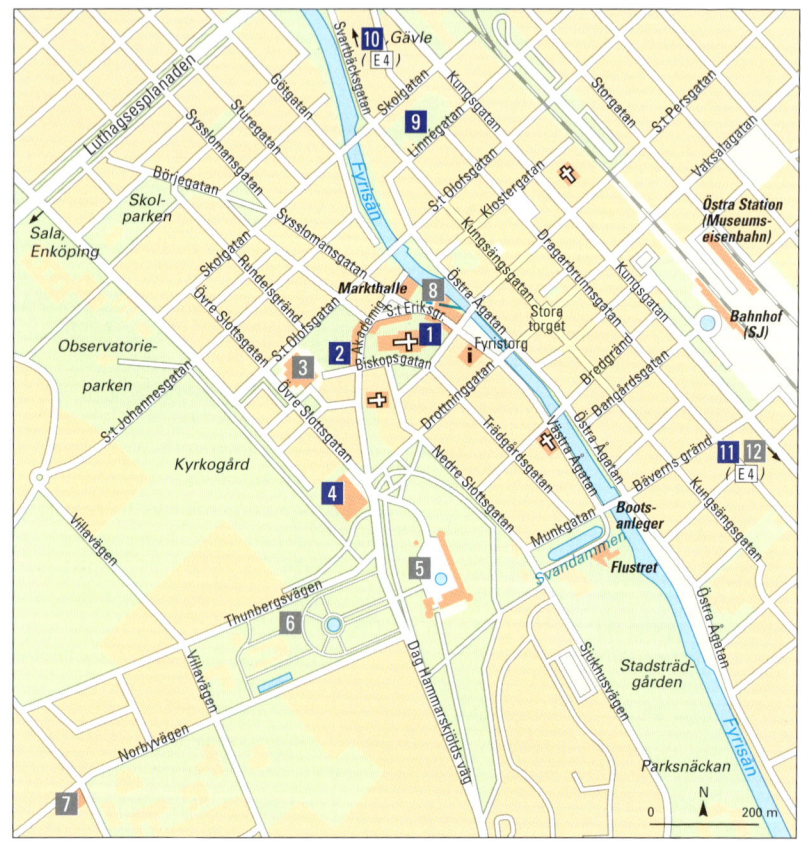

Das Anatomische Theater im Gustavianum

Schlangenhäute und Schneckenhäuser, Edelsteine und Vexierspiegel und führten diese, in sogenannten Wunderkammern oder eben solchen Kunstschränken aufbewahrten Schätze bei Gelegenheit ihren Gästen vor. Im Obergeschoß des Museums sind wikingerzeitliche Funde aus der Region ausgestellt.

In das Hauptgebäude der **Universität** 3 wenige Schritte weiter kann man ruhig einen Blick werfen, und schon die Halle des Ende des 19. Jh. errichteten Wissenstempels überwältigt durch edle Klassik. Sie ist im Innern in Grün-(Kolmården-Marmor) und Goldtönen dekoriert und römischer Thermenarchitektur nachempfunden.

Die 1620 gegründete älteste Büchersammlung Schwedens besitzt die **Universitätsbibliothek** 4 Carolina Rediviva: ca. 5 Mio. Bände und etliche Regalmeter Handschriften, darunter die berühmte Silberbibel, eine Abschrift der Bibelübersetzung von Bischof Wulfilas (311–83) aus dem 6. Jh., und die Carta Marina des Olaus Magnus von 1539.

Den Hügel über der Stadt mit dem wuchtigen **Schloß** 5 sollte man schon wegen der unübertroffenen Aussicht besteigen. Nach einem Brand 1702 schwer geschädigt, wurde es 1757 wieder aufgebaut und wirkt bis heute eher festungsartig als prunkvoll. Der Reichssaal war nicht nur Schauplatz von Krönungen, wie der Gustavs II. Adolf, sondern auch der Abdankung der zum Katholizismus konvertierten Kristina (1654). Heute sind hier außer dem *landshövding* und dem Konstmuseum mit der universitätseigenen Sammlung (Malerei vom 14. Jh. bis Mitte des 19. Jh., Wechselausstellungen moderner Kunst) das historische Wachsfigurenkabinett ›Vasavinjetter‹ im Gewölbe des Sturevalven untergebracht, wo denkwürdige Momente der Schloßgeschichte nachgestellt sind.

Der im 17. Jh. zunächst als barocker Schloßgarten angelegte **Botanische Garten** 6 am Fuß des Schloßbergs versammelt heute in Freiland und Gewächshäusern rund 10 000 Spezies aus aller

Der ›neue‹ Dom ...

Welt. Ein ganzes Stück den Norbyvägen stadtauswärts wohnte und arbeitete im Haus Nr. 26 der Künstler Bror Hjorth (1894–1968). **Bror Hjorths hus** 7 zeigt die größte Werkschau des eigenwilligen Künstlers, der stilistisch zwischen Expressionismus und Naiver Kunst anzusiedeln ist und durch seine Holzskulpturen und farbenfrohen Gemälde bekannt wurde. Eines seiner Werke, den ›Tänzerbrunnen‹, kann man vor dem Bahnhof von Uppsala sehen.

Vor dem Abstecher an das Ostufer des Fyrisån passiert man ein großes weißes Gebäude auf einer Insel im Fluß: **Upp-**lands museum 8 ist in der ehemaligen universitätseigenen Wassermühle eingerichtet, die seinerzeit erheblich zum Budget der Akademie beitrug. Schwerpunkte bilden Exponate zur Folklore aus Uppland, wie ein Exemplar der berühmten Schlüsselharfe *(nyckelharpa)* aus Österbybruk samt Klangbeispielen, und eine Ausstellung zur Stadtgeschichte.

Jenseits der Linnégatan findet man in einem unscheinbaren Holzzaun den Eingang zum **Linneträdgården** 9. Der Garten wurde nach alten Plänen wieder so angelegt, wie er vom Erfinder der botanischen Taxonomie (Einordnung in

... und der Dom von Gamla Uppsala

ein biologisches System) 1745 selbst geplant wurde: Die Pflanzen stehen hier nach dem Linnéschen System sortiert in Reih und Glied. Das Wohnhaus wie auch den Garten übernahm Linné von seinem Lehrer Olof Rudbeck d. Ä. (1630–1702). Mitte des 17. Jh. war es eines der ersten Steinhäuser in Uppsala. Zu besichtigen sind Linnés Arbeitsgeräte, ausgestopfte Tiere und Schildkrötenpanzer aus seinem Naturalienkabinett sowie die berühmte ›Zaubertrommel‹, ein Mitbringsel von seiner lappländischen Reise, mit der sich der Entdeckungsreisende voller Stolz in Holland porträtieren ließ.

Ausflüge in die Umgebung von Uppsala

Etwa 5 km Luftlinie in Richtung Norden liegt **Gamla Uppsala** 10 mit seinen vielen weithin sichtbaren Königshügeln. Jeder birgt ein Grab; bei Untersuchungen im 19. Jh. wurden die verbrannten Reste der Toten und kostbarer Grabbeigaben wie Goldblech, Glasgegenstände und Schmuck gefunden, die in das 6. Jh. datiert werden. In direkter Nachbarschaft steht ganz schlicht die älteste Domkirche von Uppsala, der Legende nach um die Mitte des 11. Jh. gebaut

Carl von Linné und die Blumen

Jeder passionierte Gärtner, jeder Hobbybotaniker, der schon einmal ein Pflanzenbestimmungsbuch konsultiert hat, kennt ihn: Carl von Linné. Das unscheinbare ›L.‹ hinter dem lateinischen Pflanzennamen zeigt an, daß diese Pflanze dem schwedischen Naturforscher ihren Namen verdankt. Denn Linné entwickelte nicht nur die bis heute gültige Einteilung der Pflanzen nach der Form ihrer Geschlechtsorgane (Blüten) in Nacktsamer und Bedecktsamer, er entwickelte außerdem die Ordnungsprinzipien des gesamten Pflanzen- und Tierreichs, die Einteilung in Klassen, Ordnungen, Gattungen und schließlich Arten (Spezies): Ihm ist also das klare, international gültige Bezeichnungssystem der binären Nomenklatur zu verdanken, das jede Spezies mit einem unverwechselbaren zweiteiligen Namen, bestehend aus einem Gattungs- und einem die Art spezifizierenden Eigenschaftswort versieht. So heißt

etwa das Stiefmütterchen nach Linné lateinisch *Viola tricolor,* das ›dreifarbige Veilchen‹; es gibt noch mehr Veilchenarten *(Violaceae),* allen gemeinsam ist eine ähnliche Blüte, aber nur dieses hat drei Farben. Über 8000 Pflanzennamen verzeichnet das 1753 erschienene Werk Linnés ›Species plantarum‹.

Etliche Pflanzen hat der Forscher auf seinen Entdeckungsreisen durch Schweden, die ihn bis nach Lappland führten, selbst entdeckt. Seine ›eigene‹ Pflanze ist ein zwar unscheinbares, aber bei näherem Hinsehen ganz reizendes Wesen: Das kaum 15 cm hohe Geißblattgewächs *Linnaea borealis,* zu deutsch Moosglöckchen, wächst in Schweden überall da, wo es am wildesten ist, im Wald zwischen Moos und Steinen. Es ist die Landschaftsblume für Linnés Heimatprovinz Småland, wo er auf dem Hof Råshult als Sohn eines Pfarrers am 23. Mai 1707 zur Welt kam. Als ältester Sohn wurde er in Växjö zur

Schule geschickt, um ebenfalls Theologe zu werden, ging aber als 21jähriger fast mittellos nach Uppsala, um statt dessen Medizinvorlesungen zu hören. Gönner wie der Theologe Olof Celsius und der große Rudbeckius, Erbauer der Anatomie in Uppsala, förderten den begabten Studenten, dessen Karriere nun nicht mehr aufzuhalten war; er schrieb für Rudbecks zweiten Sohn die Doktorarbeit und bot diesen Service auch später noch allen, die gut bezahlten. Seinen eigenen Doktor der Medizin machte er in Holland, 1738 an der Universität von Harderwijk. Er nutzte die Gelegenheit und schaute sich im Ausland um, in den Gärten Hollands, wo in den Orangerien damals in Europa einzigartige Gewächse aus fernen Ländern wuchsen, und wo er seine bahnbrechenden wissenschaftlichen Werke veröffentlichte, in Oxford und in Paris. Linné wurde ein berühmter Mann. Nach Schweden zurückgekehrt, ließ er sich zunächst in Stockholm als Arzt nieder. Den einheimischen Kollegen hatte er einiges voraus, denn Reisen bildet bekanntlich. Nach großen Heilungserfolgen bei der damals in feinen Kreisen grassierenden Geschlechtskrankheit Gonorrhoe avancierte er zum Modearzt und errang sogar die Gunst der Königin. 1741 wurde Carl von Linné endlich Nachfolger seines Lehrers Olof Rudbeck in Uppsala, wo er den Botanischen Garten nach seinem System umgestalten ließ und mit seinen Vorlesungen Scharen von Zuhörern anzog. Sechs Jahre später war der Gipfel seiner Karriere erreicht: Linné wurde Leibarzt des Königs und in den Adelsstand erhoben. Sein Wappen ziert neben einem Ritterhelm natürlich eine Pflanze – das bescheidene Moosglöckchen des gar nicht so bescheidenen Herrn von Linné.

und rund 100 Jahre später zum schwedischen Erzbischofssitz erhoben. Damals war die Kirche doppelt so groß wie heute. Viele Forscher nehmen an, daß sich hier noch bis ins 11. Jh. ein Kultplatz der altnordischen Religion befunden hat; Beweise eines Odinstempels fanden sich bisher noch nicht, wohl aber Reste von Holzbauten unter der Kirche. Im Historischen Zentrum nebenan sind ab Mai 2000 interessante Funde aus den Hügeln und eine Ausstellung zur Geschichte von Gamla Uppsala zu sehen.

Etwa 12 km südlich von Uppsala und 3 km von der Backsteinkirche in Danmark (s. u.) entfernt liegt **Linnés Hammarby** 11 noch in Sichtweite der Domtürme. Diesen reizenden Ort hatte sich Carl von Linné als Sommersitz auserkoren, hier empfing er seine Studenten zur ›Sommerakademie‹. Die Räume des ab 1762 gebauten Holzhauses sind in Originaleinrichtung erhalten und bergen allerlei Kuriositäten. So tapezierte der Botaniker sein Arbeits- und Schlafzimmer mit Herbarienblättern aus zeitgenössischen Druckwerken – die Arbeit immer vor Augen! Der Garten ist Linnés Zeit nachempfunden symmetrisch angelegt. Ein schöner Weg führt auf den Hügel mit Linnés Sibirischem Garten und einem gelb-weiß gestrichenen Steinhaus, in dem der Forscher sein Archiv aufbewahrte. Das Haus besaß keinen Kamin, denn Linné hatte panische Angst, seine Aufzeichnungen könnten ein Raub der Flammen werden – wie die von Olof Rudbeck zuvor.

Durch den Wald verläuft ein schöner Fußweg (2–3 km) zurück zur **Danmarks kyrka** 12 – der allsonntägliche Kirchweg der Familie Linné. Nach Linnés Hammarby kommt man übrigens auch gut ohne Auto oder Bus; ›Veteranturen‹ heißt eine kombinierte Dampfzug-, Schienenbus- und Schiffstour.

Wege
in den
Norden

Durch Dalsland und Värmland zum Siljansee

Der Weg nach Norden beginnt im lieblichen Dalsland, von allen schwedischen Landschaften die wasserreichste und deshalb ein Paradies für Kanuten. Die vielen Seen und Flüsse verbindet der Dalslandskanal. Nördlich dieser idyllischen Seen-, Wald- und Wiesengegend erstreckt sich das wilde Värmland, wo große Niederschlagsmengen, bis zu 700 m hohe Berge und der magere Boden kaum Ackerbau zulassen. In breiten Flußtälern ziehen die Wassermassen aus den norwegischen Bergen in Südostrichtung zum Vänersee: Glafsfjord, Fryken und Klarälven geben schon einen Eindruck von den großen Flußläufen, die man sonst erst in Norrland zu sehen bekommt. In den Tälern verlaufen die Hauptverkehrswege und liegen die wichtigsten Orte.

Das dünn besiedelte Land an der norwegischen Grenze wurde im 17. und 18. Jh. von finnischen Einwanderern kolonisiert. Forstwirtschaft und Bergbau sorgten später für eine gewisse Industrialisierung und brachten eine Herrenhof- und *Brukspatron*-Kultur hervor, der die auf dem Gut Mårbacka im Frykental geborene Schriftstellerin Selma Lagerlöf in Romanen wie ›Gösta Berlings Saga‹ ein Denkmal setzte. Mit ihrer schon norrländisch geprägten Landschaft bieten Värmland und Dalarna relativ weit südlich in Schweden bereits echte Wildnis-Erlebnisse. Wolf, Luchs und Vielfraß haben hier ihre südliche Verbreitungsgrenze; bei Paddel- und Floßtouren trifft man aber meist nur Elch und Biber.

Dalsland

Auf dem Inlandsvägen RV 45, neben der Küstenstrecke E 4 die wichtigste Nord-Süd-Straßenverbindung, geht es im Tal des Götaälv von Göteborg Richtung Norden. Nach 40 km ist **Lödöse** 1 erreicht, eine der Vorgängerstädte der Westküstenmetropole im Mittelalter und damals der einzige Handelsplatz Schwedens mit Nordseezugang. Lödöse war im 13. Jh. eine der größten Städte Schwedens, bis die Einwohner nach Süden in das spätere Göteborg umgesiedelt wurden. Im Lödöse Museum wird die große Vergangenheit des Städtchens beleuchtet und werden Funde der ausgiebigen Grabungen gezeigt.

Immer parallel zum Götaälv geht es nach **Trollhättan** 2 (S. 343). Die Industriestadt – SAAB- und Volvowerke beherrschen das Bild – verdankt ihren Wohlstand dem besonders wasserreichen Götaälv, der hier von Natur aus 32 m in die Tiefe stürzt. Zur Energiegewinnung wurde der mächtige Wasserfall schon früh genutzt, bereits im 15. Jh. klapperten hier die Wassermühlen. Heute wird die Kraft des Flusses so umfassend ausgebeutet, daß von einem Wasserfall meistens nichts mehr zu sehen ist. Nur an drei Tagen im Jahr erwacht die alte Pracht wieder zu brausendem Leben: An den Tagen des Wasserfalls (Fallens Dagar) am Mittsommerwochenende wird der Staudamm geöffnet und bietet dann ein Schauspiel, das die Menschen in Massen anzieht; auch an bestimmten Tagen im Mai und August strömt für begrenzte Zeit wieder das Wasser statt durch die Turbinen durch das natürliche Bett. In dem vom staatli-

◁ *Flöße auf dem Klarälven*

chen Energiekonzern Vattenfall betriebenen Info-Zentrum Insikten mit einer speziell für wißbegierige Kinder eingerichteten Experimentier-Ecke ist alles Wissenswerte über Stromgewinnung nicht nur aus Wasserkraft zu erfahren. Von dort aus starten Führungen, die einen Blick in Schwedens ältestes staatliches Kraftwerk, Olidestation von 1910, erlauben.

In Trollhättan sind noch mehr technische Wunderwerke zu sehen, die alle mit dem Namen Christopher Polhem verbunden sind. Der Erbauer des Trollhätte-Kanal hatte zwar schon im 18. Jh. mit den Arbeiten begonnen, mußte aber aus Geldmangel immer wieder pausieren, bevor im Jahr 1800 die Wasserfälle endlich umschifft werden konnten. Ein Spaziergang auf dem Slussleden führt zu der ältesten Schleuse *(sluss)* und zu weiteren von 1844 und 1916. Am höchsten Punkt informiert das Kanalmuseum über die Geschichte des Wasserweges, mit dem man der Verwirklichung des Traums von einer Schiffahrtsroute quer durch Schweden von der Nordsee bis zur Ostsee ein gutes Stück näherkam: Auf dem Götakanal kann man noch heute wie vor über 100 Jahren in sechs Tagen von Göteborg nach Stockholm schippern (s. S. 188).

Von Trollhättan lohnt sich ein Ausflug zu den merkwürdigen Tafelbergen am Südrand des Vänersees, Halleberg und Hunneberg. Steil und kahl ragen die Felswände fast 100 m aus der flachen Landschaft, oben sind sie völlig flach, bewachsen von dichtem Nadelwald, durchsetzt mit sumpfigen Seen und bevölkert von unzähligen Elchen. In den als königliche Jagddomänen geschützten Gebieten sind die ›Könige des Waldes‹ zwar meistens relativ ungestört – wenn nur nicht neugierige Touristen ständig einen Blick auf sie erhaschen

wollten... Elchsafaris werden von **Vänersborg** **3** (S. 346) aus angeboten.

Auf dem Inlandsväg (RV 45) gen Norden geht es bald über die Grenze nach Dalsland. Hinter Brålanda empfiehlt sich ein Abstecher über kleinere Straßen durch das Kroppefjäll. Der Höhenzug erreicht kaum 250 m Höhe, ragt aber merklich aus dem flachen fruchtbaren Acker- und Weideland Dalboslätten heraus. Quer über das Kroppefjäll führt ein schöner Wanderweg (Karl XII:s väg) in rund 15 km bis Järbo. Ein guter Startpunkt ist Forsebol südwestlich Dals Rostock. Vom einstigen Kurbetrieb in **Dals Rostock** **4** (S. 296) künden nur noch ein kleines Museum und das Sanatorium für Tuberkulosekranke, heute Vandrarhen. Das leicht radioaktive Wasser lockte einst Heilsuchende hierher.

Dalsland

Eine technische Meisterleistung: das Aquädukt von Håverud

Vom Berg Borekulle südlich des Orts hat man eine herrliche Aussicht über den See Örsjön bis hinüber zum Vänersee mit der Silhouette des Tafelbergs Kinnekulle im Südosten. Von der in der Völkerwanderungszeit an dieser Stelle errichteten Fliehburg ist kaum etwas zu sehen.

Nicht weit von Dals Rostock liegt **Gunnarsnäs** 5, dessen Glockenturm mit einem sonst in Schweden eher seltenen, aber für Dalsland typischen Material verkleidet ist: Schieferabbau hatte hier lange Tradition, weshalb viele Gebäude

in dieser Region mit diesem Material gedeckt sind. So auch die Holzkirche von **Skållerud** 6, die man von Gunnarsnäs gen Norden auf teils unasphaltierten Wegen erreicht. Die reiche Innenausstattung beeindruckt vor allem durch in warmen Farben gehaltene Wandmalereien vom Ende des 17. Jh. Die schmiedeeisernen Kreuze auf dem Friedhof erinnern an eine weitere Industrietradition in Dalsland: Eisenschmieden.

Die Werke dalsländischer Künstler, besonders Silber und Möbel, stehen im

Mittelpunkt des 1995 eröffneten Dalslands museum in **Åsensbruk** `7`, das als ›Ekohus‹ gänzlich ohne Kunststoffe errichtet wurde, nur aus Stein, Holz und natürlich Schiefer. Eine technische Meisterleistung und zugleich ein Relikt der Industriegeschichte kann man 2 km weiter in **Håverud** `8` bewundern. Der Dalslands kanal überquert die tiefe Schlucht des Hafreströmmen in einem 32,5 m langen Aquädukt, das aus mit 33 000 Nieten – von denen noch keine ausgetauscht werden mußte – verbundenen Eisenplatten zusammengesetzt ist. 50 m über dem Aquädukt quert außerdem die moderne Straßenbrücke die Schlucht, daneben verläuft die Eisenbahnbrücke. Die Streckenführung über ein Aquädukt erleichterte ganz erheblich den Warentransport auf dem Wasserweg vom See Stora Le zum Vänersee. Bevor der Dalslands kanal 1868 eingeweiht wurde, mußten die Lastkähne in Håverud mühsam umgeladen werden.

Zur Weiterfahrt kann man wählen, ob man weiter zu Wasser oder zu Lande reist, denn von Håverud verkehren Ausflugsboote nach **Tisselskog** `9`. Ansonsten geht es auf kurvenreicher Strecke mit vielen Bahnübergängen zu den Felszeichnungen am Hof Högbyn direkt am See Råvarpen. Im Café wird hausgemachter Kuchen serviert, den man auch im Garten unter dem Blätterdach einer bemerkenswerten Hängeesche genießen kann. Der Cafébetreiber ist Archäologe und erläutert auf Wunsch die in Unmengen auf den umliegenden Felsen sichtbaren *hällristningar* (s. S. 152f.). Die Informationstafeln regen zu eigenen Deutungsversuchen an; denn die Bedeutung der Symbole ist letztlich noch ungeklärt, weil schriftliche Quellen aus dieser Zeit fehlen. Besonders interessant ist eine auch als Akrobat bezeichnete Männerfigur, die auf einem Schiff

einen Salto rückwärts zu machen scheint. Ähnliche Darstellungen kennt man auch aus der Ägäis, und daß es zu jener Zeit Handelskontakte in den Süden gegeben hat, gilt inzwischen als sicher.

Über Långbron führt der Weg weiter zum **Baldersnäs herrgård** `10`, der schon im 19. Jh. über Schwedens Grenzen hinaus für seinen Park bekannt war. Die ›Allgemeine Gartenzeitung‹ beschrieb ihn in den 40er Jahren des 19. Jh. als »nordisches Paradies«. Ganz im Sinn des englischen Landschaftsgartens liegt er unter Ausnutzung der natürlichen Gegebenheiten auf einer Landzunge im See Laxsjön und beherbergt etwa 240 verschiedene Laubgehölze, die der Hüttenbaron und Schöngeist Carl Fredrik Waern ab 1823 anpflanzen ließ, dazu kamen künstliche Grotten, gotische Bauten und ein stattliches Holzschloß als Herrenhaus. Das heutige Hauptgebäude, mit Restaurant und kleinem Hotel, stammt allerdings von 1910–12. Im Park gibt es heute auch Attraktionen für Kinder wie Bauernhoftiere, Aquarium und Spielplätze. Baldersnäs profitiert noch immer von der herrlichen Lage inmitten der nach alten Plänen wiederhergestellten Parkanlage. Karl XV. ließ sich gar, als er 1868 zu Besuch war, zu der Aussage hinreißen, wäre er nicht schon Herr über Schweden, wolle er Herr über Baldersnäs sein.

Der Qualm und der Gestank über Billingsfors erinnern daran, daß die Zelluloseproduktion ein wichtiger Wirtschaftszweig in der Region ist. In **Bengtsfors** `11` (S. 295) am Südende des Sees Lelång wird im Freilichtmuseum Gammelgården auf dem Majberg mit einer Ausstellung im Halmens Hus an das uralte und zudem nicht so geruchsintensive Handwerk des Strohflechtens erinnert, das hier im Sommer von kundigen Flechterinnen gezeigt wird. Im

Gammelgården sind auch eine Herberge und ein Café zu finden.

Auf dem RV 164 geht es nach Osten Richtung Åmål über die alte Pilgerstation in **Edsleskog** 🔢. Heute endet hier der 51 km lange Wanderweg Pilgrimsleden, der bei Holms kyrka nördlich von Mellerud beginnt. Es folgt dem alten Pilgerpfad nach Nidaros (Trondheim) zu den Reliquien des hl. Olof, König der Norweger. Für die Pilger traf es sich gut, daß sich in Edsleskog eine heilkräftige Quelle und seit dem 12. Jh. eine dem hl. Nikolaus geweihte Kirche befanden. Die S:t Nicolai källa sprudelt noch, die Kirche wurde dagegen nach einem Brand 1902 nicht wieder aufgebaut, aber der Pfarrhof westlich davon, bestehend aus mehreren schiefergedeckten Holzbauten und einem neu angelegten mittelalterlichen Kräutergarten, ist erhalten.

Auf der Weiterfahrt Richtung Åmål kann man die Golfspieler auf dem Green vor der Kulisse eines neoklassizistischen Gutshauses den Schläger schwingen sehen: In die von 1686 bis 1885 betriebene Eisenhütte **Forsbacka bruk** 🔢 sind ein Restaurant und Golfhotel eingezogen.

Värmland

Auf kleinen Nebenstraßen geht es durch Wälder und vorbei an Seen weiter nach **Svanskog** 🔢, das bereits in Värmland liegt und als Kulisse für eine Freilichtaufführung eines Schwanensee-Balletts durchaus herhalten könnte: Es liegt eingebettet zwischen Seen. Auch hier führten Pilgerwege entlang; die heutige Kirche stammt von 1733, hatte aber mindestens zwei Vorgänger.

Nördlich von Svanskog trifft man auf die E 18, die Hauptstrecke nach Oslo, der man ca. 10 km nach Osten folgt, um

in Nysäter auf den RV 175 nach Norden zu biegen. Die Straße führt an den Ausläufern des als Kanugewässer berühmten Glafsfjorden entlang, vorbei an einem vorzeitlichen Gräberfeld bei Högsäter. Die Eichen im Naturreservat Stömne sind die nördlichsten im Värmland: Langsam, aber sicher nähert man sich den von Nadelwald beherrschten nördlichen Gefilden, und die Grenze der gemäßigten Laubwaldregion, der *Limes norrlandicus,* ist bald überschritten. Am Glafsfjorden, den man kurz hinter Stömne auf einer Brücke überquert, überwintern große Scharen von Singschwänen, die den Sommer lieber im arktischen Tundrengebiet verbringen.

Klässbol 🔢 am Ostufer des Glafsfjorden steht seit 1920 für gediegene Tischkultur, wie sie etwa beim Nobelbankett in Stockholm auf den Tisch kommt – die letzte Damastleinenweberei in Europa fertigt hier Tischdecken, Servietten und Handtücher. Doch Qualität hat ihren Preis. Im Fabrikladen kann man die Wäsche in ›Aussteuerqualität‹ erwerben. Die Gegend um **Arvika** 🔢 (S. 294) ist bekannt für die florierende Kleinindustrie. Eine vom Turistbyrå vorgeschlagene Route (Hantverksrundan) führt zu verschiedenen Kunsthandwerksbetrieben der Gegend mit ebenso hochwertigem wie -preisigem Angebot an Glas, Möbeln oder Zinn.

Am Rackensee nördlich von Arvika entstand um das Jahr 1900 so etwas wie ein ›schwedisches Worpswede‹. Der aus dem nahen Taserud stammende Bildhauer Christian Eriksson vermietete, aus Paris zurückgekehrt, die väterliche Möbelschreinerei an befreundete Künstler und Kunsthandwerker, die in einem einfachen Leben fern der Stadt Auswege aus dem Akademismus des offiziellen

Värmland und Dalarna

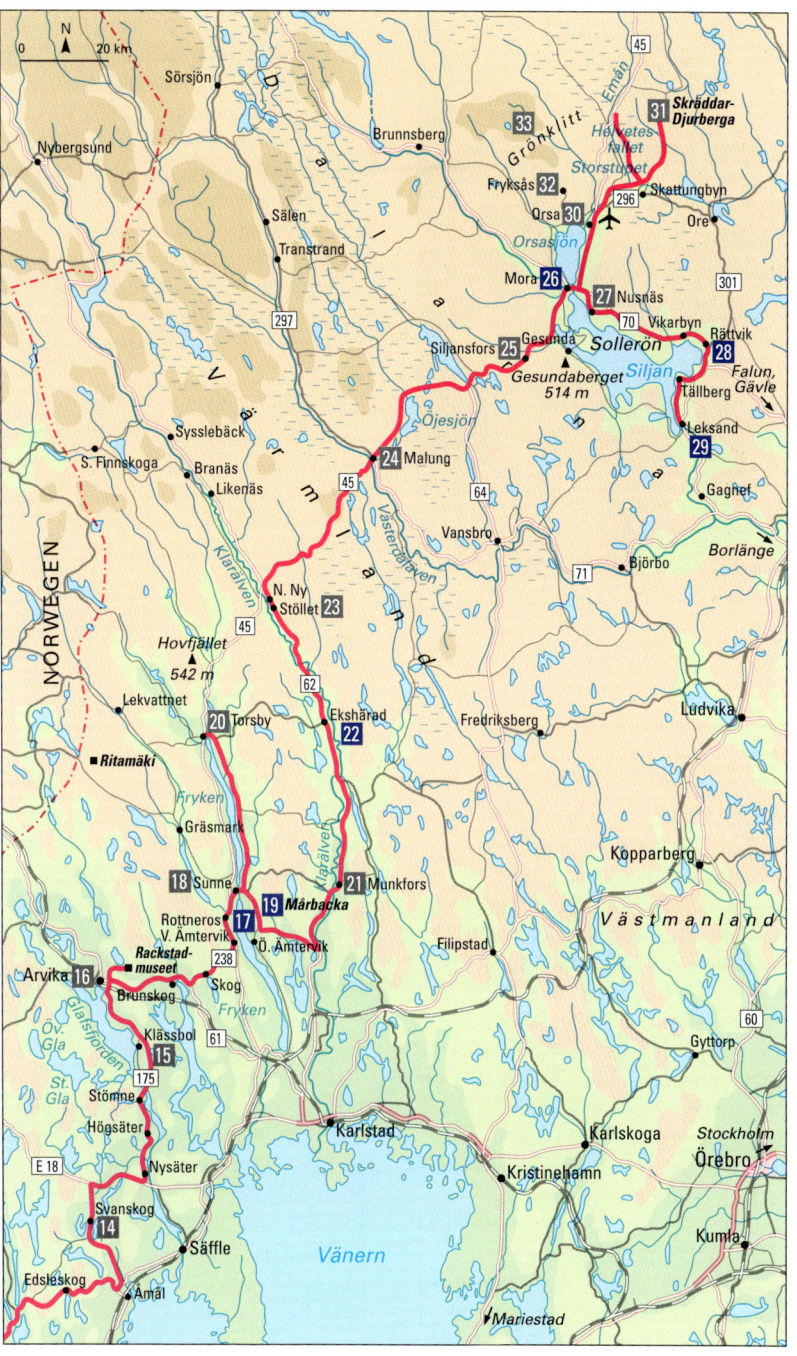

Selma Lagerlöf

nach Sunne nicht verpassen darf. Hinter Skog lohnt sich unbedingt ein Halt am Aussichtspunkt **Fryksdalshöjden,** nicht nur wegen des guten starken Kaffees, der hier zu selbstgebackenem Kuchen ausgeschenkt wird. Die Aussicht vom Turm ist überwältigend: Über die dunklen Baumwipfel blickt man in ein Bilderbuchschweden, das Frykental mit seinen Feldern, Wiesen, rot leuchtenden Gehöften und weißen Kirchtürmen, dahinter schimmern blau im Dunst die bewaldeten Bergrücken.

Auf dem Friedhof von Östra Ämtervik, dessen Kirchturm man von hier schon sieht, befindet sich das Familiengrab der Lagerlöfs, und hier ruhen auch viele der Personen, die Selma Lagerlöf als Vorbilder für ihre Romanfiguren nahm.

Die Schauplätze aus ihrer ›Gösta Berlings Saga‹ etwa sind rundum zu finden. Dem Ekeby des Romans entspricht das schmucke Herrenhaus im Park **Rottneros** 17, den man wegen seiner vielen Skulpturen, gepflegten Blumenrabatten und Springbrunnen besucht. Das inzwischen in Kooperation mit der Insel Mainau im Bodensee betriebene Unternehmen bietet auf 40 ha auch Attraktionen für Kinder wie Wolfs- und Luchsgehege, Minizoo und ›Nils Holgerssons Äventyrspark‹ (Märchenpark). Neben Repliken antiker Kunstwerke wie der Nike von Samothrake, die hoch über der Seeterrasse ihre Flügel ausbreitet, sind Werke der schwedischen Bildhauer Carl Eldh, Christian Eriksson und Kopien von Carl Milles' beeindruckendem Orpheusbrunnen (das weniger imposante Original steht am Hötorget in Stockholm) zu sehen. Insgesamt rund 100 Skulpturen ließ der Eigentümer Svante Påhlsson in den 20er und 30er Jahren aufstellen; das nach einem Brand 1932 im palladianischen Stil neugebaute Herrenhaus ist, mit Ausnahme des älteren Kavaljersfly-

Kunstbetriebs suchten. Sie gehörten zu den ›nordischen Impressionisten‹ und schufen eine zwischen Jugendstil und Symbolismus angesiedelte, von den Stimmungen in der Natur inspirierte Kunst. Am bekanntesten neben Eriksson, den es nicht lange in der Abgeschiedenheit Värmlands hielt, wurde Gustaf Fjæstad mit seinen Winterlandschaften, zur Rackstadkolonie gehörten außerdem seine Frau Maja sowie Björn und Elsa Ahlgrensson. Sie bauten sich einfache Häuser am Seeufer und lebten zum Teil in großer Armut als unbekannte ›Heimatmaler‹. ›Entdeckt‹ wurden sie erst vor wenigen Jahrzehnten. Einblick in ihr Werk gibt das Rackstad-Museum bei der ehemaligen Möbeltischlerei der Erikssons, wo auch Oppstuhage, Christian Erikssons Atelier und Wohnung, zu besichtigen ist.

Von Arvika nimmt man den RV 61 Richtung Karlstad bis kurz hinter Brunskog, wo man den Abzweig auf die 238

gel (1784) mit einer Kunsthandwerksausstellung, nicht zu besichtigen.

Die Stadt **Sunne** 18 (S. 340f.), Zentrum
der gesamten Region, heißt bei Selma
Lagerlöf Bro, und hier führt tatsächlich
eine Brücke über den Fryken. Eine sit-
zende Figur der Dichterin, die sinnierend
vor sich hinblickt, findet man im Park
nicht weit vom Turistbyrå. Der Sitz des
Hüttenbarons Melchior Sinclair, im Buch
›Björne‹, heißt in Wirklichkeit Sundsberg
und ist als Museum värmländischer
Herrenhofkultur mit zum Teil 300 Jahre
alter Originaleinrichtung zu besichtigen.

Das Gut **Mårbacka** 19, am östlichen
Ufer des Fryken, wo Selma Lagerlöf am
20. November 1858 geboren wurde und
aufwuchs, hatte nach dem Tod des Vaters verkauft werden müssen, bis es
Selma, die zeitlebens Heimweh nach
Värmland gehabt hatte, dank ihrer literarischen Erfolge gelang, das Gut zurück-
zukaufen. In den 20er Jahren ließ sie
einen Neubau errichten und lebte bis zu
ihrem Tod 1940 auf Mårbacka, das bis
heute als Gedenkstätte für die Literatur-
nobelpreisträgerin des Jahres 1909 unverändert blieb.

Das niederschlagsreiche Frykentalge-
biet zwischen Sunne und dem 36 km
entfernten Torsby verwandelt sich in der
kalten Jahreszeit in ein schneesicheres
Wintersportgebiet, das mit etlichen Ski-
liften ausgestattet ist und Abfahrten verschiedener Schwierigkeitsgrade bietet.
Torsby 20 (S. 342) war das Zentrum der
einstigen Finnenkolonie im nördlichen
Värmland. Im Finnkulturcentrum auf
Torsby herrgård wird daran erinnert,
daß die Siedler im 16. und 17. Jh. mit
Steuerfreiheit und anderen Vergünstigungen ins Land geholt wurden, dem
Wald durch Brandrodungen Boden ab-
gewannen und auf den mageren Böden
versuchten, Eßbares anzubauen. Typisch für die finnischen Siedlungen, wie

Carl Milles' Orpheusbrunnen in Rottneros

man sie bei Gräsmark und Lekvattnet
nahe der norwegischen Grenze findet,
sind das schornsteinlose Haupthaus
(pörte), aus dem der Rauch vom Herd-
feuer nur über eine Dachluke entweichen
konnte, eine Sauna, Trockenschober für
das Brennholz und die Saat sowie Räu-
cherhütten. Auch heute noch können
die abgelegenen Finnensiedlungen wie
Ritamäki nur auf kilometerlangen Fuß-
wegen erreicht werden. Mit dem Aufkommen des Bergbaus entwickelte sich
ein Interessenkonflikt zwischen *Brukspa-
tronen* und finnischen Siedlern, bei dem
natürlich letztere den kürzeren zogen.
Die Hüttenbarone bestanden auf dem
ungehinderten Zugang zum Brennstofflieferanten Wald, den sie durch die Ro-
dungen gefährdet sahen.

Diese alte Bruksmacht, die ab dem
18. Jh. die Finnen aus den Wäldern vertrieb, findet man noch gut repräsentiert
in **Munkfors** 21 (S. 324) 26 km östlich
von Sunne im Klarälvtal. Eindrucksvoll

Munkfors

steht der rostige Riesenhammer der Stahlschmiede vor dem ehemaligen Kontor. Wo einmal die Luft von dem ohrenbetäubenden Lärm seiner Hammerschläge dröhnte, stehen die alten Gebäude nun still und verlassen. Die 1988 abgebrannte und originalgetreu wiederaufgebaute Mekaniska Verkstaden wurde als Hüttenmuseum mit verschiedenen Modellen eingerichtet, die sich auch in Bewegung setzen lassen, um die Arbeitsvorgänge zu veranschaulichen. Das Martinswerk am Ende des weitläufigen Werksgeländes war 1868 das erste in Schweden und ist heute das letzte erhaltene in Europa. Bei der 1864 vom Franzosen Pierre Martin entwickelten Methode wird dem Roheisen Schrott zugesetzt, beides zusammen in einem Reduktionsbrand bei ca. 1500 °C ›gefrischt‹, d. h. von unerwünschten Inhaltsstoffen befreit und zu Stahl umgeformt. Das hatte den großen Vorteil, daß Schrott als billiger Rohstoff recycelt werden konnte. Kein Stahl verließ die Fabrik ohne Stempel; mit den Eisenstempeln zum Markieren des noch weichen Gußstahls kön-

nen Werksbesucher heute Holzplättchen verzieren und als Souvenir nach Hause tragen. Das Café Kvarnen sowie ein Restaurant und Hotel in der ehemaligen, 1893 gebauten Werkskantine Bruksmässen bieten Entspannung nach so viel anstrengender Industriegeschichte. Uddeholm Strip Steel AB, Spezialist für hochwertigen Bandstahl, stellt in Munkfors noch heute 80 % der Arbeitsplätze in der Industrie, die aber jetzt weitgehend ohne Lärm und Gestank auskommt.

Auf dem Friedhof von **Ekshärad** 22, ca. 50 km das Klarälvtal flußaufwärts, schmückt viele Gräber statt einem Stein ein schmiedeeisernes Kreuz, wie ein Baum behängt mit kleinen Eisenplättchen, die sich im Wind leicht bewegen, nicht viel anders als die Birkenblätter der Bäume ringsum. Viele der filigranen Schmuckstücke sind über hundert Jahre alt. Die Holzkirche selbst stammt aus dem 17. Jh. und besitzt als ältestes Inventar einen Taufstein aus norwegischem Speckstein aus dem 13. Jh. Ihre Vorgänger fielen Überschwemmungen zum Opfer; die mächtigen Frühjahrs-

Floßtour auf dem Klarälven – Die Entdeckung der Langsamkeit

Im Sommer bietet sich im Tal des Klarälven eine besonders friedvolle und entspannende Methode der Fortbewegung an: Auf selbstgebauten oder wahlweise auch fertig geschnürten Flößen kann man sich 110 Flußkilometer von Sysslebäck bis südlich von Ekshärad abwärts treiben lassen, wobei die Höchstgeschwindigkeit 2 km/h beträgt. Die klassischen Flöße werden unter fachkundiger Anleitung ohne einen einzigen Nagel mit Hilfe von Seilen aus runden Stämmen gebaut, damit das Holz später in Fabriken weiterverarbeitet werden kann. Wem das zu abenteuerlich ist: Die Komfortvariante sind bereits vorgefertigte Pontonflöße mit angenehm glatter Fläche. Auf so einem Gefährt ist Platz für bis zu vier oder sechs Personen, dazu gehören als Standardausrüstung Sonnenzelt und Flagge (sehr wichtig!), Proviant- und Wasserbehälter, Schwimmwesten, Paddel und eine lange Stange, auf Wunsch wird auch eine Campingausstattung zur Verfügung gestellt, denn auf der drei- bis sechstägigen Reise im Zeitlupentempo wird zum Übernachten jeweils eine Sandbank oder ein grasbewachsenes Uferstück angesteuert und dort gezeltet. Natürlich kann man sich auch direkt auf dem Floß bequem zur Nachtruhe betten.

Der Umgang mit dem urtümlichen Gefährt ist einfach, hat man erst einmal die richtige Fahrrinne erreicht, treibt es sich leicht dahin; doch beschreibt der Klarälv in seinem Bett etliche natürliche Kurven, 32 Schlenker nach Westen und 31 nach Osten gilt es zu bewältigen. Zum Manövrieren im Strom wird die lange Stange zum wichtigsten Hilfsmittel, und das Staken im schlammigen Grund sollte man etwas üben. Dennoch, besonders anstrengend ist eine solche Floßtour nicht; sie bietet vor allem Naturerlebnisse, ein Fernglas gehört also unbedingt ins Gepäck. Von Nord nach Süd vollzieht sich unterwegs der Wechsel von nördlicher Wildmark mit Beständen von Wolf, Luchs und Vielfraß zu den gemäßigteren Breiten. Neben Wasservögeln lassen sich mit ziemlicher Sicherheit Biber, Elche und Otter aus der Nähe beobachten. Und ein Trost: Die Erfahrung zeigt, daß sich deutlich weniger Mücken mitten auf dem Wasser herumtreiben als am Ufer.

hochwasser des Klarälven richten noch heute große Schäden an.

Dem ruhig dahinfließenden, breiten Fluß, der zwischen den dicht bewaldeten Hügeln dahinmäandert und mancherorts auch Sandbänke freigespült hat, traut man solch übles Tun kaum zu. Zwischen Sysslebäck und Ekshärad hat der Klarälv nur wenige Gefälle und ist frei von Stromschnellen – ein ideales Revier für geruhsame Paddel- und Floßfahrten.

Die Route verläßt hinter Stöllet/Norra Ny das Klarälvtal und den Pilgrimsleden, bis zur Reformation der wichtigste Pilgerweg nach Nidaros, an den in der Kirche von **Stöllet** 23 eine Holzskulptur des hl. Olof erinnert. Hier wechselt man gen Nordosten auf den RV 45, den Inlandsvägen, die klassische Nord-Süd-Verbindung im Binnenland.

Auf den folgenden 50 km erhält man schon einen Vorgeschmack auf den hohen Norden. Die Fahrt geht bergauf durch fast wegelose Wildnis und auf rund 500 m Höhe über die Grenze nach Dalarna, wo bald **Malung** 24 erreicht ist. Der Ort ist Zentrum der schwedischen Lederindustrie, und so sind hier Schnäppchen bei Leder- und Pelzwaren zu machen. Entlang dem schönen See Öjen mit Bade- und Campingplatz fährt man durch spärlich besiedelte Wald- und Moorlandschaft – ein Paradies für Beeren- und Pilzsucher – dem Siljansee entgegen. In **Siljansfors** 25 informiert das Waldmuseum mit angeschlossenem Versuchswald über forstwirtschaftliche Themen; der stattliche Rest einer Eisenschmelze *(masugn)* am Parkplatz erinnert an die hier seit dem 18. Jh. betriebene Stangeneisenfabrikation. Ein 5 km langer Wanderweg führt auf den Harkenberg mit schöner Aussicht. 18 km weiter ist Mora am Siljansee erreicht.

Eine Runde
um den Siljansee

Inmitten der kargen Waldweiten des übrigen Dalarna bildet das Siljangebiet eine wohltuende Ausnahme: blühende Wiesen, reiche Äcker und viele kleine Holzhäuser. Das Kernland schwedischen Brauchtums (Bauernmalerei, Volksmusik und -tänze, Trachten) scheint für ausländische Besucher eine ähnliche Rolle

zu spielen wie Bayern in Deutschland. Wahr ist, daß am Siljansee im Herzen Dalarnas der Sommer traditionell heftiger und bunter gefeiert wird als anderswo, wobei auch feuchtfröhliche ›Ausschreitungen‹ nicht selten sind.

Auf der Westseite des Siljan bietet der Gesundaberget mit 514 m Höhe den besten Aussichtsplatz weit und breit. Am Fuß des Berges wohnt nach alter Überlieferung der Weihnachtsmann, schwedisch *tomte*. Dem Umstand trägt ›Tomteland‹ Rechnung, das verständlicherweise bis auf wenige Ausnahmen nur im Sommer Einblick in das Leben des im Winter arg Gestreßten erlaubt.

Die Insel **Sollerön,** durch eine Brücke mit dem Ort Gesunda verbunden, rühmt sich eines besonders milden Klimas und ist seit der Völkerwanderungszeit dicht besiedelt. Ausgrabungen in Bengsarvet, Dalarnas größtem Grabfeld, haben 123 Gräber ans Tageslicht gebracht. Auf der Insel werden die traditionellen langen Kirchboote (s. S. 234) gebaut.

Außer als Touristenort ist **Mora** 26 (S. 323) vor allem bekannt für zweierlei: für Mora-Stahl – die Metallindustrie ist noch immer ein wichtiger Erwerbszweig im ›schwedischen Solingen‹ – und als Ziel des Vasaloppet, jenem Volkslauf auf Skiern mit historischem Hintergrund. Denn wäre Gustav Vasa seinerzeit nicht enttäuscht von der mangelnden Resonanz seiner aufrührerischen Reden bei den Dalekarliern Richtung Norwegen auf die Skier gestiegen, und hätten ihn nicht flinke Landsleute noch vor der Grenze eingeholt, wäre Schweden vielleicht heute noch Teil des dänischen Imperiums. Der Vasalauf im März ist jedenfalls alljährlich ein nationales Ereignis. Sogar ein Museum zum Thema wurde eingerichtet.

Zu den wenigen schwedischen Künstlern, die schon zu Lebzeiten internatio-

Kirchbootrennen auf dem Siljansee

nal Anerkennung genossen, gehört Anders Zorn (1860–1920), der Sohn eines deutschen Bierbrauers. Tatsächlich hat Anders Zorn, der in Paris die Akademie besucht hatte und wesentliche Impulse von den französischen Impressionisten bezog, wie kein anderer Künstler das warme lebensspendende Licht des Sommers eingefangen – besonders gern auf nackter Haut und ganz ohne Melancholie. Als er sich die Holzkate seiner Großeltern in Mora zum Domizil Zorngården ausbaute, war er schon ein reicher und berühmter Mann. Er ließ das traditionelle Holzhaus mit den neusten technischen Errungenschaften wie Telefon und Zentralheizung ausstatten, erhielt aber den altertümlichen Charakter. Wie man es bei einem weitgereisten Künstler, der lange Zeit im Ausland gelebt hatte, nicht anders erwartet, ist das Haus vollgestopft mit Kuriositäten wie antiken Figuren, Gobelins und altem Silber. Das Wohnzimmer im ersten Stock besitzt einen offenen Dachstuhl. Ganz

oben in 11 m Höhe ließ sich Zorn eine Art Kanzel bauen. Im Zornmuseet gegenüber dem Zorngården kann man Werke des Meisters, der drei amerikanische Präsidenten porträtierte, bewundern, neben Ölbildern Aquarelle, Skizzen auch seine kulturhistorischen Sammlungen. Zorns Interesse für Kulturgeschichte war – typisch für seine Zeit – groß, und er sorgte dafür, daß verschiedene alte Gebäude nach Mora versetzt wurden. Am Ortsrand von Mora vereint Zorns Gammelgård eine komplette Hofanlage, z. T. aus dem Mittelalter, und in einem separaten Gebäude die Textilsammlung des Künstlers.

Auf dem Weg nach Rättvik passiert man **Nusnäs** 27, das als Heimat der Dalapferdchen gilt. In der Fabrik kann man die Entstehung der *dalahästar* verfolgen, die nach wie vor in Handarbeit geschnitzt und bemalt werden – neben dem Plüschelch wohl das beliebteste Souvenir aus Schweden, das man natürlich im Fabrikladen auch kaufen kann.

Rättvik 28 (S. 330) am Ostufer des Siljansees ist über Schwedens Grenzen hinaus bekannt als Mekka der Volksmusik- und Volkstanzenthusiasten. Ab Mittsommer jagt eine Attraktion die andere; bis Anfang Juli finden die Kirchbootrennen auf dem Siljansee statt, im Juli folgt das Volksmusikfestival Musik vid Siljan. Aber schon im August kehrt Ruhe ein, dann lockt der auf dieser Seite relativ seichte See mit Badefreuden, und nur von den Ausflugsdampfern klingen noch Akkordeonklänge über den stillen See. Berühmt ist die Långbrygga, der 628 m weit in den See ragende, inzwischen rekonstruierte Holzsteg, an dem die Dampfer seit 100 Jahren anlegen – der Siljan ist einfach zu flach auf dieser Seite.

Die Naturgeschichte der Region, etwa die Entstehung des Sees, schildert das Naturmuseum im Kulturhuset. Das Rätsel des Siljansringen ist noch nicht ganz geklärt, aber man nimmt an, daß das ringförmige Seensystem, dessen südlichen Teil der Siljan bildet, durch einen Meteoriteneinschlag vor etwa 400 Mio. Jahren zustandekam. Die zuvor abgelagerten Gesteine sanken in den gigantischen Krater ab und wurden so vor späteren Zerstörungen durch das Inlandeis bewahrt. Sie bilden die guten Böden am Rand des Siljansees. Die Kalkinseln im Urbergsgestein sind Lebensraum seltener Orchideen.

Im Wasser spiegelt sich, von weitem als Wahrzeichen Rättviks erkennbar, der weiße Turm der Kirche, deren angegliederten Ställe aus dem 16. Jh. zu den ältesten Schwedens gehören. Die sonntäglichen Kirchbootfahrten erinnern an die alten Zeiten, als die Gläubigen – Gottesdienstbesuch in regelmäßigen Abständen war Pflicht – den Weg übers Wasser nahmen, was praktischer war als die wegelosen Wälder zu durchqueren. Wer mit dem Pferd kam, konnte es in einem der hölzernen Ställe zu Füßen der Kirche unterbringen.

Vom Aussichtsturm des 325 m hohen Berges Vidablick (Weitblick) südlich der Stadt bietet sich ein schöner Blick auf den See, die roten Holzhäuschen und Wiesen an den Ufern zwischen Rättvik und Vikarbyn. Wer etwas Zeit hat, kann für die Weiterfahrt nach Leksand die besonders schöne Strecke über Hjortsnäs und Tällberg wählen, die herrliche Ausblicke auf den See bietet. Dieses ist auch einer der schönsten Abschnitte des ausgeschilderten Radwanderwegs um den See (Siljansleden).

Leksand 29 (S. 317) am Südende des Siljan besitzt eine der ältesten Kirchen der Gegend mit Ursprüngen im 13. Jh. Der Zwiebelturm kam allerdings erst 500 Jahre später dazu; aus der Zeit stammt auch die Barockeinrichtung. Der kleine Ortskern bietet einige gutsortierte Trödelläden in alten Holzhäusern.

Orsa und Umgebung

Die Kirche von **Orsa,** 30 (S. 328), ursprünglich im 14. Jh. errichtet, blieb als eines der wenigen Gebäude vom Stadtbrand 1901 verschont. Die Wandmalereien im Chor stammen aus dem 15. Jh., als die Kirche stark vergrößert wurde, sind allerdings nicht gut erhalten.

Die Umgebung von Orsa ist ein beliebtes Wintersportgebiet, aber auch im Sommer bieten sich viele Freizeitmöglichkeiten, z. B. Wanderungen in der Schlucht des Emån, den die Schienen der Inlandsbana auf einer hohen Brücke queren. Den Blick von der Eisenbahnbrücke in den 34 m tiefen Canyon sollten nur Schwindelfreie wagen! Man erreicht die Schlucht Storstupet außer per *rälsbuss* über einen Abzweig von der zum Flugplatz führenden Straße (rechts).

Vom Storstupet aus geht es weitere 6 km Wanderweg zum Helvetesfall, einem höchst beeindruckenden Wasserfall.

Nördlich des Orsasjön gab es früher viele Sennereien *(fäbodar)*. Weil die Bauern ihrem Vieh in den Tälern nicht ausreichend Weidegrund bieten konnten – der beste Boden wurde als Ackerfläche benötigt –, brachte man die Kühe, Ziegen, Schafe, im Sommer auf die ›Alm‹, d. h. auf nur zum Teil gerodete Flächen im Wald, wo sie weitgehend selbständig auf Futtersuche gingen. Zum Hüten, Melken und Verarbeiten der Milch lebten im Sommer Hirten in den einfachen Hütten. Die Sennerei **Skräddar Djurberga** 31 nordöstlich von Orsa ist seit dem 17. Jh. in Betrieb. Heute werden hier im Sommer Milch, Dickmilch und *tunnbröd* serviert sowie in Kupferkesseln auf dem Feuer gekochter Kaffee und frisch bereitete *mesmör*. Das ist etwas ganz anderes als Käse: Der süße Brotaufstrich – gewöhnungsbedürftig, aber in Schweden sehr beliebt – entsteht, wenn die Milch stundenlang auf dem offenen Feuer im Kessel gekocht wird, so daß viel Flüssigkeit verdampft und der Milchzucker karamelisiert. Man erreicht Skräddar Djurberga, wenn man in Orsa die Straße 296 nimmt, links über die Bahngleise abbiegt und dann rechts auf einen Schotterweg (ca. 25 km).

In der ehemaligen *fäbod* **Fryksås** 32 nordwestlich von Orsa gibt es keine Kühe mehr, die alten Gebäude wurden zu komfortablen Übernachtungshütten umgebaut und bieten einen unschlagbaren Weitblick.

Vor allem für Kinder ist der Besuch bei Meister Petz in **Grönklitt** 33, dem größten Bärenpark Europas eine Verlockung, wo die scheuen Tiere zusammen mit Wolf und Luchs in ihrer natürlichen und weitläufigen Umgebung leben. Falls sich die Bären gerade rar machen: Auf den Aussichtsrampen eröffnet sich auch ein herrlicher Blick auf den See.

Bergwerksrunde durch Västmanland und Dalarna

In den Bergslagen-Distrikten nördlich von Stockholm hat der Bergbau eine jahrhundertelange Tradition, die noch heute etwa in den drei flammengekrönten Bergen im Landeswappen von Västmanland sichtbar wird. Sie markierten auf den alten Landkarten des 16. Jh. die Bergwerke, die besonders im westlichen Västmanland dicht an dicht liegen. Noch heute ist diese Gegend eine der am stärksten industrialisierten Schwedens, ebenso wie Kopparbergs län in Dalarna. Die riesige Kupfergrube von Falun wurde seit dem Mittelalter ausgebeutet, und man förderte neben Kupfer Blei, Zink und anderen Metallen als Nebenprodukt die berühmte *falu rödfärg,* jene rostrote Eisenfarbe, die Schwedens

Holzhäuser so unverwechselbar schwedisch macht.

Weiter östlich, in Gästrikland, führten die guten Verkehrsverbindungen über Gävle als Ostseehafen und innovative Techniken Mitte des 19. Jh. zum Boom der Eisenindustrie. Orte wie Lövstabruk sind wie viele andere auch mit dem Namen Louis de Geer verknüpft. Der Hüttenbaron aus dem wallonischen Lüttich machte Schweden im 17. Jh. zur Waffenschmiede Europas. Die Rundfahrt geht von Stockholm oder Uppsala aus und führt vornehmlich zu Denkmälern der Industriegeschichte, es ist aber auch ein kleines Beiprogramm für Freunde der Schönen Künste und Naturliebhaber dabei.

Bergwerksrunde in Västmanland und Dalarna

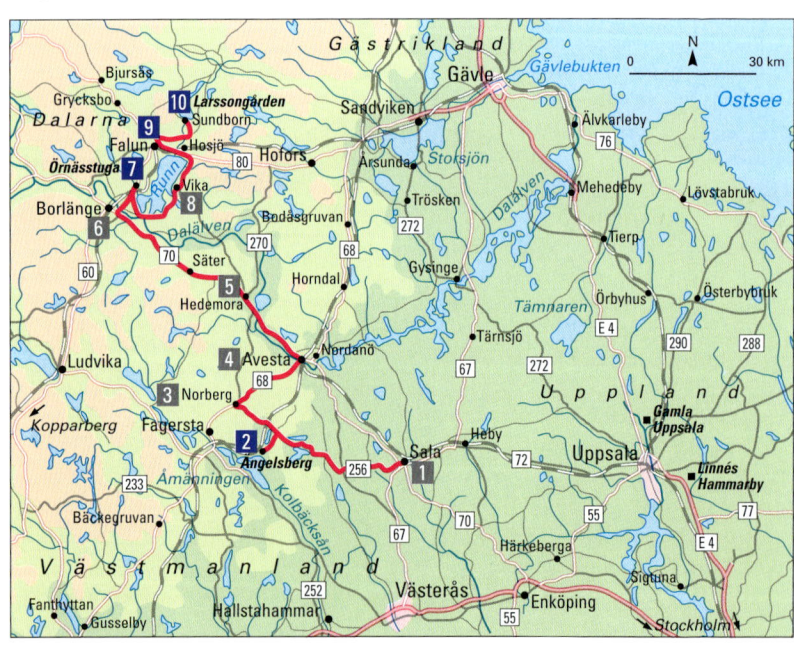

Zeugnisse des Bergbaus in Västmanland

Die Legende berichtet, ein Bauer habe die Silbervorkommen in **Sala** 1 (S. 331) Ende des 15. Jh. dadurch entdeckt, daß seine Kühe immer mit silbrigglänzenden Hörnern von der Weide im Wald heimkamen. Unter Gustav Vasas Ägide geschah schließlich die planmäßige Ausbeutung des Bleiglanzes, der ein Prozent reines Silber enthält, ein sehr hoher Anteil. Der König, stets um die Sanierung seiner Staatskasse bemüht, ließ bis zu 4 t Silber jährlich aus der Grube holen. Tausende fanden im Bergbau Arbeit und besiedelten zur Blütezeit des Abbaus Mitte des 16. Jh. das *gruvby* (Grubendorf), bis 1654 ein paar Kilometer entfernt die heutige Stadt gegründet wurde.

Noch bis 1877 wurden in Sala nach der alten Feuermethode vor allem Blei-, Zink- und Kupfererze gewonnen. Das erzhaltige Gestein wurde durch das Anzünden großer Feuer und die anschließende rasche Abkühlung ›aufgebrochen‹. Der Berg bekam Risse und konnte mit großem Arbeitseinsatz und unter Lebensgefahr in handliche Stücke zerlegt werden. Seit 1908 ist die Grube stillgelegt. Mit Helm, Stiefeln, Overall und Taschenlampe ausgerüstet, können Besucher heute in die schaurigen Tiefen steigen. Die längste und anstrengendste Variante einer Grubentour dauert zwei Stunden, führt bis in 60 m Tiefe und, besonders beeindruckend, an den Rand des 318,6 m tiefen Karl XI. Schacht.

Wahrzeichen der Grube ist das hübsche Gebäude über Drottning Christinas Schakt, ein Stück dahinter liegt das Museum, das Einblick in den Alltag der Grubenarbeiter gibt. Ausschließlich ihre Witwen durften Kneipen betreiben, und daß zeitweise jedes dritte Haus eine solche beherbergte – es also viele Witwen gab –, lag wohl nicht nur an den lebensgefährlichen Arbeitsbedingungen, sondern auch am bleihaltigen Wasser in der Grube, das von den durstigen Arbeitern getrunken wurde. Tod durch Bleivergiftung war oft die Folge.

Schöne Parkanlagen mit Seen und weißen Brücken prägen das Bild der einstigen Grubenstadt Sala. Die hübsche backsteinerne Stadtkirche stammt aus der Mitte des 17. Jh. Die Sala sockenkyrka (Gemeindekirche) etwa 1 km nördlich ist 300 Jahre älter und besitzt die frühesten Werke von Albertus Pictor, der zusammen mit seinem Lehrer in der Zeit vor 1467 die Kirche innen ausmalte.

Ängelsbergs bruk 2, das welteinzige Beispiel einer frühen Stangeneisenschmiede, wurde von der UNESCO als Weltkulturerbe eingestuft. Die komplette Anlage mit Hammerschmiede, Arbeiterwohnungen und dem Herrenhof des Hüttenbesitzers kann im Rahmen von Führungen besichtigt werden. Ganz in der Nähe trifft man auf eine Kuriosität der Industriegeschichte: Auf Oljeön, der Ölinsel, stand Schwedens einzige Ölraffinerie. Mangels eigener Ölquellen importierte August Ålund, der eine Methode zur Umdestillation erfunden hatte, in den 70er Jahren des 19. Jh. Rohöl aus Texas, wo die Raffinationstechnik noch in den Kinderschuhen steckte und destillierte daraus auf der Insel im See Åmänningen Petroleum und Schmieröle. Die Fabrik war noch bis 1907 in Betrieb, sie ist heute im Rahmen von Bootsausflügen zu besichtigen.

Die erste schriftliche Erwähnung als Eisenerzgebiet fand **Norberg** 3 (S. 325) 1303. Als Engelbrekt Engelbrektsson 1434 hier einem Aufstand der Bergwerksbauern – viele Großbauern waren zugleich Besitzer von Gruben – gegen die dänische Herrschaft anzettelte, war Norberg die wichtigste Bergbauregion des Landes. Die gesamte Region ist von rund 200 Gruben durchsetzt wie ein Schweizer Käse. Bei Ausgrabungen im 6 km entfernten Lapphyttan entdeckte man sogar eine komplette Eisenschmiede des 12. Jh., die älteste in Europa bekannte, die inzwischen originalgetreu nachgebaut wurde. Nördlich der Stadt liegt die 1981 stillgelegte Kärrgruvan mit einer funktionierenden Schmiede und einem ›Polhemshjul‹. Das von Christopher Polhem erfundene wassergetriebene Rad diente zum Abpumpen des Wassers, das sich stets in den Gruben sammelte und für die Grubenarbeiter mindestens ebenso gefährlich war wie ein Bergsturz.

Im Tal des Dalälven nach Norden

Ca. 25 km nördlich liegt im Tal des Dalälven und schon in Dalarna die alte Industriestadt **Avesta** 4. Ab dem 14. Jh. arbeiteten hier Eisenschmieden, im 17. Jh. wurde das in Falun geförderte Kupfererz weiterverarbeitet, und bis ins 19. Jh. wurden alle schwedischen Kupfermünzen hier geprägt. Noch heute ist das Stahlwerk Avesta Jernverk ein bedeutender Arbeitgeber. Im Zentrum findet man im Gamla Byn ein Myntmuseum und alte Bebauung aus dem 17. Jh.

Hedemoras 5 Stadtprivilegien gehen auf das Jahr 1446 zurück. Die älteste Stadt in Dalarna war Umschlagplatz für Pelzwaren und besitzt um den Markt Stora Torget noch einige ältere Bauten: Rathaus (1761), alte Apotheke (1752) und Stadshotell (1860). Eine Besonderheit ist das Hedemora Gamla Teater, eine Kombination aus Speicher (unten) und Theatersaal (oben), in den 20er Jahren des 19. Jh. Spielstätte für an Markttagen aufgeführte Volkstheaterstücke.

Nicht weit entfernt von der ältesten liegt die jüngste und größte Stadt Dalarnas: **Borlänge** 6 (S. 296) wurde erst im Jahr 1944 Stadt, auch sie ist dominiert von der Eisenindustrie. In der sehenswerten Mineraliensammlung des Geologiska Museet kann man sich anhand des Anschauungsmaterials davon überzeugen, daß man, wenn man in der Silbergrube von Sala einen silbrig schimmernden Stein mitgehen ließ, garantiert kein Silber erwischt hat. Im Framtidsmuseet (Zukunftsmuseum) kommt man experimentell der Zukunft näher. Das überaus interessante Museum bietet einen populärwissenschaftlich aufbereiteten und durch eigene Experimente untermalten Einblick in die Entwicklung der Naturwissenschaften.

Auf der Weiterfahrt nach Falun sollte man zur **Ornässtuga** 7 abbiegen. Das mittelalterliche Holzgebäude ist in ganz Schweden berühmt als Aufenthaltsort von Gustav Vasa auf seiner Flucht vor den dänischen Verfolgern. Ob er nun dort übernachtete oder nicht, der 26 m lange, Anfang des 16. Jh. entstandene Bau ist mit seinen hübschen Laubengängen im Obergeschoß und an der Außentreppe ungewöhnlich gut erhalten.

Als Alternativroute zum RV 60 nach Falun bietet sich die Fahrt über **Vika** 8 an der Ostseite des Runnsjö an. Die Kirche am See ist im Innern über und über mit Kalkmalereien aus dem 16. Jh. geschmückt und besitzt einige mittelalterliche Holzskulpturen.

Falun

9 (S. 298) Die Stadt am Nordende des Runnsees wird bis heute assoziiert mit der berühmten **Kupfergrube,** deren Krater ›Stora Stöten‹ deutlich sichtbar gegenüber dem Grubenmuseum gähnt.

Er entstand durch einen katastrophalen Bergsturz am Mittsommertag 1687. Seit 1992 ist die bis zu 600 m tiefe Grube nicht mehr in Betrieb. Bei einem rund 1 km Spaziergang um Stora Stöten kann man den Panoramablick über die Stadt genießen, bevor man mit dem Fahrstuhl 50 m in die Tiefe fährt, um die Stollen zu durchwandern. Das in großen Mengen in der Grube vorkommende Vitriol besitzt konservierende Eigenschaften, und so bleiben die Weihnachtsbäume auch unter Tage gut zehn Jahre lang grün. Mit dieser Merkwürdigkeit hängt auch die unglaubliche Geschichte zusammen, die sich in der Grube zutrug: Eines Tages fand man in einem halb vergessenen Stollen einen scheinbar schlafenden jungen Mann. Man schaffte den Toten ans Tageslicht, und niemand erkannte einen Vermißten, nur eine alte Frau sah ihren Verlobten Fet-Mats wieder, der 40 Jahre zuvor in der Grube verschollen war. Die wahre Geschichte lieferte den Stoff für zahlreiche Erzählungen. So verewigte Johann Peter Hebel Fet-Mats in seiner Geschichte ›Unverhofftes Wiedersehen‹, erschienen im ›Schatzkästlein des rheinischen Hausfreunds‹ 1811. Neben einem Besuch der Grube lohnt die Besichtigung des **Grubenmuseums,** das die Geschichte des Kupferabbaus, der bis auf die Wikingerzeit zurückgeht und heute vom Unternehmen Stora betrieben wird, sowie eine Münz- und Mineraliensammlung zeigt.

Erst Mitte des 17. Jh. bekam die Grubensiedlung Stadtrechte, und typisch für diese Zeit ist auch die Backsteinkirche **Kristine kyrka** (gebaut 1642–55) am Stora Torget mit ihrer prächtigen Barockeinrichtung. Faluns ältestes Gebäude ist aber die **Stora Kopparbergs kyrka,** zum Teil aus dem 14. Jh., mit Wandmalereien. Auf dem Friedhof wurde der berühmte Fet-Mats begra-

ben, 40 Jahre nach seinem Tod so gut erhalten, als sei er am Vortag aus dem Leben geschieden. Er hätte auch eine gute Romanfigur für Selma Lagerlöf abgegeben, die ab 1897 eine Zeitlang in Falun wohnte und dort ›Nils Holgerssons wunderbare Reise‹ schrieb. Ihr damaliges Arbeitszimmer ist im modernen Bau des **Dalarnas Museum** rekonstruiert, das auch einen sehr guten Eindruck von der Folklore des Landes gibt: Trachten, Bauernmalereien, aber auch die typische Musik der Region sind hier repräsentiert.

Kurz nach der Wende zum 20. Jh. zog es viele Künstler aufs Land, besonders nach Dalarna. Der wohl im Ausland bekannteste schwedische Maler, Carl Larsson, schuf sich in dem idyllisch am See gelegenen Haus in Sundborn, 15 km nordöstlich von Falun, sein Heim nach eigenen Vorstellungen. Die Inneneinrichtung verfehlt noch heute ihre Wirkung nicht auf die zahlreichen Besucher des **Larssongården** 🔟. Das Haus und seine Einrichtung bilden eine durch und durch persönlich gestaltete Einheit, ein Gesamtkunstwerk, in dem ein wenig die fröhlich-unbeschwerte Atmosphäre fortlebt, die dieser Maler in seinen Bildern oft festgehalten hat. Vor allem Larssons Frau Karin prägte als Textilkünstlerin vieles von dem, was bis heute durch Möbelkaufhäuser verbreitet als skandinavischer Einrichtungsstil äußerst populär ist. Wer einen Sinn dafür hat, sollte den Besuch im Larssongården nicht versäumen, wo man sich viele Anregungen holen kann.

Die meisten von Larssons Gemälden sieht man an anderer Stelle, etwa in Stockholmer Museen, aber die interessanten Porträts, die er von seinen Sundborner Nachbarn machte und der Gemeinde hinterließ, sind in Sundborn im Kyrkvägen 18 zu besichtigen.

Der Norden

Am Fjäll entlang nach Norden

Je weiter nördlich die Reise geht, desto spärlicher wird – mit Ausnahme der Regionen um die Seen Siljan und Storsjö – die Besiedelung. Im nördlichen Dalarna ist auch landschaftlich die Grenze nach Norrland erreicht. Die Route führt durch weite Wildnis, die wie die Orsa finnmark Tundrencharakter hat, und, in Sichtweite der Berge von Härjedalen und Jämtland, die südlichsten *kalfjäll*-gebiete Schwedens – unbewaldete Gipfelzonen jenseits der Baumgrenze. In manchen Tälern wie im Vemdalen und Funäsdalen fühlt man sich an Oberbayern erinnert, nur daß man die Idylle hier in Einsamkeit genießen kann: farbenfroh blühende Bergwiesen, schmucke weiße Kirchen, Bergbäche neben der Straße, dichte Nadelwälder und Sennereien *(fäbodar)*, wo man frische Milch oder die typische Dickmilch *filmjölk* bekommt. Autofahrer müssen stets gewahr sein, daß eins der friedlich am Straßengraben grasenden Rentiere sich zum Überqueren der Straße entschließt. In solchen Fällen ist Hupen zwecklos, man muß schon langsam fahren.

Die Route endet am Storsjö. Das Land um den See ist dank guter Böden und dem relativ milden Kleinklima uraltes Kulturland und war schon vor rund 6000 Jahren von Jägern bewohnt, die mit Fanggruben wilden Rentieren und Elchen nachstellten. Auf der Insel Frösön steht der nördlichste Runenstein Schwedens aus der Zeit um 1050. Aus dem 9. und 10. Jh. berichtet der in Överhogdal gefundene rätselhafte Bildteppich (s. S. 250). Als Station auf dem Pilgerweg zum Grab des hl. Olof in Trondheim hatte das Storsjö-Gebiet im Mittelalter große Bedeutung. Jämtland gehörte wie Härjedalen bis 1645 zu Dänemark-Norwegen, und die Bewohner frönen noch heute einem gewissen ›Separatismus‹, indem sie beispielsweise die weiß-grüne Jämtlandsflagge statt der schwedischen am Haus hissen.

Durch Jämtland von Orsa nach Östersund

Von Orsa (s. S. 234f.) nördlich des Siljansees verläuft der Inlandsväg (RV 45) parallel zur Inlandsbana. Häufig kreuzt der Weg die Bahnlinie, die in den 30er und 40er Jahren unter ungeheuren Mühen und großem menschlichen Einsatz in die Wildnis gebaut wurde. Die Bahnlinie hat ihre Bedeutung längst verloren; der Schienenverkehr nach Norden läuft über die Küstenstrecke parallel zur Ostsee, nur als Touristenattraktion verkehren im Sommer noch Dampfloks auf der Strecke Arvidsjaur – Jokkmokk, von Mora Schienenbusse *(rälsbussar)*. Der RV 45 überquert den Fluß Emån bei dem Bahnhof Emådalen. Der merkwürdige Turmaufbau ist ein Relikt aus der Zeit der Dampfloks: Hier wurden die Dampfkessel, denen das Wasser ausgegangen war, von oben wieder aufgefüllt. Das war auch dringend notwendig, denn wenige Kilometer weiter mußte sich die Lok zum höchsten Punkt der gesamten Strecke hinaufquälen.

12 km weiter an der Wildhüterstation Noppikoski ist die Finnmark im nördlichen Dalarna erreicht. Im 17. Jh. siedel-

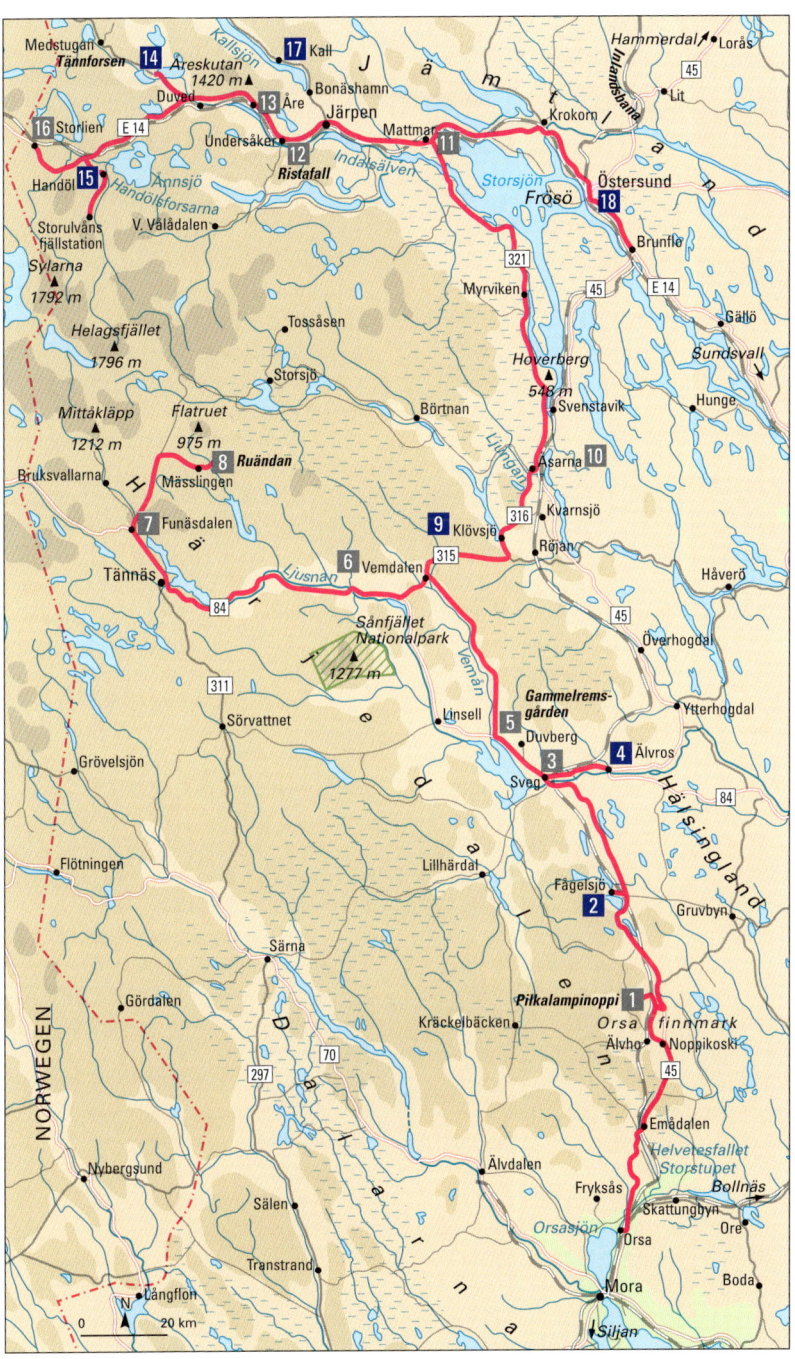

Hjortron – Das ›Gold des Nordens‹

Kaum eine andere kulinarische Spezialität des Nordens – mit Ausnahme vielleicht von *löjrom,* dem Rogen einer Maränenart – muß so teuer bezahlt werden wie *hjortronsylt,* Moltebeeren-Marmelade. Was macht die gelb-orange gefärbten, großkernigen Früchte, die entfernt an Brombeeren erinnern, eigentlich so überaus begehrenswert?

Die Molte- oder Multbeeren *(Rubus chamaemorus),* gehören zu den Rosengewächsen, sind weitläufig mit den Himbeeren verwandt und als zirkumpolar orientierte Pflanzen allenfalls in norddeutschen Moorgebieten zu finden. Auch in Schweden kommen sie im Süden nur selten, beispielsweise in den Mooren des småländischen Hochlands vor. Das Besondere an der krautigen, niedrig wachsenden ›arktischen Himbeere‹: Es gibt männliche und weibliche Blüten, jeweils nur eine pro Pflanze. Die Vielzahl der großen weißen Blüten, die im Mai/Juni die Moorflächen beleben, täuscht also: Nur schätzungsweise ein Drittel davon sind weiblich und reifen vielleicht einmal zu einer Frucht heran.

Während der Reifezeit wechselt die Farbe der Beeren von grüngelb über rot bis orange und gelb. So leuchtend rot, wie sie immer auf den Fotos prangen, sind die Beeren noch völlig ungenießbar. Die Genußreife hat sich erst eingestellt, wenn sie dottergelb zwischen den typischen großen braunfleckigen Blättern leuchten und sich leicht vom Blütenboden lösen. Ende Juli beginnt die Pflückzeit; nicht alle Beeren werden auf einmal reif.

Charakteristisch ist der leichte Nachgeschmack nach Vanille, zuvor muß man ein eher an saure Äpfel erinnerndes Geschmackserlebnis durchmachen. Einfach köstlich schmeckt die Kombination von *filmjölk* (Dickmilch) und Moltebeeren mit Zucker, die es auch fertig zu kaufen gibt. Am besten sammelt man die Beeren natürlich selbst, deren überaus hoher Vitamin-C-Gehalt die Bewohner des hohen Nordens in der Vergangenheit im Winter oft vor Skorbut bewahrte. Sie eignen sich hervorragend für die Herstellung von Marmelade, denn sie gelieren wegen des hohen Pektingehalts leicht und enthalten überdies als natürliches Konservierungsmittel Sorbin.

Zwar ist die Ausbeute beim Pflücken begrenzt, aber dank der hohen Kilopreise zieht das ›Gold des Nordens‹ jedes Jahr massenweise Pflücker in die Sümpfe der Fjällgebiete von Jämtland und Lappland. Darunter sind nicht nur viele Norweger – denn jenseits der Grenze dürfen die Beeren nicht gepflückt werden –, sondern auch die Profis unter den *bärplockare,* meist Polen, die in großen Konvois anreisen und bewaffnet mit Gummistiefeln und Eimern in die Moore ziehen. Sie alle müssen einen hohen Blutzoll entrichten: Wo es *hjortron* gibt, gefällt es erfahrungsgemäß auch den Mücken besonders gut. Vielleicht sind die Beeren deshalb so teuer?

ten Finnen in der einsamen Waldwildnis und prägten viele Ortsnamen. Es ist schon ein besonderes Abenteuer, auf holperigsten Schotterwegen vom RV 45 dem Schild ›Pilkalampinoppi‹ folgend abzubiegen und nach Überqueren der Inlandsbana-Gleise durch ein Meer von Bäumen, unterbrochen nur durch bodenlose Moorseen, zu fahren, bis es unvermittelt einen Berg hinaufgeht, den man zu Fuß in ca. 10 Minuten erklimmt. Vom 644 m hohen Feuerwachturm **Pilkalampinoppi** 1 aus sieht man bis zum Horizont nichts als Wasser und Wald, kein Kirchturm und kein Asphaltband stören die Naturharmonie. Der hübsche Holzturm wurde 1888 als erster Brandschutzturm Schwedens errichtet, nachdem immer wieder riesige Waldbrände gewütet hatten. Wann immer sich über dem Wald ein Rauchwölkchen zeigte, schlug der Brandschutzwart Alarm. Ohne Telefon dauerte es aber auch noch etliche Stunden, bis Hilfe vor Ort eintraf.

Ist man auf der Holperpiste wieder zurück auf den Inlandsväg und über die Grenze nach Hälsingland gelangt, lohnt sich ein Halt in **Fågelsjö** 2, wo man im Café des Gammelgården eine Erfrischung genießen kann. Bei einer Führung kann man – auch in Schweden ungewöhnlich – ein Wohnhaus besichtigen, das seit 1910 original mit seiner gesamten Einrichtung aus dem 18. und 19. Jh. erhalten blieb. Die Besitzer bezogen nämlich buchstäblich von heute auf morgen ihr neues, nebenan nach amerikanischem Vorbild gebautes, vollständig eingerichtetes Domizil und ließen alles im alten Haus zurück, selbst das blau bemalte Spielzeugpferdchen der Kinder. Die Gute Stube im ersten Stock ist mit Wandmalereien eines Rättviker Malers von 1856 dekoriert.

Sveg 3 wird auch Härjedalsporten, ›Pforte nach Härjedalen‹, genannt, denn hier kreuzt der Inlandsväg das Tal des Ljusnan. Im Ort findet man außer Tankstellen, Hotels und Raststellen zwar

Seerosen in einem Moorsee in der Orsa finnmark

Blick auf das alte Bauerndorf Klövsjö

auch einen Gammelgården mit alten Gebäuden, aber 16 km Ljusnan-abwärts in **Älvros** 4 hat sich das alte Dorfbild besser erhalten, sogar mit einigen Häusern aus dem 17. Jh. Gegenüber den alten Gebäuden des Hembygdsgården steht die Kirche mit dem schönen separaten Glockenturm aus Holz am Flußufer. Sie stammt weitgehend aus dem 18. Jh., die Innenausmalung vom lokalen Künstler Erik Wallin. Man beachte die mit Wolken bemalte Decke und das hölzerne Sterngewölbe.

Gleich beim Abzweig Richtung Vemdalen liegt der **Gammelremsgården** 5, auch er ein schönes Beispiel solider alter Holzbauweise. Der Gründer des Hofes im 17. Jh. war vermutlich ein finnischer Einwanderer, dem es in der Orsa finnmark ›zu eng‹ geworden war. Seine Nachkommen wurden durch Handel wohlhabend, es heißt, auch durch den Tabakschmuggel aus Norwegen. Das heutige Hauptgebäude stammt wohl von 1774, so sind jedenfalls die Wand-

malereien von Erik Wallin datiert, der auch die Kirche von Älvros dekorierte. Die Decke im Andachtsraum des Hauses stammt aus einer Stabkirche – die andere Hälfte fand man in Vemdalen.

Im Tal des Vemån öffnen sich Ausblicke auf sogenanntes *kalfjäll,* unbewaldete Berggipfel, wie das bis auf 1277 m ansteigende Gebirgsmassiv **Sånfjället.** Seit 1910 ist das Gebiet Nationalpark, um den Lebensraum der hier sehr zahlreichen Bären zu schützen; vor einer Exkursion in das Gebiet sollte man wissen, wie man einem Bären friedliche Absichten klarmacht: Indem man mit ihm spricht und sich dadurch als Nichtbär zu erkennen gibt sowie langsam rückwärts gehend den Rückzug antritt. So lauten jedenfalls die einschlägigen Empfehlungen; solche Begegnungen sind aber äußerst selten.

Felder und Wiesen füllen den weiten, fruchtbaren Talgrund, und mittendrin leuchtet der hölzerne Zwiebelturm von **Vemdalen** 6 (S. 349), das einst der wichtigste Ort in Härjedalen und dem südlichen Jämtland war. Die hübsche achteckige Barockkirche entstand 1763 und ist innen mit Bibelszenen und -texten bemalt. Hinter der Kirche erinnert die Bronzeskulptur ›Nybyggarna‹ an die Siedler, die im 18. Jh. die Kolonisierung weiter Landstriche in unwegsamen Gebiet vorantrieben.

Funäsdalen 7 (S. 299) lohnt einen Abstecher, denn es ist nicht nur ein beliebter Wintersportort, sondern auch im Sommer ein idealer Ausgangspunkt für Bergwanderungen, Angel- oder Kanutouren und für Ausflüge zu Sennereien, von denen einige noch bewirtschaftet werden, etwa in Bruksvallarna oder an den Hängen des Mittåkläpp. Schwedens höchstgelegene Straße führt von Funäsdalen auf 975 m Höhe über das *kalffjäll*-Gebiet Flatruet nach Norden. Bei **Ruändan** 8 hat man 4000 Jahre alte Felsritzungen und -malereien entdeckt.

Daß in Jämtland und Härjedalen im Winter reichlich Skibetrieb herrscht, zeigen die trostlos kahlen Abfahrts- und Liftschneisen an den Bergflanken auf der Weiterfahrt nach **Klövsjö** 9 (S. 313). Das alte Bauerndorf liegt wunderschön am Berghang über dem weitverzweigten See. Etliche alte Bauernhäuser sind erhalten, und das von Hand gesenste Heu wird wie in alter Zeit auf Holzgestelle zum Trocknen gehäuft.

Von der Höhe geht es wieder abwärts nach **Åsarna** 10, wo Skandinaviens längste Steinbogenbrücke aus dem Jahr 1842 die Schnellen im Fluß Ljungan überspannt. Bekannt ist Åsarna als Skiort und Heimat berühmter schwedischer Weltmeister im Skilanglauf, weshalb sich der Ort mit dem Titel ›Guldbyn‹ (Golddorf) schmückt. Hier stößt man wieder auf den Inlandsvägen und nähert sich dem Storsjöbygden, der fruchtbaren Landschaft um den ›großen See‹.

Wählt man in Svenstavik die westliche Seeseite, fährt man gerade auf den aus dem Kulturland aufragenden bewaldeten Buckel Hoverberg zu. Eine Straße führt bis zum Aussichtspunkt auf dem 548 m hohen Gipfel. Als besondere Attraktion birgt der Porphyrberg in seinem Innern eine große Bergspalte, mit etwa 170 m Länge und 25 m Höhe die größte Höhle Schwedens, wahrscheinlich eine nach Absenken des Bergs entstandene Verwerfungsspalte. Nur im Hochsommer ist die Spalte überhaupt eisfrei und kann teilweise besichtigt werden.

Die Straße schlängelt sich mit weiten Ausblicken auf die Südzipfel des Storsjö nach Norden und durchquert hinter Myrviken eines der Gebiete, in denen die nach Vanille duftende Orchideenart Kohlröschen *(brunkulla)*, die Landschaftsblume von Jämtland, noch häufig auf den Wiesen wächst.

Mattmar kyrka 11 am nordwestlichen Ende des Storsjö ist berühmt für die Sammlung spätmittelalterlicher holzgeschnitzter Heiligenfiguren. Vom Parkplatz unterhalb bietet sich ein Panoramablick auf die Berge im Südwesten.

Auf den rund 100 km bis zur norwegischen Grenze bei Storlien finden sich im Tal des Indalsälven, dem man hier auf der E 14 folgt, und in den Nebentälern derart viele Natursehenswürdigkeiten, daß man sich etwas Zeit nehmen sollte. Kurz hinter Järpen bildet der schöne **Ristafall** 12 den Auftakt. Über das Gelände eines Campingplatzes bei Undersåker gelangt man zu dem 14 m hohen Wasserfall, hinter dem der Åreälv eine ganze Strecke Stromschnellen bildet.

Entlang dem zum See verbreiterten Indalsälv passiert die E 14 kurz darauf Schwedens schicksten Wintersportort: **Åre** 13 (S. 292). Jämtlands höchstem Berg, dem 1420 m hohen Åreskutan, nähert man sich am bequemsten von hier

*Dramatisch präsentiert sich die
Landschaft bei Åre*

aus mit der Kabinenbahn bis auf 1274 m; nach einem 1 km langen Fußmarsch ist dann der Gipfel erreicht. Das ehrgeizige Projekt der *linbana* drohte fast an technischen Problemen zu scheitern. Die Techniker aus Stockholm hatten nicht bedacht, daß die Luft hier im Westen im Winter etwas feuchter ist als an der Ostsee: Die vereisten Leitungen brachten die Bahn wiederholt zum Stillstand. Noble Sporthotels beherrschen das Ortsbild, so daß man die kleine, doch so ungewöhnliche Åre gamla kyrka fast übersieht, eine turmlose romanische Steinkirche aus dem 13. Jh., deren Glockenturm im 17. Jh. dazukam. Eine Kuriosität ist die mittelalterliche Skulptur des hl. Olof, der ein vom Feldzug zurückkehrender Soldat Karls XII. einen Karolinerhut statt der fehlenden Krone aufgesetzt hat.

Jämtlands imposantesten Wasserfall erreicht man ca. 18 km hinter Åre (gebührenpflichtiger Parkplatz): Der **Tännforsen** 14 stürzt 60 m breit mit gewaltigem Schwung 37 m in die Tiefe; besonders schön ist die Regenbogenbildung über der Gischt – natürlich nur wenn die Sonne scheint. Unterhalb des Falles breitet sich der See Noren aus, dahinter erstrecken sich grüne Tundra und blaue Berge bis zum Horizont.

Zurück auf der nach dem glücklosen König Karl XII. Karolinerleden benannten E 14 geht es vorbei am Ånnsjö mit seiner majestätischen Bergkulisse. Entlang der Straße bieten Samifamilien ausgestopfte Schneehühner, Rentierfelle und *suovas* an, einen leckeren Imbiß, man könnte sagen Kebap nach Samiart, in *tunnbröd* verpacktes gegrilltes Rentierfleisch. Die Urbevölkerung Jämtlands, die das Land vor der Kolonisierung durch die Schweden allein für sich hatte, lebt heute wie die Sami im übrigen Norrland nur noch zum Teil von der Rentierzucht, vielfach auch vom Tourismus.

Der Straße nach **Handöl** 15 sollte man unbedingt folgen, denn dort gibt es einiges zu sehen: Die Samikapelle von 1806, wo einmal monatlich Gottesdienst stattfindet, birgt spätmittelalterliche Heiligenfiguren, und der Kanzeleingang trägt das Datum 1649. In der Nähe erinnert das Karolinermonument an den Rückzug der Soldaten Karls XII. über die Berge von Norwegen im Winter 1718/19; mehrere Hundert wurden hier in einem Massengrab beigesetzt. In der Nähe brausen Schwedens größte Flußfälle, Handölsforsarna, in drei Stufen in die 125 m tiefe Schlucht. Der Fußweg durch Moorwald mit interessanter Flora wie Fettkraut, Moltebeeren und Moos-

glöckchen zu einem guten Aussichts- punkt mit Blick auf die Fälle beginnt am Täljstensbrott (Specksteinfabrik). Im Hanriis Hus im Ort werden Skulpturen aus dem weichen Gestein, das vor allem für Kamine und als Talkum Verwendung findet, ausgestellt und verkauft. Folgt man der Straße nach Storulvån ein Stück weit, kommt man in ein baumloses Moorgebiet, wo man am Fuß der Sna- sahögarna auf das weite kahle Moor- land mit Krüppelbirkenwald rundum sehen kann. Von Storulvåns Fjällstation aus kann man zu Bergwanderungen durch die wilde einsame Landschaft auf- brechen. **Storlien** 16 am Paß und der Grenze zu Norwegen ist ein klassischer Wintersport- und Bergurlaubsort, wo auch die schwedische Königsfamilie Skiurlaub macht.

Die (schönere, da nicht durch eine Seilbahn verschandelte) Rückseite des allgegenwärtigen Åreskutan sollte man sich keinesfalls entgehen lassen und deshalb auf der Rückfahrt von Storlien nach Östersund bei Järpen ins ruhige Seitental von **Kall** 17 abbiegen. Die An- sicht des Berges mit seiner manchmal leicht umwölkten, kraterähnlichen Sil- houette, davor der tiefblaue Kallsjö, die grünen Wiesen, weißen Birkenstämme und das weiße Dorfkirchlein geben eine unerträglich malerische Kulisse ab, fast schon kitschig, wäre sie nicht hundert- prozentig echt! Kall ist außer für schöne Aussichten auch für seine Auktionen be- rühmt. Dabei geht es hoch her, Händler wie Privatsammler aus der ganzen Re- gion kommen zusammen, aber jeder kann mitbieten.

Jamtli – Geschichte zum Anfassen

Östersunds größte Attraktion ist Jamtli Historieland, ein Freilichtmuseum für die Alltagskultur in Norrland, das sich alles andere als museal gibt. Hier ist den ganzen Sommer über immer etwas los, ein ganzer Tag schnell vergangen: In der Sennerei wird aus Sahne im alten Butterfaß Butter gestampft, von der die Besucher gleich eine Kostprobe auf *tunnbröd* probieren können, das ein paar Häuser weiter im Holzofen gebacken wird. Die Kinder werden zeitgenössisch eingekleidet und zum Ziegenhüten oder bei der Heuernte eingesetzt, was natürlich riesig Spaß macht. Alle Häuser sind ›belebt‹, die ›Bewohner‹, seien es Gebirgsbauern des 18. Jh. oder Leute aus den 50er Jahren, beziehen die Besucher ein, laden zu einem kleinen Imbiß oder zu einem Becher Wacholderbier.

Neben dem Freigelände bieten die Ausstellungen im modernen Museum einen guten Überblick über die Geschichte und das Leben im Norden, die Kultur der Sami, das Vordringen der ›Nybyggarna‹, die sich an die Kolonisierung der Wildnis machten. Höhepunkt des Museums sind die ›Överhogdalsbonader‹, ein 1910 entdeckter Bildteppich aus dem 9. Jh. mit einem Fries von Tier-, Menschen- und Schiffsdarstellungen, die bis heute nicht gedeutet werden können. Erstaunlich ist die Leuchtkraft der Farben des Wollgarns, aus dem der wie bestickt wirkende Bildteppich gewebt wurde. Die Kette besteht aus Leinen. Der größte Teil des über 1000 Jahre alten Leinen-Woll-Gewebes wurde in der Kirche von Överhogdal in einer Holzkiste gefunden, wo er für Putzzwecke aufbewahrt worden war.

1786 von Gustav III. gegründet und nach streng rechtwinkligem Plan entworfen, wuchs **Östersund** 18 nur langsam. Heute ist Jämtlands Hauptstadt als einzige im Umkreis von vielen hundert Kilometern gut mit Geschäften ausgestattet und als Garnisonsstadt stark vom Militär geprägt.

Historische Monumente gibt es in Östersunds Umgebung vor allem auf der Insel Frösö. Unter dem Altar der ursprünglich mittelalterlichen Frösö kyrka fand man bei Ausgrabungen um einen Birkenstamm Knochen von Bär, Wildschwein, Hirsch und Eichhörnchen –

Hinweise darauf, daß hier schon vor Urzeiten ein Heiligtum war. Der nördlichste Runenstein Schwedens ganz in der Nähe berichtet davon, daß ein gewisser Östman hier bereits um 1050 die Bewohner Jämtlands taufte. Den besten Blick auf See und Bergkulisse dahinter hat man vom Aussichtsturm auf dem 468 m hohen Östberg, dem Frösötorn (mit Café). Daß es im frühen Mittelalter auch eine Grenze zu verteidigen gab, beweist der einzige erhaltene *kastal* Jämtlands neben der alten Kirche von **Brunflo.** Heute dient der 30 m hohe vierekkige Verteidigungsturm als Glockenturm.

Nach Lappland auf Wildmarkswegen

Daß in Nordjämtland und Lappland die letzte Wildnis Europas zu finden sei, ist inzwischen auch per Gerichtsbeschluß verbürgt: Ein Hotelier am ›Wildmarksvägen‹, der mit diesem Etikett werben wollte, bekam recht. Die Route durch die Wildnis führt von Strömsund nach Gäddede, über den Paß Stekenjokk zurück in die Waldweiten bei Vilhelmina. Nach Westen zu wird das Gelände mit zunehmender Höhe unwirtlicher. Auf dem *kalfjäll* wachsen nur noch niedrige Polster, dazwischen liegen Moore. Die Berge, kaum 1500 m hoch, sind auch im Hochsommer schneebedeckt.

Nach Osten führen vom Inlandsvägen (RV 45), einer Hauptverkehrsader im hohen Norden, Straßen durch die großen Flußtäler etwa des Ume-, Skellefte- oder Luleälv an die kaum 100 km entfernte Ostsee. Und wem es in der Wildnis zu langweilig oder zu ungemütlich wird, der kann in die Küstenstädte mit ihrem Kulturangebot ausweichen. Ebenso führen Stichstraßen ins Gebirge, wo sich der 440 km lange Wanderweg ›Kungsleden‹ an den zahlreichen lappländischen Nationalparks bis nach Abisko entlangschlängelt. Der höchste Berg Schwedens, der Kebnekaise, liegt südlich von Kiruna, sein 2119 m hoher Gipfel ist von ewigem Eis bedeckt.

Von Östersund nach Abisko

Von Östersund geht es durch das dicht besiedelte Storsjö-Gebiet auf dem Inlandsvägen gen Norden. Kurz vor Hallviken kreuzt man die Gleise der Inlandsbana, die meist parallel zum Inlandsvä-

gen verlaufende, nur im Sommer betriebene Eisenbahnlinie, auf der ab Arvidsjaur gelegentlich noch Dampfloks fahren. Bald darauf öffnet sich der Blick auf das gigantische Ströms Vattudal, einen der schönsten Wasserläufe in Schweden, der letztlich in den Ångermanälv entwässert. Der Panoramablick von der Höhe kurz vor **Strömsund 1** schweift weit über den seenartig verbreiterten Fluß und die Stadt am Sund. Hinter Strömsund folgt man dem Vattudal rund 130 km auf der Straße 342, die entlang unzähliger Seen und durch endlosen Wald immer höher hinaufführt. Hinter dem Seengebiet erscheinen, schon jenseits der norwegischen Grenze, hohe Berge im Dunst. Wildbäche kreuzen den Weg und münden in wunderschöne felsengesäumte Seen. Eine der wenigen Brücken über das Wasser führt nach Svaningen, wo in den umliegenden Wäldern noch reichlich Bären anzutreffen sind.

Eine Alternativroute nach Gäddede führt auf der Südseite von Ströms Vattudal (Abzweig bei Bågede) zum imposanten Wasserfall **Hällingsåfallet 2**, den man nur nach 30 km Fahrt auf unasphaltiertem, aber gutem Weg erreichen kann. Der Fluß Hällingså hat über 800 m lang einen tiefen Canyon in den Schiefergrund gefressen, einen der tiefsten im Norden, mit 50–60 m hohen Wänden. Die Umgebung des 43 m hohen Wasserfalls besitzt wegen der hohen Luftfeuchtigkeit eine ganz besondere Flora und steht unter Naturschutz.

Aus der amphibischen Landschaft ragen recht auffällig zwei über 600 m hohe Berge mit charakteristischen Silhouetten auf: Der **Fågelberget 3** beim

gleichnamigen Ort mit seinem ge-krümmten Profil und der auf einer Seite lotrecht abstürzenden Kahlfelswand ist besonders beeindruckend, in Västra Fågelberg führt ein Pfad durch lichten Wald hinauf. Der westlich gelegene Kalberget heißt auch ›der schlafende Löwe‹; zu ihm führt ein 3 km langer Wanderweg durch den Ulmenwald vom Ort Håkafot auf den Gipfel mit herrlicher Aussicht.

Bald darauf ist **Gäddede** 4 (S. 299) erreicht, wo das Naturum (im Turist-byrå) über Flora und Fauna der Region informiert. Wenige Kilometer weiter kann man die norwegische Grenze über-schreiten und den Weg an einen der schönen Fjorde fortsetzen.

Statt nach Norwegen geht es dann auf gut ausgebauter Asphaltstraße nach Norden Richtung Stekenjokk. Entlang der Straße verweisen Schilder auf Höfe, wo man *getost* kaufen kann, eine ty-pisch norwegische Spezialität: Ziegen-käse, der statt nach Ziege eher wie ein-getrocknete Kondensmilch schmeckt und sich praktisch unendlich lange hält. Man fährt am erstaunlich dicht besiedel-ten Seeufer des Jormvattnet entlang, ein Paradies für Angler. Über eine An-höhe geht es wieder abwärts ins näch-ste Seental zum Stora Blåsjön (Großer Blausee) – nicht blauer als andere Seen in der Gegend –, wo einige Lifte von Wintersportbetrieb künden.

Am Ende des Sees zweigt eine 7 km lange schlaglochreiche Piste ab nach **Ankarede** 5, ein vornehmlich im Win-ter bewohntes Samidorf, das auch als Ausgangspunkt für Wildniswanderun-gen (mit Zelt) dient. Die weiße, 1896 ge-baute Holzkirche liegt mitten im rundum mit Zäunen eingehegten Dorf (kein Au-toverkehr, geparkt wird draußen). Den

Nach Lappland auf Wildmarkswegen

Schlüssel für die Kirche bekommt man beim Café gegenüber, wo Kaffee und selbstgebackene Kuchen serviert wer-den. Das Dorf besteht zwar zur Hauptsa-che aus roten Holzhäusern, links an der Kirche vorbei kommt man aber an den Fluß zu den traditionellen Holzkoten in Zeltform und den viereckigen *härbren* (Vorratshäuser), die auf Füßen stehen und ein Grasdach haben. Bei Kirchbe-suchen, vor allem der berühmten Mitt-sommermesse, versammeln sich Sami-familien hier im Dorf, ansonsten wirkt es im Sommer eher ausgestorben.

Zurück auf dem Asphaltweg, passiert man den schönen See Ankarvattnet mit seinen Krüppelbirkenhainen am Ufer und folgt dem Wildwasserfluß Gauste, der auch kleinere Wasserfälle bildet. Hinter Leipikvattnet liegt das Karstge-biet von **Bjurälven** 6, wo in den 20er Jahren die ersten Biber Schwedens wie-der in Freiheit ausgesiedelt wurden. Der letzte war 1871 in dieser Gegend ge-schossen worden. Die baufreudigen Na-ger haben sich im Naturreservat inzwi-schen sehr gut eingelebt und scheinen sich nicht daran zu stören, daß biswei-len die Flüsse hier einfach im Kalkboden verschwinden. Das Wasser bildet mit Kohlendioxid aus der Luft Kohlensäure, die den Kalk chemisch zersetzt und so Ritzen und Kanäle hineinfrißt. Hier be-findet sich auch Korallgrottan, mit fast 5 km Länge Schwedens längste Höhle, die erst 1985 entdeckt wurde. Geführte Wanderungen und Bibersafaris bietet das Turistbyrå in Gäddede.

Rund 40 km hinter Ankarede auf stetig ansteigender Strecke überquert man die Landschaftsgrenze nach Lappland und erreicht die Tundra- und *kalfjäll*-Gebiete bei **Stekenjokk** 7, wo 12 Jahre lang bis zum 31. Oktober 1988 Schwedens höchstgelegenes Bergwerk betrieben wurde. Nach der Renaturierung des

Im dünnbesiedelten Norden werden die Kirchen, hier in Ankarede, kleiner

Grubenfelds hat die Ausbeutung der Erde hier nicht viele sichtbare Spuren hinterlassen, obwohl insgesamt 7,1 Mio. t Erz gebrochen wurden, das neben Kupfer und Zink auch Silber und 980 kg Gold enthielt. Für die Angestellten entstanden 22 km entfernt in Klimpfjäll Wohnhäuser und ein Rathaus; die Wege zwischen Grube und Wohnort wurden mit großem Aufwand von September bis Juni künstlich schneefrei gehalten.

Heute profitieren Touristen von den ausgezeichneten Straßen in einer imposanten, wilden und menschenfeindlichen Umgebung. Ungehindert pfeift der kalte Bergwind über die baumlose Fläche, wo man winzige Bergblumen entdecken kann, und über die einige Wan-

Auf der Schiene durch die Wildnis – Die Inlandsbana

Die genau 1067 km lange Inlandsbana erschließt seit 1937 die menschenleeren Waldweiten Lapplands. Die eingleisige Strecke von Mora am Siljansee nach Gällivare in Lappland wird nur noch während der Sommermonate (ab Mittsommer bis Mitte August) befahren, zum Teil mit echten Dampfloks. Zur Freude der Touristen hält der Zug nicht nur an allen interessanten Stellen wie beispielsweise dem mit weißen Steinen im Moor markierten Polarkreis oder an besonders atemberaubenden Viadukten über wild schäumenden Flüssen, sondern auch zur Kaffeepause oder zum Mittagessen. Durchsagen weisen auf Sehenswürdigkeiten hin, etwa im Stil von »rechts sehen Sie einen Bären flüchten« oder »links eine Herde Rentiere«. Ren und Elch sieht man mit Sicherheit auf dieser Wildnistour, oft genug gibt es leider auch Kollisionen von Zug und Großwild. Verspätungen – sonst in Schweden unüblich – sind bei dieser Strecke also einzukalkulieren. Dafür ist die Reise ein Abenteuer, für das man kein Survival Training absolviert haben muß – vom bequemen Sessel aus sieht man die Wildnis vorbeigleiten. Unerschrockene können rechts und links des Schienenstrangs mit Zelt und Rucksack zu eigenen Erkundungen starten oder sich auf geführte Bibersafaris, Goldwaschversuche oder Wildwasserfahrten einlassen. Entlang der Strecke stehen alle paar 100 km Unterkunftsmöglichkeiten von originell bis stilvoll zur Verfügung, von der Bahnarbeiterbaracke bis zum Hotel mit Swimmingpool.

Tickets gibt es außer an den Bahnhöfen auch im Zug, pro 10 km/4 SEK, daneben Netzkarten für 14 Tage (700 SEK). Besonders günstige Anreisepreise bietet SJ von jedem schwedischen Bahnhof zu allen Inlandsbana-Bahnhöfen (300 SEK hin und zurück inkl. 2 Kinder unter 15 Jahren). Info über Pauschalangebote und Buchung: Inlandsbana AB, Box 561, 831 27 Östersund, ☎ 0 63/10 15 90, Fax 10 86 70 und im Internet: www.inlandsbanan.se

derstrecken führen, markiert mit Steinmännchen. Heute gehört das Land wieder den Rentieren. Auf 876 m ist die Paßhöhe erreicht, es geht im Tal des Saxån abwärts, wobei man die Vegetationsstufen gut nachvollziehen kann: zunächst durch den Gürtel aus krüppeligem Birkenwald, dann erst durch richtigen Nadelwald.

Vom Nordufer des Kultsjö fällt der Blick auf das beeindruckende Marsfjällmassiv, dessen Gipfel 1589 m hoch aufragt. Ein Abstecher führt links nach **Fatmomakke** 8, einem Kirchdorf der Sami an einer wichtigen Kreuzung der Rentierzugwege. Die hölzerne Kapelle von 1883 wird von hunderten Kotas umgeben, dazu etliche Holzhäuser der

An der Ostflanke des Marsfjällmassivs

Siedler *(nybyggarna)* am See Gikasjö. Alljährlich zum Mittsommerfest ist Fatmomakke Treffpunkt der samischen Bevölkerung aus der gesamten Gegend.

Auf der Weiterfahrt bieten sich über den Kultsjö hinweg immer wieder herrliche Ausblicke auf das **Marsfjällmassiv,** das mit seinen sanft abgerundeten Flanken verheißungsvoll in der Ferne leuchtet. Von so viel Natur ließen sich auch Künstler nach **Saxnäs** 9 locken. In den 40er Jahren war das Haus von Emma und Folke Ricklund Treffpunkt für Künstlerfreunde, die als Bezahlung für Kost und Logis jeweils ein Werk hinterließen. So kam eine interessante Sammlung zustande, bereichert durch etliche Reiseandenken aus orientalischen Ländern. Im Sommer kann der Ricklundgården besichtigt werden.

Am Ausfluß aus dem See bildet der Kultsjöån etliche Stromschnellen und stürzt in regelmäßigen Treppenabsätzen abwärts. Der ungewöhnliche Wasserfall **Trappstegsforsen** besticht weniger durch Superlative von Höhe und Breite als durch seine natürliche Harmonie. Die weitere Strecke ist reich an Stromschnellen und kleinen Wasserfällen, immer wieder laden Rastplätze an der Straße zum Picknicken ein, Angler kommen in diesem Gebiet auf ihre Kosten.

In **Stalon** 10 sollte man dem Schild ›Utsikt‹ folgen und in Serpentinen hinauf zu einer Flugzeuglandebahn auf dem Gipfel des Stalonbergs fahren. Die Aussicht reicht bis zu teilweise noch im Hochsommer schneebedeckten Gipfeln auf der einen Seite und auf der anderen über das hinter dem Malgomaj-See immer weiter abfallende Land, wo ca. 50 km Luftlinie entfernt Vilhelmina am Ångermanälv liegt.

Folgt man von Stalon dem ›Sagavägen‹ entlang dem Malgomaj, erreicht man nach 70 km **Vilhelmina** 11 (S. 349f.), wo der See zum Ångermanälv wird. Die im 19. Jh. gebaute Kyrkstad (Kirchstadt) besteht aus 27 renovierten Kirchhütten, wo man noch heute übernachten kann.

Nebenan im früheren Gemeindehaus (Sockenstuga) zeigt das Hembygdsmuseum Vilhelmina außer einer Ausstellung über das Leben der Siedler *(nybyggarna)* einen Grabfund aus dem 8. Jh. und Skier aus dem 4. Jh. In einigen Kirchhütten wird samisches Kunsthandwerk angeboten, die Bibliothek hält die weltgrößte Sammlung Literatur in samischer Sprache bereit, und natürlich kann man Kanutouren, Bibersafaris und Angelausflüge unternehmen.

Fährt man ab Stalon Richtung Dikanäs weiter, trifft man an der Ostflanke des Marsfjällmassivs auf **Mörresjölidens urskogsområde** 12, mit seinen 400 Jahre alten Fichten eine der letzten Urwaldinseln in den schwedischen Wäldern. Beim Blick auf die unermeßlichen Waldgebiete Norrlands vergißt man leicht, daß das meiste davon trotz des scheinbaren Wildnischarakters aus Industriewald besteht: In solchen Streichholzwäldern aus immer derselben Baumart (meist schnellwachsende Nadelbäume) reihen sich die Stämme im regelmäßigem Abstand, der Wald wird nach einer bestimmten Anzahl Jahren ›reif‹ und dann nach der Kahlschlagmethode ›geerntet‹, also mittels riesigen Maschinen mit Stumpf und Stiel abgeholzt. Dann wird aufgeforstet, ebenfalls streng nach Plan und Wirtschaftlichkeit. Aber selbst dort, wo keine intensive Forstwirtschaft betrieben wird, wird der Wald selten älter als etwa 100 Jahre: Waldbrände sind in den trockenen heißen Sommern dieser Breiten ein ganz natürliches Ereignis und entstehen oft von selbst.

Im östlichen Teil des Reservates gibt es noch einzelne 500jährige Kiefern, die mit ihren hohen Stämmen und hoch angesetzten Kronen Brände überleben konnten und gut im 140jährigen Wald zu erkennen sind. Moorgebiete wechseln mit Gelände, wo der Erdboden mit riesigen Felsblöcken übersät ist und nur von knorrigen Fichten bestanden wird. Vereinzelt erschließen Wanderwege das östliche Marsfjällgebiet.

Ein gut befahrbarer unasphaltierter Weg führt über Dikanäs zur Schlucht des Umeälven (mit einem schönen Rastplatz), die die Straße auf dem abenteuerlichen Aquädukt Portbro überwindet und kurz darauf auf die E12 mündet. Dem ›Blå vägen‹ Richtung Storuman folgend, erreicht man über Slussfors (Unterkunft, Imbiß) den Abzweig nach Sorsele, der Weg führt meist über eine gute Teerstraße. Der Blick geht über das langgestreckte Seensystem des Arvträsket, es folgt eine wüste Trümmerlandschaft aus großen Blöcken, Geröll und Moor, bis die steingesäumten Uferzonen des Storjuktan in den Blick kommen. Auf den groben Moränenhügeln kann sich nur eine dünne Humusschicht bilden, was den Anglern egal sein kann: Die Seen rund um den Vindelälven sind beste Angelreviere besonders für Äsche, Regenbogenforelle und Saibling. Insider-Tips für die besten Fangplätze und Angelkarten hält das Turistbyrå im Bahnhof von **Sorsele** 13 bereit und vermittelt auch Wildwasserfahrten auf dem Vindelälv, einer von Schwedens letzten unregulierten Flüssen. Ebenfalls im Bahnhof informiert ein Museum über die Inlandsbana, die hier auch ab und zu hält. Bevor man auf dem Inlandsvägen (RV 45) weiterfährt, kann man noch einen Blick in die 1859 gebaute Kirche von Sorsele werfen. Die Glasfenster von T. Norberg aus dem Jahr 1954 zeigen Motive aus dem Leben der Sami. Die weiße Holzkirche ist der Nachfolger einer bereits 1673 gebauten *lappkapell*, die 1744 durch einen Neubau ersetzt wurde.

Im oberen Vindelälvtal endet die Straße in **Ammarnäs** 14 (S. 291), das

Die Sami – Die Indianer Nordeuropas?

In Vilhelmina weht bereits neben den skandinavischen Fahnen die samische Flagge

Noch vor 1000 Jahren lebten die Vorläufer der heutigen Sami im Mälartal, weit südlich von Lappland. Die Ureinwohner Nordeuropas, früher abfällig ›Lappen‹ genannt, sind durch die von Süden in ihr Land strömenden Nordgermanen nach und nach an den Rand gedrängt worden. Ihnen ging es wie anderen Urbevölkerungen der Welt, den Kelten im Nordwesten Europas, den Basken im Südwesten, den Indianern Nordamerikas oder den Aborigines in Australien. Ihr Land Sápmi wurde zerstückelt, auf vier Staaten aufgeteilt – Norwegen, Schweden, Finnland und Rußland – und ihnen ohne Entschädigung genommen. Heute gibt es im gesamten Norden ca. 70 000 Sami, davon leben rund 20 000 in Schweden: Angehörige eines in seiner Existenz bedrohten Volkes.

Die Wurzeln des *Samefolk* gehen weit zurück in die Vorzeit, es bewahrt Reste einer archaischen, einst rund um den Polarkreis verbreiteten Kultur. Dazu gehört der durch die jahrhundertelange christliche Missionierung verschüttete Glaube an eine beseelte Natur, in der Sonne und Wind herrschen und jede Menge oft ganz persönlicher Geister. Sie werden an den *seitar* verehrt, Naturheiligtümern wie ungewöhnlich geformte Felsen oder bizarre Baumstümpfe. Als Mittler zur Geisterwelt spielt der *nojade* eine große Rolle, der Schamane und gefragte Ratgeber in vielen Lebenslagen in einer im übrigen lose in Sippen strukturierten Gesellschaft. Die Kosmologie der Sami ist der der Indianer mit ihren ›Ewigen Jagdgründen‹ nicht unähnlich, ebenso wie der spezielle Gesang, der *jojk.* Mit Hilfe seiner Trommel und der jojkenden Gemeinde gerät der Nojade in Trance und nimmt Kontakt zu den Geistern auf. Aber ein Jojk kann auch nicht anwesende Personen vor Augen rufen, eine Stimmung oder ein Ereignis in der Natur, vom Schneesturm bis zur Sommerwiese – er vereint als musikalische Meditation Objekt und Subjekt in der Person des Jojkers. Seit der christlichen Mission ab dem 17. Jh. bezahlte mancher Nojade den Besitz seiner Schamanentrommel mit dem Leben, sie wanderte oft genug in die Kuriositätenkabinette europäischer Herrscher. Auch Carl von Linné brachte von seiner Lapplandreise 1743 eine solche ›Trophäe‹ mit.

Bis ins 17. Jh. waren der Austausch von Waren und das Eintreiben von Steuern die einzigen Kontakte zwischen den Völkern des Südens und den Sami. Die einen lieferten kostbare Pelze und Walroßzahn, Rentierprodukte und Leder, die anderen Salz, Metall und Konsumgüter. Schon zur Wikingerzeit begann die Besteuerung im Norden, die privaten Steuereinnehmer *(birkarlar)* waren zugleich Händler. Gustav Vasa sorgte dann dafür, daß die Einnahmen an die Krone flossen. Wurde die Besteuerung zu unverschämt – im schlechtesten Fall wurden die Sami bis zu dreimal besteuert, von Dänemark-Norwegen, Schweden und Rußland – zogen sie sich einfach tiefer in die Wildnis zurück. Offene Konflikte gab es, anders als in Nordamerika, nicht. Doch erzwang die Steuerlast letztlich eine Änderung ihrer Lebensweise. Zwar war schon immer die Rentierzucht ein wichtiges Standbein gewesen, aber das Leben als Jäger, Fischer und Sammler von Wildfrüchten reichte nicht, um mehr zu produzieren, als man fürs nackte Leben brauchte. Die Rentierherden mußten vergrößert werden; in guten Jahren legte man den Erlös in Silber an – Schmuck, Löffel, Gürtel waren das Sparkonto der Sami.

Was die Steuer nicht geschafft hatte, gelang schließlich dem Branntwein und der Bibel: die Zerstörung der samischen Kultur. Die Kirchgangspflicht war eine harte Belastung für Menschen, die ihren Rentierherden auch dorthin folgten, wo es keine Kirchen gab. Und als in Sápmi auch noch reiche Bodenschätze entdeckt wurden, plünderten die Schweden die Gruben aus und ließen das Erz von den Rentieren und den zwangsverpflichteten Sami bis zur Ostseeküste transportieren. Von dem Gewinn sahen sie nichts. Auf Entfremdung von der eigenen Kultur und Entwurzelung reagierten viele mit der Flucht in den Alkohol. In der ersten Hälfte des 20. Jh. drohte die Kultur der Sami ganz zu verschwinden, ihre Identität war höchst gefährdet. In den Schulen lernten die Kinder Schwedisch und alles Wichtige für das Leben in der modernen Industriegesellschaft, auch zu Hause wurde kein Samisch mehr gesprochen, eine in Europa am ehesten dem Finnischen verwandte Sprache. Viele verleugnen noch heute ihre Herkunft, kein Wunder, wenn viele der sonst so toleranten Schweden noch immer das rassistische Vorurteil hegen, ›die Lappen‹ seien schmutzig.

Nur noch ca. 3000 Sami in Schweden sind Rentierzüchter. Die Zugeständnisse an die moderne Technik, wie Geländefahrzeuge, Funk und Hubschrauber, haben die ursprünglich symbiotisch mit der Natur verzahnte Lebensweise verändert und die Rentierzucht zur Fleischproduktion degradiert. Wegen der gestiegenen Investitionskosten braucht eine Familie heute eine Herde von mindestens 400 Tieren, um zu überleben. Da bleibt nicht viel von der Romantik eines auf Skiern der Herde folgenden, in Pelze und bunte ›Zipfelmützen‹ gekleideten ›Lappen‹. Trachtentragende Sami sieht man außer in Prospekten höchstens an bestimmten Festtagen.

Mit dem gesellschaftlichen Klima der 70er Jahre und unter dem Einfluß der Ökologiebewegung gewannen die Sami neues Selbstvertrauen. Sie machen heute ihr Recht am eigenen Land und ihr Selbstbestimmungsrecht als Volk geltend. Seit 1993 gibt es in Schweden wie bereits in Finnland und Norwegen ein *Sameting,* ein Sami-Parlament. Eine gemeinsame Flagge für Sápmi wurde 1982 kreiert, der Nordische Samerat arbeitet seit 1956 in grenzüberschreitender Weise zusammen, inzwischen ist auch Rußland dabei. Aber vor Gericht scheiterte beispielsweise 1992 in Schweden der Versuch, dem Volk der Sami Landrechte zu sichern. Der Staat kann im Prinzip jederzeit Bodenschätze ausbeuten oder Staudämme bauen. Die Rechte der Ureinwohner an ihrem Land werden auch heute noch mit Füßen getreten.

Wer sich über die Kultur der Sami informieren möchte, dem seien das Silbermuseum in Arjeplog mit seinem historischen Schwerpunkt und das Museum Ájtte in Jokkmokk mit seiner umfassenderen Ausrichtung als erste Adressen empfohlen. Aber es ist auch möglich, authentische Erfahrungen bei heute in relativ traditioneller Weise lebenden Sami-Familien zu sammeln, im Juni/Juli bei der Renkälbermarkierung dabeizusein oder eine Nacht auf dem Birkenreisiglager in der *kåta* zu verbringen. Die Touristenbüros geben Auskunft.

Denn viele Sami bekennen sich heute wieder zu ihrer Kultur, ganz ohne folkloristischen Kitsch. Sie sprechen ihre Sprache – Sendungen von *Sameradio* sind in Schweden im Rundfunk zu hören –, kommunizieren via Internet und machen ihre Musik: Im Zug der Ethno-Welle im Popgeschäft erlebt der Jojk seit einigen Jahren ein echtes Revival. Am bekanntesten in Mitteleuropa ist wohl die Norwegerin Mari Boine, deren erstklassige Jazzkompositionen die deutliche politische Botschaft in den Texten nicht übertönen: Sie stellen das Schicksal der Sami als bedrohtes Volk in einen globalen Zusammenhang – auch mit dem Indianer – »Hör' Bruder, höre Schwester/Höre die Stimme der Stammütter/Warum läßt du es zu, daß die Erde leidet/vergiftet wird, gepeinigt (...) Die Erde ist unsere Mutter/Nehmen wir ihr das Leben/Sterben wir mit ihr./Hast du vergessen, woher du kommst/Du hast Brüder, Du hast Schwestern/In Südamerikas Regenwäldern/An Grönlands karger Küste/Hast du vergessen, woher du kommst.« (Gula Gula, Mari Boine, 1989).

eine besondere Sehenswürdigkeit bietet: Potatisbacken, der Kartoffelhügel. Hier reifen – dank der gärtnerischen Experimentierfreude eines gewissen Nils Johansson seit 1832 – knapp 50 km südlich des Polarkreises die besonders schmackhaften kleinen *mandelpotatis*, und zwar in Rekordzeit und ohne daß ihnen Spätfröste oder trockene Sommer etwas anhaben können. Der nach Süden

Diese farbenprächtige Samenkota steht in Arjeplog

gewandte sandige Moränenhang bietet ja auch rund um die Uhr Sonne. Ammarnäs ist zudem ein authentisches Bergdorf, viele Bewohner leben noch von der Rentierzucht. Sehenswert ist auch Lappstan mit alten Holzhütten. Zudem ist Ammarnäs Wintersportort und guter Ausgangspunkt für Bergwanderungen, in ca. 75 km kann man zu Fuß das Südende des Kungsleden in Hemavan erreichen.

Von Sorsele sind es auf dem RV 45 etwa 84 km bis **Arvidsjaur** 15 (S. 293), im frühen 17. Jh. Ausgangspunkt der Zwangschristianisierung der Sami in Lappland. Die heutige Holzkirche stammt von 1902. Ein wichtiger Treffpunkt der Sami ist der Ort geblieben, hier sieht man sich im August zum Feiern. Lappstaden mit Unterkünften für

die einst ohne Rücksicht auf das Nomadenleben zum regelmäßigen Kirchgang verpflichteten Sami stammt zum Teil noch aus der Entstehungszeit im 17. Jh.

Der RV 95 heißt auch ›Silvervägen‹, denn über das Seensystem des Skellefteälv gingen die Silbertransporte aus dem Gebirge an die Küste, nachdem im 17. Jh. die Silbergrube in Nasafjäll, die älteste in Lappland, ihre Arbeit aufgenommen hatte. Wichtige Zwischenstation war **Arjeplog** 16 (S. 293), das mit seiner hübschen Kirche wunderschön in die Seenlandschaft eingebettet liegt. Für den Transport wurden Sami zwangsverpflichtet – die Rentiere mußten je bis zu 100 kg Erz tragen. 1640 begann unter Königin Kristina auch die Christianisierung der Sami, in Arjeplog wurde eine Kirche errichtet, und die Stadt bekam

Marktrechte. 1659 zerstörten die Norweger die Grube im Grenzgebiet Nasafjäll, aber ab 1695 begann die Kolonisierung des Landes durch *nybyggare*. Die Siedler erhielten 15 Jahre Steuerfreiheit, als Gegenleistung mußten sie den Wald roden und die Bestellung der Äcker und Wiesen übernehmen, ein mühseliges Unterfangen angesichts der harten klimatischen Bedingungen der Region.

Das sehenswerte Silbermuseum entstand aus der Sammlung des Arztes Einar Wallquist, der 1922 aus Stockholm kommend zunächst einen Kulturschock erlitt. Der ›Lappendoktor‹ hatte nicht nur ein riesiges, fast menschenleeres Gebiet zu betreuen und war entsprechend oft und tagelang auf Reisen zu seinen weit verstreut lebenden Patienten, er hatte es auch nicht immer mit zahlungskräftigen Bürgern zu tun. Wallquist war ein Menschenfreund und wurde so manches Mal mit einem Silberlöffel oder einem Altertümchen entlohnt. Er verwahrte praktisch alles, versuchte aber jeweils die Geschichte der Gegenstände und das ›Umfeld‹ zu dokumentieren. Fotografien, Bücher, Archive gehörten ebenso dazu wie mündliche Überlieferungen. Damals war die samische Kultur bereits dabei, sich unter dem Einfluß der Besiedlung zu verändern. Und so ist die Sammlung in Arjeplog heute vor allem ein Dokument der vergangenen Kultur des Nordens, während das ›offizielle‹ Sami-Museum Ájtte in Jokkmokk (s. S. 263) auch die aktuelle gesellschaftliche Situation und das heutige Leben des Samivolks im Norden thematisiert.

Wieder auf dem Inlandsvägen, nähert sich die Straße in **Moskosel** 17 der Trasse der Inlandsbana, die ab Arvidsjaur im Sommer noch von dampflokgezogenen Zügen befahren wird. Im Bahnhofsgebäude von Moskosel zeigt ein kleines Rallaremuseum eine Fotoaus-

stellung und ein Originalkontor. *Rallare* hießen die Bahnarbeiter, die in den 20er und 30er Jahren die Bahngleise durch die Wildnis bauten. Vor dem Bahnhof liegt noch einer der schweren Riesenhämmer bereit, mit dem man selbst probieren kann, einen dicken Nagel in die Schwellen zu schlagen oder die Schienen mit dem Stemmeisen anzuheben.

Storforsen 18, der ›große Wasserfall‹, gilt allen anderen Anwärtern zum Trotz als bester Kandidat für das Prädikat ›größter Wasserfall des Nordens‹; der ungebändigte Piteälv fällt hier nämlich nicht nur 82 m tief, sondern ist auch außerordentlich lang, über 5 km, seine Gischt sieht man schon weithin von der Straße. Und natürlich dröhnt er ganz mächtig. Aber der Fall ist inzwischen sehr gezähmt. Um besser flößen zu können, wurde das Wasser schon vor knapp 100 Jahren umgeleitet, so daß die wüste Felsenlandschaft des *döda fallet* (toter Fall) zurückblieb. Dort kann man die Wirkungen des Wassers auf Stein gut beobachten, z. B. in den tiefen Gletschermühlen *(jättegrytor)*. Heute ist der Storforsen gelegentlich Schauplatz von Ballett- oder anderen Freilichtaufführungen. Das Gebiet ist gut zugänglich, mit Rastplätzen, Naturum und Flößereimuseum.

Rund 50 km weiter ist endlich der **Polarkreis** erreicht! Für ein Erinnerungsfoto stehen ausreichend Schilder bereit. Allerdings wandert der nördliche Polarkreis jedes Jahr ca. 14,5 m nach Norden: Massebewegungen in und auf der Erde lassen die gedachte Erdachse, die ja an den Polen ›durchstößt‹, spiralförmig rotieren, verschieben so die Pole und damit auch die Polarkreise. Die Markierungen auf der Straße müssen also von Zeit zu Zeit geändert und Rastplätze sowie Polarkreis-Imbißbuden entsprechend mobil sein.

Bei Moskosel

Jokkmokk 19 (S. 309) am Luleälv ist seit jeher Hauptort der Lule lappmark. Entlang dem Fluß führte seit Ende des 17. Jh. ein weiterer wichtiger Transportweg von den Erzgruben im Gebirge zur Mündung bei Luleå. An Jokkmokks Tradition als Marktplatz für die im Winter im Waldland lebenden Sami knüpft noch der Lappmarknad im Februar an, auf dem man heute auch ganz normalen Krimskrams kaufen kann. Der schwedische König Karl IX. bestimmte seinerzeit die Stelle auch als Kirchenstandort; die alte Kirche (Gamla Kyrka, Lappkyrka), eine exakte Kopie der 1753 errichteten, liegt etwas versteckt rechts hinter dem Museum Ájtte (in die Åsgatan und vorbei am Vandrarhem links). Die hübsche weiß gestrichene neue Kirche von 1889 steht umgeben von Birken direkt neben der Straße.

Jokkmokk ist heute das kulturelle Zentrum der schwedischen Samen, hier befindet sich die Volkshochschule, wo u. a. die traditionellen Handwerkstechniken für *Sameslöjd* gelehrt werden, und als größte Sehenswürdigkeit für Besucher das 1989 eingeweihte Fjäll- och Samemuseum Ájtte, das bedeutendste Museum zur Samikultur in Schweden.

Der Grundriß des Museums – *ájtte* heißt Vorratsspeicher – entspricht einem Rengehege, mit von allen Seiten auf einen zentralen Raum zulaufenden Gängen, durch die der Besucher auf die Reise zu verschiedenen Themenbereichen der samischen Lebenswelt in Vergangenheit und Gegenwart geschickt wird: Hier erfährt man etwas über die moderne Rentierzucht im Jahreslauf, Geschichte, Religion und Kultur der Sami, unterstützt durch Filme, Diashows und moderne Animationstechniken. Im Museumsrestaurant gibt es samische Spezialitäten. Das Museum widmet sich neben der Kultur ausdrücklich auch der Natur Lapplands, dem Gebirge und vermittelt in einer Ausstellung und der Bibliothek alles Wissenswerte über das Bergwandern. Ein paar 100 m weiter kann man im zugehörigen Fjällträdgården (Gebirgsgarten) am Hang die Flora der Berge Lapplands studieren.

Bei einem Abstecher von Jokkmokk den Luleälv flußabwärts bietet sich Gelegenheit zu einer Reise in die Steinzeit. In **Vuollerim** 20 wurden 1983 Spuren eines Steinzeitdorfes entdeckt, das inzwischen ausgiebig von Archäologen untersucht wurde. Dort kann man leben wie das Jägervolk, das hier vor 6000 Jahren seine Spuren hinterließ; angeboten werden eine Komplettausbildung in Steinzeittechnik wie Faustkeile Zurechtschlagen und Feuermachen, und Einblicke in schamanistische Religion. Und wer das Band fürs Leben nach Steinzeitart knüpfen möchte: Alljährlicher Höhepunkt sind die um Mittsommer stattfindenden Hochzeiten nach Steinzeitritual (Anmeldung erforderlich).

Ein knappes Viertel der in Schweden aus Wasserkraft erzeugten Energie – und damit ein Zehntel der gesamten Stromproduktion – liefert der Luleälv. Das in den 50er Jahren gebaute Kraftwerk in Hårsprånget ist mit einer Fallhöhe von 107 m heute Schwedens zweitgrößtes Wasserkraftwerk und kann im Sommer besichtigt werden. Fünf Jahre Bauzeit brauchte das Kraftwerk bei **Porjus** 21, und zwar unter schwersten Bedingungen, denn alles Material mußte auf Wegen durch die Wildnis von Gällivare herangeschafft werden, bis das Kraftwerk 1915 die Arbeit aufnehmen konnte. Es ist heute Museum. Porjus selbst ist ein schmucker Ort. Dahinter erstreckt sich unberührte Landschaft, rechts liegt der Muddus Nationalpark, Brutplatz für rund 50 Vogelarten, darunter Singschwäne und Kraniche. Einer der wenigen Wege, der auf Planken durch die Moore führt, ist der 44 km lange ›Rallarstigen‹, ein Wanderweg mit Tradition: Ab 1910, als in Porjus das

Wasserkraftwerk gebaut wurde, schafften *rallare* Baumaterial von Gällivare auf diesem Weg heran.

Auf dem gut ausgebauten RV 45 fährt man auf den Berg Dundret zu, den Hausberg von Gällivare, auf dem man während der Mitternachtssonne einen Monat lang ununterbrochen Sonnenschein genießen kann. In **Gällivare** 22 (S. 299), mit seinen 20 000 Einwohnern, die sich auf einer Fläche halb so groß wie Belgien verteilen, kreuzen sich die wichtigsten Straßen und Schienenwege des Nordens: der Inlandsvägen und die von der Küste kommende E10 sowie Inlandsbahn und Küstenbahn. Die hübsche alte Holzkirche von Gällivare liegt heute etwas abseits unten am Fluß jenseits der Bahngleise. Den Namen ›Ettöreskyrka‹ bekam sie, weil jeder Haushalt im Land vier Jahre lang je einen Öre als Beitrag zu den Baukosten leistete. Als sie 1755 fertig gestellt war, lag sie praktisch inmitten reinster Wildnis und ge-

Die Kirche von Kiruna

hörte zu den ersten festen Gebäuden im Doppelort Gällivare-Malmberget. Der Name Gällivare bedeutet auf samisch ›Spalt im Berg‹ und bezeichnet einen der wichtigen Orientierungspunkte für die jährlichen Wanderungen. Die Kirche diente zunächst nur den Sami von Kaitum als Gotteshaus, daher auch der Name ›Lappkapell‹. Erst gegen Ende des 19. Jh. begann mit dem Bau der Eisenbahnverbindung die Eisenerzförderung in Malmberget (Erzberg). Rund um die Grube wuchsen die bescheidenen Hütten der Arbeiter, die inzwischen wiederaufgebaute *Kåkstan.* Vom damaligen Leben in der Grubenstadt kann man sich im Gruvmuseum einen Eindruck verschaffen. Die bis 815 m tiefe, von der staatlichen LKAB betriebene Kupfergrube ist heute die größte Europas.

1882 wurde eine neue, größere Kirche in Gällivare eingeweiht. Weiß und breitgelagert ruht sie auf der anderen Seite der Bahn und näher am heutigen Zentrum. Das Hembygdsområde im Osten der Stadt am Vassaraälven im Anschluß an den Campingplatz versammelt die nördlichste Windmühle Schwedens, ein Lager mit Vorratsräumen *(härbren)* und Wohnstätten der Sami.

An der großzügig ausgebauten Straßenkreuzung östlich von Gällivare ist der Weg nach Norden auf den vereinten E 10 und RV 45 Richtung Kiruna kaum zu verfehlen. Man überquert nach ca. 40 km den Kalixälven, einer der wenigen nicht für die Stromgewinnung verbauten Wildflüsse Schwedens. Rund 10 km vor Kiruna lohnt der Abstecher über den breit und träge dahinfließenden Torneälv nach **Jukkasjärvi** 23 (S. 312), wo seit dem frühen 17. Jh. eine Kapelle steht; die heutige stammt von 1732. Sehenswert ist der Holztriptychon von Bror Hjorth (1958) im Innern, der in farbstarken Reliefs u. a. die Bemühungen von Lars Laevi Laestadius schildert, der den Sami Abstinenz und einen rechtschaffenen Lebenswandel predigte. In dem Trunkenbold auf dem linken Flügel (in der Gruppe die Figur ganz rechts) hat sich der Künstler selbst porträtiert. Laestadius, der Gründer der nach ihm benannten christlichen Erweckungsbewegung, die heute unter den Sami stark verbreitet ist, wirkte auch einige Zeit in der Kapelle von Jukkasjärvi.

Die Straße endet an der Raketenabschußbasis **Esrange,** die, inmitten von militärischem Sperrgebiet gelegen, zivilen Zwecken dient. Hier werden Satelliten ins All geschossen und überwacht, und man widmet sich der Erforschung von Phänomenen wie dem Nordlicht.

Kiruna 24 (S. 312), mit 20 000 km^2 halb so groß wie die Niederlande, war einmal die größte Gemeinde der Welt, inzwischen hat sie irgendeine Stadt in

Australien an Ausdehnung überflügelt. Allgegenwärtig und überall in der Stadt sichtbar ist der Erzberg Kirunavaara, dem Kiruna seine Existenz verdankt – und alles weitere der LKAB. Die staatliche Abbaugesellschaft wurde 1890 gegründet, im November 1902 fuhr der erste Zug mit Erz aus Kiruna nach Narvik. Planmäßig wurde der als unerschöpflich geltende Kirunavaara Stufe um Stufe abgebaut, zunächst im Tagebau, heute bereits 300 m unter der Erde; in die Erschließung tieferer Schichten hat die LKAB erst 1997 wieder große Summen investiert. Trotz europäischer Stahlkrisen hält man eisern am Abbau in Kiruna fest. Seit Mitte der 70er Jahre fiel die Hälfte der Arbeitsplätze weg, mit den neuen Industriezweigen Raumfahrt- und Computerindustrie konnte der Verlust nur zum Teil aufgefangen werden. Nicht entgehen lassen sollte man sich eine Reise in die größte Untertagegrube der Welt, die in ca. 1,5 Std. per Straßenbahn (die bis 1959 kostenlos die Arbeiter zu ihren Arbeitsplätzen transportierte) und Bus bis zu 370 m tief ins Innere des riesigen Erzbergs Kirunavaara führt.

Die eigentliche Innenstadt Kirunas mit den von Ralph Erskine modern gestalteten Gebäuden – von den Bewohnern respektlos als ›Schnupftabaksdose‹ und ›Spucknapf‹ tituliert –, mit Geschäften und öffentlichen Einrichtungen hat man anders als die weitläufige Grube im Nu zu Fuß durchlaufen. Eines der schönsten modernen Bauwerke ist das Stadthaus des Architekten Artur von Schmalensee (1959), den Uhrturm gestaltete Bror Marklund. Die Kirche, auf Wunsch des Auftraggebers Lundbohm 1912 in Form einer überdimensionalen Lappenkote gebaut, thront auf der Anhöhe über der Innenstadt. Außen eher düster, ist sie im

Innern um so schöner, mit üppigen Holzschnitzereien und dem offenen Dachstuhl, einer eigens für diese Kirche gemalten Landschaft von Prinz Eugen als Altargemälde und Skulpturen von Christian Eriksson.

Parallel zur Straße E 10, dem ›Nordkalottvägen‹, verläuft die Erzbahn, auf der man immer wieder endlos lange Reihen von hochbeladenen Waggons mit den grauen Pellets rollen sieht. Bevor sich die Straße zum Torneträsk absenkt, passiert man fantastisch schroffe Berghänge und herrlich klare kalte Seen, Moor und Tundragebiete geben weite Blicke frei. Das erhabene Seenpanorama des Torneträsk mit den umgebenden Bergen schließlich ist atemberau-

Landschaft zwischen Kiruna und Abisko

bend, ein Vorgeschmack auf die herrlichen Ausblicke, die man von Abiskos Hausberg Njulla haben kann, falls die Sicht klar ist. In **Abisko** 25 (S. 291) besteht auch zum erstenmal seit Kiruna die Möglichkeit, Verpflegung einzukaufen, und ein gutes Angebot an Unterkünften aller Preislagen. Hier beginnt (oder endet) der Kungsleden, starten aber auch eine Vielzahl anderer Wanderwege.

Eine Seilbahnfahrt auf den 1169 m hohen Njulla ist wohl der bequemste Weg in die Bergwelt Lapplands. Hat man das Panorama mit der charakteristischen Silhouette der Lapporten (Lappenpforte) ausgiebig genossen und die winzigen Blumen in den Felsritzen oder auf den Wiesen der Südseite gefunden,

begeistert beim Rückweg die üppige Vegetation aus Trollblumen, Engelwurz und anderen Blumen, bevor man wieder den Birkenwald-Gürtel erreicht. Auch die Wiesen am Torneträsk, zum Teil als Vogelbrutgebiete im Sommer gesperrt, sind für ihre üppige Blumenpracht im Hochsommer berühmt. Im Naturum an der Abisko Turiststation kann man sich über Bergflora und -fauna informieren.

Ein anderer Ausflug in die Berge ab Kiruna führt nach Nikkaluokta am Fuß des **Kebnekaise** (2119 m). Gipfelstürmer können den höchsten Berg Schwedens ab hier theoretisch in 8 Stunden besteigen – falls das Wetter es zuläßt. Am besten schließt man sich einer geführten Tour an.

Im Tornedal zur Ostsee

Nur noch vier große Flüsse in Schweden dürfen unreguliert zu Tal rauschen. Während mächtige Ströme wie der Luleälv ein Zehntel des schwedischen Stromes liefern, wurden Torne- und Kalixälv bislang nicht zur Energiegewinnung ausgebaut. Hier können die Lachse noch ungehindert von Staumauern zu ihren Laichgründen wandern, sie müssen sich auch nicht mit Lachstreppen behelfen.

In der Landschaft des nordöstlichen Lappland und Norrbotten haben die eiszeitlichen Gletscher besonders gute Arbeit geleistet und das Land fast völlig eingeebnet. Das abgehobene Material liegt in Tälern und Senken bisweilen bis zu 50 m dick, eine besonders fruchtbare Erde, die vor allem im unteren Tornedal Kartoffeln, Getreide und gutes Wiesengras sprießen läßt, weshalb das Land hier auch ›Ladriket‹ (Scheunenreich) heißt. Die geringen Höhenunterschiede lassen die Flüsse breit und behäbig fließen, zwar mit Stromschnellen, aber ohne große Wasserfälle. Der Tärendöälv bietet das seltene Naturphänomen einer Bifurkation: Er kann sich nicht so recht entscheiden, wohin er fließen soll, und so speist sein Wasser sowohl den Kalix- als auch den Torneälv.

Die Strecke parallel zum Oberlauf des Torneälv führt durch äußerst dünn besiedeltes, mit moltebeerenreichen Mooren durchsetztes Waldland, ein Gebiet, in dem Bären nicht selten sind, wenn man sie auch kaum sieht, und ganz sicher eines, wo sich ›Elch und Biber Gutenacht sagen‹. Die gesamte Region östlich von Svappavaara ist ursprünglich finnischsprachig, wie die Ortsnamen deutlich zeigen, und diese Sprach- und Kulturgrenze liegt viel weiter westlich als die offizielle Landesgrenze. Bis 1809, als sich Schweden und Rußland auf den Torneälv als Grenzfluß einigten, gab es ohnehin keine Barrieren, denn jahrhundertelang hatte Schweden seine Kolonie Finnland fest im Griff.

Einen ersten Blick auf den breit und träge dahinfließenden Torneälv hat man von der Flußbrücke, 1 km nachdem man von der E 10 Richtung Jukkasjärvi (s. S. 265) abgebogen ist. In **Svappavaara** ◻1, 48 km weiter abseits der E 10 gelegen, wird bis heute Kupfer gefördert. In **Masugnsbyn** ◻2 begann 1642 die Geschichte der nördlichsten Eisenschmelzen Europas mit einer Entdeckung, die einem Bauern auf Eichhörnchenjagd gelang. Als sich an der Eisenspitze seiner Jagdpfeile immer wieder schwarze Steine festhefteten, kam ihm das seltsam vor, und er nahm ein paar davon mit nach Torneå. Die Analyse der Steine ergab: Eisenerz mit 30 % Magnetitanteil. Die Ruine der ersten Eisenschmelze (masugn) direkt neben der Grube steht noch einige 100 m bachabwärts. Am Weg liegt ein Kalkbrennofen, eine Fehlinvestition der 50er Jahre, denn der hohe Magnesiumanteil des hier vorkommenden Dolomitkalks ließ nur unbrauchbare Klumpen entstehen.

Solche Hüttenwerke in einer Gegend zu bauen, wo alle Transporte mühsam und Arbeitskräfte schwer zu finden waren, war ein kostspieliges Geschäft und ruinierte so manchen Unternehmer. Das nötige Kapital brachten schließlich 1652 die aus den Niederlanden stammenden Brüder Abraham und Jakob Momma ins Spiel, die sich schon am Erzberg von Kiruna, wenn auch noch ohne Ergebnisse, engagiert hatten.

Kurz vor Junosuando trifft die Straße auf den Torneälven, dem man von nun an folgt. Der behäbig dahinfließende Fluß betrieb noch bis ins 19. Jh. mit seinen Stromschnellen weitere Eisenschmelzen des Momma-Imperiums, deren Ruinen, wie beispielsweise am Rastplatz Tornefors südöstlich des Ortes, kaum mehr zu sehen sind. Der Blick auf den Fluß ist dafür umso schöner.

Die kräftigen Stromschnellen des Kengisforsen 5 km östlich von Pajala sind die mächtigsten des Torneälv und betrieben noch bis Anfang der 30er Jahre den Schmiedehammer von **Kengis bruk.** In der 1646 mit dem Geld der Mommas gegründeten Eisenschmiede, einst die nördlichste in Europa, wurden Eisenerz aus Masugnsbyn und Kupfer aus Svappavaara weiterverarbeitet. Im Herrenhaus von 1804 residieren bis heute die Nachkommen der letzten Hüttenbarone.

In Kengis wurden sogar Münzen geprägt, denn der Ort entwickelte sich auch zum wichtigen Handelsplatz und machte dem heute finnischen Torneå ernste Konkurrenz. An diese alte Tradition als Handelsplatz knüpft der Markt im benachbarten **Pajala** 3 (S. 329), heute Hauptort der Gemeinde, am zweiten Wochenende nach Mittsommer an. In der schönen Holzkirche oberhalb des Torneälv predigte ab 1849 Lars Laevi Laestadius, nachdem er in Karesuando schon eine große Anhängerschaft unter den Sami für seine Erweckungsbewegung gewonnen hatte. Als Pfarrer traf er in Pajala aber auch auf Widerstand. Weil einigen Gemeindemitgliedern die ekstatischen Auftritte der Erweckten mißfielen und Laestadius mit seiner einfachen und direkten Sprache (»Ihr Trinker, ihr Diebe, ihr Hurenböcke – kehrt um«) aneckte, mußte jeder zweite Gottesdienst von einem Alternativpfarrer gehalten

werden. Das machte dem ›Missionar der Lappen‹ wenig aus, er predigte noch bis kurz vor seinem Tod 1861. Laestadius pörte, sein Wohnhaus einige Straßenecken weiter, ist heute als Gedenkstätte für Laestadius, der auch ein begeisterter Botaniker war, eingerichtet.

Hinter Pajala und Kengis bruk führt die Straße entlang dem Torneälv parallel zur schwedisch-finnischen Grenze. Erst recht seit beide Länder der EU beitraten, sind die Schlagbäume offen. So fährt man im Doppelort **Pello** 4 auch mal zum Einkaufen nach Finnland, wo die Preise allerdings nicht viel anders sind. Ein wichtiger Unterschied: In Finnland sind die Uhren um eine Stunde vorgestellt. Von der Straße bieten sich immer wieder schöne Blicke auf den breiten Fluß, der seit Juhonpieti kurz vor Pajala schon seine zivilisierteste Seite zeigt: Die Ufer sind nicht mehr von dun-

Im Tornedal zur Ostseeküste

klem Wald, sondern von Wiesen und Feldern gesäumt. Hübsche Häuser auf beiden Seiten der Grenze zeugen vom bäuerlichen Wohlstand, der im günstigen Klima wachsen konnte. Die flachen Wiesen sind übersät mit den typischen Heuschobern, die der Region den Namen ›Ladriket‹ eingetragen haben. An geschützten Südhanglagen gedeihen nicht nur prächtige Kartoffelfelder, sondern sogar Gemüse: In Gewächshäusern werden, vielfach in ökologischem Anbau, Gurken und Kohl gezogen, und das am Polarkreis, den man hier bald wieder gen Süden überschreitet.

Övertorneå 5 liegt schon rund 20 km südlich der magischen Marke des Polarkreises, der allerdings immer in Bewegung ist (s. S. 262). Die 1735–37 gebaute Kirche gehört zu den am besten erhaltenen des 18. Jh. im Norden und besitzt eine der ältesten noch gespielten Orgeln Schwedens: Das Instrument wurde 1609 in Berlin-Spandau für die Deutsche Kirche (Tyska Kyrkan) in Stockholm gebaut, bevor sie die Gemeinde von Övertorneå 1777 erwarb. 11 km südlich der Stadt liegt ein beliebtes Ausflugsziel: der Luppioberg, der Sage nach Heimat des *tomte,* des Weihnachtsmanns. Sein 192 m hoher Gipfel lag noch kurz nach der Eiszeit knapp über dem Meeresspiegel. Daß hier einmal eine Strandlinie verlief, zeigen auch etliche Berggipfel mit der charakteristischen Silhouette der ›Kalottberge‹: oben eine abgerundete bewaldete Kappe, darunter, wo die Erdkruste vom Meer losgespült wurde, nur blanker Fels und Geröllhalden. Der Blick geht über das ehemalige Mündungsgebiet des Torneälv, in dem der Fluß fruchtbare Schwemmlandinseln gebildet hat, die im Frühjahr überschwemmt und damit kräftig gedüngt werden. Das Feuchtgebiet mit Brut- und Rastplätzen für Wat- und En-

tenvögel ist heute Vogelschutzgebiet. **Hedenäset** 6, der finnische Name Hietaniemi bedeutet ›Sand-Landzunge‹, ist ein altes Kirchdorf mit einer schönen achteckigen Kirche der Zeit um 1740.

Die Schnellen des **Kukkolaforsen** 7 (finn.: Kukkolankoski) gut 50 km südlich von Övertorneå haben die Menschen schon jahrhundertelang genutzt: zur Energiegewinnung für Korn- und Sägemühlen und zum Fischen der reichlich vorkommenden Renken *(sik).* Ein großes Ereignis mit mittelalterlichen Ursprüngen ist alljährlich *Siksöndagen* Ende Juli, wenn die Fische auf traditionelle Weise von Booten oder den in den Fluß hinausgebauten Stegen aus mit Keschern an meterlangen Stöcken aus dem Wasser gefischt und am Ufer gegrillt werden. Ein Fiskemuseum informiert über die Tradition der Renkenfischerei, und man kann die Mühlen aus dem 19. Jh. besichtigen.

Nach dem Verlust von Tornio an Rußland 1809 wurde auf schwedischer Seite **Haparanda** 8 (S. 307) gegründet. Der Bahnhof spielte im Ersten Weltkrieg eine große Rolle, als hier über die Grenze Gefangene und Verletzte ausgetauscht wurden. Die Eisenbahnbrücke über den Torneälv besitzt sowohl Gleise in europäischer Normalspur als auch solche finnisch-russischer Spurweite. Kurze Zeit wehte der Hauch der Geschichte durch den verschlafenen Ort: Wladimir Iljitsch Lenin reiste hier ebenso durch wie Zarenwitwe Maria Feodorowna, und Schmuggler, Spione und Anarchisten gaben sich im Jahrhundertwendebau des Haparanda Stadshotell die Klinke in die Hand.

Die ausgedehnte Sandinsel- und Schärenlandschaft Haparanda Skärgård vor der Mündung des Torneälv hat große Bedeutung als Rastplatz für mehr als 200 Vogelarten und ist seit 1995 Na-

Kukkolaforsen

tionalpark. Es werden ganztägige Bootstouren angeboten.

Die betriebsame Kleinstadt **Kalix** 9
(S. 310) entwickelte sich aus einem
Markt- und Handelsplatz an der Mündung des gleichnamigen Flusses in die
Ostsee. Die alte Hauptstraße Köpmann-
gatan ist noch heute wichtigste Ein-
kaufsstraße. Die direkt neben der Flußbrücke liegende Kirche entstand Mitte
des 15. Jh., als sich die Bauern hier im
Flußtal ein Gotteshaus errichteten. Der
Reichtum des Küstenlandes zeigt sich
auch in den stattlichen Herrenhöfen an

den Hängen der Umgebung. In einem
davon, Grytnäs herrgård, läßt sich stan-
desgemäß und preiswert zugleich übernachten.

In seinem Mündungsgebiet fließt der
Strom breit, langsam und flach in die
Ostsee. Das kann man sehr schön bei
einem Ausflug nach **Vassholmen**
sehen. Auf der Insel im Strom wurden
früher die heruntergeflößten Stämme
geschieden, außerdem ist hier eine Kü-
fereiwerkstatt zu besichtigen und ein
Café. Die Insel ist über eine Fußgängerbrücke erreichbar.

Küstenstädte und Schärenparadiese – Norrlands Ostseeküste

Der nördliche Ostseeraum ist das noch heute am stärksten von der Landhebung betroffene Gebiet Schwedens und bildet eine flache, von unzähligen Sandbänken durchsetzte Schärenküste. Wer es nicht ganz so eilig hat, findet an den Sandstränden zwischen Luleå und Piteå – auch ›Riviera der Ostsee‹ genannt – Gelegenheit zum (Sonnen-)baden. Schönes Spätsommerwetter hält sich an der Ostsee oftmals viel länger als im Inland, wo die Berge immer mal wieder von einem norwegischen Tiefdruckgebiet gestreift werden. Neben den quirligen Strandbädern sorgt die Reihe munterer Küstenstädte an den Mündungen der großen Flüsse mit reichlich kulturellen Sehenswürdigkeiten für Abwechslung. Dagegen bietet der Küstenstrich in Ångermanland zwischen Örnsköldsvik und Härnösand mit Höga Kusten einmalige landschaftliche Höhepunkte. Vor der hügeligen, immer wieder von Fjorden unterbrochenen Küste liegt eine zu Ausflügen anregende Inselwelt mit idyllischen Fischerdörfern, über denen im Spätsommer der unverwechselbare Duft von *surströmming* liegt. Höga Kusten mit der Insel Ulvö gilt als die Hochburg der kulinarisch zwischen den Schweden und dem Rest der Welt heftig umstrittenen Delikatesse, die man nur sehr wohlwollend mit ›saurer Hering‹ übersetzen kann (s. S. 282).

Durch das Reich der Holzbarone mit ihrer Hauptstadt Sundsvall geht es südlich von Hudiksvall entlang der Schärenküste nach einem Schlenker durch die von reichem Bauernland gesäumten Täler Hälsinglands nach Gävle, wo der Norden zu Ende ist.

Von Luleå nach Umeå

Die Konsequenzen der Landhebung für die frühen Hafengründungen an der Ostseeküste werden sehr gut deutlich am Schicksal von Luleå. **Luleå Gammelstaden** **1**, im 14. Jh. an der Mündung des Luleälv gegründet, liegt heute gut 10 km im Landesinnern. Damals war der Wasserstand noch 6 bis 7 m höher. Der Marktort bekam 1621 Stadtrechte, aber nur 28 Jahre später zogen die Bewohner der Küste hinterher; der Hafen war unbrauchbar geworden.

In Luleå Gammelstaden hat sich ein einmalig vollständiges Ensemble einer Kyrkstad (Kirchstadt) erhalten, mit 450 Häusern die größte im Land und von der UNESCO als Weltkulturerbe klassifiziert. Um die hoch aufragende weißverputzte Feldsteinkirche gruppieren sich die niedrigen holzgezimmerten Häuschen, wo die von weither – die Gemeinde reichte bis an die norwegische Grenze – manchmal tagelang angereisten Kirchgänger Unterkunft fanden. Die Kirche aus dem frühen 15. Jh. war seinerzeit die größte und wichtigste in Norrland. Sie birgt als besonderen Schatz einen Antwerpener Schnitzaltar von 1500, der nördlichste seiner Art. Die Bemalung der Flügel stammt aus dem 18. Jh. Die reiche Innenausmalung im Chor wird der Werkstatt von Albertus Pictor zugeschrieben. Einige hundert Meter von der Kirchstadt entfernt liegt das Freilichtmuseum Hägnan, das stetig weiter ausgebaut wird. In den hierher versetzten Häusern aus allen Teilen der norrländischen Küstenregionen werden die frühere Acker- und Waldbauernkultur, Handwerk und Kleinindustrie lebendig und anschaulich dargestellt.

Das neue **Luleå** 2 (S. 319) gründete seinen Aufstieg nach dem Umzug 1649 vor allem auf die Rolle als Verschiffungshafen für das im Luleälvtal herangeschaffte Eisenerz von Malmberget und Kiruna. Heute ist die nach einem Brand 1887 wiederaufgebaute moderne Stadt eine betriebsame Einkaufsmetropole, deren Silhouette vom 67 m hohen Turm der neugotischen Domkirche dominiert wird, die ebenfalls nach dem Brand entstand. Norrbottens museum widmet sich in seinen Wechselausstellungen den drei Kulturen, die das Land zwischen Luleälv und Torneälv geprägt haben: Sami, Finnen und Schweden. Auf dem Gelände der Technischen Hochschule außerhalb der Innenstadt zeigt Teknikens Hus u. a. physikalische und mechanische Phänomene. Wenn man etwas Zeit hat, bietet sich eine Tagesfahrt in die wunderschöne Schärenlandschaft vor der Stadt an.

Das Schicksal von **Öjebyn** 3 gleicht dem von Luleå Gammelstaden aufs Haar: Als Folge der Landhebung verlegte man auch hier Mitte des 17. Jh. die Hauptsiedlung an die Piteälvmündung weiter östlich ins heutige Piteå, zurück blieb die Kirchstadt um die Kirche aus dem frühen 15. Jh., die um 1750 umgebaut wurde und eine prächtige Barockausstattung besitzt. Der separate Glockenturm diente ursprünglich als *kastal* zur Verteidigung.

Der sommerliche Rummel in **Piteå** 4 beruht auf dem Ruf der umliegenden Sandstrände, Sonne im Überfluß zu bieten. Falls diese Erwartungen einmal nicht in Erfüllung gehen sollten, kommen die quengeligen Kleinen im Erlebnisbad Pite havsbad bei tropischen Tem-

Norrlands Ostseeküste

peraturen auf ihre Kosten. Es liegt 6 km außerhalb in Pitholmen direkt am Strand. Ansonsten sind die spärlich mit Krüppelkiefern bewachsenen Sanddünen an diesem Küstenstreifen dicht mit Ferienhäusern bepflanzt und wenig einladend. Piteå selbst besitzt eine hübsche Holzkirche im Zentrum und alte Holzbebauung, ist aber auch eine Industriestadt; im Umland haben sich, versteckt zwischen den Ferienstränden, Papierfabriken und Sägewerke breitgemacht.

Etwas ruhiger geht es im **Byske havsbad** 5 zu, wo ebenfalls familienfreundliche Sandstrände unweit der E4 locken. Reizvoller ist aber ein Abstecher in das wald- und erzreiche Hinterland, das man auf einem Tagesausflug erkunden kann: 13 km lang ist die **Seilbahn** 6 von Örträsk nach Mensträsk, damit die längste für Touristen zugängliche der Welt. Es ist nur ein Teilstück der insgesamt 96 km langen, in den 40er Jahren des 20. Jh. gebauten Seilbahn von der Grube Kristineberg ins Anreicherungswerk **Boliden** (S.295). Die Grube, in der ab den 1920er Jahren kupfer-, gold- und silberhaltiges Erz gefördert wurde, ist seit Mitte der 1960er Jahre stillgelegt. Fast lautlos schwebt man in den Vierpersonenkabinen über Moore, Seen und Wälder des ›Guldriket‹, des Goldreiches, hinweg – ein einmaliges Erlebnis. An der Endstation in Mensträsk warten eine Badestelle und Einkehrgelegenheit, und es besteht die Möglichkeit zur Übernachtung in Hütten, wenn man nicht den Bustransfer zurück nach Örträsk vorzieht (Vorausbuchung erforderlich).

Neben einer Reise über der Erde bietet sich in dieser Bergwerks-Gegend auch eine unter die Erde an. Daß auch im protestantischen Schweden Wunder geschehen, beweist eine Begebenheit, die sich am 28. November 1946 in der Grube **Kristineberg** 7 ereignete. Nach einer

Sprengung erschien plötzlich eine 2 m hohe Christusgestalt an der Grubenwand. Damit nicht genug, kam wenige Jahre später auf einer Marmorplatte eine weitere Figur zum Vorschein. 90 m unter der Erde erfährt man heute in der ökumenischen Underjordskyrka alles über die wundersamen Ereignisse, außerdem informiert eine Besuchergrube über die Geschichte des Bergbaus in der Region.

Von diesem Abstecher ins Landesinnere kehrt man an die Küste nach **Skellefteå** 8 (S. 332) zurück. Die Kleinstadt an der Mündung des Skellefteälv liegt trotz der Landhebung noch am alten Platz, der Hafen Skelleftehamn mit dem riesigen Erzverarbeitungsbetrieb Rönnskärverket 10 km östlich. Der prächtigen neuklassizistischen Skellefteå landskyrka sieht man ihre mittelalterlichen Ursprünge nicht an. Das Portal mit der Sonne gibt als Baujahr 1799 an, der üppige Viersäulenportikus und die Kuppel sind einmalig in Schweden. Die reiche Innenausstattung prunkt mit einem Lübecker Flügelaltar von Bernt Notke (1500). Ganz unauffällig hinter der Altarwand im Marienchor steht aber die eigentliche Sehenswürdigkeit, die kleine Skellefte-Madonna aus Walnußholz mit kaum erkennbaren Resten von Bemalung (12. Jh.).

Auch Skellefteås Kirchstadt ist erhalten: ›Bonnstan‹ besteht aus 116 Kirchhäusern mit 392 Kammern und drei Ställen, und wurde bereits 1637 erwähnt. Wie alle Kirchdörfer stammt auch diese aus nachreformatorischer Zeit, erst in den 50er Jahren des 19. Jh. endete die strikte Kirchgangspflicht. Im angrenzenden Nordanåpark liegt das Skellefteåmuseum. Es zeigt u. a. Bronzefunde aus der Völkerwanderungszeit. Hinter der Kirche führt Schwedens längste noch benutzte Holzbrücke, die Lejonströmsbron von 1737, über den Fluß.

Wer frische Meeresluft schnuppern möchte, tut gut daran, südlich von Skellefteå dem Wegweiser nach **Bjuröklubb** 9 zu folgen. Die hohe Gneisklippe ist eine wichtige Seemarke, von der der Kleriker Olaus Magnus, als er 1519 hier vorbeifuhr, bemerkte, daß man nach dem Geruch navigieren könne, buchstäblich der Nase nach fahren – auf den Klippen wurde nämlich gerne Fisch getrocknet. Früher fischte man hier Strömling und ging auf dem Eis der zugefrorenen Ostsee auf Seehundjagd; die ehemaligen Fischerhütten sind heute Freizeithäuser, die Jagd auf Seehunde ist verboten. Der Leuchtturm von 1859 ist jetzt unbemannt, auch die Lotsenstation wurde 1967 aufgegeben. Bjuröklubb ist als Naturreservat geschützt, neben Pflanzen, die für die Ostseeküstenflora typisch sind, findet man hier auch ein Gebirgsgewächs, die Alpen-Bärentraube *(Arctostaphylos alpina)*. Für Zugvögel ist die Klippe ein wichtiges Rastlokal im Herbst und Frühjahr.

Bei **Lövånger** 10 trifft der Weg wieder auf die E4; auch um die mittelalterliche Feldsteinkirche dieser Siedlung inmitten des reichen Bauernlands stehen noch die alten Kirchhütten aus dem 17. Jh., hier bieten die umgebauten Häuschen heute eine preiswerte Unterkunft.

Ein Abzweig nach **Robertsfors** 11 führt wieder in die Bergwerksvergangenheit dieses Teils von Västerbotten. Benannt wurde Robertsfors nach dem Gründer des Hüttenwerks, Robert Finlay. Der 1719 geborene Sohn eines schottischen Adligen war Bankier in Dublin und gründete mit dem Iren John Jennings das Handelshaus Jennings-Finlay, seinerzeit einer der größten Eisenexporteure und Hütteneigentümer des Landes. Doch der unternehmerische Höhenflug war nur von kurzer Dauer; die Firma wurde 1762 aufgelöst und Finlay

An der Küste bei Piteå

ging Konkurs, der Name Robertsfors blieb. Die Arbeiter kamen aus Roslagen und Dalarna, ebenso wie das Erz, während die Holzkohle zur Befeuerung der Öfen aus den Wäldern bei Bygdeå stammte. Heute arbeiten die etwa 8000 Einwohner von Robertsfors hauptsächlich in der Holzindustrie (Kartonfabrik), der Hochdruckwerkzeug- und Industriediamantherstellung. Und es gibt eine Glashütte, die nördlichste in Schweden.

Die schöne gelb-weiß verputzte Feldsteinkirche von **Bygdeå** 12 stammt vermutlich aus dem 15. Jh., das Sternge-

Umeå

wölbe wurde ein Jahrhundert später eingezogen. Der schlanke Turm kam 1818 dazu. Ein Schlenker führt wieder an die Ostsee: In **Ratan** 13 wird die Landhebung schon seit Jahrhunderten genauestens protokolliert. Seit 1759 werden hier Messungen durchgeführt, denn daß der Wasserspiegel hier unweigerlich sank, war nicht zu übersehen. Zunächst hieb man in regelmäßigen Abständen eine Marke in die Klippe ein. In dem kleinen gelben Holzverschlag am Ende einer Pfahlbrücke steht eine ausgeklügelte Apparatur, mit deren Hilfe man die Veränderungen sogar auf Papier bannen konnte. Dieser sogenannte Mareograph von 1892 wurde noch bis 1965 benutzt. Mit seinem kleinen Segelboothafen, einer Badestelle und dem Blick auf die Schärenküste ist Ratan ein hübscher Platz für eine Pause.

Umeå

14 (S. 343) Die Residenz- und Universitätsstadt Umeå ist mit 95 000 Einwohnern die größte Stadt in Norrland. Ihren romantischen Beinamen ›die Stadt der Birken‹ erhielt sie nach dem vernichtenden Stadtbrand am Mittsommertag 1888, dem nicht nur die Altstadt, sondern auch Werften in den Stadtteilen auf dem anderen Ufer des Umeälv zum Opfer fielen. Danach wurden die neuen Holzbauten in ein breites Straßennetz eingepaßt und die Boulevards mit Birkenalleen bepflanzt, die mit ihren Blättern den Funkenflug verhindern sollen.

Von dieser Birken-Romantik ist nicht viel zu spüren, bis auf wenige Ausnahmen wirkt die Innenstadt unterkühlt modern, aber einige alte Schätzchen in Holz kann man bei einem Spaziergang entdecken, etwa die 1876 errichteten Häuser an der Kreuzung Kungsgatan/E4, die noch aus der Zeit vor dem Brand blieben, oder der **Moritzska gården:** Die 1891 gebaute Villa mit Neorenaissance- und Jugendstildetails des Fabrikdirektors Carl Gustaf Moritz wurde 1984 an ihren heutigen Standort bei der Kirche umgesetzt. Auch sonst ist die Jahrhundertwende mit der ihr eigenen Stilvielfalt des Historismus gut vertreten: das **Rathaus** im holländischen Renaissance-Barock-Stil, aus rotem Backstein mit weiß abgesetzten Verzierungen und einer Büste des Stadtgründers Gustav Vasa davor, und gegenüber das ehemalige **Bürgermeisterhaus** im Stil einer deutschen Burg, bei dessen Bau Steine der abgebrannten Domkirche mitverwendet wurden. Der Turm des 1894 fertiggestellten neuen **Doms** ragt in neugotischer Strenge aus der Stadtsilhouette heraus.

Im Museum **Gammlia** nordöstlich der Innenstadt wird u. a. der älteste Ski der Welt ausgestellt. Im Freilicht-Bereich dreht sich alles um das frühere Leben der Siedler, die den Wald rodeten, der Rentierzüchter, Robbenjäger, Schiffbauer und Ostseefischer. Im Sommer zeigen Handwerker alte Arbeitstechniken. Ziegen, Pferde und andere Bauernhoftiere beleben die Szenerie. Im Restaurant kann man Spezialitäten aus Västerbotten probieren, wie frischgebackenes *tunnbröd,* Käse und Mehlspeisen.

Höga Kusten

Das Stadtbild von **Örnsköldsvik** 15 (S. 327) wird außer durch Hafenkräne, die riesige Sprungschanze und die modernen Glasbauten am Hafen auch durch schöne Parkanlagen und Einkaufsstraßen geprägt. Der Name der erst 1842 gegründeten Stadt geht nicht etwa auf hier nistende Adler *(örn)* zurück, sondern auf den verdienten *landshövding* Abraham Örnsköld. Dennoch ist ihr Wahrzeichen Bruno Liljefors' Granitadler im Stadtpark. Auch der Bildhauer Bror Marklund hatte hier sein Atelier, in dem heute Skizzen, Modelle und Entwürfe für seine Werke zu besichtigen sind.

Själevad kyrka 16 wenige Kilometer westlich ist kaum zu übersehen, ein riesiger, auf einer Anhöhe über der Fjordmündung thronender Bau aus den 80er Jahren des 19. Jh. Die Kirche überwältigt auch im Inneren. In der Nähe werden in einem Fabrikladen des Outdoorbekleidungs-Herstellers Fjällräven Zweite-Wahl-Schnäppchen angeboten.

In Själevad weisen Schilder zum **Gene Forntidsby.** Dort kann der Besucher eine Zeitreise in die Vorzeit unternehmen. Mitten im Wald stehen ein Hof und eine Schmiede aus der Eisenzeit, bewohnt von einer zeittypisch wirtschaftenden Familie, an deren Alltag man teilhaben kann.

Die zerklüftete schärenreiche Küste südlich von Örnsköldsvik heißt Höga Kusten, und der Weg nach **Köpmanholmen** 17 lohnt sich in jedem Fall. Von hier verkehren Boote in die Inselwelt, die berühmt ist als Heimat des *surströmming.* Zwar werden die Heringe mittlerweile nicht mehr alle in Kleinstbetrieben an Ort und Stelle fabriziert wie früher, aber die unverfälschte Atmosphäre macht Ulvöhamn, Trysunda und andere Fischerdörfer auf den Inseln vor Höga Kusten im Sommer zu beliebten Ausflugszielen. Daß die Menschen hier, wo auf dem kargen Felsboden kaum Ackerbau möglich war, fast nur von dem lebten, was das Meer ihnen bot, sieht man noch an den Holzgestellen mit Holzhaken, an denen früher Fische zum Trocknen hingen. Sehenswert ist die alte Fischerkapelle in

Ulvöhamn 18, dem größten und bekanntesten Fischerort auf der Insel Ulvö (s. Abb.), der sich mit mehreren Restaurants und einem Hotel auch auf Ferienbesucher eingestellt hat. Die Wände in der winzigen Holzkirche von 1622 sind innen über und über bemalt: Beginnend am Fenster zieht sich die Geschichte des Verlorenen Sohns über die gesamten Wände. Fast noch beeindruckender sind die Szenen aus dem Seefahrtsbereich: der wundersame Fischzug, im Hintergrund eine Stadtszene, Seejungfrauen, ein Riesenfisch mit offenem Maul. Die Bilder malte ein einheimischer Künstler im Jahr 1719.

Die karge und rauhe Natur im bergigen Hinterland von Höga kusten kann man bei einem Ausflug zum **Skuleberg** nördlich von Docksta studieren. Eine Seilbahn führt auf den 293 m hohen Berggipfel mit phantastischer Aussicht über die vom abschmelzenden Eis hinterlassene Fjordlandschaft. Vom Naturum am Fuß des Berges kann man auf einem alpin anmutenden Klettersteig die fast 300 m hochsteigen. Fast wegelos ist dagegen der Nationalpark Skule-skogen mit seiner wilden Natur an der naturräumlichen Grenze zwischen Subarktis und gemäßigtem Klima.

Seit 1997 quert die E4 die breite Mündung des Ångermanälv auf der 1,8 km langen Hängebrücke Höga Kustenbron, eine der längsten der Welt und Schwedens höchstes Bauwerk, denn die Pylonen sind noch höher als der Kaknästorn in Stockholm.

Die Hafenstadt **Härnösand** 19 (S. 307) an der südlichen Mündung des Ångermanälv hat eine lange Geschichte als Handels- und Marktort, erhielt 1565 Stadtrechte und avancierte trotz Rückschlägen durch Brände und russische Überfälle im 18. Jh. zum Kulturzentrum im Süden Norrlands. 1647 wurde das älteste Gymnasium im Norden hier gegründet, dessen ehrfurchterregendes Portal einem ›Tempel des Wissens‹ gut ansteht. Neben pastellgestrichenen Holzhäusern sieht man in Härnösand viele prächtige Stadtpaläste aus Stein, Fassaden mit aufwendigem Schmuck oder kühler Eleganz. Die Stadt war 1877 die erste in Europa, die elektrische Beleuchtung einführte. Die fast 300 Jahre

Im Reich der Holzbarone

Kurz vor Sundsvall überquert die E4 das größte Flußdelta des Landes. Die Geschichte des Indalsälv ist ein gutes Beispiel für die großen Wirkungen, die scheinbar unbedeutende Eingriffe des Menschen in die Natur hervorrufen können. Der Reichtum der Holzbarone gründete sich auf den Handel mit dem wohlfeilen Rohstoff Holz, den die Wälder im Inland in Hülle und Fülle lieferten. Die abgeholzten Stämme wurden die großen Flüsse hinuntergeflößt, wobei Stromschnellen und Wasserfälle natürlich ein Hindernis waren. Im fernen Jämtland veranlaßte im Juni 1796 eine konzertierte Aktion von Sägewerksbesitzern und Holzhändlern den Bau einer Flößrinne neben dem Wasserfall Storforsen, den der Indalsälven unterhalb des 27 km langen Ragundasjön bildete. Die Leitung hatte der Sundsvaller Kaufmann Magnus Huss, auch ›Vildhussen‹ genannt. Der Bau des Kanals, den er durch den von eiszeitlichen Gletschern hinterlassenen Kiesdamm am Ende des Ragundasees brechen ließ, hatte ungeahnt schwere Folgen. Das Wasser fraß sich tief und tiefer, der große See lief binnen vier Stunden leer. Die Wassermassen, die sich im Indalsälven zu Tal wälzten, rissen Unmengen Erdreich, Baumstämme, Gebäude mit sich fort, das Mündungsdelta veränderte seine Form, Inseln entstanden aus dem abgelagerten Material, das Wasser suchte sich neue Wege. Wie durch ein Wunder kam niemand ums Leben. Nur ein Jahr später, 1797, fand man ›Vildhussen‹ ertrunken im Fluß.

Heute liegt der Flughafen Midlanda auf einer Insel im Delta, das nach dem Bau der E4 rastenden Zugvögeln und Brutvögeln auch kein ungetrübtes Naturparadies mehr bietet. Am Rastplatz

alten herrlichen Bronzeleuchter im neoklassizistischen, Mitte des 19. Jh. gebauten Dom stammen aus der Vorgängerkirche und konnten erst in letzter Minute vor den russischen Plünderungen im Jahr 1720 gerettet werden. In aller Eile verscharrte man sie in einem frischen Grab auf dem Friedhof.

1,3 km außerhalb der Stadt auf dem Murberg steht der moderne Bau des 1994 eingeweihten und wegen seiner Gestaltung preisgekrönten Länsmuseet Västernorrland. In der Rüstkammer werden Gewehre aus dem 17. bis 19. Jh. gezeigt, auch die Textilsammlung ist bemerkenswert. Unterhalb erstreckt sich Norrlands größtes Freilichtmuseum, bestehend aus über 80 hierher versetzten Gebäuden, darunter Härnösands altes Rathaus von 1727, umgeben von weiteren schmucken Holzhäusern aus der Innenstadt. Die Kirche, in der mittelalterliche Kunstwerke gezeigt werden, ist eine Rekonstruktion eines mittelalterlichen Gotteshauses. Im Sommer wird das weitläufige Gelände belebt von Tieren, und Handwerker arbeiten mit alten Techniken.

Timrå fällt Bengt Lindströms farbenfrohes, über 30 m hohes **Y:et** 20 auf, angeblich das größte Ypsilon der Welt, Kürzel für den Verwaltungsbezirk Västernorrland, aber auch ein von der Form des Flußdeltas inspiriertes Kunstwerk, in dem im Sommer die Turistinformation Besucher mit Tips und Broschüren versorgt. Der für seine bunten Schöpfungen bekannte Künstler lebt in Njurunda südlich von Sundsvall.

Die qualmenden Schornsteine der Zellulosefabriken künden noch heute unmißverständlich davon, daß man sich im Reich der ›Holzbarone‹ befindet. **Sundsvall** 21 (S. 340) ist das kulturelle Zentrum dieser abwechselnd von Einkaufszentren und Fabriken ›gestalteten‹ Landschaft, mit 113 000 Einwohnern der größte Ballungsraum in Norrland. Seit 1621 mit Stadtrechten versehen, nahm Sundsvall im 19. Jh. einen rasanten Aufstieg dank seines günstig zwischen den Flußmündungen des Indalsälv und des Ljungan gelegenen Hafens, als wichtigster Umschlagplatz für Holz und Kolonialwaren. Die Kehrseite des Reichtums der Holzbarone waren die unsäglichen Arbeitsbedingungen in der Industrie; die Stadt war 1876 auch Schauplatz des ersten großen Streiks in Schweden.

Wenige Jahre später, 1888, brannte die gesamte Innenstadt ab; Geld war genügend vorhanden, und so baute man neu, großzügig und modern. Wer Sinn für Jahrhundertwendearchitektur hat, sollte sich einen Stadtrundgang in Sundsvall gönnen. Nirgendwo sonst in Schweden gibt es eine ›Steinstadt‹ mit so vielen prächtigen Gründerzeitpalästen. Die Holzbarone holten berühmte Stockholmer Architekten, die vier- bis fünfstöckige Wohn- und Geschäftshäuser bauten, beispielsweise das Hirschska Huset am Marktplatz Stora Torget oder das Hotel Knaust, Storgatan 13,

von dem es im Baedeker seinerzeit (1904) hieß »der beste Gasthof des Nordlandes, mit 45 Zimmern zu 2 $\frac{1}{4}$ – 5 $\frac{1}{4}$ Kr., Restaurant, Bädern, elektrischer Beleuchtung usw.« (heute nicht mehr Hotel). Einen der kostspieligsten Stadtpaläste baute Architekt Gustaf Hermansson jenseits der Storgatan, in der Kyrkogatan 1890 für den Holzbaron J. A. Hedberg. Hedbergska Huset, als Privathaus und Kontor konzipiert, spiegelt im Innern mit Mosaikfußböden, Wand- und Deckenmalereien, Schmiedeeisen- und feingeschliffenen Glasdetails bürgerliche Prachtentfaltung. In der Köpmansgatan bekamen die Bürger dann ihren Kulturpalast: An der heute stark befahrenen Straße steht der Jugendstilbau des Konsertteatern von 1906.

Am Hafen von Sundsvall reihen sich bis heute die alten Speicherhäuser der Kolonialgroßhändler aneinander. In den Etagen des Kulturmagasinet lagerten vor 100 Jahren Mehl, Erbsen, Zucker, Kaffee und Trockenfrüchte, heute sind in dem gelungenen modernen Umbau, der zwei geräumige Speicherhäuser durch eine Glasfront verbindet, die Bibliothek, das Medelpad-Arkiv und das Museum der Stadt untergebracht, wo Kunstausstellungen und eine Sammlung zur Regionalgeschichte gezeigt werden.

Für den ›kleinen Hunger zwischendurch‹ bietet ein Bummel durch Sundsvalls Innenstadt denkbar günstige Voraussetzungen; sie gilt als dichtester Würstchenstand-Parcours Schwedens. Dabei versuchen sich die *korv*-Anbieter gegenseitig in der Palette von *tillbehör* (Zubehör, Beilagen) zu übertrumpfen, und natürlich in der Preisgestaltung. Es gilt, das beste Angebot zu ergattern.

Wenige Kilometer südlich von Sundsvall sind in **Njurunda** 22 direkt neben der E4 die Ruinen einer mittelalterlichen Kirche zu sehen, die nach einem Brand

Hudiksvall

1870 nicht wieder aufgebaut wurde. Hier siedelten Menschen schon in der Frühzeit, wie Norrlands größter Grabhügel beweist, erreichbar über einen 3 km langen ausgeschilderten *arkeologstig*. Ein Abstecher an die Küste führt zu hübschen Fischerdörfern wie Lörudden und weiter per Boot nach Brämön, wo eine Fischerkapelle aus dem 17. Jh. steht.

Südlich dieser Schärenküste verläuft die Landschaftsgrenze zwischen Medelpad und Hälsingland. Kurz vor der Ortseinfahrt nach Hudiksvall lohnt ein Halt bei **Hälsingtuna kyrka** 23. Sie stammt ursprünglich aus den 50er Jahren des 12. Jh., das schöne Netzgewölbe bekam sie bei Umbauten im 15. Jh. Der Turm allerdings blieb unverändert und weist sie als ehemalige Wehrkirche aus. Im Innern ist der spätbarocke Altar von 1680 sehenswert, geschmückt mit Einfassungen von Seejungfrauen, Weinlaub und Rocaillen (Muschelwerk).

1582 wurde **Hudiksvall** 24 (S. 309) als zweitälteste Stadt Norrlands angelegt, deren Wahrzeichen, eine Reihe hübscher Speicherhäuser entlang Bootsstegen, am Hafen zu finden ist. Das Hälsinglands Museum weiter oben im Stadtzentrum zeigt ein eisenzeitliches Grab, mittelalterliche Kirchenskulpturen sowie viele der volkstümlich-bunten Bauernmalereien *(bonader)* und Trachten, für die Hälsingland neben Dalarna in Schweden bekannt ist. Auch eine Kopie des vergoldeten wikingerzeitlichen Bronzewimpels von der Kirche in Söderala (Original in Stockholm), eine der feinsten Metallarbeiten aus dem 11. Jh., findet sich hier. Dem Künstler John Sten (1879–1922), der in den Jahren um 1910 von französischen Postimpressionisten inspiriert malte, und seiner Kunstsammlung ist die oberste Etage des Museums gewidmet.

Die Halbinsel **Hornslandet** östlich der Stadt ist ein Freizeitparadies mit reichlich Platz für Aktivitäten wie Angeln, Camping, Baden oder Wandern. Das Naturreservat Hölick an der Süd-

Surströmming

A m *surströmming* scheiden sich die Geister. Selbst in Schweden findet der gegorene Ostseehering, der in Dosen mit markant gewölbten Deckeln Ende August in jedem Supermarkt des Landes verkauft wird, nicht nur Liebhaber. Für jeden echten Bewohner Norrlands allerdings ist der ›saure Hering‹ ein unumstrittenes Leibgericht, markiert er doch den Höhe- und Schlußpunkt der allsommerlichen Festivitäten. Das Surströmmingsfest hat mehr von einem Initiationsritual als von einem Gourmetvergnügen, erinnert eher an eine Mutprobe denn an ein Festessen.

Schon beim Öffnen der Dose ist eine bestimmte rituelle Vorgehensweise zu beachten. Um Himmels willen nicht in der Küche und unbedingt das Gesicht abwenden!!! Denn beim Entweichen der übel riechenden Gase aus der Dose sprüht einem auch eine kräftige Salzlakenfontäne entgegen. So eine Festivität – die übrigens alljährlich durch den König persönlich im Stockholmer Skansen mit der *surströmmingspremiär* eröffnet wird – findet also verständlicherweise meist im Freien statt. Unbedingt dazu gehören feingehackte rohe Zwiebeln und neue, in der Schale gekochte Kartoffeln, am liebsten die herrlichen *mandelpotatis*. Sie hätten viel eher das Prädikat ›kulinarisch wertvoll‹ verdient. Die unausweichliche Ingredienz jeder *surströmmings*-Party ist aber neben Bier der zu später Stunde ausgeschenkte Klare. So ein Aquavit hilft jene

Gase neutralisieren, die zweifellos in empfindlichen Därmen Schaden anrichten könnten.

Denn die ansonsten in Sachen Lebensmittelhygiene äußerst peniblen Schweden – hier wird selbst Tomatenmark in Tuben mit Konservierungsstoffen versetzt – essen, so könnte man sagen, verdorbene Fische. An der Herstellungsweise – aus Mangel an Salz eher unfreiwillig entwickelt – hat sich seit der Mitte des 16. Jh., als der *surströmming* in Ångermanland erstmals erwähnt wird, nicht viel verändert. Sie ähnelt der des Salzherings. Nur liegt der Ostseehering in einer weitaus schwächeren Salzlösung, der Fisch beginnt zu gären, Kopf und Darm werden entfernt. Anschließend wandern die Heringe in Tonnen, wo sie sechs bis acht Wochen vor sich hin arbeiten dürfen, bevor sie endgültig in die Dosen kommen. Traditionell waren die *surströmmings*-Fabriken an der ångermanländischen Küste bei Ulvön ein wichtiger Wirtschaftsfaktor. Röda Ulven, der ›Rote Wolf‹, ist die bekannteste Marke.

Das Nachgären in der verschlossenen Dose führt zum gewölbten Deckel. Wegen Explosionsgefahr, so eine der zahlreichen Legenden, die sich um den *surströmming* ranken, soll einmal beim US-Zoll eine Sendung fußballförmiger Dosen an einen Auslandsschweden aus dem Verkehr gezogen worden sein. Man kann sich vorstellen, wie die Reaktionen auf die nähere Untersuchung der verdächtigen Waren ausfielen.

spitze ist wegen der artenreichen Flora und Fauna geschützt.

Ab dem 16. Jh., als Gustav Vasa den Bewohnern von Gävle gegen erhöhte Steuern Vorrechte beim Fischfang einräumte, war die Schärenküste zwischen Hudiksvall und Gävle fest in der Hand der auswärtigen Fischer. Sie bauten sich auf den Inseln Kapellen und kleine Häuser für ihre saisonalen Aufenthalte. Heute tragen diese kleinen Holzhäuschen viel zur Schärenidylle der Jungfrukusten bei, wie dieser Teil der Ostseeküste nach der vor Söderhamn gelegenen Insel Storjungfrun auch genannt wird.

Durch Hälsingland und Gästrikland

Die breiten Flußtäler Hälsinglands sind noch immer Horte bäuerlicher Volkskultur. So auch die Gegend um die Dellenseen, wo ab Mittsommer den ganzen Sommer lang Umzüge in den traditionellen Trachten mit Begleitung durch Spielmannszüge stattfinden, beispielsweise im Forngården von **Delsbo** 25. Das Freilichtmuseum versammelt 30 hierherversetzte bis zu 300 Jahre alte Gebäude, manche mit den rustikal-barocken Vorbauten im typischen Hälsingestil und innen mit reichen Bauernmalereien geschmückt. Die nur durch einen schmalen Isthmus getrennten beiden Dellenseen sind äußerst flache Gewässer und erwärmen sich recht schnell, was zum Baden sehr angenehm ist.

Rund 30 km westlich ist **Ljusdal** 26, der Hauptort des Tales, erreicht. Die Mitte des 15. Jh. gebaute Steinkirche mit dem hölzernen Glockenturm daneben wurde um 1914/15 innen völlig ausgemalt, nachdem ältere Kalkmalereien im 18. Jh. übertüncht und zerstört worden waren. Prunkstück der Ausstattung

ist der Antwerpener Schnitzaltar von 1515, der – so geht das Gerücht – als Kriegsbeute aus dem Dreißigjährigen Krieg nach Hälsingland kam.

Am RV 83 Richtung Gävle liegt **Järvsö** 27, bekannt als Endstation des Hälsingehambon, ein Folklore-Ereignis ersten Ranges Anfang Juli, bei dem den ganzen Tag lang getanzt wird. Die Kirche von Järvsö wurde 1838 an der Stelle einer mittelalterlichen Vorgängerin mitten auf einer Insel im Ljusnan gebaut. Sie ist Schwedens größte Landkirche mit 1800 Sitzplätzen. Ein Runenstein vor der Kirche wird auf das frühe 11. Jh. datiert.

Je weiter südlich man kommt, desto stattlicher werden die Höfe der hälsingländischen Bauern, mehrstöckige große Bauten mit ausgeschmückten Fensterrahmen und Eingangsportalen, Bauernschlösser *(bondeslott)* genannt. Neben Pferdehandel und Waldwirtschaft trugen Leinanbau und -weberei ab dem 18. Jh. ganz erheblich zum Reichtum der Region bei. Das alte, in Zeiten der Synthetikfaser fast vergessene Handwerk erlebt heute seine wohlverdiente Renaissance. In **Växbo** 28 im Trolldalen rund 10 km nordöstlich der Industriestadt Bollnäs wird noch nach alter Methode mit Hilfe von Wasserkraft Flachs aus den Stengeln des Leinkrauts gewonnen, zu Garn gesponnen und Linnen daraus gewebt. In einer Wassermühle wird Getreide gemahlen und daraus gebackenes Brot serviert.

Hinter Kilafors passiert die Straße 272 Norrlandsporten, die ›offizielle‹ Grenze zwischen Mittel- und Nordschweden, ein enger Paß zwischen den Bergen Kölberg und Digerberg, durch den sich die in den 70er Jahren des 19. Jh. gebaute Bahnstrecke zwängt. Ein guter Aussichtsplatz befindet sich am Ende eines Waldwegs, der 4 km südlich von Kilafors von der Straße 272 abzweigt.

Gävle

29 (S. 300) Gävle, Hauptstadt von Gästrikland und Norrlands älteste Stadt, ist
eine blühende Metropole, deren urba-
nes Gewimmel man, aus dem Norden
kommend, so richtig auf sich wirken lassen sollte. Die Stadt wird durchzogen
von breiten Flaniermeilen. Zwischen
dem **Rathaus** aus dem 18. Jh., dessen
Glockenspiel fünfmal am Tag erklingt,
und dem **Theater,** 1878 im Stil der Neorenaissance gebaut, erstreckt sich die
baumbestandene Kungsgatan mit ihren
noblen Boutiquen. Drottninggatan heißt
die betriebsame Fußgängerzone, Torget
ist ein modern gestalteter Platz, dominiert von einer riesigen Glasfassade des
Filmstaden-Kinos. Die Lindenallee Nygatan hat Boulevardcharakter, Flaneure

können bei schlechter Witterung in einer
der Einkaufspassagen verschwinden,
die von der Nygatan abgehen.

Um zum Schloß und zum Stadtteil
Gamla Gefle jenseits des Flusses zu
kommen, geht man am besten über die
Rådhusbron. Die Altstadt bezaubert mit
ihrer Holzhausidylle, den schmiedeeisernen Laternen und Kopfsteinpflastergassen aus der Zeit vor dem großen
Stadtbrand 1869; ein Teil der Gebäude
geht bis ins frühe 18. Jh. zurück. Kunsthandwerker und Künstler stellen aus
und verkaufen ihre Werke, so der Glas-
designer Gunnar Cyrén. Bevor man
Gamla Gefle erkundet, kann man zunächst dem **Länsmuseet** einen Besuch
abstatten. Es zeigt einen Querschnitt
durch die schwedische Malerei mit Werken u. a. von Klöcker Ehrenstrahl, Ros-

Evert Friis aus Bredstedt schuf 1657 das Portal der Kanzel mit einer beeindruckenden Darstellung der Anbetung der Könige, 1662 den reich geschnitzten deckenhohen Altaraufsatz. Der Taufstein aus dem 12. Jh. aus Sandstein mit hundeähnlichen Fabeltieren wirkt dagegen eher unscheinbar.

Östlich des schönen gründerzeitlichen Bahnhofsgebäudes ziehen sich die vielstöckigen **Speicherhäuser** am Kai entlang. Gevalia ist eine bekannte Kaffeemarke, und der Name erinnert an die Rolle, die der Hafen am Gävleån zur Zeit der Kolonialwaren spielte. Die prachtvollen Mietshäuser aus Backstein auf der Südseite bewohnten um die 1900 die höheren Angestellten der Eisenbahn, denn Gävle war damals Ausgangspunkt der Linien nach Norden. Ein Stück südöstlich der Innenstadt liegt das **Järnvägsmuseet,** ein absolutes Muß für jeden Eisenbahnenthusiasten. Alte Dampfloks, darunter die älteste Schwedens von 1855, und Waggons in allen Wagenklassen geben einen umfassenden Eindruck schwedischer Eisenbahngeschichte.

Im Mittelpunkt des weltweit wohl einzigartigen Museums **Silvanum** westlich der Innenstadt stehen der Wald und das Leben von und mit ihm. Im angrenzenden Park Valls hage findet man 200 einheimische Baumarten.

Die schöne Lage veranlaßte im 19. Jh. die wohlhabenden Bürger Gävles, ihre Sommervillen und Freizeithäuser in **Bönan** zu bauen. Seit 1840 bewacht der 16 m hohe Leuchtturm aus Holz die Einfahrt zum Hafen von Gävle. Einige Räuchereien auf der Landzunge bieten geräucherten Bückling an.

lin, Carl Larsson und Ernst Josephson sowie durch die Kulturgeschichte von der Wikingerzeit bis zur Glanzzeit der in Gävle beheimateten Seefahrt.

Das gelb-weiß gestrichene kastenförmige **Schloß** war im 16. Jh. das nördlichste Vasaschloß, wurde aber später umgebaut. Heute ist es Sitz des *landshövding*. Schön ist das schmiedeeiserne Tor zum Park. Zurück geht es über die Fußgängerbrücke Gammelbron gegenüber dem Landstingshuset oder entlang der lauschigen Slottsträdsgatan bis zur **Trefaldighetskyrka.** Die riesige Kirche mit Netzgewölbe stammt in der heutigen Form aus dem 18. Jh. Immer wieder zwang der unsichere Grund zu Umbauten, so daß der Turm bis heute etwas schief ist. Das Innere ist um so üppiger in barocker Pracht eingerichtet. Meister

Kanufahrer auf einem See bei Växjö ▷

Information

Unterkunft

Restaurant

Sehenswert

Einkauf

Nachtleben

Feste

Aktivitäten

Verkehr

Tips &
Adressen

Serviceteil

So nutzen Sie den Serviceteil richtig

▼ Das erste Kapitel, **Adressen und Tips von Ort zu Ort**, listet die im Reiseteil beschriebenen Orte in alphabetischer Reihenfolge auf. Zu jedem Ort finden Sie hier Empfehlungen für Unterkünfte und Restaurants sowie Hinweise zu den Öffnungszeiten von Museen und anderen Sehenswürdigkeiten, zu Festen, Unterhaltungsangeboten etc. Piktogramme helfen Ihnen bei der raschen Orientierung.

▼ Die **Reiseinformationen von A bis Z** bieten von A wie ›Anreise‹ bis Z wie ›Zeit‹ eine Fülle an nützlichen Hinweisen – Antworten auf Fragen, die sich vor und während der Reise stellen.

Bitte schreiben Sie uns, wenn sich etwas geändert hat!
Alle in diesem Buch enthaltenen Angaben wurden von der Autorin nach bestem Wissen erstellt und von ihr und dem Verlag mit größtmöglicher Sorgfalt überprüft. Gleichwohl sind – wie wir im Sinne des Produkthaftungsrechts betonen müssen – inhaltliche Fehler nicht vollständig auszuschließen. Daher erfolgen die Angaben ohne jegliche Verpflichtung oder Garantie des Verlages oder der Autorin. Beide übernehmen keinerlei Verantwortung und Haftung für etwaige inhaltliche Unstimmigkeiten. Wir bitten daher um Verständnis und werden Korrekturhinweise gerne aufgreifen:
DuMont Buchverlag, Postfach 10 10 45, 50450 Köln
E-mail: reise@dumontverlag.de

Inhalt

Inhalt

289

Reiseinformationen von A bis Z

Richtig Reisen
Service

Adressen und Tips von Ort zu Ort

Preiskategorien Unterkunft

sehr preiswert: EZ bis 250, DZ bis 480 SEK
günstig: EZ 250–400, DZ 480–600 SEK
moderat: EZ 400–550, DZ 600–800 SEK
teuer: EZ 550–700, DZ über 800–1000 SEK
sehr teuer: EZ über 700, DZ über 1000 SEK
jeweils für eine Übernachtung ohne
Früstück

Preiskategorien Restaurants

günstig: bis 150 SEK/Person
moderat: 150–250 SEK/Person
teuer: über 250 SEK/Person
jeweils für ein Abendessen ohne Getränke

Abisko

*Lage: Vordere Umschlagkarte G17
Lappland
Vorwahl: 09 80*

 s. Kiruna

Abisko Turiststation (günstig bis
moderat), Tel. 4 02 00, Fax 4 01 40,
mit eigener Zugstation, 330 Betten im
Hauptgebäude (ca. 15.2.–30.9.), Annex und
Hütten (fast ganzj.)
Camp Abisko (sehr preiswert), Abisko
Östra, Tel. 4 01 48, Fax 4 02 10, vom Bahn-
hof aus südlich der Gleise, einfache Unter-
kunft in 2- bis 4-Bett-Zimmern in mehreren
Baracken, einige mit Du/WC

Im Sommer **Seilbahnfahrt** auf den
Berg Njulla (letzte um 15 Uhr),
Bootstour über den Torneträsk. Die nördlichste Station des Kungsleden ist ein
guter Ausgangspunkt für **Wanderungen**
im Fjäll.

An der **Zugstrecke** Kiruna– Narvik,
Bus ab Kiruna. Informationen zum
Nahverkehr s. Kiruna.

Alingsås

*Lage: Vordere Umschlagkarte C4
Västergötland
Vorwahl: 03 22*

Turistbyrå, Stora Torget, 44181
Alingsås, Tel. 7 52 00, Fax 63 73 70
(Rathaus)

Grand Hotel (teuer; im Sommer
moderat), Bankgatan 1, Tel. 67 01 00,
Fax 67 01 10, Mitglied der Sweden-Hotels-
Kette, zentrale Lage, 67 Zimmer
STF Vandrarhem Plantaget (sehr preis-
wert), Tel. 63 69 87, ganzj., 42 Betten in
2- bis 6-Bett-Zimmern in einer Villa im
Nolhaga Park

Museum, Lilla Torget, Tel. 7 55 90,
geöffnet Di, Do, Fr 12–16, Mi 15–19,
Sa 10–13 Uhr
Nolhaga slott, Nolhaga allé, Tel. 7 55 98,
geöffnet Di–So 12–16 Uhr, wechselnde
Ausstellungen
Brobacka jättegrytsreservat, am RV
180, Gletschermühlen 9 km nördlich von
Alingsås, Naturum (Naturmuseum),
Tel. 1 21 49, 7 52 50, geöffnet im Sommer
Sa, So 12–18 Uhr

Beim **Kartoffelfestival** Mitte Juni werden überall in der Stadt neue Kartoffeln mit Hering serviert.

Dampfzugfahrten mit der Museumseisenbahn Anten–Gräfsnäs Mitte Mai–Ende Aug. an Wochenenden, im Juli zusätzlich Di und Do, Tel. 7 21 30

Station auf der **Bahnstrecke** Göteborg–Stockholm. Informationen zum **Nahverkehr** s. Göteborg.

Ammarnäs

Lage: Vordere Umschlagkarte F14
Lappland
Vorwahl: 09 52

Turistbyrå, Box 4, 92075 Ammarnäs, im Naturrum Vindelfjällen, Tel. 6 01 32, Fax 6 00 50

Hotell Ammarnäsgården (moderat bis teuer), Tel. 6 00 03, Fax 6 02 43, geöffnet 1.2.–1.5. und 15.6.–1.10., Hotel mit Bar, Disco, Pool, Sauna, 30 Zimmer und 25 Ferienhäuser für Selbstversorger, Restaurant mit lokalen Ren- und Wildspezialitäten, Helikoptertransporte, Buchung von Aktivitäten

STF Vandrarhem Jonsstugan (preiswert), Tel. 6 00 45, Fax 6 02 51, einfache Herberge mit 44 Betten in 3- und 4-Bett-Zimmern

Bus ab Umeå und Skellefteå über Lycksele, **Zug**anreise bis Vännäs, Weiterfahrt mit Bus über Lycksele oder Zug bis Östersund, Weiterfahrt mit Bus über Sorsele. Informationen zum **Nahverkehr** s. Umeå.

Ängelholm

Lage: Vordere Umschlagkarte C2
Skåne
Vorwahl: 04 31

Ängelholms Turistbyrå, Gamla Rådhuset, Stortorget, 26232 Ängelholm, Tel. 8 21 30, Fax 1 92 07, ganzj.

Margretetorps Gästgifvaregård (moderat bis teuer), Margretetorp, Hjärnarp, ca. 8 km nördlich von Ängelholm, Tel. 45 44 50, Fax 45 48 77, traditionsreicher, aufwendig restaurierter Fachwerkhof am Südrand des Hallandsåsen, sehr gutes Restaurant (moderat)
STF Vandrarhem (sehr preiswert), Magnarp 174, Vejbystrand, Tel. 45 23 64, geöffnet 1.4.–31.10., in schöner Lage an der Bucht, ca. 9 km nördlich von Ängelholm, Busverbindung

Camping:
Råbacka Familjecamping, Tel. 1 05 43, geöffnet Ende April–Ende Aug., am Meer, 2 km von Ängelholm

Hantverksmuseet, Tingstorget, Tel. 8 70 97, 8 75 03, 1. 5.–27. 9. Di–Fr 13–17, Sa 10–14, So Juli–Aug. 13–16 Uhr, regionale Keramik

Lachsfischerei im Rönneå, Boote ab Stadshuset oder Hafen Skälderviken, Tel. 2 03 00, **Tauchschule** Ängelholms Dykarskola Tel. 2 03 70, **Segelschule** Skälderviken

An der **Bahn**strecke Malmö–Göteborg, **Flugplatz** Ängeltofta (Inland) 5 km. Informationen zum **Nahverkehr** s. Malmö.

Åre und Umgebung

Lage: Vordere Umschlagkarte D14
Jämtland
Vorwahl: 06 47

Årefjäll, Box 53, 83013 Åre, Tel. 1 77 50, Fax 1 77 12; **Kallbygdens Intresseförening**, c/o Vassnäs Bygdegård, 83005 Järpen, Tel. 4 30 46

Hotell Renen (moderat), Duved, Tel. 2 02 00, Fax 2 06 85, mitten in

Åres Nachbarort, 88 Zimmer und Apartments mit Komfortausstattung
Storulvåns Fjällstation(günstig bis moderat), Duved, Tel. 722 00, Fax 740 26, geöffnet Ende Feb.–Anfang Mai und Ende Juni–Mitte Sept., 148 Betten in Zwei- und Mehrbettzimmern von komfortabel bis sehr einfach, je nach Standard
Kallgården (sehr preiswert bis Moderat), Tel. 4 12 00, Fax 4 10 04, in schöner Lage, Zimmer mit unterschiedlichem Komfort, mit Restaurant (moderat)

 Hanriis Hus, Handöl, Tel. 7 23 60, Mitte Juni–Ende Sept. tgl. 11–16, Juli–Mitte Aug. bis 17 Uhr, kleine Ausstellung über den Feldzug Karls XII. sowie Specksteinabbau und -verarbeitung, Verkauf von Skulpturen

 Golfplatz 14 km westlich von Åre (18-Loch), **Angeln** von Edelfischen (Forelle, Saibling), **Bergwandern**, z. B. ab Vålådalens Turiststation oder ab Storulvån zu Hütten im Sylarnagebiet, Kabinenbahn auf den Åreskutan (1274 m), bis fast zum Gipfel; **Wildwasserfahrten** *(forsränning)*; **Klettern; Dampferfahrten** auf dem Kallsjö mit der restaurierten ›Drottning Sophia‹, Info Tel. 1 74 65, Heimathafen ist Bonäshamn am Südende des Sees.

 Zugverbindung ab Stockholm nach Östersund, **Bus** ab Östersund. Informationen zum **Nahverkehr** s. Östersund.

Arjeplog

Lage: Vordere Umschlagkarte G14
Lappland
Vorwahl: 09 61

 Turistbyrå, Torget, Box 4, 93090 Arjeplog, Tel. 1 42 70, Fax 1 05 95

 Fjällgården (sehr preiswert), Sjukstugevägen 8, Tel. 1 02 60, einfache Zimmer im Vandrarhem-Stil, freundliches Haus mit großer Selbstversorgerküche
STF Vandrarhem Lyktan (sehr preiswert), Lugnetvägen 4, Tel. 6 12 10,

Fax 1 01 50, geöffnet 1. 5.–30. 11., neben dem Silbermuseum, 30 Betten in 2- bis 4-Bettzimmern

Camping:
Kraja Fritidsanläggning, Tel. 3 15 00, Fax 3 15 99, am RV 95 ca. 1 km westlich auf einer Halbinsel am See Hornavan, komfortable Hütten, Bootsverleih, Sauna, Restaurant

Silvermuseet, Tel. 6 12 90, Mitte Juni–Mitte Aug. 9–18, Mittagspause 12–13, sonst Mo–Fr 10–16, Sa 10–14 Uhr, historisches Kunsthandwerk der Sami

Bus von Arvidsjaur und Jörn (ab Bahnstrecke nach Stockholm). Informationen zum **Nahverkehr** s. Kiruna bzw. Luleå.

Arvidsjaur

Lage: Vordere Umschlagkarte G13
Lappland
Vorwahl: 09 60

Turistbyrå, Garvaregatan 4, 93332 Arvidsjaur, Tel. 1 75 00, Fax 1 36 87; im Sommer am Bahnhof

Laponia Hotell (teuer), Storgatan 45, Tel. 5 55 00, Fax 5 55 99, komfortable 115 Zimmer, Restaurant, Pub, Disco

Camping:
Camp Gielas, Tel. 5 56 00; Caravan- und Zeltplatz im Ort, 4-Bett-Hüttenvermietung

Lappstaden, Führungen Ende Juni–Anfang Aug. tgl. 18 Uhr, traditionelle Siedlung der Sami
Rallarmuseet, Moskosel, Tel. 3 03 69, Anfang Juni–Anfang Aug. 10–18 Uhr, Museum zum Bau der Inlandsbana

Wildwasserfahrten *(forsränning)* auf dem Piteälv mit Gummibooten; **Angeln;** Beerenpflücken und Renkälbermarkieren mit **Sami-Familien**, Båtsuoj Tel.

65 10 26; Dampfzugfahrten (**Inlandsbana**) bis Slagnäs und Moskosel Fr, Sa (Juli)

 Zugverbindung per Inlandsbana von Östersund (nur im Sommer); Bus ab Jörn von der Bahnstrecke nach Stockholm; **Inlandsflugplatz** 13 km entfernt. Informationen zum **Nahverkehr** s. Kiruna bzw. Luleå.

Arvika

Lage: Vordere Umschlagkarte D6
Värmland
Vorwahl: 05 70

 Turistbyrå, Stadsparken, 67132 Arvika, Tel. 8 17 90, Fax 8 17 20

 Camping:
Ingestrand Camping, Tel. 1 48 40, großer Platz am Glafsfjorden, 4 km südlich von Arvika, Kanu- und Ruderbootverleih, Angeln, Campinghütten, Hausvermietung **Glaskogen**, Lenungshammar, Tel. 4 40 70, 8 16 00, 1. 5.–30. 9., 40 km südwestlich von Arvika zwischen Övre Gla und Stora Gla im Naturreservat mit Wandermöglichkeiten, Kanuverleih.

 Rackstad-Museet und Oppstuhage, Kungsvägen 11, Tel. 8 09 90, geöffnet Apr.–Mai Di–So, Juni–Sept. tgl. 11–17, Okt.–März Sa, So und Do 11–16 Uhr, mit Café, Museum mit Kunst der Zeit um 1900 und Christian Erikssons Atelier

 Klässbols Linneväveri, Tel. 46 01 85, ganzjährig Mo–Fr 8–18, Sa 10–15 Uhr, Juni–Aug. auch So 10–15 Uhr, Leinenweberei **Hantverksrundan**, beschilderter Rundweg zu Handwerksbetrieben rund um Arvika, Info und Adressen beim Turistbyrå

 Mitte Juli–Mitte Aug. Di und Do **Elchsafaris** (Buchung über Turistbyrå); **Kanutouren** auf dem Glafsfjorden, Arvika Kanot & Turistcenter AB, Tel. 1 82 45, Fax 1 57 23, oder Wermes

Hyrkanoter Lenungshammar Tel. 4 40 07, Fax 4 40 48; **Wanderungen** im Naturreservat Glaskog

 An der **Zug**strecke Stockholm–Karlstad–Oslo. Informationen zum **Nahverkehr:** Värmlandstrafik Tel. 020-22 55 80.

Askersund

Lage: Vordere Umschlagkarte E5
Närke
Vorwahl: 05 83

 Askersunds Turistbyrå, Hamnen, Box 39, 69621 Askersund, Tel. 8 10 88, Fax 1 28 07, im Sommer Mitte Juni– Mitte Aug.

 Aspa Herrgård (teuer), Aspabruk, Tel. 5 02 10, Fax 5 01 50, der ehemalige Sitz des Brukspatrons aus dem 18. Jh. bietet 30 sehr komfortable Zimmer, Restaurant (moderat).

Camping:
Husabergsudde, Tel. 71 14 35, direkt am See, 1,5 km südlich von Askersund, einfache Hütten

 Båtmuseum, Mitte Juni–Mitte Aug. Mo–Fr 11–17, Sa 10–14 und So 12–16 Uhr, Schifffahrt auf dem Vattersee **Stjärnsunds slott**, Mitte Mai–Sept. tgl. Führungen
Carl-Mikael-Bellman-Museum in Aspa, s. Aspa Herrgård, Unterkunft

 Vätternfestival mit Wettbewerben und Theater unter freiem Himmel Ende Juli, **Jazzfestival** *(tradjazzfestival)* mit Dixielandkapellen Mitte Juni (Wochenende vor Mittsommer), **Antiquitätenmarkt** Anfang August mit Auktionen

 Bootsfahrten auf dem Alsensee mit ›M/F Alsen‹ im Juli oder dem über 100 Jahre alten Dampfer ›Motala Express‹, **Ausflüge** nach Stjernsunds slott, Info übers Turistbyrå

Busverbindungnach Örebro über Hallsberg. Informationen zum **Nahverkehr** s. Örebro.

Båstad

Lage: Vordere Umschlagkarte D2
Skåne
Vorwahl: 04 31

 Båstad Turism, Stortorget 1, Box 1096, 26921 Båstad, Tel. 7 50 45, Fax 7 00 55

 Hotell Båstad (moderat), Köpmansgatan 29, Tel. 7 20 90, Fax 7 66 90, zentrale Lage, 16 Zimmer teils mit Meerblick, eigener Pool im Garten
Hotel-Pension Furuhem (günstig), Roxmansvägen 23, Tel. 7 01 09, Fax 7 01 80, das älteste Hotel von Båstad, 50 teils einfache Zimmer

Camping:
Krono-Camping Båstad-Torekov, Tel. 36 45 25, Fax 36 46 25, geöffnet Mitte April–Mitte Sept., am RV 115 nördlich von Torekov (1 km), schöne Lage am Meer, mit Hüttenvermietung, luxuriös, 600 Plätze

Restaurang Hjorten, Roxmansvägen 23, Båstad, Tel. 7 01 09, 7 01 24, nettes Restaurant in der Hotel-Pension Furuhem (s.o.), mit Außengastronomie (günstig bis moderat)
Swenssons Krog & Café, Pål Romares gata 2, Torekov, Tel. 36 45 90, Fischrestaurant am Hafen von Torekov (günstig bis moderat)
Cafés: Solbackens Café och Wåffelbruk, Italienska vägen, Tel. 7 02 00, westlich von Båstad, traditionelle Waffelbäckerei, geöffnet Ostern–Aug. (günstig)

Tennisturnier Swedish Open Anfang–Mitte Juli

Fünf 18-Loch-**Golfplätze** (Info über Inklusivangebote von Båstad Turism); **Tennisplätze** in den Ortsteilen Hemmeslöv und Riviera; **Seehundsafaris**

und Fahrten nach Hallands Väderö von Torekov, Tel. 36 30 11

 Zugstation an der Strecke Malmö–Göteborg. Informationen zum **Nahverkehr** s. Malmö.

Bengtsfors

Lage: Vordere Umschlagkarte C5
Dalsland
Vorwahl: 05 31

 Turistbyrå, Tingshustorget, 66630 Bengtsfors, Tel. 161 05, Fax 1 24 00 (nur im Sommer geöffnet)

 Baldersnäs herrgård, Baldersnäs 52, Dals Långed, Tel. 4 12 13, Fax 4 12 45, im Herrenhaus, umgeben vom berühmten Englischen Park, 20 Betten, gute Küche (moderat)
STF Vandrarhem (sehr preiswert), Gammelgården, Tel./ Fax 6 10 75, geöffnet Mitte Mai–Mitte Aug., 50 Betten in 2- bis 7- Bett-Zimmern in alten Gebäuden des Heimatmuseums

Camping:
Dalslands Camping & Kanotcentral, Tel. 1 00 60, 1 02 60, Fax 1 00 70, geöffnet 1. 5.–15. 9., 2,5 km westlich bei Ärtingen, Freibad, Kanuverleih, Hütten- und Häuservermietung

 Baldersnäs herrgård, s. Unterkunft, im Sommer 10–18 Uhr, Herrenhaus mit schönem Park
Halmens Hus, im Gammelgården Bengtsfors, Tel. 1 26 42, Mitte Mai–Mitte Sept. tgl. 11–18, März, Apr., Okt., Nov. Do, Sa und So 12–16 Uhr, Strohflechterkunst

 Draisinefahren auf der stillgelegten Bahnstrecke von Bengtsfors nach Årjäng (52,1 km) Mai–Mitte Sept., Info bei Dal-Västra Värmlands Järnväg, Tel. 1 02 85, Fax 1 29 04; kombinierbar mit Kanutour, Buchung und **Kanuverleih:** Kanalvillan, Dals Långed, Tel. 05 31/4 11 16. **Bootstouren** auf dem Dalslandskanal

(s. unter Dals Rostock), auch kombinierte Zug-Boots-Touren: Storholmens Rederi, Tel. 1 06 33. Ein sehr schöner 18-Loch-**Golfplatz** liegt beim Herrenhaus Forsbacka 7 km nordwestlich von Åmål, Tel. 05 32/4 30 75, Fax 4 31 16

 Anreise nach Bengtsfors ab Mellerud im Sommer per **Schienenbus** entlang dem Dalslands kanal ›De vackra vyernas järnväg‹ (Eisenbahn der schönen Aussichten), s. a. Aktivitäten. Informationen zum **Nahverkehr:** Älvsborgstrafiken Tel. 6 21 60.

Boliden/Norsjö

Lage: Vordere Umschlagkarte H12 Västerbotten
Vorwahl: 09 10 (Boliden), 09 18 (Norsjö), 09 53 (Kristineberg)

 Norsjö Turistbyrå, Nygatan 32, Tel. 1 42 00, Fax 3 30 80

 Bergrum Boliden, Tel. 09 10/ 58 00 60, Mitte Mai–Mitte Aug. tgl. 11–18 Uhr, Bergwerksmuseum
Kristineberg Underjordskyrka, Tel. 09 53/2 04 54, Mittsommer–Ende Juli vier Führungen tgl., bis Mitte Aug. nur eine tgl., unterirdische Kirche im Bergwerk

 Kabinenseilbahn Örträsk– Mensträsk, Buchung über Turistbyrå Norsjö, Mittsommer–Mitte Aug.; **Goldwaschen** in Örträsk

Borlänge

Lage: Vordere Umschlagkarte E7 Dalarna
Vorwahl: 02 43

 Turistbyrå, Borganäsvägen 18, 78433 Borlänge, Tel. 6 65 66, Fax 6 60 06

 Ulfshyttans Herrgård (teuer), Tel. 25 13 00, Fax 25 11 11,

romantisches Herrenhaus aus der Zeit der Eisenbarone, ausgezeichnete Küche (moderat bis teuer), Halbpension empfehlenswert

 Framtidsmuseet, Jussi Björlingsväg 25, Tel. 79 39 00, Mo 13–17, Di–Fr 10–17, Sa und So 12–17 Uhr, an Feiertagen geschlossen, ›Zukunftsmuseum‹ mit Ausstellungen zu naturwissenschaftlichen Themen
Geologiska museet, Floragatan 6, Tel. 21 10 92, Mo–Fr 11–17, Sa 11–14 Uhr
Ornässtugan, Ornäs, 8 km nordöstlich von Borlänge, Tel. 22 30 72, 1.6.–31.8. Mo–Fr 10–18, So und Feiertage 12–16 Uhr, Holzgebäude aus dem 16. Jh.

 Knotenpunkt der **Bahn**linien Gävle–Mjölby und Stockholm–Mora. Informationen zum **Nahverkehr:** Dalatrafik Tel. 020-23 24 25 (innerhalb Dalarnas län) oder 02 43-6 25 95.

Dals Rostock

Lage: Vordere Umschlagkarte C5 Dalsland
Vorwahl: 05 30

 Dalsland Center, 46490 Mellerud, Tel. 1 83 08, Fax 1 82 09

 STF Vandrarhem Kroppefjälls Fritidscenter (sehr preiswert), Dals Rostock, Tel. 2 03 60, Fax 2 03 45, sehr schön gelegene Herberge mit modernen Zimmern in einem ehemaligen Sanatorium für Tuberkulosekranke an einem See mit vielen Spaziergängen

 Dals Rostock, **Brunnsmuseum**, nur im Sommer 13–18 Uhr, Ausstellung zum ehemaligen Kurortbetrieb
Dalslands Museum, Upperud, Åsensbruk, Tel. 3 00 98, tgl. 10–18 Uhr, Kunst und Handwerk der Region

 Wanderung auf dem Karl XII:s väg (15 km) ab Dals Rostock über das Kroppefjäll durch Wald-, Moor- und Wiesenlandschaft, Rasthütten vorhanden; Fahrten auf dem **Dalslands kanal** von Köpmannbro am Vänern bis Bengtsfors und zurück, kombinierbar mit **Schienenbusfahrt**, Rederi Dalslandia, Tel. 3 10 97, 3 10 01

Eskilstuna

Lage: Vordere Umschlagkarte F6
Södermanland
Vorwahl: 0 16

 Turistbyrå, Munktellstorget, 63186 Eskilstuna, Tel. 10 70 00, Fax 14 95 00, vom Zentrum aus jenseits des Eskilstunaån auf den ›Fabrikinseln‹ (Faktoriholmarna), im Sommer außerdem Büros am Fristadstorget in der Innenstadt und am Parken Zoo

 Bolinder Munktell Home Hotel (sehr teuer), Munktellstorget, Tel. 16 78 00, Fax 12 77 12, hochmodernes Hotel in einer ehemaligen Fabrik, sehr zentral, 86 Zimmer
Sundbyholms slott (teuer bis sehr teuer), Sundbyholm, Tel. 9 65 00, Fax 9 65 78, in einem Schloß aus dem 17. Jh., schön am Mälarsee gelegen, rund 10 km nordöstlich
City Hotell (moderat), Drottninggatan 15, Tel. 13 74 25, Fax 12 42 24, schönes Haus in zentraler Lage in Bahnhofsnähe

Camping:
SweCamp Vilsta Camping, Tel. 13 62 27, Familiencampingplatz in schöner Seelage, nicht weit von Zoo und Zentrum, Kanuverleih, Campinghütten

 Rademachersmedjorna, Tel. 10 13 71, Juni–Aug. tgl. 10–16, Sept.–Dez., März–Mai Di–Fr 10–16, Sa und So 12–15 Uhr, Schmiede
Parken Zoo, Tel. 14 73 80, 1.5.–1.9. ab 10 Uhr geöffnet
Julita gård, Tel. 01 50/9 12 90, Juli–Mitte Aug. tgl. 10–19, Mai und Sept. nur Sa und So 11-17 Uhr, Gutshof mit Landwirtschaftsmuseum

 Stora Sundbyholm Festival, Musikveranstaltung mit Starauftritten Ende Juni, gleichzeitig Start des einwöchigen **Sommerfestes Kalas**, mit Musik, Kabarett und Artisten überall in der Stadt; **Angelwettbewerb** mit Drachenbootrennen, **Tanz** auf dem Marktplatz u.a. zwei Tage lang um den 22. August

 Zug über Västerås nach Stockholm, über Sala nach Mora, über Norrköping, Nässjö nach Malmö; **Bus** nach Stockholm. Informationen zum **Nahverkehr:** Länstrafiken Sörmland Tel. 020-22 40 00.

Falkenberg

Lage: Vordere Umschlagkarte C3
Halland
Vorwahl: 03 46

 Falkenbergs Turistbyrå, Stortorget, Box 293, 31123 Falkenberg, Tel. 1 74 10, Fax 1 45 26, ganzj.

 Wärdshuset Hvitan (moderat), Storgatan 24, Tel. 8 20 90, Fax 5 97 96, das Wirtshaus am Ätranufer stammt von 1734 und bietet im Sommer im Garten Musikuntermalung zu den Mahlzeiten (günstig bis moderat), 35 Zimmer.

 Falkenbergs museum, Fältströmska Magasinet, Skepparesträtet 2, Tel. 8 61 25, 1.6.–31.8. Di–Fr 10–16, Sa/So 12–16 Uhr, übrige Zeit Di–Fr und So 12–16 Uhr

 Törngrens Krukmakeri, Krukmakaregatan, Tel. 1 03 54, Mo–Sa 9.30–12 und 13.15–16 Uhr, Keramik

Besichtigung der hypermodernen **Falcon-Brauerei**, Årstadsvägen (östlich der Stadt), nur im Sommer Ende Juni–Anfang Aug., nach Anmeldung im Turistbyrå

Zugstation an der Strecke Helsingborg–Göteborg. Informationen zum
Nahverkehr s. Halmstad.

Falköping

Lage: Vordere Umschlagkarte D4
Västergötland
Vorwahl: 05 15

 Turistbyrå, Trädgårdsgatan 22,
52142 Falköping, Tel. 1 31 95,
Fax 8 17 56

 Falbygdens museum, S:t Olofs-
gatan 23, Tel. 8 50 50, geöffnet
Mo–Fr 11–16, Sa, So 13–16 Uhr, u.a. ar-
chäologische Funde aus der Region
Ekehagens Forntidsby, Norra Åsarp,
18 km südlich von Falköping, Tel. 5 00 60,
geöffnet 1.5.–31.8. tgl. 10–17 Uhr, Vorzeit-
dorf

 In der Osteria dreht sich alles um
Käse: Es gibt die verschiedensten
Sorten, ein Café bietet eine reiche Aus-
wahl an kleinen Gerichten mit Käse,
Tel. 1 31 90.

 Kreuzung der **Bahn**strecke Göteborg–Stockholm und Nässjö–
Jönköping–Töreboda. Informationen zum
Nahverkehr: Länstrafiken Skaraborg Tel.
020-41 43 00.

Falun

Lage: Vordere Umschlagkarte E7
Dalarna
Vorwahl: 0 23

 Falu Turistbyrå, Stora Torget,
79183 Falun, Tel. 8 36 37,
Fax 8 33 14

 First Hotel Grand (moderat bis
teuer), Trotzgatan 9–11, Tel. 1 87 00,
Fax 1 41 43, zentral gelegenes Großhotel
mit 183 komfortablen Zimmern, Wochen-
endrabatte

Solliden (sehr preiswert bis günstig),
Centralvägen 36, Tel. 3 25 90, Fax 3 31 31,
Pension am Ortsrand mit Restaurant, 45
Betten in 2- bis 4-Bettzimmern
STF Vandrarhem (sehr preiswert), Vand-
rarvägen 3, Tel. 1 05 60, Fax 1 41 02, 3 km
außerhalb, rauchfreie Konferenzanlage, im
Sommer über 200 Betten in 2- und 4-Bett-
zimmern

Camping:
Lugnet, Tel. 8 35 63, ganzj., der Platz liegt
2 km nordöstlich vom Ortszentrum in der
Freizeitanlage, wo 1993 die Skiweltmei-
sterschaft ausgetragen wurde, Häuservermietung

 Falu Koppargruva und Museum,
Tel. 1 58 25, 71 14 75, geöffnet
1.5.–31.8. tgl. 10–16.30, 1.3.–30.4. und
1.9.–15.11. Sa, So sowie zwischen Weih-
nachten und Dreikönigstag 12.30–16.30
Uhr, Kupferbergwerk
Dalarnas museum, Stigaregata 2–4,
Tel. 1 81 60, 1.5.–31.8. Mo–Do 10–17, Fr–So
12–17 Uhr, übrige Zeit Mo, Di, Do 10–17,
Mi 10–21, Fr–So 12–17 Uhr, Ausstellungen
zu Kunst und Kultur der Region
Carl Larssongården, Sundborn (15 km
nordöstl. von Falun), Tel. 6 00 53, 6 00 69,
1.5.–30.9. tgl. 10–17, sonst Di 11 Uhr,
Wohnhaus und Atelier des Malers Carl
Larsson und seiner Frau Karin
Carl Larsson Porträtsammlung, Kyrk-
vägen 18, Sundborn, Tel. wie oben, Mitte
Juni–Anfang Aug. Mo–Sa 11–17, So 13– 17
Uhr, übrige Zeit nach Anmeldung im Lars-
songården

 Folkmusikfestival in der zweiten
Juliwoche, mit Vertretern der inter-
nationalen Folkszene, von Afrika bis Irland;
Falu marknad Ende August: Markt in der
Innenstadt

 Zugverbindungen nach Borlänge,
Gävle, Stockholm und Örebro, **Inlandsflughafen** Dala Airport 28 km,
Busse nach Stockholm. Informationen
zum **Nahverkehr** s. Borlänge.

Funäsdalen

Lage: Vordere Umschlagkarte D10
Härjedalen
Vorwahl: 06 84

 Funäsdalsfjäll AB, Box 63, 84095 Funäsdalen, Tel. 2 14 20, Fax 2 90 26

 RomantikHotel Tänndalen (moderat), Tänndalen, Tel. 2 20 20, Fax 2 24 24, geöffnet 28.6.–21.9., hochkarätige Ferienanlage 12 km westlich von Funäsdalen, gutes Restaurant, Pool, Luxusapartments und -zimmer
Skarvruets Fjällhotel och STF Vandrarhem (günstig), Tel. 2 21 11, Fax 2 23 11, Herberge und Hotel 7 km westlich von Funäsdalen

Camping:
Funäsdalens Fjällcamping, Tel. 2 16 10, Fax 2 16 42, geöffnet 1.1.–6. 5. und 17.6.–30. 9. Richtung Ljusnedal, vor allem für Wintercamping ausgerüstet
Ramundberget Fritidsanläggning, Bruksvallarna, Tel. 2 70 18, Fax 2 72 15, geöffnet Weihnachten–Anfang Mai und Mitte Juni–Ende Sept., Abfahrt Richtung Bruksvallarna/Ramundberget in Funäsdalen am Östgården Fjällby, mit Hüttenvermietung, Golfplatz nebenan

 Härjedalens Fjällmuseum, Tel. 164 10, Natur und Kultur der Bergwelt von Härjedalen

 Bergwandern (Seilbahnen), bewirtschaftete Sennereien wie Bruksvallarna im Ljusnantal und im Mittådal; 18-Loch-Golfplatz in Ljusnedal, 9-Loch-Platz am Fuß der Berge in Ramundberget; **Kanu**verleih; **Angeln**

 Busverbindungen von Östersund und Sveg. Informationen zum **Nahverkehr** s. Östersund.

Gäddede

Lage: Vordere Umschlagkarte E12
Jämtland
Vorwahl: 06 72

 Turistbyrå, Storgatan 40, Box 73, 83090 Gäddede,Tel. 1 05 00, Fax 1 03 21
Achtung: Der **Stekenjokk-Paß** ist nur vom 15. Juni bis 15. Okt. offen.

 Jormliens Fjällgård (sehr preiswert), Jormlien, Tel. 2 01 90, 35 km nördlich von Gäddede, Unterkunft im Vandrarhem-Stil, Spezialität des Restaurants sind Wildgerichte (günstig)

Camping:
Gäddede Camping, Tel. 1 00 35, 1 05 00, Fax 1 03 21, ganzj., kleiner Platz nahe Gäddede am Südende des Kvarnbergsvattnet, auch Häuser- und Hüttenvermietung, Kanuverleih

 Frostvikens Naturum, Naturmuseum, im Turistbyrå Gäddede
Ankarede, Führungen durch das Samendorf Di und Fr

 ›**Midsommarmässa**‹, großes Kirchfest in Ankarede am Mittsommerwochenende

 Bibersafaris und ganztägige **Ausflüge** zur Korallgrotta organisiert das Turistbyrå.

Gällivare

Lage: Vordere Umschlagkarte H15
Lappland
Vorwahl: 09 70

 Turistbyrå, Storgatan 16, Box 56, 98221 Gällivare, Tel. 1 66 60, Fax 1 47 81

 In Gällivare als Etappenziel für per Zug reisende Rucksacktouristen ist die Auswahl an einfachen und billigen Un-

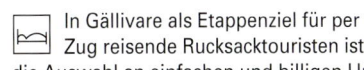

terkünften naturgemäß groß, der Andrang in den Sommermonaten aber auch.

Dundret (moderat bis teuer), Gällivarevägen 17,Tel. 1 45 60, Fax 1 48 27, Top-Sporthotel am Dundret-Berg, drei Restaurants, Wintersport

STF Vandrarhem (sehr preiswert), Andra Sidan, Barnhemsvägen 2, Tel. 1 43 80, Fax 1 65 86, 100 Betten in 2- bis 8-Bett-Zimmern in Baracken

Lokstallarna (sehr preiswert), Gellivare Sockens hembygdsförening, Storgatan 16, Tel. 1 53 75, originelle Unterkunft für Eisenbahnenthusiasten in den Arbeiterwohnungen neben den ehemaligen Lokschuppen der Inlandsbana, 2- bis 4-Bett-Zimmer

Kåkstan (sehr preiswert), Malmberget, Tel. 1 83 96, geöffnet 1.3.–31.8., Wohnen in den neu im Stil der Grubenarbeiterwohnungen des 19. Jh. errichteten Baracken, Vierbettzimmer

Malmberget Gruvmuseum, Puoitakvägen 10, Tel. 7 13 37, Mitte Juni–Mitte Aug. Mo–Fr 10–17 Uhr, Bergwerksmuseum

Besichtigung der **Kupfer- und Eisenbergwerke**, Mittsommer – erste Augustwoche tgl. 10 bzw. 14 Uhr, Buchung über Turistbyrå. **Bergwandern** ab Ritsem und Saltoluokta am Rand des Stora-Sjöfallet-, Sarek- und Padjelanta-Nationalparks (STF Turiststationen März– Anfang Mai und Mittsommer–Mitte Sept.). Ausflüge in den Alltag der Sami, Bewirtung mit Kaffee und *tunnbröd* usw., Übernachtungsmöglichkeit in der Kote auf Birkenreisig und Rentierfellen: Vägvisaren, Repisjaure (2,5 km außerhalb von Gällivare), Tel. 6 94 98, Fax 1 40 84

Gällivare ist der Kreuzungspunkt von **Inlandsbana** und Kustbana mit Verbindung nach Stockholm, **Flughafen** (Inland) 7 km. Informationen zum **Nahverkehr** s. Kiruna bzw. Luleå.

Gävle

Lage: Vordere Umschlagkarte F7
Gästrikland
Vorwahl: 0 26

Turistbyrå, Berggrenska Gården, Kyrkogatan 14, 80135 Gävle, Tel. 14 74 30, Fax 10 78 31. **Gävlekortet** (nur im Sommer) ermöglicht freies Parken, Rabatte und Freifahrten – vielleicht interessant für Leute, die sich länger in der Stadt aufhalten wollen.

Provobis Grand Central (moderat bis teuer), Nygatan 45, Tel. 12 90 60, Fax 12 44 99, zentrale Lage 200 m vom Bahnhof, 200 Zimmer

STF Vandrarhem (sehr preiswert), Gamla Gefle, Södra Rådmansgatan 1, Tel. 62 17 45, Fax 61 59 90, in einem Holzhaus in der Altstadt, zentral

Restaurant Skeppet im Hotel Provobis Grand central (s. Unterkunft), mit maritimer Einrichtung; Spezialität: *sotare,* über offenem Feuer gegrillter Ostseehering (moderat)

Johanssons Restaurang och Bar, Nygatan 7, Tel. 100734, klassische schwedische Gerichte (günstig bis moderat)

Café Islandskällaren, Petrigatan, am Rand von Gamla Gefle, in einem gelben Holzhaus aus dem 19. Jh., schönes Ambiente (günstig)

Skogsmuseet Silvanum, Kungsbäcksvägen 32, Tel. 61 41 00, Di, Do, Fr 10–16, Mi 10–21 Uhr, Sa, So 13–17 Uhr, alles zum Thema Wald

Sveriges Järnvägsmuseet, Rälsgatan 1, Tel. 14 46 15, tgl. 10–16 Uhr (Sept.–Mai Mo geschlossen), Eisenbahnmuseum

Länsmuseet Gävleborg, Södra Strandgatan 20, Tel. 65 56 00, Di–So 12–16, Mi bis 21 Uhr, Kunstmuseum

Heliga Trefaldighetskyrka, Mo–Fr 11–13 Uhr, Kirche aus dem 18. Jh.

Zugverbindung mit Stockholm (X 2000), Falun, Luleå, Sundsvall, Örebro, Östersund. **Inlandsflugplatz** Gävle-

Sandviken 18 km. Informationen zum
Nahverkehr: X-trafik i Gävleborgs län
Tel. 020-91 01 09.

Göteborg

Lage: Vordere Umschlagkarte C4
Stadtplan S. 140
Vorwahl: 0 31

▢ **Göteborgs Turistbyrå,**
Kungsportsplatsen 2, 41110
Göteborg, Tel. 10 07 40, Fax 13 21 84,
www.gbg-co.se.
Eine Dependance befindet sich im Einkaufszentrum Nordstan zwischen Bahnhof
und Östra Hamngatan, Buchung von Unterkünften, Verkauf der Göteborgskort.
   Der Kauf der **Göteborgskort** lohnt sich
auch für unternehmungslustige Tagesbe-
sucher: Sie berechtigt zu kostenlosem Parken, zum Benutzen der öffentlichen Ver-
kehrsmittel im ganzen Stadtgebiet, freiem
Eintritt in viele Museen, Stadtrundfahrten
und gewährt allerlei Rabatte (Erw. ca.
16,50 DM, unter 18 Jahren ca. 9 DM).

▢ Wer nicht viel Geld ausgeben will,
sollte sich im Turistbyrå nach einem
Privatzimmer erkundigen. Die Zimmer
ohne Komfort, alle in Privatwohnungen in
zentraler Lage, bieten auch die Möglichkeit
zum Kontakt mit ›echten‹ Göteborgern,
einmalige Vermittlungsgebühr ca. 60 SEK,
EZ o. F. ab ca. 250 SEK.
   Günstig ist auch das **Göteborgspaket**,
das vorab im Reisebüro oder in der Stadt
beim Turistbyrå gebucht werden kann. Die
Pauschale umfaßt Hotelzimmer und Göteborgskort (ab 390 SEK pro Person und Tag,
Kinder bis 18 Jahre frei). Die Angebote
gelten nur am Wochenende und während
der Ferienzeit.

Novotel (moderat bis teuer), Klippan 1,
Tel. 14 90 00, Fax 42 22 32, mit Blick auf die
Hafeneinfahrt im Schatten der Älvsborgsbron, in umgebauten früheren Hafenspei-
chern, 30 Min. Fahrtzeit mit dem Älvsnabben in die City, 150 Zimmer mit allem Komfort, günstiges Göteborgskort-Angebot

Hotel Excelsior (moderat bis teuer),
Karl Gustavsgatan 9, Tel. 17 54 35, Fax
17 54 39, nette Lage im Univiertel Vasastan
nahe Vasagatan, 60 Zimmer
Hotel Lorensberg (moderat bis teuer),
Berzeliigatan 15, Tel. 81 06 00, Fax
20 50 73, Nähe Götaplatsen, 113 Zimmer
Hotel Royal (moderat bis teuer), Drottninggatan 67, Tel. 80 61 00, Fax 15 62 46,
das älteste Hotel der Stadt, 82 Zimmer,
renoviert im alten Stil und mit allem Komfort, gemütlich, zentrale Lage
S:t Jörgens Pensionat (günstig), Gamla
Lillhagsvägen 127B, Tel. 55 39 81,
Fax 55 39 82, gegenüber dem Golfplatz,
ermäßigte Green fees für Gäste, 11 Zim-
mer mit Du/WC, auch Zimmer mit einfa-
chem Vandrarhem-Standard
Hotel Formule 1 (sehr preiswert), Axel
Adlers gata 2, Ausfahrt Göteborg-Syd,
Västra Frölunda, 7 km außerhalb, Billigho-
tel nach französischem Vorbild,
Dusche/WC auf dem Gang, kein Frühstück
STF Vandrarhem Stigsbergsliden
(sehr preiswert), Stigsbergsliden 10,
Tel. 24 16 20, Fax 24 65 20, ganzj., die 1996
eröffnete Herberge in einem ehemaligen
Seemannsheim mit 90 Betten (2–6-Bett-
Zimmer) liegt im Viertel Masthugget,
Straßenbahnverbindung ins Zentrum.

Camping:
Lisebergs Camping Kärralund,
Tel. 84 02 00, 2,5 km vom Stadtzentrum,
Straßenbahnverbindung, ganzjährig, mit
angeschlossenem Vandrarhem, Hüttenvermietung
Lilleby Havsbad, Torslanda, Tel. 56 08 67,
geöffnet 10.5.–1.9., ca. 20 km westlich Göteborg, schöne Lage am Meer, Anfahrt
über RV 155

▢ **Mannerström & Jansson**,
Arkivgatan 7, Tel. 16 03 33, italie-
nisch-französisch-schwedische Küche der
Spitzenklasse (moderat bis teuer)
Kungstorget, Kungstorget 14,
Tel. 7 11 00 22, hinter der Saluhall, Fisch
und Schalentiere, ordentliche Hausmanns-
kost (moderat)
Sjömagasinet, Klippan 6, Tel. 24 65 10,
im ehemaligen Zwischenlager der Ostin-

diska Kompani von 1775 werden Fisch und Schalentiere zu noblen Preisen serviert (moderat bis teuer)
Westra Piren, Dockepiren (Eriksberg) Tel. 23 99 08, Norrälvsstranden, dank der Lage an der Hafeneinfahrt und der rundum verglasten Terrasse unübertroffen gute Aussicht (teuer)
Thornströms Kök, Teknologgatan 3, Tel. 16 20 66, man kocht schwedische Küche der Spitzenklasse (teuer)
28+, Götabergsgatan 28, Tel. 20 21 61, vorzügliche französische Küche bei Candlelight im Ostkällare (moderat bis teuer)
Gabriel Fisk & Skaldjursbar, Feskekörka, Tel. 13 90 51, Di–Sa, garantiert frische Zutaten, kleine Gerichte zu kleinen Preisen (günstig)
Cafés: Drottning Kristinas Jaktslott, Otterhällegatan 16, Waffeln mit Sahne in einem kleinen Schloß aus dem 17. Jh., Gemütlichkeit im Schatten von Hochhäusern, tgl. 11–16 Uhr
Junggren's Café, Kungsportsavenyn 37, Café von 1915, preiswert, populär
Mauritz Kaffehus, Fredsgatan 2, serviert wird selbstgerösteter und frisch gemahlener Kaffee – etwas für Kenner.

 Kronhusbodarna, Glasbläserei, Mo–Fr 10–18, Sa 10–14 Uhr, So geschl.
Göteborgs Maritima Centrum, Packhuskajen, Tel. 10 10 35, Mai–Juni 11–18, Juli 11–21, Aug. 10–18 Uhr, Museumsschiffe
Konstmuseet, Götaplatsen, Tel. 61 29 80, Mai–Aug. Mo–Fr 11–16, Sa, So 11–17, Sept.–Apr. Mo geschlossen
Militärmuseet Skansen Kronan, Tel. 24 29 24, Di–Mi 12–14, Sa, So 12–15 Uhr, Führung: am 1. So im Monat 13 Uhr
Röhsska Museet, Vasagatan 37–39, Tel. 61 38 50, Mai–Aug. Mo–Fr 12–16, Sa, So 12–17 Uhr, übrige Zeit Mo geschlossen, Kunsthandwerk und Design
Sjöfartsmuseet och Akvarium, Karl Johansgatan 1–3, Tel. 61 10 00, Mo–Fr 9–16 (Akvarium erst ab 10), Sa, So 10–17 Uhr, Seefahrtsgeschichte und Aquarium
Stadsmuseum, Norra Hamngatan 12, Tel. 61 27 70, Mai–Aug. tgl. 11–16 Uhr, übrige

Zeit Mo geschlossen, Mi bis 20 Uhr, Stadt- und Regionalgeschichte im ehemaligen Haus der Ostindischen Kompanie
Utkiken, Tel. 80 07 50, Sa, So 11–16 Uhr, Mitte Mai–1. Sept. tgl. 11–19 Uhr, Aussicht vom Hochhaus am Hafen
Gunnebo slott, Mölndal, John Halls väg, Tel. 67 77 77, Straßenbahn Nr. 4 bis Mölndalsbro, dann Bus 701 nach Mölnlycke, anschließend 15 Min. Fußweg. Führungen Mai–Juni, 15.–30.8. Sa u. So 12, 13 und 14 Uhr, Mitte Juni–Mitte Aug. tgl. 12, 13 und 14 Uhr, übrige Zeit nur So 12 und 13 Uhr.
Nääs slott, Tel. 03 02/3 18 39, Mai–Aug. Di–So 12–17 Uhr, Führungen stdl.
Experimentum, Nääs Fabriker, Tollered, Tel. 03 02/3 26 33, tgl. 10–17 Uhr, naturwissenschaftliche Experimente

Für den Einkauf von **Lebensmitteln** empfiehlt sich die Markthalle Saluhallen nahe dem Kungstorget, Liebhaber von frischem **Fisch und Schalentieren** kommen ab 7 Uhr in der Fischhalle Feskekörkan zum Zuge. Eine riesige Auswahl an Kleidung, Schuhen und anderen Artikeln, aber auch Post, Apotheke und Banken findet man unter einem Dach im größten Einkaufszentrum Schwedens, **Nordstan**, zwischen Hauptbahnhof und Östra Hamngatan. Auch die **Fußgängerzone** (Kungsgatan, Vallgatan, Södra Larmgatan, Fredsgatan) bietet etliche Modeboutiquen und Spezialgeschäfte. Eine Filiale des Kaufhauses NK befindet sich in der Östra Hamngatan 42. Die große **Buchhandlung** Akademibokhandeln liegt in der Nordstan, weitere Buchläden findet man am Südende der Västra Hamngatan. **Antiquitäten** gibt es auf zwei Etagen in den Antikhallarna, Västra Hamngatan, und in der Umgebung der Andra Långgatan zwischen Järntorget und dem Masthugget-Viertel, **Kunsthandwerk** in den Kronhusbodarna zwischen Postgatan und Kronhusgatan sowie im Stadtteil Haga.

Göteborg ist bekannt für sein für schwedische Verhältnisse ungewöhnlich ausgeprägtes **Nachtleben**. Zentrum des Geschehens ist **Avenyn**, wo sich Pub an Pub reiht, im Sommer mit Tischen draußen und nicht gerade preiswert. Hier gibt es Nachtklubs und Diskotheken z.B. das sehr populäre Harley's oder das Lokal Bryggeriet. Die **Linnégatan** ist ein eher ruhiges Pflaster mit gemütlichen Lokalen und zieht ein älteres Publikum an. Das ganz junge Nightlife konzentriert sich in der **Vasastan**, mit netten Studentenkneipen um **Vasaplatsen** und **Viktoriagatan.**

Der Freitagsausgabe der Zeitung ›Göteborgs Posten‹ liegt jeweils ein Kulturteil ›Avenyn‹ mit Veranstaltungsprogramm bei. In **Liseberg** gibt es häufig Live-Auftritte bekannter Gruppen oder Künstler, die Saison beginnt Mitte April und endet Ende September, Programmansage Tel. 40 02 20. Regelmäßig wiederkehrende Veranstaltungen sind Göteborgs **Filmfestival**, Mitte Februar; Göteborgs-Kalaset, seit der WM 1995 fest etabliertes **Stadtfest** mit Feuerwerk und anderem Spektakel, zweite Augustwoche; **Jazz Festival**, Mitte August. Wichtige Sportveranstaltungen finden im Ullevi-Stadion statt. Eine **Trabrennbahn** befindet in Åby, wöchentlich Rennen, Do 18 Uhr.

Stadtrundfahrten per Paddan-Boot Ende April–Anfang Okt. ab Kungsportsbron; **Bootsausflüge** in die Schären ab Lilla Bommen (gegenüber der Oper) nach Marstrand, Vinga und Elfsborgs Fästning mit Göteborg Sightseeing Tel. 80 07 50. Stadtrundfahrt mit dem Mini-Zug 1. 5.–31. 8. ab Trädgårdsföreningen, Eingang Södra Vägen. **Busrundfahrten** oder kombinierte Bus-Boots-Fahrten inkl. Hafenrundfahrt ab Turistbyrå Kungsportsplatsen. Die **Straßenbahnveteranen** – die jüngste stammt von 1953 – der Lisebergslinie verkehren Ende Juni–Anfang Aug. ab Kungsportsplatsen zum Vergnügungspark (Göteborgskort gilt, andere Fahrscheine nicht). Eine rund einstündige kommentierte Stadtrundfahrt in einem der ›rollenden Museen‹, die von Straßenbahnenthusiasten ehrenamtlich betreut werden, gibt es von April–Sept. jeweils wochenends, im Juli tgl., Ringlinien Tel. 10 07 40, Tickets im Turistbyrå.

Stadtverkehr: Göteborg ist die einzige schwedische Stadt mit einem ausgeprägten **Straßenbahn**netz. Neun Linien verbinden die Innenstadt mit den Außenbezirken, ergänzt durch ein dichtes **Busnetz** sowie den Älvsnabben, ein **Tragflügelboot** auf dem Götaälv zwischen Lilla Bommen und Klippan. Die Göteborgskort ermöglicht freie Fahrt auf allen öffentlichen Verkehrsmitteln. Außerdem gibt es Tagesnetzkarten; Information und Verkauf bei ›Tidpunkten‹ am Brunnsparken (schräg gegenüber Gustav Adolfs Torg), Drottningtorget oder Nils Ericsonsplats (beide in Bahnhofsnähe), Tel. 80 12 35.

Der internationale **Flughafen** Landvetter liegt 25 km außerhalb der Stadt, Bus zum Zentrum (Fahrtdauer 30 Min.). Flughafen Tel. 94 10 00. Von Deutschland aus ist Göteborg direkt per **Autofähre** ab Kiel (9 Std.) und von Dänemark ab Frederikshavn per Auto- (2 Std. per Schnellfähre oder 3 Std. 15 Min.) oder Passagierfähre (Seacat, 1 Std. 45 Min) zu erreichen. Die Fähranleger Majnabbekajen (Deutschland) und Stigsbergskajen (Dänemark) liegen in Straßenbahnentfernung zum Zentrum. Göteborg ist **Eisenbahn**knotenpunkt an der Strecke Oslo–Malmö/Kopenhagen und Beginn der Strecke nach Stockholm. Informationen zum **Nahverkehr:** Göteborgsregionens Lokaltrafik Tel. 031-80 12 35.

Gotland

Lage: Vordere Umschlagkarte G3/4
Stadtplan von Visby S. 108
Gotland
Vorwahl: 04 98

Gotlands Turistförening, **Hamngatan 4**, Box 1403, 62125 Visby, Tel. 20 17 00, Fax 20 17 17. Vor Ort wendet man sich an das Turistbyrå im Donnerska Huset, Donnersplats, Tel. 24 70 65 (Buchung von Ausflügen, Karten- und Infomaterial). Unterkünfte und Fährtickets bucht man beim Turistcenter, Färjeleden 3, 62158 Visby, Tel. 20 12 60, Fax 20 12 70. Buchung von Unterkünften auf **Gotska Sandön** unter Tel. 3 42 87 oder 3 42 88.

⌂ **Visby und Umgebung: Wisby Hotell** (sehr teuer), Strandgatan 6, Tel. 20 40 00, Fax 21 13 20, das zur Kette der Sweden-Hotels gehörende Haus in zentraler Lage bietet 134 komfortable Zimmer.
Hotell S:t Clemens (teuer), Smedjegatan 3, Tel. 21 90 00, Fax 27 94 43, hübsches Haus in der Innenstadt mit 32 Zimmern
Toftagården (moderat bis teuer), Tofta, Tel. 29 70 00, Fax 26 56 66, stilvolles Hotel 18 km südlich von Visby, 48 komfortable Zimmer
Fridhem (moderat), Västerhejde, Tel. 29 60 18, Fax 26 40 10, geöffnet 1.5.–31.8., das von einer christlichen Stiftung geführte Hotel bietet auch Zimmer in der ehemaligen Sommerresidenz von Prinzessin Eugénie, in einem Park mit eigenem Strand.
Außerhalb von Visby: Pensionat Holmhällar (günstig), Vamlingbo, Burgsvik, Tel. 49 80 30, Fax 49 80 56, geöffnet 15. 5.–15. 9., einmalige Lage nahe dem Strand und *raukar*-feld, 100 Zimmer, Ferienwohnungen mit Selbstversorgung außerhalb der Saison
Badpensionatet Ljugarn (günstig), Ljugarn, Tel. 49 32 05, Fax 49 33 08, traditionsreiches Hotel in Strandnähe, 22 Zimmer
STF Vandrarhem Ljugarn (sehr preiswert), Strandridaregården, Ljugarn, Tel. 49 31 84, geöffnet 15. 5.–30. 8., im Holzhaus aus dem 19. Jh., dem ehemaligen Zollhaus, 31 Betten in 2- bis 6-Bett-Zimmern
STF Vandrarhem Fårö (sehr preiswert), Fårögården, Fårö, Tel. 22 36 39, geöffnet 15. 5.–31. 8., das frühere Schulhaus in Sudersand bietet 46 Betten in 2- bis 10-Bett-Zimmern.

Camping:
Kneippbyn Husvagns- & Familjecamping, Tel. 29 61 50, 3 km südlich von Visby, sehr populärer Platz, im Sommer oft überfüllt, Hauptattraktion für Kinder: die ›Villa Villekulla‹ (Kunterbunt) aus dem Pippi-Langstrumpf-Film
Norderstrands Familjecamping, Tel. 21 21 57, knapp 1 km nördlich von

Visby direkt am Meer, schöne Lage, Hütten- und Häuservermietung
Sudersands Camping, Fårö, Fårösund, Tel. 22 36 12, kleiner Platz am längsten Sandstrand von Fårö, in der Hochsaison oft gut belegt.

🍴 **Toftagården**, Tofta, s. Hotels, vorzügliches Restaurant, Küchenchef Anders Broman serviert gotländische Spezialitäten wie Fårsmäckan (Lammhackbraten) und Bärenlauchsuppe (moderat bis teuer).
Donners Brunn, Donners plats, VisbyTel. 27 10 90, ausgezeichnetes Feinschmecker-Restaurant, das auch gotländische Spezialitäten anbietet (moderat)
Lindgården, Strandgatan 26, VisbyTel. 21 87 00, serviert wird nicht nur im Haus aus dem 17. Jh., sondern auch im Innenhof unter hohen alten Bäumen (günstig bis moderat).
Restaurang Clematis, Visby, Strandgatan 20, Tel. 21 02 88, defrige mittelalterliche Spezialitäten, serviert in zeittypischer Tracht (günstig)
Värdshuset Björklunda, Burgsvik, Tel. 49 71 90, gotländische Küche (moderat), mit Hotel (moderat)
Krusmynta köket, Krusmyntagården, Brissund, Väskinde (10 km nördlich von Visby), Tel. 29 65 01, leichte frische Küche neben dem Kräutergarten Krusmyntagården (günstig)

👁 Die meisten Ruinen der **Kirchen** in **Visby** sind im Prinzip zugänglich 12.6.– 15.8. tgl. 10–18 Uhr, in der übrigen Zeit fragt man am besten in Gotlands Fornsal nach dem Schlüssel.
Gotlands Fornsal und Gotlands Naturmuseum, Strandgatan 14, Tel. 29 27 00, Di–So 12–16 Uhr, 1.5.–15.9. tgl. 10–17, übrige Zeit Di–So 12–16 Uhr, Historisches Museum und Naturmuseum unter einem Dach
Gotlands Konstmuseum, S:t Hans gatan 21, Tel. 29 27 75, Öffnungszeiten s. Fornsal, Wechselausstellungen moderner Kunst
Kapitelhusgården, Drottensgatan 8, Tel. 24 76 37, geöffnet 1.7.–10.8. Di–Sa 12–18 Uhr, mittelalterliches Gebäude

Außerhalb von Visby: Lummelunda-grottan, Tel. 27 30 50, geöffnet 1. 5.– 15. 9. tgl. 9–16, 22.6.–10.8. bis 18 Uhr, 1.–15. Sept. nur 10–14 Uhr. tgl. Busverbindung von Visby (ab Österport) Mitte Juni–Mitte Aug., Tropfsteinhöhle
Freilichtmuseum Bunge, Tel. 22 10 18, 22 10 32, geöffnet 15. 5.–31. 8. tgl. 10–16, 15.6.–15.8. bis 18, im Juli Mo–Do bis 20 Uhr, historische gotländische Häuser und Bildsteine
Petes Museigården, Hablingbo, Tel. 48 70 54, geöffnet 1.6.–31.8. tgl. 12–18 Uhr, alter Hof mit Einrichtung aus dem 19. Jh.
Kattlunds Museigården, Grötlingbo, Tel. 48 60 13, geöffnet 1.6.–31.8. tgl. 12–18 Uhr, alter Hof mit mittelalterlichen Ur-sprüngen
Ljugarn Strandridaregården, Tel. 49 33 01, geöffnet 15.6.–15.8. tgl. 13–17 Uhr, Zollmuseum im Strandritterhof
Bläsemuseet, Fleringe, Tel. 22 46 62, geöffnet 1.5.–30.9. Mo–Fr. 10–18 Uhr, Sa, So 12–18 Uhr, ehemaliger Kalkstein-bruch
Bottarvegården, Vamlingbo, Tel. 49 71 90, geöffnet 8.5.–31.8. tgl. 11–17 Uhr, alter Hof mit Einrichtung aus dem 19. Jh.

Traditionell beliebte Mitbringsel sind **Leder- und Felljacken sowie Ge-stricktes und Gewebtes** aus der blau-grauen Wolle der winterharten Gotland-schafe. In Gourmetkreisen hat der würzige gotländische **Senf** einen guten Ruf. In Visby bieten die Einkaufsstraßen Adelga-tan und Hästgatan auch ein großes Ange-bot an Souvenirs, große Supermärkte mit Parkplätzen liegen vor der Österport, außerhalb der Mauern. Im historischen Haus **Gamla Apoteket**, Strandvägen 28, werden **Silber-, Bronze- und Gold-schmiedearbeiten** verkauft. Ein breites Angebot an **Kunst und Kunsthandwerk**, Ölbildern und Aquarellen sowie Keramik, Handgewebtem, Stein-, Holz- und Metall-arbeiten anderer Künstler findet man im **Ateljé Hans Ekedahl**, Sjuströmmar, Slite, Tel. 22 21 45. In **Etelhems krukmakeri**, Tel. 49 40 35, ca. 35 km südöstlich von

Visby, kann man handgefertigte **Keramik** aus Gotlands traditionsreichster Töpferei kaufen.

Von Mittsommer bis Mitte August wird jedes Jahr ein anderes **Shakespeare**-Stück in der Klosterruine Roma aufgeführt, Karten unter Tel. 5 03 36. In der ersten Augustwoche während der **Medeltidsvecka** herrscht Volksfeststim-mung in Visby, die ganze Altstadt wird zum mittelalterlicher Marktplatz, die Ein-wohner tragen entsprechende Kleidung. Im September findet das **Lammfestival** mit Veranstaltungen rund um das gotlän-dische Wappentier statt.

Golf: Fünf Golfplätze gibt es auf der Insel; neben dem 27-Loch-Platz Kronholmen in schöner Lage an der West-küste die 18-Loch-Plätze Gotska (6 km nor-döstlich Visby), När (südlich Ljugarn), Gumbalde (bei Stånga) und Slite. Mitglied-schaft in einem Golfklub erforderlich. **In-selrundfahrten** mit dem Bus kann man im Touristbüro buchen, nur in der Hochsai-son ab Mittsommer. Die **Museumseisen-bahn** Hesselby–Dalhem verkehrt Mitte Juni–Mitte Aug. nur So, Mittsommer bis Ende erste Augustwoche zusätzlich Mi und Do jeweils 13–17 Uhr, die Fahrt auf der 1 km langen Strecke mit Dampfloks und an-deren Schienenveteranen dauert 20 Min., Café, Museum geöffnet Di–So 13–16 Uhr, Tel. 3 80 43. **Bootstouren** nach Stora Kar-lsö ab Klintehamn ca. 4.5.–16.9. (Tel. 24 05 00, Übernachtung möglich, Fahrtzeit 45 Min.), **Tagesausflüge** nach Lilla Karlsö ab Djupvik (10 km südlich Klintehamn) ca. 20.5.–20.8., Tel. 24 11 39, 48 52 48.

Autofähren verkehren ganzjährig ab Oskarshamn (4 Std.) und Nynäs-hamn (Katamaran: 2 Std. 40 Min, sonst 5 Std., Zubringerbus ab Stockholm Cityter-minalen, Fahrtzeit 1 Std. 30 Min.), Buchun-gen über Turistcenter (s. S. 303) oder über ein Reisebüro. Inlands-**Flug**verbindungen ab Arlanda und Norrköping nach Visby (Skyways, Tel. 75 00 10). Auf der Insel ver-kehren im Sommer **Linienbusse**, ab Mitt-sommer in verstärktem Takt, ab Busbahn-

hof in Visby (zwischen Söder- und Österport), mit denen die meisten Sehenswürdigkeiten erreichbar sind. Die Busse sind
für die Mitnahme von Fahrrädern ausgerüstet. Informationen zum **Nahverkehr:**
Kollektivtrafiken Gotland Tel. 21 41 12.
Fahrradvermietung: Etliche Fahrradver-
mieter bieten direkt am Hafen in Visby ihre
Dienste an, teils mit Transfer die Klippen
hinauf. **Auto- und Mopedverleih** ebenfalls am Hafen Tel. 21 11 16. **Autoverleih:**
Biltjänst AB, Endrevägen 45, Tel. 21 87 90,
Mickes Biluthyrning, Hafen Tel. 21 38 20,
Avis-Godman, Donners Plats 2,
Tel. 21 98 10, Fax 21 84 20.

Gränna

Lage: Vordere Umschlagkarte E4
Småland
Vorwahl: 03 90

📇 **Turistinformation**, **Andréemu-
seet**, Box 104, 56322 Gränna,
Tel. 4 10 10, Fax 1 02 75,
Visingsö: Turistbyrå, am Hafen, Mitte
Mai–Ende Aug., Tel. 4 01 34, 4 01 93

🏨 **Västanå Slott** (moderat),
Tel. 1 07 00, Fax 4 18 75, Mai–Sept.,
herrliche Lage 4 km südwestlich von
Gränna, Aussicht über den Vättern,
16 Zimmer

Camping:
Grännastrandens Familjecamping, Tel.
1 70 06, geöffnet 1.5.–30.9., direkt am Fähr-
anleger, Sandstrand, Fußweg zum
Stadtzentrum, Hütten- und Zimmervermie-
tung
Erstadvikens Camping, Visingsö,
Tel. 4 05 83, geöffnet Mitte Mai–Mitte
Sept., einfacher Platz am Nordende der
Insel

🍴 **Gyllene Uttern**, Tel. 1 08 00,
Fax 418 80, schöne Aussicht über
den See von der Terrasse (günstig bis
moderat), mit Hotel (moderat)
Strandgården, Visingsö, am Fähranleger,
Tel. 4 03 59, hier kann man essen wie bei

Brahes zu Hause: Gerichte aus dem
berühmten, 600 Rezepte umfassenden
Kochbuch der Grafen, außerdem: Fisch
aus dem Vättern.

👁 **Andréemuseet**, Brahegatan 38,
Tel. 4 10 15, geöffnet Ende April–An-
fang Sept. tgl. 10–17, Mittsommer–Anfang
Aug. bis 19 Uhr, übrige Zeit nur So–Fr
12–16 Uhr, Ausstellung über den Ballon-
fahrer S. A. Andrée
Rasmus kvarn, geöffnet Mittsommer–
Anfang Aug. Di u. Sa 13–16 Uhr, Do 18–20
Uhr, Tel. 4 10 15, ehemalige Wassermühle

🔁 **Fähren** nach Visingsö, im Sommer
tgl. stdl., Fahrtzeit 20 Min., für Autos
Reservierung nötig, Tel. 4 10 25. **Busverbindung** nach Tranås und Jonköping. Informationen zum **Nahverkehr** s.
Jönköping.

Halmstad

Lage: Vordere Umschlagkarte D3
Halland
Vorwahl: 0 35

📇 **Halmstads Turistbyrå**, Österskans,
Box 47, 30102 Halmstad,
Tel. 10 93 45, Fax 15 81 15 (Busbahnhof)

🏨 **Hotel Temperance** (teuer),
Stationsgatan 34, Tel. 10 99 10,
Fax 10 71 07, 250 m vom Bahnhof, Golfpakete.
Halmstads Vandrarhem (sehr preiswert), Skepparegatan 23, Tel. 12 05 00,
geöffnet 15.6.–20.8., nahe einer vierspurigen Ringstraße, aber in fußläufiger Entfernung zum Zentrum, 2–4-Bettzimmer mit
eigener Dusche/WC

🍴 **Fiskekrogen Klosterköket**, Klam-
merdammsgatan 21, Tel. 12 40 50, in
dem Lokal mit rustikaler Balkendecke gibt
es Fischgerichte und Schalentiere (moderat bis teuer)
Café: Konditori Tre Hjärtan, in einem
hübschen Fachwerkhaus am Marktplatz
(günstig)

Läns Museum, Tollsgatan, Tel. 16 04 00, Sommer tgl. 10–19 Uhr, Mi bis 21 Uhr, Winter Mo–Fr 10–16, Mi 19–21, Sa/So 12–16 Uhr, Geschichte und Kultur der Region
Mjällby Konstgård, Tel. 3 16 19, Mitte April–Mitte Sept. Di–So 14–18 Uhr, Kunst der Halmstad-Gruppe
Svenskt Tropikcenter, Tullhuset, Strandgatan, Tel. 12 33 33, 1.5.–21.8. tgl. 10–18 Uhr, exotische Tiere und Pflanzen

 Halmstad Lång Golf Mitte Juni über alle Plätze der Gemeinde. Die **Trabrennbahn** liegt am RV 25 Richtung Växjo, Höhepunkt im Sommer ist Sprintermästaren – die Sprintmeisterschaften der Vierjährigen, im Juli

 Halmstad nennt sich ›Schwedens Golfhauptstadt‹, es gibt allein sieben **Golfplätze** in der Umgebung. Der Club in Tylösand gehört zu den besten in Europa.

 Zug nach Göteborg, Malmö, Kristianstad. **Flugplatz** 3 km nördlich der Stadt. Informationen zum **Nahverkehr:** Hallandstrafiken Tel. 020-33 10 30.

Haparanda

Lage: Vordere Umschlagkarte J14
Norrbotten
Vorwahl: 09 22

 Turistbyrå, Greenline Welcome Centre, 95385 Haparanda, Tel. 1 20 10, Fax 1 20 19

 Haparanda Stadshotell (moderat bis teuer), Torget 7, Tel. 6 14 90, Fax 1 02 23, als Jahrhundertwendehotel im Ersten Weltkrieg Nebenschauplatz der Geschichte, 92 Zimmer, vorzügliches Restaurant (günstig bis moderat) mit norrländischen Spezialitäten (Wild)

Camping:
Kukkolaforsen Turist- och Konferens, 15 km nördlich von Haparanda am Tor-

neälv, Tel. 3 10 00, geöffnet 1. 3.–10. 12., auch Vermietung von Ferienhäusern, Restaurant, Riverrafting, Bootsverleih

 Kukkolaforsen Fiskemuseum, Tel. 3 10 00, Mitte Juni–Mitte Aug. tgl., alles zum Thema Renken *(sik)*

 Siksöndagen, traditionelles Fischerfest am Sonntag um den Jakobstag, den 25. Juli

 Riverrafting in Kukkolaforsen, **Schärentouren** auf der Ostsee mit Bosmina Haparanda, Tel. 1 33 95, oder übers Turistbyrå zu buchen

 Bus nach Luleå, Boden, Gällivare. Informationen zum **Nahverkehr** s. Luleå.

Härnösand

Lage: Vordere Umschlagkarte G10
Ångermanland
Vorwahl: 06 11

 Turistbyrå, Spiran, Järnvägsgatan 2, 87145 Härnösand, Tel. 8 81 40, Fax 8 81 02

 Västernorrlands Länsmuseum, Murberget, Tel. 8 86 00, tgl. 11–17 Uhr, Do bis 21 Uhr, Regionlmuseum

 Schiffsausflüge auf dem Ångermanälv und zur Högakustenbron mit ›MS Ådalen III‹, Info Tel. 06 12/5 05 41 oder im Turistbyrå

 Zug über Sundsvall nach Stockholm. Informationen zum **Nahverkehr** s. Sundsvall.

Helsingborg

Lage: Vordere Umschlagkarte C2
Skåne
Vorwahl: 042

Helsingborgs Turistbyrå, Knutpunkten, Kungstorget, Box 54, 25278 Helsingborg, Tel. 12 03 10, Fax 12 78 76

Hotel Mollberg (teuer bis sehr teuer), Stortorget 18, Tel. 12 02 70, Fax 14 96 18, Schwedens ältestes Hotel (hier stand schon im 17. Jh. ein Gasthaus) in zentraler Lage
Hotel Linnéa (günstig bis moderat), Prästgatan 4, Tel. 21 46 60, Fax 14 16 55, kleines freundliches Haus in Familienbesitz, 15 Zimmer
Villa Thalassa (sehr preiswert), Dag Hammarskjölds väg 2, Tel. 21 03 84, Fax 12 87 92, Dez./Jan. geschl., schöne Villa mit herrlicher Aussicht 3,5 km nördlich, Vorausbuchung ratsam, da sehr beliebt, auch Vandrarhem (Mehrbettzimmer)

Camping:
Råå vallar, Tel. 10 76 80, 10 76 81, ganzj., 5 km südlich, am Sandstrand (mit FKK-Bereich), Busverbindung, großer, sehr beliebter Platz (im Sommer oft voll), 500 m zum Ort Råå, auch Campinghütten

Zahlreiche **Straßencafés**, wo man im Sommer schön draußen speisen kann, findet man an der Marienkirche.
Elinor, Kullagatan 53, Tel. 12 23 30, sehr renommiert, aber auch sehr teuer, Spezialität: Fisch und Meeresfrüchte (teuer)
Anna Kock, Järnvägsgatan 23, Tel. 18 13 00, mittags gute schwedische Hausmannskost, abends internationale Küche (moderat)
Sofieros Slottsrestaurang, Tel. 14 04 40, nobel speisen in königlichem Ambiente mit herrlicher Aussicht über den Öresund (moderat bis teuer)
Idas Matställe, Kullagatan 47, Tel. 12 26 12, Fleisch vom Grill, phantasiereiche Küche mit erschwinglichen Kleinigkeiten (günstig)

Kärnan, Slottshagen, Tel. 10 59 91, April–Mai und Sept. tgl. 9–16 Uhr, Okt.–März 10–15 Uhr, Juni–Aug. 10–19 Uhr, Befestigungsturm

Rathaus, Stortorget, Tel. 10 50 76, 1.6.– 31.8. 8–16 Uhr, sonst 8–12, 13–16.30 Uhr, Führungen im Juli Mo–Fr 10–11 Uhr
Marienkirche, Mariatorget, Tel. 18 02 35, tgl. 9–16 Uhr
Vikingsbergs Konstmuseum, Vikingsbergsparken, Vikingatan, Tel. 10 59 88, Mai–Aug. Di–So 11–16, Sept.–April Di–So 12–16 Uhr
Fredriksdal Freilichtmuseum, Hävertgatan, Tel. 10 45 00, April, Mai und Sept. tgl. 10–17 Uhr, Juni–Aug. 10–19, Okt.–März 11–16 Uhr
Sofiero slott, Tel. 13 74 00, 5 km nördlich Helsingborg, Bus 252 vom Knutpunkten, geöffnet 30.4.–15.9. 10–18 Uhr

Nachtleben: Sundspärlan, Fältarpsvägen, Tel. 18 32 70, Vergnügungspark außerhalb der Stadt, im Sommer Fr und Sa Tanz, Diskothek, mehrere Bars und Restaurants
Charles Dickens, Södergatan 43, Tel. 13 51 00, englisches Pub mit ordentlicher Küche

Von den unterirdischen Bahnsteigen im Knutpunkten, dem zentralen Terminal, fahren **Züge** nach Kopenhagen, Stockholm, Malmö, Göteborg, der Kustpilen nach Hässleholm und Kristianstad. Für den Lokalzug Pågatågen gibt es günstige Netzkarten (Maxikort) unterschiedlicher Geltungsdauer, die auch für die Länsbusse gelten. Die Öresund runt-Karte gilt auch für Kopenhagen und das dänische Nordseeland. **Bus:** Zu ebener Erde Länsbusterminal mit Linien zu Zielen in ganz Westskåne (Informationen zum Nahverkehr: Skånetrafiken Tel. 0 20-56 75 67), Direktbus nach Kopenhagen. Stadtbusse nach Süden fahren am Knutpunkten, nach Norden ab Stortorget. Im Obergeschoß Zugang für Passagiere zu den **Auto-/Zugfähren** nach Helsingør/ Dänemark. Tagsüber im Sommer Abfahrten alle 30 Min. Platzreservierung PKW Tel. 18 61 00, 24-Std.-Automat Tel. 24 61 00. Die Passagierfähren Sundsbussarna verkehren tgl. von frühmorgens bis 21 Uhr vom Terminal Gamla Tullhuset gegenüber, an Werktagen bis zu viertelstdl. Tel. 11 60 60. Fähren nach Hven (nur Passagiere, 40 Min. Fahrtzeit) ab Köpenhamnskajen, Mai–Ende Aug. Tel. 04 18/7 98 23. Von Råå, 7 km südlich von Helsingborg, Anfang Mai–Ende Juni am Wochenende und Mittsommer bis Ende Aug. tgl. (35 Min. Fahrtzeit), Tel. 010/2 42 08 46, 042/26 13 12.

Hudiksvall

Lage: Vordere Umschlagkarte F9
Hälsingland
Vorwahl: 06 50

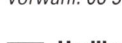 **Hudiksvalls Turistbyrå**, Möljen, 82480 Hudiksvall, Tel. 1 91 00, Fax 3 81 75

 Camping:
Malnbadens Camping, Tel. 1 32 60, geöffnet 15. 5.–15. 9., schöne Lage in einem Kiefernwäldchen am Meer, 3,5 km östlich von Hudiksvall, einfache Hütten, auch STF Vandrarhem
Natura Camping Hölick, Tel. 56 50 32, Fax 56 51 00, geöffnet 15. 5.–31. 8., an der Südspitze der Halbinsel Hornslandet, zwischen Naturreservat und altem Fischerdorf

 Hälsinglands Museum, Storgatan 31, Tel. 1 96 00, geöffnet 20. 6.–20. 8. Mo, Fr 9–16, Di–Do 9–19, Sa, So 11–15 Uhr, übrige Zeit Di–Fr 9–16, Mi bis 20, Sa, So 11–15 Uhr

 Zug nach Stockholm, Luleå und Sundsvall. **Inlandsflughafen** 7 km entfernt. Informationen zum **Nahverkehr** s. Gävle.

Jokkmokk

Lage: Vordere Umschlagkarte G15
Lappland
Vorwahl: 09 71

 Turistbyrå Jokkmokk, Stortorget 4, Box 124, 96223 Jokkmokk,

Tel. 1 21 40, 1 72 57, Fax 1 72 89; **Turistbyrå Vuollerim** 09 76/1 01 65, Fax 1 01 01; **Turistbyrå Vattenfall**, Porjus, Tel. 09 73/7 77 20

 Hotel Jokkmokk (moderat bis teuer), Solgatan 45, Tel. 5 53 20, Fax 5 56 25, zentrale Lage, 200 m vom Bahnhof, 75 komfortabel eingerichtete Zimmer
STF Vandrarhem Åsgard (sehr preiswert), Åsgatan 20, Tel./ Fax 5 59 77, ganzj. geöffnet, 62 Betten in 2-bis 5-Bett-Zimmern, zentral gelegen, 300 m zum Bahnhof

Camping:
Jokkmokks Turistcenter, Tel. 1 23 70, liegt 3 km östlich von Jokkmokk am RV 97, Häuser- und Zimmervermietung, Kanuverleih.

 Ájtte Fjäll- och Samemuseum, Tel. 1 70 70, geöffnet Mitte Juni–dritte Augustwoche Mo–Fr 9–19, Sa/So 11–18, übrige Zeit Mo–Fr 9–16, Sa/So 12–16 Uhr, Okt.–April Sa geschl.; Fjällträdgården, Mitte Juni–Mitte Aug. Mo–Fr 10–19, Sa 10–15 Uhr
Vuollerim 6000, am RV 97 Jokkmokk-Boden, Tel. 09 76/1 01 65, Mitte Juni–Mitte Aug. tgl. 9–18, im Winter Mo–Fr 9–16 Uhr, Steinzeitdorf
Porjus Wasserkraftwerk, Besichtigung 15. 6.–15. 8. tgl. 9–18 Uhr

 Jokkmokks Tenn, Järnvägsgatan 19, Tel. 5 54 20, Mo–Do 8–16, Fr 9–13 Uhr, Zinn- und Silber im Sami-Stil

 Geführte **Bergwanderungen**, **Riverrafting** *(forsränning)* und **Goldwaschen** bietet: Äventyrarna AB, Tel. 1 26 96.

 Jokkmokk ist Haltepunkt der **Inlandsbana** (nur Sommerbetrieb). Informationen zum **Nahverkehr** s. Kiruna bzw. Luleå.

Jönköping

Lage: Vordere Umschlagkarte D4
Småland
Vorwahl: 0 36

Jönköpings Turistbyrå, Djurläkartorget 2, 55189 Jönköping,
Tel. 10 50 50, Fax 12 83 00

Stora Hotellet (teuer), Hotellplan, Tel. 10 00 00, Fax 71 93 20, gehört zur Provobis–Hotelkette, 114 Zimmer, zentrale Lage mit Aussicht über den Vättersee.
Grand Hotel (moderat), Hovrättstorget, Tel. 71 96 00, Fax 71 96 05, zentrale ruhige Lage, 52 Zimmer.
STF Vandrarhem Huskvarna (sehr preiswert), Odengatan 10, Tel. 14 88 70, Fax 14 88 40, 112 Betten in 1-bis 4-Bettzimmern, Busverbindung nach Jönköping.

Camping:
Rosenlundsbadet, Villa Björkhagen, Korallvägen 26, Tel. 12 28 63, Fax 12 66 87, ganzj., große Freizeitanlage, schön am Vättersee gelegen, Sandstrand, Erlebnisbad, Hüttenvermietung

Länsmuseum, Dag Hammarskjölds Plats 1, Tel. 30 18 00, Di–So 11–17 Uhr, Mi bis 20 Uhr, Regionalmuseum
Tändsticksmuseum, Tändsticksgränd 27, Tel. 10 55 43, geöffnet 1.6.–31.8. Mo–Fr 10–17, Sa, So 10–15 Uhr, übrige Zeit Di–Do 12–16, Sa, So 11–15 Uhr, Zündholz-Museum

Konsthantverkare i Jönköping, Tändsticksgatan 20, Mo–Fr 14–18 Uhr, Sa 9–13, So 12–16 Uhr, lokales Kunsthandwerk; Markt jeden Sa auf dem Västra Torget; großes Supermarktangebot im AC center direkt an der E4.
Huskvarna: Smedbyn, Kunsthandwerk, Glas und Keramik, Mo–Fr 10–18 Uhr

Rosenlundsbadet, das Hallenbad gilt als größtes ›Erlebnisbad‹ in Skandinavien, s. Camping

Zug nach Halmstad, Nässjö, Falköping, **Regionalflugplatz** Axamo 9 km südlich Jönköping. Informationen zum **Nahverkehr:** Jönköpings Länstrafik Tel. 020-44 43 33.

Kalix

Lage: Vordere Umschlagkarte J14
Norrbotten
Vorwahl: 09 23

Turistbyrå, Parallelgatan 4, 95281 Kalix, Tel. und Fax 1 29 79

Hotell Kalix (moderat), Strandgatan 21, Tel. 1 56 40, Fax 1 55 60, zentrale Lage, 60 Zimmer, Restaurant, Disko, Nachtklub
Lilla Hotellet (günstig), Köpmannagatan 4, Tel. 1 40 90, Fax 7 76 94, zentral gelegenes, kleines Hotel mit 15 Zimmern und Restaurant

STF Vandrarhem Grytnäs herrgård (sehr preiswert), Herrgårdsvägen, Tel. 1 07 33, geöffnet 15. 6.–20. 8., wunderschöne Zimmer mit insgesamt 40 Betten in einem Herrenhaus hoch über der Stadt mit herrlichen Blick auf den Sonnenuntergang

Riverrafting auf dem Kalixälv, **Angeln**, **Golf** (18-Loch-Platz am Fluß), **Schärenausflüge**

Busverbindungen nach Luleå und Haparanda. Informationen zum **Nahverkehr** s. Luleå.

Kalmar

Lage: Vordere Umschlagkarte F3
Småland
Vorwahl: 04 80

Turistbyrå, Larmgatan 6, Box 23, 39120 Kalmar, Tel. 1 53 50, Fax 1 74 53

Slottshotellet (teuer bis sehr teuer; Romantik Hotel), Slottsvägen 7,

Tips von Ort zu Ort

Tel. 8 82 60, Fax 8 82 66, liegt sehr nett an einem stillgelegten Sträßchen unweit des Bahnhofs und am Park, 36 Zimmer.
Best Western Kalmar Stadshotell (moderat bis teuer), Stortorget 14, Tel. 1 51 80, Fax 158 47, zentrale Lage am Dom

Calmar Hamnkrog, Skeppsbrogatan 30, Tel. 41 10 20, wo früher die Öland-Fähren fuhren, speist man nun Fisch und Lamm mit Blick aufs Wasser (moderat bis teuer)
Holmgrens Konditori-Café, Kaggensgatan, traditionsreiches Café, bekannt für gute Pralinen
Kullzéns, Kaggensgatan 26, Kaffee und Kuchen in nostalgischem Rahmen

Kalmar slott, Tel. 5 63 61, 5 63 51, April/Mai und Sept. tgl. 10–16, Juni–Aug. 10–18, Okt.–März nur jedes zweite Wochenende im Monat 11–15.30 Uhr
Kalmar konstmuseum, Slottsvägen, Tel. 41 14 15, geöffnet 9.6.–31.8. Mo–Fr 10–17, Sa, So 11–17 Uhr, übrige Zeit Mo– Fr 10–17 und 19–21, Sa, So 11–17 Uhr
Kalmar läns museum, Skeppsbrokajen 51, Tel. 5 63 00, 15.6.–15.8. tgl. 10–18, sonst bis 16 Uhr, Regionalmuseum

Zugverbindungen über Vimmerby nach Linköping, über Alvesta nach Göteborg; **Flugplatz** (5 km). Die **Öland-brücke** ist für Radfahrer vom 15.6. bis 31.8. gesperrt, ein Fahrradbus fährt ab Kalmar. Informationen zum **Nahverkehr:** Kalmar Läns Trafik Tel. 04 91-76 12 00.

Karlshamn

Lage: Vordere Umschlagkarte E2
Blekinge
Vorwahl: 04 54

Turistbyrå, Ronnebygatan 1, 37481 Karlshamn, Tel. 8 12 03, Fax 8 42 45

First Hotell Carlshamn (moderat bis teuer), Varvsgatan 1, Tel. 8 90 00, Fax 8 91 50, modernes Haus mit 132 Zim-

mern in zentraler Lage am Hafen
Guö Värdshus (moderat), Guövägen 16, Åryd, Trensum, Tel. 6 03 00, idyllisch gelegenes Hotel aus dem 18. Jh. an der Schärenküste östlich Karlshamn
Tjärö Turiststation (sehr preiswert), Tel. 6 00 63, Fax 3 90 63, geöffnet Anfang Mai–Mitte Sept., 73 Betten (teils 2-Bett-Zimmer) auf der Schäreninsel Tjärö in ehemaligen Fischerhäusern des 18. und 19. Jh., Bootsverbindung von Karlshamn (s. Aktivitäten), Ronneby oder Järnavik

Camping:
Kolleviks Semesterby, Tel. 8 12 10, in schöner Waldlage westlich der Stadt am Meer, mit Ferienhausvermietung

Guö Värdshus, Åryd, Tel. 6 03 00, idyllisch gelegene Einkehrmöglichkeit mit vorzüglichem Restaurant (moderat, s. auch Unterkunft)
Ölhallen, Ågatan 14, Tel. 1 08 36, früheres Arbeiter-Lokal mit Bierhallenatmosphäre (günstig)

Karlshamns Museum, Vinkelgatan 8, Tel. 1 48 68 und **Punschmuseum** (gemeinsamer Eingang mit Konsthall), Juni–Aug. tgl. 12–17, Sept.– Mai Mo–Fr 13–16 Uhr
Eriksbergs Viltreservat, Åryd, Tel. 6 00 58, Juni–Aug. 12–20 Uhr, Tierpark
Laxens Hus, Mörrum, Tel. 5 01 23, Apr.– Okt. tgl. 9–17 Uhr (Okt. nur bis 16 Uhr), alles über den Lachs

Linslöjden, Christopher Schrödersgatan 2, Tel. 1 03 72, schöne handgefertigte Produkte der **Leinenweberei** aus Bräkne-Hoby (dort auch mit Laden) wie Tischläufer, Gardinen und andere Textilien; **Scandia Present**, Sternövägen, Gold-, **Silber-, Zinn-, Gußeisen- und Messing**gegenstände zum Fabrikpreis, auch zweite Wahl

Das jährlich im Juli stattfindende **Baltic Festival** bietet allerhand Trubel überall in der Stadt, Karnevalsumzüge, Musik und Märkte; **Angelpremiere** in Mörrum ist am 1.4., das Lachsfest am 11.5

Ausflüge zum Kastell und zum Fischerhafen Vägga Mitte Juni–Mitte Aug. alle Std. 13–17 Uhr vom Skärgårdsterminalen; **Bootsrundfahrten** in den Schären nach Tjärö und Guö (von Tjärö auch Verbindung nach Ronneby) im Sommer mehrmals tgl.

 An der **Zug**-Strecke Karlskrona–Hässleholm (Kustpilen), in Mörrum hält nicht jeder Zug. Informationen zum **Nahverkehr** s. Karlskrona.

Karlskrona

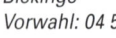

Lage: Vordere Umschlagkarte E2
Blekinge
Vorwahl: 04 55

 Turistbyrå, Borgmästaregatan 8, 37131 Karlskrona, Tel. 30 34 90, Fax 30 34 94

 Café Grevagården im Innenhof des Blekinge Läns Museum, Tel. 8 01 20, bietet Bier aus Schwedens kleinster Brauerei Sofiero (in Laholm), aber auch Kaffee und leckere Kuchen.

 Blekinge Läns Museum, Fisktorget 2, Tel. 8 01 20, Mo–Fr 11–17 (im Juli tgl. bis 18 Uhr), Regionalmuseum
Båtsmanskasernen, Bastionsgatan 8, Stumholmen, Tel. 30 34 22, Di–So 12–17 Uhr, wechselnde Ausstellungen regionaler Kunst und Kunsthandwerk
Marinmuseum, Stumholmen, Tel. 5 39 02, geöffnet Mitte Mai–Mitte Sept. tgl. 10–18, Do bis 21 Uhr, übrige Zeit Di–So 11–17, Do bis 21 Uhr

Schiffsausflüge auf dem Fluß nach Nättraby und in die Schären; **Golf:** drei 18-Loch-Plätze

Fernzugverbindung nach Malmö und Göteborg, **Fähre** nach Gdyna/Polen. Informationen zum **Nahverkehr:** Blekinge Länstrafik Tel. 020-87 88 89.

Kinnekulle

Lage: Vordere Umschlagkarte D5
Västergötland
Vorwahl: 05 10

 Kinnekullegården, Högkullen, Box 2013, 53102 Lidköping, Tel. 54 42 10 (nur im Sommer)

 STF Vandrarhem Falkängen (sehr preiswert), Hällekis, Tel. 54 06 53, Fax 54 00 85, Wohnen im Handwerkerdorf der ehemaligen Arbeitersiedlung

 Aussichtsturm, Tel. 54 40 23, geöffnet Juni und Aug. Mo–Fr 11–16, Sa u. So 11–18 Uhr, Juli tgl. 11–19 Uhr, Mai und Sept. nur am Wochenende 11–16 Uhr
Råbäcks Mekaniska Stenhuggeri, jeden letzten Sa Vorführung 8–12 Uhr, ansonsten nach Voranmeldung unter Tel. 54 01 27 oder 54 41 30, Steinbearbeitung wie in alter Zeit
Falkängen, Hällekis, Tel. 54 06 53, geöffnet 1.5.–31.8. tgl. 10–18 Uhr, Handwerksdorf

 Blomberg, wenige Kilometer nördlich von Källby, ist der Heimathafen des **Wikingerschiffs** ›Sigrid Storråda‹, das Sa Mitte Juli–Mitte Sept. zu zweistündigen Fahrten auf dem Vänersee startet, Info Tel. 4 23 90.

 Der **Kinnekulletåget** verkehrt ab Herrljunga über Lidköping und Mariestad nach Laxå und Hallsberg an der Strecke Göteborg–Stockholm. Informationen zum **Nahverkehr** s. Falköping.

Kiruna/Jukkasjärvi

Lage: Vordere Umschlagkarte H16
Lappland
Vorwahl: 09 80

 Turistbyrå, Folkets Hus, Lars Janssons gatan 17, Box 113, 98121 Kiruna, Tel. 1 88 80, Fax 1 82 86

Scandic Hotel Ferrum (teuer; mit Scandic Holiday Card moderat), Lars Janssons gatan 15, Tel. 1 86 00, Fax 1 45 05, großes Hotel mit 169 Zimmern in zentraler Lage, Restaurant
Gullriset Lägenhetshotell (günstig), Bromsgatan 12, Tel. 1 09 37, Fax 1 47 00, zweckmäßig eingerichtete 2- bis 4-Bett-Apartments mit Küche in 2stöckigen Blocks ca. 600 m vom Zentrum

Camping:
Kiruna Camping, Radhusbyn Ripan, Campingvägen 1, Tel. 1 31 00, 1 86 00, Fax 1 31 04, mit Restaurant, Pool, Sauna, auch Häuser- und Zimmervermietung
Jukkasjärvi Kultur- och Vildmarkscenter, in Jukkasjärvi ca. 15 km östlich von Kiruna, Tel. 2 11 90, auch Ferienhäuser und Zimmervermietung

 Jukkasjärvi Wärdshus, Jukkasjärvi, Tel. 6 68 42, Lappland-Spezialitäten in Gourmetqualität (moderat bis teuer); eine Unterkunft (Dez.–März) für Exzentriker ist das **Ishotellet** (sehr teuer), das Rieseniglu mit Komfortausstattung

 Grube, Anfang Juni–Ende Aug. werktags viermal tgl. Führungen, So 2–3mal, Tel. 1 77 69; Anmeldung auch im Turistbyrå
Esrange Raketenbasis, Info Tel. 7 60 00

 Kiruna Sameslöjd, Föreningsgatan 9, und **Samegården**, Brytaregatan 14, bieten samisches Kunsthandwerk im Sommer tgl. 10–18 Uhr

 Wildwasserfahrten auf dem Torneälven: Jukkas AB, Jukkasjärvi, Tel. 6 68 00, **Goldwaschen**, **Angeln**

Zug von Luleå (Erzbahn nach Narvik), **Inlandsflugplatz** 10 km entfernt. Informationen zum **Nahverkehr:** Länstrafiken in Norrbotten Tel. 0 20-47 00 47.

Kivik/Brösarp

Lage: Vordere Umschlagkarte D1
Skåne
Vorwahl: 04 14

 Träffpunkt Piraten, Riksväg 19, 27755 Brösarp, Tel. 7 35 90, nur im Sommer

Brösarps Gästgifveri (moderat), Albovägen 21, Tel. 7 36 80, Fax 7 33 05, einer der ältesten Gasthöfe in Schonen (17. Jh.), 35 Zimmer
STF Vandrarhem Haväng (sehr preiswert), Skepparpsgården, Tel. 7 40 71, Fax 7 40 73, geöffnet 1.5.–15.9., gemütliche Zimmer in einem alten schonischen Vierkanthof mit gepflastertem Innenhof. Sehr beliebt, deshalb rechtzeitig vorbestellen!

 Brösarps Gästgifveri, s. Unterkunft, Spezialität ist Wildschwein.

 Kungagraven, Kivik, Tel. 7 03 37, 1.5.– 1. 9. 10–18 Uhr, in den Sommerferien bis 21 Uhr, vorzeitliche Grabanlage
Stenshuvud Naturum, Tel. 7 08 82, tgl. 10–16 Uhr, Juni–Mitte Aug. bis 20 Uhr, Naturmuseum (Parkplatzgebühr)

 Kiviks Musteri, Tel. 7 19 00, Apfelsaft-, Gelee- und Cider-Verkauf; Ausstellung zum Thema Apfel
Buhres Fisk, Hamnplan und Eliselundsvägen 49, Kivik, Fisch, Schalentiere und Aal aus eigener Räucherei

 Großer **Markt** Mitte Juli in Kivik.

Klövsjö

Lage: Vordere Umschlagkarte E10
Jämtland
Vorwahl 06 82

 Klövsjö Turistbyrå, Box 194, 84032 Klövsjö, Tel. 2 12 50, Fax 2 14 44

Karl XI:s Högfjällshotell (moderat), Storhogna, Vemdalen, Tel. 2 30 60, Fax 2 34 53, Berghotel 16 km westlich des Ortes, 54 Zimmer und 33 Hütten oder Ferienwohnungen mit hohem Standard.
Katrina Wärdshus (sehr preiswert bis günstig), Katrinabacken, Tel. 41 31 00, Fax 41 31 99, ideal für Angler und Wintersportler, 13 DZ und 25 Apartments, Bootsverleih.

Camping:
Kvarnsjö Camping, Tel. und Fax 2 20 16, ca. 10 km östlich von Klövsjö, Hütten-, Häuser- und Zimmervermietung

 Fäbokrogen, Kreuzung RV 315/316, Tel. 2 34 86, Mai–Okt., lokal gefangener Fisch und Wild (günstig bis teuer)

 Angeln von Edelfischen wie Äsche, Forelle, Saibling, Barsch, Felchen; **Golf**plätze (18- und 9-Loch), bewirtschaftete **Sennereien** *(fäbodar;* Auskunft im Turistbyrå); **Wintersport**

 Busverbindung ab Östersund, im Sommer **Inlandsbana** (Halt in Röjan oder Åsarna, Wochenendbus von Stockholm). Informationen zum **Nahverkehr** s. Östersund.

Kristianstad

Lage: Vordere Umschlagkarte D2
Skåne
Vorwahl: 0 44

 Turistbyrå, Stora Torg, 29132 Kristianstad, Tel. 13 53 35, Fax 12 08 98

 Bäckaskogs slottshotell (teuer), Fjälkinge, Tel. 53 02 20, Fax 5 32 20, nobles Hotel im ehemaligen Lustschloß Karls XV. am Ivösjön
Tomarps gård (moderat), Helmershusvägen 105, Tel. 9 31 18, Fax 9 31 14, in einem Hof aus dem 18. Jh. am Råbelössjö, 18 Zimmer mit unterschiedlichem Komfort

Charlottsborg camping och vandrarhem (sehr preiswert), Jakobsväg 34, Tel. 21 07 67, Herberge mit 40 Betten in einer Villa in einem Park südwestlich des Zentrums jenseits des Helgeå (3 km, Busverbindung), mit angeschlossenem Campingplatz

 Kippers Källare, Östra Storgatan 9, Tel. 11 95 67, erstklassiges Restaurant in altem Gemäuer, Spezialität: *Fundationsmiddagar,* einmal monatlich abendliches Bankett wie zu Zeiten Kristians IV. (moderat)
Wärdshus Kastanjelund, Yngsjö (20 km entfernt, südlich von Åhus), Tel. 23 25 33, deftige Küche in einem echtem schonischen Gutshof, Aalessen (günstig bis moderat)
Godsfinkan, Järnvägsstationen, Tel. 21 05 20, beliebtes Bahnhofsrestaurant mit junger Küche (günstig bis moderat)

 Regionmuseum i Skåne, Stora Torg, Tel. 13 52 45, Di–So 12–17, Mi bis 18, 1.6.–31.8. tgl. 11–17 Uhr
Filmmuseum, Östra Storgatan 53, Tel. 13 57 29, Di–Fr und So 13–16 Uhr
Wanås, 3 km westlich von Knislinge, Skulpturenpark im Sommer tgl., Info über Ausstellungen im Magazin unter Tel. 6 60 71, 4 60 68 (Turistbyrå Broby)

 Grönroos Silver, Kyrkogårdsgatan 8, neben eigenen modernen Kreationen zeigt die 1680 gegründete **Silberschmiede** Mo–Fr eine Sammlung alten Werkzeugs; zur **Glasbläserei** Studioglashyttan, Norregatan in Åhus, gehört auch ein Verkaufslokal.

 Christianstadsdagarna, 10 Tage im Juli mit Rock, Jazz und Tanz, Freilufttheater usw.; am letzten Augustsamstag (1800-tals-dag) wird **Markt** im Stil des 19. Jh. abgehalten, Variéte.

 Fernzüge nach Halmstad, Helsingborg, Karlskrona, Malmö, Stockholm, Hässleholm; **Bus** u.a. nach Simrishamn. Informationen zum **Nahverkehr:** Skånetrafiken Tel. 0 20-56 75 67.

Kullen/Höganäs

Lage: Vordere Umschlagkarte C2
Skåne
Vorwahl: 042

Höganäs Turistbyrå, Storgatan 67, 26331 Höganäs, Tel. 34 97 93, Fax 34 22 88, erteilt Auskünfte über die gesamte Halbinsel Kullen.

Rusthållargården (teuer), Stora Vägen, Arild, Tel. 34 65 30, Fax 34 67 93, erstklassiges Hotel, dessen Tradition bis ins 17. Jh. reicht.
Grand Hotel (teuer), Bökebölsvägen 11, Mölle, Tel. 34 72 80, Fax 34 71 44, oberhalb des Ortes am Hang des Kullabergs, die meisten Zimmer mit Meerblick, günstiges Weekendpaket mit Halbpension.
Turisthotellet (moderat), Kullabergsvägen 32, Mölle, Tel. 34 70 84, Fax 34 74 84, Seebadhotel mit Meerblick.

Camping:
SweCamp Möllehässle Camping, Tel. 34 73 84, 34 64 48, am RV 111, 2 km südöstlich von Mölle, am Fuß des Kullabergs, Häuservermietung, Zimmer

Rusthållargården, Arild, Tel. 34 65 30, nobles Speiserestaurant (moderat, s. Unterkunft)
Rut på Skäret, Skäret, Tel. 34 61 88, uriges Wirtshaus mit schonischer Hausmannskost (moderat)
Strand Hotell, Stora vägen 42, Arild, Tel. 34 61 00, Crossover-inspirierte Küche, Fischspezialitäten, Aussicht auf den Hafen
Hotell Kullaberg, Gyllenstiernas Allé, Mölle, Tel. 34 70 00, ausgezeichnete Küche in der renovierten Villa von 1900 direkt am Hafen (moderat bis teuer), mit Bistro (günstig)
Kullagårdens Wärdshus, Mölle, Tel. 34 34 20, Ausflugslokal im Naturschutzgebiet, Wildspezialitäten moderat)
Café: Flickorna Lundgren, Skäret, Tel. 34 60 44, Mai–Mitte Sept. 10–18 Uhr,

selbstgebackenes Brot und Kuchen in einem Ausflugslokal von 1638, wohin schon König Oskar aus Sofiero gern zum Nachmittagskaffee anreiste (günstig).

 Krapperups slott, Nyhamnsläge, Tel. 34 48 98, 34 41 90, Mai, Juni und Sept. Mi 15–19 Uhr, Sa/So und Feiertage 13–18 Uhr, August tgl. 13–19 Uhr, Park ganzj. tgl.
Höganäs Museum, Polhemsgatan 1, Höganäs, Tel. 34 13 35, März–Dez. Di–So 13–17, Juni–Aug. Mi bis 19 Uhr, Wechselausstellungen und Keramik
Modelleisenbahnmuseum, Konstnärsgården, Kullabergsvägen 23, Mölle, Tel. 34 75 40, Ende Juni–Anfang Aug. tgl. 13–16 Uhr stdl. Fahrten

 Lokale **Keramikprodukte** sind ein ideales Mitbringsel aus Höganäs, eine Auswahl bei: **Krukmakaren**, Månstorpsväg 39, und **Höganäs Keramik**, an der Straße 111 Richtung Mölle, 1. 5.–31. 8. Mo–Fr 9–18, Sa, So 10–17 Uhr, übrige Zeit Mo–Fr 10–18, Sa 10–16, So 11–16 Uhr. **Höganäs Saltglaserat**, Bruksgatan, auf dem Gelände des Höganäsbolaget, Tel. 33 83 33, wenn man Glück hat, kann man hier zusehen, wie handgedrehte Keramik mit Salzglasur entsteht, Mo–Fr 9–16 Uhr, Juni–Aug. auch Sa 10–13 Uhr.

 Keramikens Vecka: In der ganzen Region Nordwest-Skåne finden in der zweiten Juliwoche Töpferwettbewerbe statt.

Windsurfing, Tauchen: Unterricht bei der Special Sport School, Mölle Hamn, Tel. 34 77 25.

Busverbindung von Helsingborg. Informationen zum **Nahverkehr** s. dort.

Kungälv

Lage: Vordere Umschlagkarte C4
Bohuslän
Vorwahl: 03 03

Kungälvs Turistbyrå, Fästnings-
holmen, 44281 Kungälv, Tel. 9 92 00,
Fax 1 71 06

Bohus fästning, Info über Turistbyrå , Mai–Aug. tgl. 10–19, Sept. nur
Sa/So 11–17 Uhr, Festung

Sommerliche **Opern**aufführungen
im Hof der Festung

Sightseeing per Boot im ›Paddan‹
tgl. Mittsommer–Mitte Aug.,
Abfahrt am Kai beim Hotel Fars Hatt, Tel. 9
92 02

Bus nach Göteborg. Informationen
zum **Nahverkehr** s. dort.

Kungsbacka

Lage: Vordere Umschlagkarte C4
Halland
Vorwahl: 03 00

Kungsbacka Turistbyrå,
 Storgatan 41, 43432 Kungsbacka,
Tel. 3 45 95, Fax 1 31 34

Manegen, Tjolöholm, preiswerte
Mittagsgerichte im ehemaligen Reit-
stall des Schlosses, Tel. und Öffnungszeiten wie Schloß (günstig)
Hamnkrogen, Gottskär, Tel. 6 35 80, Schalentiere, Aussicht auf den Kungsbackafjord
(moderat)
Café: Jönssons Konditori, Gottskär,
Tel. 6 00 29, Spezialität: Himbeerkuchen –
wer da nicht schwach wird
(günstig)

Tjolöholms slott, Fjärås,
 Tel. 54 42 00, 15.6.–15.8. tgl. 11–16
Uhr, Apr.–Sept. nur Wochenende und Fei-
ertage, Okt. nur So 11–16 Uhr

Äskhults by, Mai–Aug. tgl. 10–18 Uhr,
Sept. nur am Wochenende, Café
Juni–Aug. 12–18 Uhr, uriges Holzdorf in
einsamer Lage

Zug nach Göteborg und Malmö,
Bus nach Göteborg. Informationen
zum **Nahverkehr** s. dort

Laholm

Lage: Vordere Umschlagkarte D2
Halland
Vorwahl: 04 30

Laholm Turist, Rådhuset, Box 78,
31222 Laholm, Tel. 1 54 50 (Info),
Buchungen Tel. 2 85 90. Filiale in Mellbystrand Juli–Aug. geöffnet

Parkgårdens Vandrarhem (sehr
preiswert), Tivolivägen 4, Tel. 1 33 18,
Fax 1 53 25 ganzj., am Stadsparken nicht
weit vom Zentrum, 19 meist 4-Bett-Zimmer
mit 68 Betten, eigenes WC auf den Zimmern.

Camping:
Marias Camping, Mellbystrand,
Tel. 2 85 85, 6 km von Laholm, einfacher
Platz direkt am Sandstrand, nahe FKK-Ab-
schnitt

Keramikmuseum, Krukmaka-
regränd 8, Tel. 1 66 52, Juli Mo–Fr
13–17, Sa 10–14, So 13–17 Uhr
Teckningsmuseum, Rådhuset,
Tel. 1 54 51, Mitte Juni–Ende Aug. Mo–Fr
10–18, Sa 10–15 Uhr, übrige Zeit Mo–Fr
10–14, Sa 11–13 Uhr, Sammlung von
Zeichnungen ab dem 18. Jh.

In der Innenstadt machen viele im
Stil von Anno dazumal hergerichtete
Geschäfte auch Alltagseinkäufe zu einem
besonderen Spaß, **Antiquitäten** gibt es
im alten Zollhaus, Östertull

Stadtwanderungen durch Gamleby, im Juli Di 19 Uhr, Treffpunkt
vor dem Rathaus (auf schwedisch); **Bade-**

strände Mellbystrand (mit FKK), Skum-meslövsstrand; **Windsurfen; Golf:** zwei 18-Loch-Plätze in Laholm und Skogaby (ca. 10 km östlich)

 An der **Zug**strecke Malmö–Göteborg–Oslo (nur Interregios). Informationen zum **Nahverkehr** s. Halmstad

Landskrona

Lage: Vordere Umschlagkarte C2
Skåne
Vorwahl: 0418

 Landskrona-Vens Turistbyrå, Rådhusgatan 3, 26131 Landskrona, Tel. 7 82 00, Fax 7 82 02

Landskrona Museum, Slottsgatan, Tel. 7 95 32, tgl. 12–17 Uhr
Citadellet, Mitte Juni–Mitte August, 11–17 Uhr, stdl. Führungen Zitadelle (14 Uhr auf dt. und englisch)
Tycho Brahes Museum, Ven, Tel. 7 25 30, 7 95 34, Mai–Aug. tgl. 11–16, Sept. nur Sa, So, Garten ganzj. geöffnet, Ausstellung über den Astronomen Tycho Brahe

Ein Laden in der Zitadelle verkauft Materialien und Produkte lokaler **Kunsthandwerker**, Tel. 5 91 20, Mo–Fr 12–18, Sa 10–13 Uhr.

Ende August **Medeltidsmarknad** in der Zitadelle mit mittelalterlichen Wettkämpfen, Gauklern und zeittypischem Essen und Trinken; **Weihnachtsmarkt**

Lokalzugverbindung nach Lund und Malmö, tgl. ganzj. **Boote** nach Ven: Ventrafiken, Tel. 7 98 23. Informationen zum **Nahverkehr** s. Malmö.

Laxå

Lage: Vordere Umschlagkarte E5
Närke
Vorwahl: 05 84

Laxå Turistbyrå, Järnvägsstation, 69580 Laxå, Tel. 1 09 20, 8 51 33, Fax 1 07 41

Sekelskiftesmuseet, Porla Brunn, Tel. 3 00 18, im Sommer Di–So 12–19, im Winter 12–16 Uhr, Interieur wie in Berlin zur Jahrhundertwende

Glashütte, Revirvägen 3, Tel. 1 22 20, Glasbläserei, Verkauf

Laxå ist Halt an der **Zug**strecke Göteborg–Stockholm. Informationen zum **Nahverkehr** s. Örebro

Leksand

Lage: Vordere Umschlagkarte E7
Dalarna
Vorwahl: 02 47

Siljan Turism Leksand, Norsgatan, Box 52, 79322 Leksand, Tel. 8 03 00, Fax 1 08 40

 Klockargården, Siljansvägen 6, Tällberg, Tel. 5 02 60, Fax 5 02 16, renovierte, urige Holzgebäude mit Seeblick, neben Komfortzimmern (moderat) auch Übernachtung in der Scheune (sehr preiswert)
Leksands Gästhem (sehr preiswert), Krökbacken 5, Tel. 1 37 00, Fax 1 37 37, Zimmer mit Frühstück im alten Schulhaus

 Kunsthandwerk (beim Hotell Klockargården) und eine Galerie findet man in Tällberg. Leksand bietet mehrere Trödelläden und einen Hemslöjd-Verkauf in der Kyrkallén

Musik vid Siljan Anfang Juli. s. Rättvik

Bahnlinie Stockholm–Mora, **Bus** nach Tällberg. Informationen zum **Nahverkehr** s. Borlänge

Lidköping

Lage: Vordere Umschlagkarte D5
Västergötland
Vorwahl: 05 10

 Turistbyrå (im ehem. Rathaus),
Gamla Rådhuset, Nya Stadens Torg,
Box 2013, 53102 Lidköping, Tel. 77 05 00,
Fax 77 04 64

Stadt (moderat bis teuer), Gamla
Stadens Torg 1, Tel. 2 20 85,
Fax 2 15 32, modernes Hotel in einem
Bau von 1860
STF Vandrarhem (sehr preiswert),
Nicolaigatan 2, Tel. 6 64 30, günstige Lage
mitten in der Stadt, 52 Betten in 2- bis 6-
Bett-Zimmern

Camping:
**SweCamp KronoCamping Lidköping-
Vänern**, Tel. 2 68 04, sehr großer Platz am
Vänerufer, mit Strandbad und beheiztem
Pool, 1 km von der Stadt, Hütten, Ferien-
häuser, Bootsverleih
Filsbäcks Camping, Tel. 54 60 27, geöff-
net 4.4.–24.10., östlich von Lidköping am
Vänersee, 4 km auf dem RV 44 bis zur
Stadt, Hüttenvermietung

Götes Festvåning, Östra Hamnen,
Tel. 2 17 00, üppiges Smörgåsbord,
Hausmannskost mit französischem Ein-
schlag (moderat)
Café Sjöboden, Spiken, Tel. 1 04 08, Mai
nur am Wochenende, Juni–Aug. tgl. frischer und geräucherter Fisch aus dem See
(günstig)

Paleo Geology Center, Fabriksgatan 4 (Rörstrands Kulturforum),
Tel. 8 84 80, geöffnet 1.6.–31.8. Mo–Fr
10–16, sonst 10–15 Uhr, Sa, So 12–16, Versteinerungen und Geologie
Vänermuseum, Framnäsvägen 2,
Tel. 77 00 65, Di–Fr 10–17, Do bis 20, Sa
und So 12–17 Uhr, alles über das Leben
am und im Vänersee
Läckö slott, auf der Halbinsel Kålland,
Tel. 1 03 20, geöffnet 1.5.–30.9. Führungen
3–6 x tgl., 15.6.–24.8. tgl. 10–18 Uhr

 Rörstrands Fabriksbod (Fabrikverkauf), Fabriksgatan 4 (im westlichen
Hafengebiet), Tel. 8 23 00, Mo–Fr 10–18, Sa
10–14, So 12–16 Uhr

 Bootsausflüge ins Schärengebiet
Ekens Skärgård starten ab dem Anleger beim Schloß Läckö, Tel. 2 63 00,
1 04 55.

 An der Strecke des Kinnekulletåget.
Informationen zum **Nahverkehr** s.
Falköping.

Linköping

Lage: Vordere Umschlagkarte E5
Östergötland
Vorwahl: 0 13

 Linköpings Turistbyrå, Konsisto-
riegatan 7, Konserthuset, Box 489,
58106 Linköping, Tel. 12 19 03,
Fax 12 19 03, im Sommer auch Information im Hotell Ekoxen, Klostergatan 68

Ekoxen (teuer), Klostergatan 68,
Tel. 25 26 00, Fax 12 19 03, das kühle
Businesshotel (190 Zimmer) im Stadtzen-
trum bietet im Sommer familienfreundli-
che Paketangebote.
STF Vandrarhem (sehr preiswert),
Klostergatan 52A, Tel. 14 90 90,
Fax 14 83 00, moderne Herberge mitten im
Zentrum, auch Komfortzimmer mit Hotel-
standard

Camping:
Glyttinge Camping, Tel. 17 49 28, geöffnet 1.4.–27.10., Rasengelände, großes
Spielangebot für Kinder, Hüttenvermietung

Wärdshuset Gamla Linköping,
Gästgivaregatan 1, Tel. 13 31 10,
schwedische Hausmannskost mit Cross-
over-Einschlag (moderat)

Gamla Linköping, Kryddbodtorget
1, Tel. 12 11 10, 20 60 00, jederzeit
zugänglich, alte Holzbauten

Östergötlands Länsmuseum, Raoul
Wallenbergs plats, (Kreuzung
Vasavägen/Gråbrödragatan), Tel. 23 03 00,
geöffnet Sept–Mai Di–Do 12–21, Fr–So
12–16, Juni–Aug. Di–So 12–16, Do 12–21
Uhr, Kunstmuseum
Ekenäs slott, Tel. 7 71 46, Mai–Aug. nur
Sa u. So, Juli Di–So 13–17 Uhr stdl.
Führungen

 Ritterspiel auf Ekenäs slott Ende
Mai/Anfang Juni

 Zugverbindung über Norrköping
nach Stockholm und über Nässjö
nach Malmö sowie nach Västervik und
Kalmar. **Flughafen** 6 km entfernt. Informationen zum **Nahverkehr:** Östgötatrafi-
ken Tel. 020-2110 10

Luleå

Lage: Vordere Umschlagkarte J13
Norrbotten
Vorwahl: 09 20

Turistbyrå, Kulturcentrum Ebene-
ser, Storgatan 43 B, 97231 Luleå,
Tel. 29 35 00, Fax 29 41 38; nur im Sommer
ist das Büro in Luleå Gammelstad geöffnet, Kyrktorget, Tel. 5 43 10.

**Nordkalotten Hotell & Konfe-
rens** (moderat bis teuer), Lulviksvä-
gen 1, Tel. 8 93 50, Fax 1 99 09, die Anlage
im Blockhausstil, gebaut aus 800jährigen
Kiefernholz, liegt 4 km vom Stadtzentrum
entfernt, 108 sehr komfortable Zimmer,
manche DZ mit eigener Sauna.
STF Vandrarhem Luleå (sehr preiswert),
Norra Gäddvik, Örnviksvägen 87,
Tel. 25 23 25, Fax 25 24 19, 4 km von Gammelstad nahe der E4, Busverbindungen,
62 Betten in 2- bis 6-Bett-Zimmern

Camping:
SweCamp Arcus, Tel. 25 00 60,
Fax 25 04 80, in Karlsvik am Nordufer des
Luleälv, erste Abfahrt von der E4 südlich
der Kreuzung mit RV 97, Häuservermie-
tung, geheiztes Freibad

Margaretas Wärdshus, Gammelstad, neben der Kirche, Tel. 25 42
90, gemütlich und liebevoll eingerichtetes
Haus aus dem frühen 19. Jh., norrländische Spezialitäten (günstig bis moderat)

Norrbottens Museum, Hermelins-
parken, Storgatan 2, Tel. 22 03 55,
Mitte Juni–Anfang Aug. Mo– Fr 10–18, Mi
bis 20, Sa, So 12–18 Uhr, übrige Zeit
Mo–Fr 10–16, Mi bis 20, Sa, So 12–16 Uhr
Freilichtmuseum Hägnan,
Tel. 29 38 09, in den Sommerferien tgl.
11–17 Uhr, bis Ende Sept. nur am Wochenende 12–16 Uhr
Teknikens Hus, Högskoleområdet, Por-
sön, Tel. 7 22 00, technische Phänomene
erklärt

Ausflüge in die **Schären**, Buchung
übers Turistbyrå

 Startpunkt der **Erzbahn** nach Nar-
vik/ Norwegen, **Bus**verbindung von
Stockholm entlang der Küste über Härnösand, **Inlandsflughafen** Kallax 7 km entfernt. Informationen zum **Nahverkehr:**
Länstrafiken i Norrbotten Tel. 020-47 00 47.

Lund

Lage: Vordere Umschlagkarte D1
Stadtplan S. 66
Skåne
Vorwahl: 046

Lunds Turistbyrå, Kyrkogatan 11,
Box 41, 22100 Lund, Tel. 35 50 40,
Fax 12 59 53, gegenüber dem Dom, Mo–Fr
10–17 Uhr, vermittelt gegen Gebühr preiswerte Privatzimmer

Hotel Concordia (teuer), Stålbro-
gatan 1, Tel. 13 50 50, Fax 13 74 22,
ruhige Lage trotz Nähe zur Stora Södergatan, nobel
Hotel Ahlström (günstig), Skomakaregatan 3, Tel. /Fax 2 11 01 74, kleines Hotel
(15 Zimmer) mitten in der Fußgängerzone
STF Vandrarhem Tåget (sehr preiswert),
Vävaregatan 22, Bjeredsparken,

Tel. 14 28 20, Fax 32 05 68, Übernachten auf dem Abstellgleis 300 m vom Bahnhof in einem komfortabel ausgebauten Zug

Petri Pumpa, S:t Petri kyrkogård 7, Tel. 13 55 15, Feinschmeckerrestaurant (moderat bis teuer); daneben gibt es auch preiswerte Küche in **Petri bakficka** (günstig)
Restaurant Stäket, Stora Södergatan 6, Tel. 11 93 67, hauptsächlich Fleischgerichte, z. B. Pfeffersteak (moderat)

Domkyrkomuseet, Krafts Torg 12B, Tel. 35 88 80, 2 22 79 44, Di–Fr 11–13 Uhr, Juni–Aug. Di–Fr 11–15, Sa 10–14 Uhr, sakrale Kunst
Skissernas Museum, Finngatan 2, Tel. 2 22 72 83, Di–Sa 12–16, So 13–17 Uhr, Skizzen und Vorstudien zu großen Kunstwerken
Drottens Arkeologiskt Museum, Kattesund 6, Tel. 14 13 28, Di–Fr 12–16, Sa 10–14, So 12–16 Uhr, Ausgrabungsdokumentation der mittelalterliche Kirche Drottens kyrka
Kulturen, Tegnérsplatsen, Tel. 35 04 00, Mitte April–Mitte Sept. tgl. 11–17 Uhr, Mitte Juni–Mitte Aug. Do bis 21, sonst Di–So 12–16 Uhr, Freilichtmuseum
Botaniska Trädgården, Mai–Sept. 7–21.30 Uhr, Gewächshäuser 12–15 Uhr, botanischer Garten

Nachtleben: Das Bellman und etliche weitere Studentenkneipen findet man um den Östra Mårtens Torg.

Promotionshögtiden Ende Mai/ Anfang Juni, feierliche Verabschiedung der Promovenden, Beginn 12 Uhr, Ende 15 Uhr

Pågatåg **(Lokalzug)** nach Malmö (Fahrzeit 20 Min.), Landskrona und Helsingborg (Informationen zum Nahverkehr s. Malmö bzw. Helsingborg), **Fernzug** nach Göteborg, Karlskrona, Kristianstad und Stockholm

Lysekil

Lage: Vordere Umschlagkarte C5
Bohuslän
Vorwahl: 05 23

Lysekils Turistbyrå, Södra Hamngatan 6, 45323 Lysekil, Tel. 1 30 50, Fax 1 25 85

Havshotell (moderat), Turistgatan 13, Tel. 1 41 20, Fax 1 42 04, sehr hübsches kleines Hotel in ruhiger Lage
Kusthotell Strand (sehr preiswert), Strandvägen 1, Tel. 1 01 20, Fax 1 22 02, einfache Herberge im Stil der Jahrhundertwende mit Doppel- und Mehrbettzimmern

Camping:
Trellebystrand, Träleberg, Tel. 1 21 83, ca. 5 km nördlich der Stadt, am Saltö Fjord, mit Badestelle

Havets hus, Tel. 1 65 30, Feb.–Sept. tgl. ab 10 Uhr, Meeresfauna
Vikarvets Museum, Mitte Juni–Mitte Aug. tgl. 17–19 Uhr, sonst nur So 14–16 Uhr, lokalhistorisches Museum

In der Saison **Ausflugsfahrten** in die Schären, z.B. auf die Inseln Kornöarna, Gullholmen und Käringö oder nach Smögen. **Angelfahrten** starten im Södra Hamnen, Infos und Tickets im Turistbyrå

Personenfähre nach Fiskebäckskil. **Busse** nach Uddevalla, Informationen zum **Nahverkehr:** Bohustrafiken Tel. 05 22-1 40 30.

Malmö

Lage: Vordere Umschlagkarte D1
Stadtplan S. 62
Skåne
Vorwahl: 040

Turistbyrå, Centralstationen (Bahnhof), 21120 Malmö, Tel. 30 01 50, Fax 23 55 20, www.malmo.com. Dort bekommt man das Veranstaltungsheft ›Malmö This Month‹ mit Einkaufs- und Einkehrtips. Hotelcentralen vermittelt Zimmer: Tel. 0 20/24 00 12. Ob sich der Kauf der Malmökort lohnt, ist fraglich (150 SEK/Tag; 275 SEK/2 Tage; 400 SEK/3 Tage): Sie schließt den Eintritt in die Städtischen Museen (also nicht alle), Busfahrten und Parkgebühren ein. Günstiger ist die Variante als Malmöpaket mit Hotelübernachtung.

 Hotel Residens (teuer bis sehr teuer), Adelgatan 7, Tel. 6 11 25 30, Fax 30 09 60, sehr gepflegtes Hotel gegenüber dem Tunneln, mit gutem Restaurant
Hotel Baltzar (moderat), Södergatan 20, Tel. 6 65 57 00, Fax 6 65 57 10, sehr angenehmes Hotel in einem Eckhaus der Fußgängerzone, alle Zimmer mit Kristalleuchtern, handgewebten Teppichen und Originalkunst an der Wand
Hotel Tunneln (moderat), Adelgatan 4, Tel. 10 16 20, Fax 10 16 25, stilvolles Hotel in einem historischen Gebäude mit mittelalterlichen Ursprüngen
Hotel Formule 1 (sehr preiswert), Lundavägen 28, Malmö-Öst, 2 km außerhalb, Billighotel nach französischem Vorbild, Dusche/WC auf dem Gang, kein Frühstück
STF-Vandrarhem (sehr preiswert), Backavägen 18, 21432 Malmö, Tel. 8 22 20, Fax 51 06 59, 4 km südlich vom Zentrum, in E4-Nähe, 157 Betten, komfortabel

 Olgas, Pildammsparken, Tel. 12 55 26, 12 85 09, vorzügliche Küche, mit schönem Blick aufs Wasser (moderat bis teuer)
Årstiderna, Kockska Krogen, Stortorget, Ecke Frans Suellsgatan 70, Tel. 23 09 10, vorzügliches Kellerrestaurant in einem der ältesten Bürgerhäuser der Stadt (moderat bis teuer)
Hotel Kramer, Stortorget 7, Tel. 20 88 00, internationale Küche in gediegenem Jahrhundertwende-Ambiente (moderat)
Anno 1900, Norra Bulltoftavägen 7, Tel. 18 47 47, in einem urigen Haus mit niedrigen Decken und Porträts an den Wänden, im Sommer wird auch im lauschigen Innenhof gespeist (moderat)

Hipp, Kalendegatan 12, Tel. 97 40 30, Gourmetrestaurant und Nachtklub im ehemaligen Zirkus (Hippodrom), junges Publikum (moderat)
Sturehof, Adelgatan 13, Tel. 12 12 53, gemütliches Pub, in dunkles Holz getaucht, Fischspezialitäten im gepflegten Eßlokal mit Gründerzeitatmosphäre (moderat)
B&B, Saluhallen, Lilla Torg, Tel. 12 71 20, Fischrestaurant an der Markthalle (günstig)
Cafés: Café Mester Hans, Stortorget, nicht zu gemütlich, preiswerte kleine Gerichte (günstig)
Café Konditori Europa, Stortorget/ Ecke Södergatan, unter Kronleuchtern genießt man Kaffee und Kuchen in üppigem Rahmen (günstig)

Malmöhus (alle Museen), Malmöhusvägen, Tel. 34 10 00, Juni–Aug. tgl. 10–16 Uhr, sonst 12–16 Uhr, Festung, Aquarium, Naturhistorisches und Technisches Museum
Ebbas Hus, Snapperupsgatan 10, Tel. 34 44 95, nur Mi 12–16 Uhr, das kleinste Haus der Stadt
Rooseum, Gasverksgatan 22, Tel. 12 17 16, Di–So 11–17 Uhr, Do bis 20 Uhr, Ausstellung moderner Kunst
Konsthall, S:t Johannesgatan 7, Tel. 34 12 93, tgl. 11–17, Mi bis 22 Uhr, Wechselausstellungen
Form Design Center, Lilla Torg, Tel. 10 36 10, Di–Fr 11–17 Uhr, Do bis 18 Uhr, Sa 10–16, So 12–16 Uhr
Öresundförbindelsen, Lernacken, Utsiktsvägen 11, Tel. 16 44 60, Di–Fr 10–17, Sa, So 11–17 Uhr, Ausstellung über den Bau der Öresundbrücke

Malmös **Haupteinkaufszone** erstreckt sich südlich des Stortorget über Södergatan, Gustav Adolfs torg bis Triangeln. Gustav Adolfs torg und vor allem Möllevångstorg bieten buntes Markttreiben. **Schwedisches Design** gibt es am Lilla Torg im Form Design Center. Am Banérskajen in der Nähe des Sjöfartsmuseet kauft man Di–Fr von 9 bis max. 13 Uhr (solange Vorrat reicht) fangfrischen **Fisch** im passenden Ambiente.

Flohmärkte: Anfang Mai–Ende Sept. am Drottningtorg Mi, Fr, So 8–16 Uhr, im Folkets Park Di, Do und Sa 8–15 Uhr

Das Viertel unweit des **Gustav Adolfs torg** mit Lilla Nygatan, Malmborgsgatan und Stadt Hamburgsgatan weist eine hohe Kneipendichte auf. Tanzlokale wie das Stadt, (Stadt Hamburgsgatan 2, Publikum über 30), und Pubs anglo-irischer Prägung wie Pickwick Pub, Malmborgsgatan 5 (Ecke Stadt Hamburgsgatan), bestimmen das Bild. Im Paddy's, Kalendegatan 7, und Dubliners, Stora Nygatan 59, wird häufig Live-Musik geboten, in Wallmans Salonger, Generalsgatan 1, Shows und Varieté. Im Lakeside, Södra promenaden 51, am Kanal gibt es Jazz und Soul.

Malmöfestivalen bietet im August kulinarische Vielfalt mit Spezialitäten aus aller Welt, eine *kräftskiva* auf dem Stortorget, Wikinger-Drachenbootrennen, Theater und Musik unter freiem Himmel.

Rundfahrten per Boot im Sommer 11–16 Uhr, **Stadtführungen** zu Fuß mit bestimmten Themenschwerpunkten: Info beim Turistbyrå

Zug: Auskunft Tel. 0 20/75 75 75, Pågatåg (Regionalzug) nach Lund, Landskrona, Helsingborg und Ystad. Informationen zum **Nahverkehr:** Skånetrafiken Tel. 0 20-56 75 67. Ab dem 1.7.2000 soll alle 20 Min. ein Regionalzug über die kombinierte Tunnel-Brückenverbindung über den Öresund nach Kopenhagen verkehren. **Passagierfähren:** Schnellboote für Passagiere nach Kopenhagen (Fahrzeit 45 Min.) verkehren im Sommer bis zu halbstündlich ab Skeppsbron (nördlich des Bahnhofs), Tel. 23 44 11, Flygbåtarna, Tel. 10 39 30, Fax 12 04 84 **Stadtbusse:** Rabattkarten für Familien, Zehnerkarten, Kundeninformationsstellen am Gustav Adolfs torg und der Abfahrt des Pågatåg in Malmö C. Turistbuss Linie 20 verkehrt als Ringlinie zwischen Zentrum, Schloß und Seefahrtsmuseum. Preisgünstiges **Taxi** ist Royal Cab (Rabatt

mit Malmökort). Der **Flughafen** Malmö-Sturup ist 31 km entfernt (Busverbindung).

Mariestad

Lage: Vordere Umschlagkarte D5
Västergötland
Vorwahl: 05 01

Turistbyrå, Hamnplan, 54230 Mariestad, Tel. 1 00 01, Fax 1 21 40

Bergs Hotell (günstig), Kyrkogatan 18, Tel. 1 03 24, niedliches kleines Hotel in einer Kopfsteinpflastergasse des alten Stadtkerns
STF Vandrarhem (sehr preiswert), Hamngatan 20, Tel. 1 04 48, in einem alten Hofgebäude aus dem 17. Jh. in der Altstadt, 60 Betten in 2- bis 6-Bettzimmern

Camping:
Ekuddens camping, Tel. 1 06 37, geöffnet 1.5.–15.9., recht großer Platz (über 400 Stellplätze) an einem kinderfreundlichen Vänerstrand, 2 km nordwestlich von Mariestad

Vadsbo-Museum, Marieholm, Tel. 6 32 14, geöffnet im Sommer Di-So 13–16, Mi bis 19 Uhr, übrige Zeit Mi 17–19, Sa u. So 13–15 Uhr, Museum zu Stadtgeschichte im Schloß
Lugnås Minnesfjäll, Tel. 4 02 56, Mai, Juni und Aug. So 12–16, Juli tgl. 11–16 Uhr, Mühlsteinabbau

Bootstouren auf Vänersee und Götakanal, Auskunft über organisierte **Angeltouren** im Turistbyrå

Der **Kinnekulletåget** verkehrt ab Herrljunga über Lidköping und Mariestad nach Laxå und Hallsberg an der Strecke Göteborg–Stockholm.

Mora

Lage: Vordere Umschlagkarte E8
Dalarna
Vorwahl: 02 50

Siljan Turism Mora, Stationsvägen 3, 79230 Mora, Tel. 56 76 00, Fax 56 76 10

Zentrale Unterkunftsbuchung für das Siljangebiet: Tel. 02 48/5 11 10
Moraparken (günstig bis moderat), Tel. 1 78 00, Fax 1 85 83, in einem Park am Fluß Dalälven, 800 m vom Zentrum, 75 Zimmer
STF Vandrarhem Mora (sehr preiswert), Målkull Ann's, Vasagatan 19, Tel. 3 81 96, Fax 3 81 95.

Camping:
SweCamp Mora, Tel. 1 53 52, Fax 1 27 85, sehr stadtnah, 400 m von der Kirche in der Verlängerung der Hantverkaregatan am Siljan, ganzjährig geöffnet, Camping-Hütten und Zimmer

Zorngården, Vasagatan, Tel. 1 65 60, Mitte Mai–Mitte Sept. stdl. bis halbstdl. Führungen Mo–Sa 10–16, So 11–16 Uhr (Mittsommer nur 10–15 Uhr), übrige Zeit Mo–Sa stdl. 12–15, So 13–16 Uhr, Wohnhaus des Malers Anders Zorn
Zornmuseum, Vasagatan 36, Tel. 1 65 60, Mitte Mai–Mitte Sept. Mo–Sa 9–17, So 11–17, im Juli Do bis 19 Uhr, übrige Zeit Mo–Sa 12–17, So 13–17 Uhr, Museum mit Werken u.a. von Anders Zorn
Textilkammare und Gammelgården, Tel. 1 65 60, geöffnet 1.6.–31.8. tgl. 12–17 Uhr, Textilhandwerk und historische Holzbauten
Vasaloppsmuseet, Tel. 3 92 25, geöffnet Mitte Mai–Ende Aug. tgl. 10–18, übrige Zeit 11–17 Uhr, Ausstellung zum alljährlichen Skimarathonlauf ›Vasaloppet‹
Tomteland, Gesundaberg, 17 km südlich von Mora, Tel. 2 90 00, Mitte Juni–Mitte Aug. tgl. 10–17 Uhr, alles über Weihnachtsmänner
Siljansfors Skogsmuseum, 19 km süd-westlich von Mora, Tel. 3 29 31, 1.6.–31.8. tgl. 11–17 Uhr, alles über die Nutzung des Waldes

 Moras Kyrkogatan bietet die besten Einkaufsmöglichkeiten aller Orte im Siljangebiet, sogar große Kaufhausketten sind vertreten. Im Laden Moraboden, Ecke Hamngatan, gegenüber der Kirche, gibt es neben Nippes und Standardsouvenirs echte **Mora-Messer** und Sägeblätter, teils 2. Wahl zum Selbstmontieren. Stahlklingen direkt aus der Fabrik bekommt man im Ortsteil Östnor, bei Frosts Knivfabrik, ca. 3,5 km außerhalb Richtung Älvdalen (RV 70), geöffnet Mo–Fr 12–20 Uhr. In Nusnäs, bei Nils Olsson Hemslöjd, Tel. 1 28 88, entstehen die berühmten **Dalapferdchen**, man kann sie dort auch günstig einkaufen, Mo–Fr 8–17, Sa 10–14 Uhr

 Vasa-Lauf (Ski-Volkslauf Ende Feb./Anfang März)

 Yachthafen, **Schwimm-**, **Tennis- und Eishalle**, **Golf**; im Sommer **Boot**sverbindungen mit ›M/S Gustaf Vasa‹ auf dem Siljan-See nach Rättvik und Leksand, Sessellift auf den Gesundaberg, Mittsommer–Mitte Aug. tgl. 11–18 Uhr, am Mittsommerabend bis 3 Uhr nachts!; **Wintersport**

Endstation der **Eisenbahn**strecke von Stockholm, Startpunkt der Inlandsbana-Schienenbusse nach Östersund (nur Sommer), der **Inlandsflugplatz** Mora/Siljan mit Verbindungen nach Stockholm, Göteborg u. a. liegt 10 km außerhalb. Informationen zum **Nahverkehr** s. Borlänge.

Motala

Lage: Vordere Umschlagkarte E5
Östergötland
Vorwahl: 01 41

Motala Turistbyrå, Folkets Hus, Box 253, 59123 Motala, Tel. 22 52 54, Fax 5 21 03

Medevi Brunn (günstig bis moderat), Tel. 9 11 00, Fax 9 15 32, Anfang Juni–Mitte Aug., 18 km nördlich von Motala, Unterkunft in Schwedens ältestem Kurort, verschiedene Preiskategorien, von noblen Hotelzimmern bis zum Etagenbett im STF Vandrarhem, abends Tanz, Verpflegung im Wärdshus (günstig bis moderat)
Göta Hotell (günstig), Borensberg, Tel. 4 00 60, nur 8 teils einfache Zimmer stehen im meistfotografierten Hotel Schwedens mit Blick auf den Götakanal zur Verfügung, Restaurant (günstig bis moderat).

 Kanal– och Sjöfartsmuseet, geöffnet Mai–Aug., Tel. 5 35 10, Geschichte des Götakanals
Charlottenborgs slott, Tel. 23 35 91, geöffnet Di–Fr und So 13–16, Do zusätzlich 18–20 Uhr,

Das **Radrennen** Vätternrundan (300 km in einer Etappe um den See) findet alljährlich am Wochenende vor Mittsommer statt.

Fahrten auf dem **Götakanal** und **Vättersee** mit ›MS Victoria af Vadstena‹, im Sommer, Tel. 2 31 87, 1 06 40.; **Fahrradtouren** entlang dem Kanal von Motala nach Söderköping, auch Paketangebote (Fahrrad, Übernachtung) über Turistbyrå; **Kabinenkreuzer** über: AB Götakanalbolag, Box 3, 59121 Motala, Tel. 5 35 10, Fax 21 55 50. Wer mit dem eigenen Boot den Kanal befahren will, sollte sich dort vorab über die Bedingungen informieren.

An der **Bahn**strecke Örebro–Mjölby. Informationen zum **Nahverkehr** s. Linköping.

Munkfors

Lage: Vordere Umschlagkarte D6
Värmland
Vorwahl: 05 63

 Turistbyrå, Torsbyvägen 4, Box 3, 68050 Ekshärad, Tel. 4 04 95, Fax 4 12 96; Klarälvens Fiskecenter, 68051 Stöllet, Tel. 8 13 09 (nur im Sommer besetzt); Smedsgatan 14, Box 13, 68421 Munkfors, Tel. 54 10 80, Fax 54 10 82

 Bruksmässen (günstig), Bruksgatan 4B, Munkfors, Tel. 1 62 58 oder 5 13 90, neun Zimmer in der 1893 gebauten ehemaligen Kantine der Stahlhütte, ein gemütliches Holzhaus, Restaurant mit Hausmannskost (günstig)

Camping:
SweCamp Klarälvens Camping, Tel. 8 11 55, Fax 8 11 04, oder Tel. 05 60/1 40 40, Fax 1 30 61, Stöllet, großer Platz am Fluß, bei der Wegkreuzung RV 62/45 (LKW-Verkehr), Kanuverleih, Hütten- und Hausvermietung
Värnäs Canoing, Tel. 8 13 55, Stöllet, 800 m nördlich der Kreuzung RV 62/45, Kanu- und Ruderbootverleih, Hütten- und Hausvermietung

Munkfors, Gamla Bruket, Tel. 1 62 60, 1. Juli–Mitte Aug. tgl. 9.30–17.30 Uhr, altes Eisenwerk

Floßfahrten auf dem Klarälv mit Naturflößen: Vildmark i Värmland, Box 209, 68525 Torsby, Tel. 05 60/1 40 40, Fax 1 30 68, mit fertigen Pontonflößen: Branäsflotten, Likenässvägen 66, 68063 Likenäs, Tel. 05 64/4 03 40, Fax 4 03 12; Sverigeflotten, Transtrand 20, 68063 Likenäs, Tel. 05 64/4 02 27, Fax 4 03 00; **Kanufahren** s. Camping; **Wintersport:** Abfahrtslauf in Ekshärad; in Branäs ca. 65 km nördlich von Ekshärad findet man Värmlands größte und modernste Wintersportanlage mit 17 Abfahrten, Kabinenbahn, Loipen, Skischule und Ferienhaussiedlung.

Norberg

Lage: Vordere Umschlagkarte F7
Västmanland
Vorwahl: 02 23

 Turistbyrå, Engelbrektsgatan 73, 73831 Norberg, Tel. 2 91 30, Fax 2 91 33

 Klackbergsgården (günstig), Klackberg 10A, Tel. 2 31 55, Fax 2 25 45, 3 km außerhalb des Zentrums, 65 Zimmer

 Ängelsbergs bruk und Oljeön, Führungen durch die ehemalige Stangeneisenschmiede Mitte Juni–Mitte Aug. 3 x tgl. um 11, 13 und 15 Uhr, im Juli auch Abendführungen 1 x pro Woche um 19 Uhr; im selben Zeitraum Führungen auf Oljeön 11.30 und 14.30 Uhr, Info bei Turistbyrå Fagersta, Tel. 1 31 00
Norbergs Gruvmuseum, Kärrgruvan 3 km nördlich, Info über Turistbyrå, Eisenschmiedemuseum

 Busverbindung nach Fagersta und Avesta. Informationen zum **Nahverkehr** s. Västerås

Norrköping

Lage: Vordere Umschlagkarte F5
Östergötland
Vorwahl: 0 11

 Destination Norrköping, Dalagatan 16, 60181 Norrköping, Tel. 15 15 00, Fax 15 40 74.

Hotel Princess (teuer), Skomakaregatan 8, Tel. 19 72 20, Fax 12 65 06, gehört zur Kette First Express, 120 komfortable Zimmer (mit Kühlschrank)
Pronova Hotell (moderat), Norra Grytsgatan 10, Tel. 4 42 45 20, Fax 18 76 06, zentrale Lage im ehemaligen Industriegebiet, 30 Zimmer

Camping:
Himmelstalunds Camping, Tel. 17 11 90, geöffnet 1.6.–15.9. Abfahrt von E4, südlich der Stadt, Freizeitzentrum mit einfachen Hütten und Betten, nahe dem Gebiet mit Felsritzungen
Kolmårdens Camping, Tel. 39 82 50, geöffnet 25.4.–7.9., 22 km nordöstlich von Norrköping, nahe dem Zoo, Hüttenvermietung, Zimmer

 Arbetets museum, Laxholmen, Tel. 18 98 00, tgl. 11–17 Uhr außer an Feiertagen, Wechselausstellungen zum Thema Arbeitsleben
Norrköpings Konstmuseum, Kristinaplatsen (Skolgatan 7), Tel. 15 26 00, Di–So 12–16, Mi bis 20 Uhr
Holmen museet, Laxholmen, Tel. 12 89 92, Do 11–15 Uhr wird vorgeführt, wie man Papier von Hand schöpft.
Kolmården Tierpark, Tel. 24 90 00, ganzj. geöffnet: Mai 9–17, Juni–Ende Aug. 9–18 Uhr, übrige Zeit 10–16 Uhr
Kolmårdens Tropikarium, Tel. 39 52 50, geöffnet April und Mitte Aug.–Anfang Okt. tgl. 10–17, Mai–2. Juniwoche 9–18, 2. Juniwoche–Mitte Aug. 9–19, sonst 10–16 Uhr

Der **6. Juni** (Nationaldagen) wird in Norrköping mit Straßenfesten und viel Musik groß gefeiert; Mitte Aug. findet ›Karneval‹ statt mit Feuerwerk und Markt, Theater und Straßenumzügen; **Bronsåldersmöte** ist Schwedens größtes Vorzeitfestival am letzten Wochenende im Aug. mit Vorführungen alter Techniken, Theater.

Spezielle **Stadtführungen** durch das Industriegebiet veranstaltet das Turistbyrå; **Golf**: sechs Plätze in der Umgebung; **Schiffsausflüge** auf dem Götakanal bis Söderköping (Rederi AB Kind, Tel. 01 41/23 33 70), oder ab Söderköping bis in die Schären bei Arkösund bzw. auf dem schleusenreichen Stück zwischen Borensberg und Berg mit Lejonbåtarna Tel. 12 78 01 oder 16 37 09; **Mehrtagestouren** mit Hotelübernachtungen und **Schloßbesichtigungen** kann man beim Turistbyrå buchen.

Zugverbindungen nach Stockholm, über Katrineholm nach Västerås und über Nässjö nach Malmö. Informationen zum **Nahverkehr:** Östgotatrafiken Tel. 02 02-21 10 10

Öland

 Ölands Turist AB, Box 74, 38621 Färjestaden, Tel. 56 06 00, Fax 56 06 05. Ein gutsortiertes Turistbyrå findet man direkt am Ende der Brücke vom Festland: Träffpunkt Öland. Weitere gibt es in Borgholm, Tel. 8 90 00, und Skäftekärr/ Löttorp, Tel. 2 22 12. Ölands Turist AB vermittelt auch Ferienhäuser.

 Halltorps Gästgiveri (teuer), Borgholm, Tel. 8 50 00, Fax 8 50 01, traditionelles Hotel mit Herrenhausambiente, 36 Zimmer, Restaurant mit typisch südschwedischer Küche, eines der besten im Lande (moderat).
Hotell Borgholm (moderat), Trädgårdsgatan 15, Tel. 7 70 60, Fax 1 24 66, Borgholm, kleines Hotel mit 29 Zimmern, Restaurant mit guter Küche, Küchenchefin Karin Fransson wurde 1996 mit der Goldmedaille der Gastronomie-Akademie ausgezeichnet (moderat bis teuer).
Guntorps Herrgård (moderat), Guntorpsgatan, Borgholm, Tel. 1 30 00, Fax 1 33 19, Zimmer und Apartments in einem alten Herrenhaus mit großem Garten, gute Küche (moderat)
Lammet & Grisen, Löttorp, Tel. 2 03 50, frisch am Spieß Gebrutzeltes vom Feuer, soviel man mag: ein uriges Erlebnis (moderat)

Camping:
Rund 20 Campingplätze gibt es auf Öland: eine größere Dichte als irgendwo sonst in Schweden. Nur eine Auswahl:
KronoCamping Böda Sand, Byxelkrok, Tel. 2 22 00, 3 57 00, Fax 2 23 76, geöffnet 10.5.–31.8., mit 1300 Plätzen einer der größten Zeltplätze ganz Schwedens, am

endlosen Sandstrand im Nordosten Ölands, angeschlossene Freizeit- und Einkaufsgelegenheiten, Hütten und Häuser
Kappelluddens Familjecamping, Borgholm, Tel. 1 01 78, geöffnet 1.5.–31.8., ca. 500 Plätze, kinderfreundlicher Platz in Fußentfernung zu Borgholms Zentrum

 Schloßruine Borgholm, Tel. 1 23 33, 1.4.–30.9. tgl. 10–16, 1.5.–31.8. bis 18 Uhr
Solliden, Park, Tel. 1 53 55, geöffnet 15.5.–15.9. tgl. 13–18 Uhr (Tore schließen um 17 Uhr), Sommersitz der schwedischen Königsfamilie
Himmelsberga Freilichtmuseum, Tel. 56 10 22, geöffnet 15.5.–15.9. tgl. 10–18 Uhr
Eketorps borg, Tel. 66 20 00, geöffnet 1.5.– 15.9. tgl. 10–17 Uhr (Führungen 2–3mal tgl.), 21.6.–3.8. bis 18 Uhr (Führungen stdl.), Hunde dürfen nicht mit aufs Gelände! Eisenzeitburg mit Tierhaltung.
Ottenby Vogelstation, Tel. 66 10 93, Naturum (Naturmuseum) geöffnet 6.5.–31.10. tgl. 9–17 Uhr, 7.6.–16.8. bis 21 Uhr, Parkgebühr!

 Auf der Insel gibt es eine Fülle von **Kunsthandwerk**släden. In der **Paradisverkstan**, Tel. 3 16 25, an der Südseite des Brückenendes bieten die königlichen Hoflieferanten Olof und Eva Paradis Leuchter, formschöne Keramik und andere Souvenirs der gehobenen Klasse.
Capellagården, nahe Vickleby kyrka, Tel. 3 61 32, Verkauf von Erzeugnissen der Kunsthandwerksschule

Der **Wander**weg Mörbylångaleden führt in vier Etappen zwischen 16 und 29 km Länge von der Brückenauffahrt bis ans Südende der Insel und durch die Heide Stora Alvar. Öland ist wie geschaffen zum **Fahrrad**fahren, die Anbieter von Mieträdern sind zahlreich, den größten Fahrradpark hat Hallbergs Hojar, Borgholm, Köpmannagatan 19, Tel. 1 09 40, 1 00 90, außerdem liegen günstig: Färjestadens Cykelaffär, Storgatan 67, Tel. 3 00 74, und Byxelkroks Cykeluthyrning, Tel. 2 81 09. **Tagesausflüge** auf die

Insel Blå Jungfrun ab Byxelkrok, Mittsommer bis Mitte Aug. tgl. ab 10 Uhr, Tel. 2 40 05.

 Buslinie von Kalmar über die Brücke nach Öland mit vielen Haltepunkten entlang RV 136. (Nahverkehrs-Infos s. Kalmar). Im Sommer dürfen **Fahrräder** nur in speziellen Bussen auf die Insel gebracht werden, denn dann ist das Radfahren auf der Ölandsbron verboten. Info: Tel. 04 91/2 15 40.

Örebro

Lage: Vordere Umschlagkarte E6
Närke
Vorwahl: 0 19

 Destination Örebro, Box 33 000, Slottet, 70135 Örebro, Tel. 21 21 21, Fax 10 60 70

Stora Hotellet (moderat bis teuer), Drottninggatan 1, Tel. 12 43 60, Fax 6 11 78 90, Best-Western Hotel in zentraler Lage
STF Vandrarhem Örebro (sehr preiswert),Fanjunkarvägen 5, Tel. 31 02 40, Fax 31 02 56, 1998 neu eröffnete Herberge ca. 1,5 km nordöstlich vom Stadtzentrum, mit Busverbindung.

Camping:
Gustavsvik Campingplatz, Tel. 19 69 50, ca. 1,5 km südlich, hypermoderner Platz im gleichnamigen Freizeitzentrum mit u. a. Erlebnisbad und Golfplatz, ca. 800 Plätze und 20 Camping-Hütten

Slottskällaren, Drottninggatan 1, Tel. 6 11 11 99, deftige Küche im Kellergewölbe des Stadshotell (moderat)
Karlslund Herrgård, Tel. 27 07 88, Ausflugslokal, im Empire-Speisesaal ißt man gut (moderat)
Svampen, Tel. 6 11 37 55, Restaurant mit Aussicht vom Wasserturm (moderat)

Schloß, Tel. 16 80 20, englischsprachige Führungen im Sommer tgl. 14

Uhr; Museum Di–So 12–16 Uhr
Konstmuseet, Engelbrektsgatan 3, Tel. 16 80 20, geöffnet 11–17 Uhr, Mi bis 21 Uhr
Tekniska Museet, Hamnplan: s. Konstmuseet
Wadköping, Mai–Aug. Di–So 11–17, Sept.–April nur bis 16 Uhr, ein Stadtviertel ganz aus alten Holzgebäuden

Brunnsparken (nur im Sommer), ca. 4 km südlich, typisch schwedischer **Volkspark** mit Tanz, Konzerten, Rummel für Kinder

 Im Svartå werden jedes Jahr Lachsforellen ausgesetzt, das **Angeln** im Stadtgebiet ist kostenlos, Information im Turistbyrå. Erlebnisbad Gustavsvik, Tel. 19 69 01, Nordeuropas größtes **Hallenbad** mit angeschlossenem Campingplatz, **Golf**bahn u.a. Wellenbad, Wasserrutsche usw. 18-Loch-**Golfplatz** s. Gustavsvik Camping

Exzellente **Fernzug**verbindungen: u.a. nach Stockholm, Göteborg, Gävle. **Flughafen** (Inland) 17 km entfernt. Informationen zum **Nahverkehr**: Länstrafiken Örebro Tel. 020-22 40 00

Örnsköldsvik/Höga Kusten

Lage: Vordere Umschlagkarte G11
Ångermanland
Vorwahl: 06 60

 Turist & Konferens, Nygatan 18, 89188 Örnsköldsvik, Tel. 8 80 15, 1 25 37, Fax 8 81 23

 Ulvö Skärgårdshotell (moderat bis teuer), Tel. 3 40 09, Fax 3 40 78, gepflegtes traditionsreiches Haus seit 1905, Pool, Restaurant (moderat)

STF Vandrarhem Köpmanholmen (sehr preiswert), Tel. 22 34 96, geöffnet 1. 5.–30. 9., herrliche Lage am Wasser, Bootsanleger nach Ulvö direkt vor der Tür

STF Vandrarhem Högbonden (sehr preiswert), Fyrvaktarbostaden, geöffnet 12. 6.–15. 8., Info Tel. 06 13/2 30 05, für die Übernachtung im Leuchtturmwärterhaus auf der Felseninsel muß man zwar auf Komfort verzichten, bekommt aber ein unvergeßliches Erlebnis, nur 27 Betten.

Camping:
Norrfallsvikens Camping, Tel. 06 13/ 2 13 82, Fax 2 10 07, geöffnet 1. 6.–15. 9., an der gleichnamigen Bucht gegenüber Ulvön, nahe einem Fischerdorf aus dem 18. Jh., Hüttenvermietung

 Fischerkapelle Ulvö, Tel. 3 40 93, geöffnet Mitte Juni–Mitte Aug.
Gene Fornby, Bäckagården, Domsjö, Tel. 5 37 10, geöffnet ca. Mittsommer-Anfang Aug. tgl. 11–17 Uhr, Leben wie in der Eisenzeit

 Fjällräven Fabrikladen, Handelsvägen 2, Själevad, Tel. 5 93 11, geöffnet Mo–Fr 11–18, Sa 10–13 Uhr, Outdoor-Kleidung mit kleinen Fehlern oder Auslaufmodelle, Spezialstoffe vom Meter zum Selberschneidern

 Skuleberg, Info und Kletterausrüstung im Skule Naturum (Naturmuseum), Tel. 06 13/4 01 71, 4 01 15; **Seilbahn** Mitte Juni–Mitte Aug. 10–17 Uhr (Juli bis 19 Uhr)

 Bootsverkehr nach Ulvö und Trysunda im Sommer ab Köpmanholmen, Docksta und Ullånger; **Bus** nach Härnösand und Umeå, Infos zum **Nahverkehr** s. Sundsvall.

Orsa

Lage: Vordere Umschlagkarte E8
Dalarna
Vorwahl: 02 50

 Siljan Turism Orsa, Centralplan, 79430 Orsa, Tel. 55 21 63, Fax 4 34 51

 Fryksås Fäbodspensionatet, Tel. 4 60 20, Fax 4 60 90, herrliche Lage 13 km nordwestlich von Orsa mit Weitblick von 503 m Höhe, 4-Bett-Hütten in der ehem. Sennerei mit allem Komfort, 900–2400 SEK/Woche
STF Vandrarhem (sehr preiswert), Tel. 4 21 70, 4 23 65, sehr komfortable Herberge am Ortsrand, deren 2- bis 4-Bettzimmer mit Du/WC ausgestattet sind, schöner Blick von der Terrasse auf die Berge, 68 Betten

 Fäbod Skräddar Djurberga, 25 km nordöstlich von Orsa, die Sennerei ist bewirtschaftet Mittsommer–Mitte Aug., 11–17 Uhr
Björnpark Grönklitt, Tel. 4 62 00, Mitte Mai–Mitte Sept. tgl. 10–15, 2. Juniwoche–Mitte Aug. 10–17 Uhr, Bärenfreigehege

 Station der **Inlandsbana** nach Östersund (Schienenbusse, nur im Sommer)

Oskarshamn

Lage: Vordere Umschlagkarte F3
Småland
Vorwahl: 04 91

 Oskarshamns Turistbyrå, Hantverksgatan 18, Box 705, 57228 Oskarshamn, Tel. 8 81 88, Fax 8 81 94

 Sjöfartsmuseet und Döderhultarmuseet, Kulturhuset, Hantverksgatan 18, Oskarshamn, Tel. 8 80 40, 15.5.–14.8. Mo–Sa 9–18, So 11–16, übrige Zeit Di–Fr 12–16, Sa 11–15, So 12–16 Uhr, Seefahrtsgeschichte und Skulpturen des Holzschnitzers ›Döderhultarn‹ (Axel Petersson)

 Ausflüge zur Insel Blå Jungfrun, Info über Turistbyrå

 Zugverbindung über Berga und Hultsfred nach Nässjö, dort Anschluß an die Linie Stockholm–Kopenhagen, **Fähren** nach Gotland (s. dort). Infos zum **Nahverkehr** s. Kalmar.

Östersund

Lage: Vordere Umschlagkarte E10
Jämtland
Vorwahl 063

Turist & Kongressbyrån, Rådhusgatan 44, 83182 Östersund, Tel. 14 40 01, Fax 12 70 55
Nur bei einem längeren Aufenthalt in Östersund lohnt der Kauf der **Storsjökort:** neun Tage freies Parken, eine begrenzte Anzahl Busfahrten, je einmal Eintritt für Hallenbad Storsjöbadet, Freibäder, Freilichtmuseum Jamtli, Frösötorn, Stadtrundfahrt und -wanderung.

Hotel Östersund (moderat bis teuer), Kyrkgatan 70, Tel. 57 57 00, Fax 57 57 11, Komforthotel der Best-Western-Kette, im Zentrum, 126 Zimmer, Tanz, Pub, Nachtklub
Hotell Zäta (günstig bis moderat), Prästgatan 32, Tel. 51 78 60, Fax 10 77 82, zentrale Lage in der Fußgängerzone, 32 Zimmer mit allem Komfort
Nya Pensionatet (günstig), Prästgatan 65, Tel. 51 24 98, Fax 51 24 95, Hotel in einem Jahrhundertwendehaus 100 m vom Bahnhof, 7 Zimmer, nicht alle mit Dusche/WC
Vandrarhemmet Jamtli (sehr preiswert), Museiplan, Tel. 10 59 84, einfache Herberge am Freilichtmuseum, 2- bis 4-Bett-Zimmer

Camping:
SweCamp Östersund Camping, Tel. 14 46 15, Fax 14 43 23, großer Platz 3 km südlich vom Zentrum, Hütten-, Häuser- und Zimmervermietung
Frösö Camping & Stugby, Tel. 4 32 54 oder 14 46 15, Fax 4 38 41, geöffnet 9. 6.–10. 8., auf der Insel Frösö 5 km vom Zentrum, Hütten und Häuser

Restaurang Gustav III., im Hotel Östersund, Kyrkgatan 70,

Tel. 57 57 00, beste Küche der Stadt (moderat)
Restaurang Hov, Jamtli (im Freilichtmuseum), Tel. 51 69 87, im ältesten Restaurant am Ort gibt es auch Gerichte der traditionellen jämtländischen Küche, z. B. Ren, Pilze, *tunnbröd* (günstig bis moderat)

 Jamtli Historieland, Tel. 15 01 00, 15 01 10, Mitte Juni–Ende Aug. tgl. 11–17 Uhr, übrige Zeit Mo geschl., Freilichtmuseum
Frösötornet, 10. 5–20. 6. tgl. 11–18 Uhr, 21. 6.–10. 8. tgl. 9–21 Uhr, 11. 8.–7. 9. 12–18 Uhr, Aussichtsturm

Dampferrundfahrten auf dem Storsjö, zu den Inseln Verkö (Schloß, Restaurant), Andersö (Naturschutzgebiet) und Noderö mit dem 100 Jahre alten ›S/S Thomée‹, Anfang Juni–Anfang Sept. ab Badhusparken; als Badesee ist der Storsjö den meisten viel zu kalt, eine Alternative ist das **Hallenbad** Storsjöbadet; **Wintersport:** Abfahrtslauf, Hundeschlitten- und Scootertouren, **Golf, Kanuverleih.**

 Zug nach Stockholm und Mora (Schienenbusse der Inlandsbana), **Inlandsflughafen** 11 km, **Fernbus** ab Stockholm. Informationen zum **Nahverkehr:** Länstrafiken i Jämtlands län Tel. 0 20-61 62 63 (innerhalb Jämtlands län) oder 063-16 84 00.

Pajala

Lage: Vordere Umschlagkarte J15
Norrbotten
Vorwahl: 09 78

Turistbyrå, Malmen, 98432 Pajala, Tel. 1 00 15, Fax 7 14 41

 Hotell Smedjan (moderat), Fridhemsvägen 1, Tel. 1 08 15, Fax 717 75, im modernen Backsteinbau des Folkets hus, mit Restaurant (günstig)

 Laestadius pörte, Tel. 7 13 84, Mittsommer bis Anfang Aug. Mo–Fr

10–17 Uhr, Wohnhaus des Predigers Lars Laevi Laestadius

 Im Fabrikladen der Firma **Kero** AB, die auch ein kleines Gerbereimuseum (Garverimuseum) eingerichtet hat, kann man **Ledersachen** im Sami-Stil kaufen Tel. 6 00 00, Mo–Fr 7–16 Uhr.

 Pajala **marknad**, traditioneller Markt am zweiten Wochenende nach Mittsommer; beim **Norrskensfestival** am letzten Februarwochenende finden im Rahmen einer Handwerksmesse Wettbewerbe im Bau von Schneeskulpturen, Rentier– und Schneescooterrennen statt

 Sehr gute **Angel**gewässer, Info übers Turistbyrå; **Riverrafting** (forsränning) auf dem Kalix- oder Tärendöälv, Husky resor HB, Tel. 2 03 18, oder Tärendö Turism, Tel. 2 03 80

 Informationen zum **Nahverkehr** s. Luleå bzw. Kiruna.

Rättvik

Lage: Vordere Umschlagkarte E8
Dalarna
Vorwahl: 02 48

 Siljan Turism Rättvik, Box 21, 79521 Rättvik, Tel. 7 05 00, Fax 1 04 51; Info-Stelle im Bahnhof: Tel. 7 02 00, Fax 5 16 17

 Zimmerbuchung für die ganze Siljanregion Tel. 5 11 10.
Gärdebygården (moderat), Hol Daniels väg 8, Tel. 1 00 07, Fax 1 02 57, 50 Zimmer mit schöner Aussicht am Hang, oberhalb der vielbefahrenen Straße nach Leksand, Personal in Folkloretracht, gute Küche
Utbygården (sehr preiswert), Utby, Tel. 3 04 77, 3 04 37, 6 km südlich von Rättvik, nah an der Straße, dennoch ruhig, schöne, meist 1- oder 2-Bett-Zimmer mit herrlicher Aussicht auf den See, sehr freundliche Betreuung, Fahrradvermietung

Camping:
Siljansbadets Camping, Tel. 5 16 91, geöffnet 30.4.–6.10., ortsnah am Siljanstrand, nur 200 m vom Bahnhof, auch Häuser- und Hüttenvermietung
Rättviksparkens Camping, Tel. 5 61 11, in einem Freizeitgebiet mit Schwimmbad, 0,5 km vom Ortskern, kinderfreundlich, Zimmer, Häuser- und Hüttenvermietung

 Naturmuseum, im Kulturhuset, Eingang gegenüber der Gemeindebibliothek, Mo–Do 11–19, Fr 11–15, Sa 11–14, So 13–17 Uhr
Gammelgården mit alten Holzgebäuden, 2 km nördlich des Ortes in Richtung Kirche, Tel. 5 14 45, Anfang Juni–Mitte Aug. Mo–Fr 11–17, So erst ab 12 Uhr

 Sehr schöne handgearbeitete **Textil– und Holzwaren** gibt es in der Hemslöjdstugan gegenüber vom Bahnhof am kleinen Marktplatz.

 Mittsommerfeiern, bei denen die Dörfer eine ganze Woche lang wetteifern, welches die schönste Majstång hat. **Musik vid Siljan:** Anfang Juli, klassische Musik und Folkloreveranstaltungen; **Kirchbootrudern** jeden So Mittsommer bis Mitte Aug., Kirchbootrennen an verschiedenen Orten am Siljansee, Info über Turistbyrå; **Opernaufführungen** in der Dalhalla, einer einzigartigen Freilichtbühne in einem ehemaligen Kalksteinbruch.

An der **Zug**strecke Stockholm–Mora; Informationen zum **Nahverkehr** s. Borlänge.

Ronneby

Lage: Vordere Umschlagkarte E2
Blekinge
Vorwahl: 04 57

Kulturcentrum i Ronneby, Kallingevägen 3, 37239 Ronneby, Tel. 1 76 50, Fax 1 74 44

Ronneby Brunn (teuer), Brunnsparken, Tel. 7 50 00, Fax 1 56 47, Kurhotel mit Schwimmbad, Sauna, Solarium, Tennisplätzen
STF Vandrarhem (sehr preiswert), Övre Brunnsvägen 54, Tel. 2 63 00, ebenfalls in alten Kurpark–Ambiente, die Betten der einfachen Herberge verteilen sich auf mehrere ehemalige Villen für Kurgäste.

 Helig Kors kyrka, Kirche geöffnet Juli 10–17 Uhr, Juni und Aug. 10–15 Uhr, Mai und 1.–15. Sept. 10–12, Rest des Jahres nur 10–11 Uhr

 Ronab, Flisevägen, Kallinge, Mo–Fr 9–17 Uhr Fabrikverkauf, Ware mit kleinen Schönheitsfehlern: **gußeiserne Pfannen und Töpfe**, Kerzenständer und Kaminutensilien

 Bootsausflüge in die Schären ab Ronnebyhamn

 Zug: Haltepunkt des Kustpilen auf der Strecke Karlskrona–Malmö. Informationen zum **Nahverkehr** s. Karlskrona. **Inlandsflughafen** Kallinge in 6 km Entfernung.

Sala

Lage: Vordere Umschlagkarte F6
Västmanland
Vorwahl: 02 24

 Turistbyrån, Normanska gården, Box 304, 73325 Sala, Tel. 1 31 45, Fax 7 73 22

Sala Silvergruva, Führungen durch die Silbergrube im Sommer, Info über das Turistbyrå oder Tel. 1 95 41 oder -2.

Zug nach Västerås, Uppsala, Stockholm, Mora, Norrköping. Informationen zum **Nahverkehr** s. Västerås.

Sigtuna

Lage: Vordere Umschlagkarte G6
Uppland
Vorwahl: 08 (wie Stockholm)

 Turistbyrå, Drakegården, Stora gatan 23, 19323 Sigtuna, Tel. 59 25 00 20, Fax 59 25 12 44; zusätzlich 15. 5.–31. 8. tgl.: Sjövillan, Skokloster, Tel./Fax 0 18/38 67 25

 Sigtuna Stadshotell (moderat), Stora Nygatan 3, Tel. 59 25 01 00, Fax 59 25 15 87, im Zentrum gelegen, mit schöner Aussicht über den Mälarsee, 24 Zimmer
STF Vandrarhem Kyrkans Utbildningscentrum (sehr preiswert), Ansgarsliden, Manfred-Björkquist-allé 12, Tel. 59 25 84 78, Fax 59 25 83 84, geöffnet ca. 20.6.–10.8., komfortable Herberge in wunderschöner Lage mit Aussicht auf den Mälarsee, Busverbindung zum Zentrum

Camping:
Skoklosters camping, Bålsta, Tel. 0 18/38 60 35, Fax 38 60 96, 1. 5.–15. 10. kleiner Platz mit Zimmer- (insges. 8 Betten) und Hüttenvermietung, Kanuverleih

 Tant Bruns Kaffestuga, Laurentii gränd 3, Kaffee und Leckereien der hauseigenen Bäckerei in einem urgemütlichen Holzhaus (günstig)

 Sigtuna Museum, Stora Gatan 55, Tel. 59 25 10 18, geöffnet Juni–Aug. tgl. 12–16 Uhr, sonst nur Di–So, wikingerzeitliche Ausgrabungsfunde aus dem Stadtgebiet
Schloß Skokloster, Tel. 0 18/38 60 77, Mai–Aug. tgl. 11–16 Uhr stdl. Führungen, Sept. und Okt. nur Mo–Fr um 13 Uhr, Sa/So 13, 14 und 15 Uhr
Steninge slott, Tel. 59 25 95 00, Mai–Aug. Mo–So 11–16, Sa nur bis 14, Mitte Jan.–Mitte Nov. Sa, So 11–14 Uhr, Schloß mit Glasbläserei

Traditionelle **Mittsommerfeier**, geführte **Stadtwanderungen** Juni–Mitte Aug.; **Sigtunamöte:** Markt wie Anno dazumal Ende Aug. **Musikwoche** Anfang Juli vor Schloß Skokloster; **Skoklosterspelen**, Ritterspiele, Mitte Juli

Mittsommer–Mitte Aug. **Bootsverbindungen** Stockholm und Skokloster–Sigtuna, sonst **Bus** ab Märsta (S-Bahn von Stockholm) oder Uppsala

Simrishamn

Lage: Vordere Umschlagkarte D1
Skåne
Vorwahl: 04 14

Turistbyrå, Tullhusgatan 2, 27231 Simrishamn, Tel. 1 60 60, Fax 1 63 64

Glimmingehus Krog, Hammenhög, Tel. 1 86 28, Spezialität im mittelalterlich inspirierten Burgcafé ist ›Armer Ritter‹ (günstig, nur geöffnet während der Burgöffnungszeiten, s. u.).
Måns Byckare, Storgatan 8, ,Tel. 1 47 49, Fisch und deftige schonische Kost (günstig bis moderat)

Burg Glimmingehus, Tel. 1 86 20, Fax 1 86 27, Apr., Sept. und Okt. tgl. 11–16 Uhr, Mai–Aug. 10–18 Uhr; Führungen Apr., Mai und ab Mitte Aug. nur Sa/ So, im Juni tgl. 13 und 15 Uhr, Mittsommer–Mitte Aug. tgl. jede volle Stunde, um 14 Uhr auch englisch/deutsch

Auf Glimmingehus gibt es im Sommer eine Fülle verschiedenster Veranstaltungen: mittelalterliche **Bankette**, **Schauspiele**, **Gaukler-Festivals** und **Musik**, Buchungen unter Tel. 3 20 89, Fax 3 20 39 (begrenzte Platzanzahl).

Pågatåg **(Lokalzug)** nach Malmö über Tomelilla und Ystad, **Bus** nach Kristianstad. Informationen zum **Nahverkehr** s. Malmö.

Skara

Lage: Vordere Umschlagkarte D5
Västergötland
Vorwahl: 05 11

Turistbyrå, Skolgatan 1, 53288 Skara, Tel. 3 25 80, Fax 3 25 84, Büro Skara Sommarland Tel. 642 48 (nur im Sommer)

Skaraborgs Länsmuseum, Stadsträdgården, Tel. 2 60 00, geöffnet Mo–Fr 10–17, Mi 10–21, Sa–So 12–17 Uhr, Fornbyn: Mai–Sept. 8–20 Uhr, Regionalmuseum zur Vorgeschichte, Kunst und Kultur
Skara Sommarland, Axvall, Tel. 6 40 00, geöffnet 24.5.–31.8. tgl. 10–17 Uhr, an Wochenenden bis 18, im Juli bis 19 Uhr, Vergnügungspark

Museumseisenbahn Skara–Lundsbrunn, Juni, Juli und Aug. jeden So Dampflok- und Schienenbusfahrten, Juli auch Di und Do, Tel. 8 09 09, 1 54 80

Busverbindungen nach Falköping und Skövde. Informationen zum **Nahverkehr** s. Falköping.

Skellefteå

Lage: Vordere Umschlagkarte H12
Västerbotten
Vorwahl: 09 10

Turistbyrå, Storgatan 56, 93134 Skellefteå, Tel. 73 60 20, Fax 73 60 18; im Sommer Stand auf dem Markt (Torget)

First Hotell Statt (teuer; im Sommer günstig bis moderat), Stationsgatan 8, Tel. 1 41 40, Fax 1 26 28, mit 91 Zimmern, 400 m vom Bahnhof gelegen
Lövånger (sehr preiswert), Lövånger, Tel. 09 13/1 03 95, Fax 1 07 59, Übernachtung in den Hütten der Kirchstadt, 2- bis 4-Bettzimmer

Skellefte museum, Nordanå, Tel. 73 55 10, Di 10–21, Mi–Fr 10–16, Sa, So 12–16 Uhr, Lokalmuseum zur Geschichte, Kultur und Kunst

Kirchfest *(kyrkhelg)* in der Kirchstadt am letzten Juni-Wochenende mit Markt- und Theateraufführungen im Nordanåpark

Bus von Bastuträsk an der Kustbana. **Inlandsflughafen** in 23 km Entfernung. Informationen zum **Nahverkehr** s. Umeå.

Smögen

Lage: Vordere Umschlagkarte C5
Bohuslän
Vorwahl: 05 23

Sotenäs/Smögen Turistbyrå, Hamngatan 6, Box 58, 45622 Kungshamn, Tel. 66 55 50, Fax 66 55 59, ganzj. geöffnet und zuständig für die gesamte Halbinsel; im Sommer auch Turistbyrå in Smögen (Bryggan) und Hunnebostrand

Smögens Havsbad (teuer), Hotellgatan 26, Tel. 3 10 35, Fax 7 01 74, kleines Hotel mit 26 Zimmern **Makrillviken** (sehr preiswert), Badhusparken, Tel. 3 15 65, geöffnet 1.6.–30.8., nicht weit vom Ort, direkt am Wasser, mit Sauna, 3-bis 5-Bett-Zimmer **STF Vandrarhem Hunnebostrand** (sehr preiswert), Gammelgården, Hunnebostrand, Tel. 5 87 30, geöffnet 1.5.–30.9., Herberge direkt neben dem Stenhuggarmuseum

Camping:
Wiggersviks Camping, Kungshamn, Tel. 3 26 35, Fax 7 03 81, geöffnet Ende April–Mitte Sept., am RV 171 rund 2 km von Kungshamn, am Meer, mit Campinghütten

Magasinet, Tel. 7 08 60, Smögen, kein Wunder, daß hier Fischgerichte die Spezialität sind (günstig bis moderat).

Stenhuggarmuseum, Gammelgården, Hunnebostrand, Tel. 5 53 80, Mitte Juni–Mitte Aug. Di–So 15–18 Uhr, Führungen um 15 Uhr, Steinbearbeitung wie in alter Zeit

Fisch- und Krabbenmarkt in Smögen Mo–Do um 8, 17 und 20 Uhr, Fr nur 8 Uhr; **Bootsausflüge** von Smögen nach Hållö und durch den Sotenkanal, Info über Turistbyrå

Söderköping

Lage: Vordere Umschlagkarte F5
Östergötland
Vorwahl: 01 21

Söderköpings Turistbyrå, Rådhuset, 61480 Söderköping, Tel. 1 81 60, Fax 1 81 79

Söderköpings Brunn (teuer bis sehr teuer), Skönbergsgatan 35, Tel. 1 09 00, Fax 1 39 41, schönes Kurhotel mit gutem Restaurant, 130 Zimmer mit moderner Ausstattung

Bootsausflüge auf dem Götakanal (s. Norrköping), in die Schären von S:ta Anna und nach Finnö, **Radtouren** entlang dem Götakanal nach Motala, Kartenmaterial im Turistbyrå

Busse nach Norrköping und Linköping, **Boot**sverbindung nach Göteborg und Stockholm über Götakanal. Informationen zum **Nahverkehr** s. Linköping.

Stockholm

Lage: Vordere Umschlagkarte G6
Stadtplan S. 196/197 und S. 209
Vorwahl: 08

Stockholm Information Service, Box 7542, 10393 Stockholm, Tel. 7 89 24 00, Fax 7 89 24 50, http://www.stoinfo.se, im Sverigehuset,

Hamngatan, am oberen Ende des Kungsträdgården erhält man Auskünfte und Anregungen zu Unternehmungen, kann die
Stockholmskort, Netzkarten für Bus und
Bahn (Turistkort, SL-Kort), Stadtpläne und
Bücher kaufen. Utflyktsbutiken bietet die
Buchung von Ausflügen in die nähere Umgebung, z. B. Bootsfahrten in die Schären
an.

Auf jeden Fall sollte man sich das Heft
›What's on in Stockholm‹ holen, das nicht
nur Veranstaltungshinweise, sondern auch
allerlei nützliche Adressen sowie die Öffnungszeiten und Eintrittspreise der Museen verzeichnet. Das Heft erscheint monatlich in englischer Sprache.

Die **Stockholmskort** (24 Std. für 199
SEK, 48 Std. für 398 SEK und 72 Std. für
498 SEK) ist ideal, wenn man ein umfängli-
ches Besichtigungsprogramm absolvieren
möchte: Sie bietet freie Fahrt mit Bus und
Tunnelbana im Stadtgebiet, Eintritt in rund
70 Museen und Schlösser sowie Rabatte
auf Stadtrundfahrten, beim Einkauf in
manchen Geschäften und in Restaurants.

 Zentrale Buchungsstelle für ein Hotelzimmer ist **Hotellcentralen**,
Centralstationen, 11120 Stockholm,
Tel. 7 89 24 25, Fax 7 91 86 66. E-mail:
hotels@stoinfo.se. Besonders in der sommerlichen Hochsaison ist die Telefonlei-
tung stets überlastet, das Warten in der
Warteschleife kann lange dauern. Die Vorausbuchung ist kostenlos, man erhält
dann eine Buchungsbestätigung. Die Di-
rektvermittlung eines Hotel- oder Jugend-
herbergszimmers am Schalter im Hauptbahnhof kostet dagegen Gebühr.

Eine Alternative zum teuren Hotel ist
Bed-and-Breakfast (EZ ab 300, DZ ab 480
SEK inkl. Frühstück). Voraussetzung ist,
daß man mindestens zwei Nächte bleibt.
Die Buchung (auch in deutscher Sprache
problemlos) sollte allerdings zwei bis drei
Wochen im voraus geschehen und durch
eine Anzahlung bestätigt werden. Bed &
Breakfast Service Stockholm AB, Strandvägen 5B, (6. Stock), 11451 Stockholm,
Tel. 6 60 55 65, Fax 6 63 38 22, e-mail:
info@bedbreakfast.a.se; www.bedbreak-
fast.a.se.

Stockholmspaketet ist ein Pauscha-
langebot, das die Leistungen der Stockholmskort (s. oben) und eine Unterkunft
kombiniert. Über 50 Hotels verschiedener
Kategorien in Innenstadt und Außenbezirken bieten es im Sommer (1.6.–31.8.) oder
am Wochenende bzw. Feiertag an. Eine
Liste mit Hotelbeschreibungen und Preisen kann man bei Stockholm Information
Service oder Hotellcentralen anfordern.

Hotels:
Grand Hotel (sehr teuer), Södra Blasie-
holmshamnen 8, Tel. 6 79 35 00,
Fax 6 11 86 86, traditionsreiches Luxushotel in unübertroffener Lage gegenüber
dem Schloß am Kai, wo die Ausflugsboote
abfahren, 307 Zimmer
Rica City Hotel Gamla Stan (teuer bis
sehr teuer), Lilla Nygatan 25, Tel. 7 23 70
20, Fax 7 23 72 59, in einem Haus aus dem
17. Jh. mitten in der Altstadt, 51 Zimmer
Radisson SAS Strand Hotel (sehr
teuer), Nybrokajen 9, Tel. 50 66 40 00,
Fax 50 66 40 01, ein weiteres Luxushotel
mit Königsblick an der Promenade, 148
Zimmer
Mälardrottningen (teuer), Riddarholmen,
Tel. 54 51 87 80, Fax 24 36 76, schwim-
mendes Hotel auf der ehemaligen Luxus-
Yacht von Barbara Hutton aus den 20er
Jahren, gutes Restaurant
Lady Hamilton (sehr teuer), Storkyrkob-
rinken 8, Tel. 50 64 01 00, Fax 50 64 01 10,
kleines Hotel in einem der ältesten Häuser
(1450) in Gamla Stan, die Zimmer sind lie-
bevoll mit Altertümchen eingerichtet.
Columbus Hotell (günstig bis moderat)
& Vandrarhem (sehr preiswert), Tjärho-
vsgatan 11, Tel. 6 44 17 17, Fax 7 02 07 64,
18 Hotelzimmer in einer ehemaligen
Brauerei aus dem 18. Jh. um einen lauschigen Innenhof in Södermalm, auch
Vandrarhem-Standard
Anno 1647 (sehr teuer), Mariagränd 3,
Tel. 4 42 16 80, Fax 4 42 16 47, in einem
alten Gebäude oberhalb Slussen, 42 Zimmer teils ohne eigene Du/WC
Tre Små Rum (moderat), Högbergsgatan
81, Tel. 6 41 23 71, Fax 6 42 88 08, winziges
Hotel im Stadtteil Södermalm, der Name
bedeutet ›drei kleine Zimmer‹, immerhin

sind es jetzt sechs, im Souterrain, alle individuell eingerichtet, rechtzeitige Vorausbuchung ist anzuraten!

Jugendherbergen:
STF Vandrarhem ›Af Chapman‹,
Skeppsholmen, Västra Brobänken, Tel. 4 63 22 66, Fax 6 11 71 55, geöffnet 1.4–15.12., das Schulschiff von 1888 ist die beliebteste Jugendherberge der Stadt, obwohl nur Mehrbettkajüten geboten werden, Lage, Atmosphäre und Aussicht sind einfach unübertroffen.
STF Vandrarhem Skeppsholmen, Västra Brobänken, Tel. und Fax s. ›Af Chapman‹, wenige Schritte vom Schiff, aber auf festem Boden, 152 Betten in 2- bis 6-Bettzimmern
STF Vandrarhem Zinkensdamm (sehr preiswert), Zinkens väg 20, Tel. 6 16 81 00, Fax 6 16 81 20, Holzhausidylle zwischen Schrebergärten und Hochhäusern im Südwesten von Södermalm nahe der Hornsgatan, Pub, Restaurant, 466 Betten in 2-bis 4-Bettzimmern
STF Vandrarhem Långholmen (sehr preiswert), Tel. 6 68 05 00, Fax 7 20 85 75, im früheren ›Kittchen‹ in grüner Lage mit Badestelle vor der Tür ist selten ein Zimmer frei, die 2- bis 5-Bettzimmer sollte man rechtzeitig buchen, auch Hotelbetrieb (moderat): komfortable Einzel- und Doppelzellen mit Frühstück
›M/S Rygerfjord‹ (sehr preiswert), Söder Mälarstrand, Kajplats 12, Tel. 84 08 30, Fax 84 07 30, schwimmende Unterkunft mit 46 Mehrbett-Kajüten

Außerhalb der Innenstadt:
Grand Hotel Saltsjöbaden (sehr teuer), Saltsjöbaden, Tel. 7 17 00 20, Fax 7 17 95 31, das traditionsreiche Luxushotel dominiert die Waterfront im noblen Badeort, 105 Zimmer.
Foresta Hotell och Konferens (sehr teuer), Tel. 7 65 27 00, Fax 7 67 75 42, Herserudsvägen 22, Lidingö, das Best-Western-Hotel mit schöner Aussicht aufs Wasser liegt direkt neben dem Millesgården.
Djuröbadens pensionat (teuer), Gamla Prästgården, Djurhamn, Tel. 57 15 18 00,

Fax 57 15 05 00, herrliches 100 Jahre altes Pensionat in den Schären 55 km östlich der Stadt auf Djurö, 29 einfache Zimmer im Vandrarhem-Stil
STF Vandrarhem Lilla Tyresö (sehr preiswert), Kyrkvägen 3, Tyresö, Tel. 7 70 03 04, Fax 7 70 03 55, in wunderschöner Umgebung am Rand des Schloßparks von Tyresö, wo einst ›Malerprinz‹ Eugen lebte, 48 Betten in 2- bis 4-Bettzimmern.

Camping:
Eine Spezialbroschüre mit einer Beschreibung aller Camping- und Wohnmobilplätze in und um Stockholm verschickt die Schwedeninformation in Hamburg (s. S. 353).
Bredäng Camping, Stora Sällskapets väg, Skärholmen, Tel. 97 70 71, Fax 7 08 72 62, geöffnet Ende März–Ende Okt., schöne Lage 10 km südlich der Stadt mit Aussicht über den Mälarsee, Badegelegenheit, Dampferanlegestelle, 400 Plätze
Ängby Camping, Blackebergsvägen 24, Bromma, Tel. 37 04 20, Fax 37 82 26, mit 160 Plätzen relativ klein, ca. 10 km vom Zentrum, aber mit guten Verkehrsverbindungen

KB, Smålandsgatan 7 (Norrmalm), Tel. 6 79 60 32, winzig und nobel, umgeben von der Aura eines Künstlerkellers, Fisch und Wild (teuer)
Pontus in the Greenhouse, Österlånggatan 17 (Gamla Stan), Tel. 23 85 00, Gourmetlokal (teuer)
Bon Lloc, Bergsgatan 33 (Kungsholmen), Tel. 6 50 50 82, hier darf man Nouvelle Cuisine erwarten: Chefkoch Mathias Dahlgren heimste 1997 den begehrten Bocuse-d'Or-Preis ein (moderat bis teuer)
Wedholms Fisk, Nybrokajen 17 (Norrmalm), Tel. 6 11 78 74, vorzügliches Fischrestaurant (teuer).
Paul & Norbert, Strandvägen 9 (Östermalm), Tel. 6 63 81 83, Michelin-Stern-Inhaber, Gourmet-Küche (teuer).
Lejontornet, Lilla Nygatan 5, Tel. 14 23 55, Michelin-Stern-Inhaber, schwedisch-französische Küche (teuer)
Den Gyldene Freden, Österlånggatan

51 (Gamla Stan), Tel. 10 90 46, im 18. Jh. Lieblingslokal von Carl Mikael Bellman, schwedische Küche, gutbürgerliches Lokal mit historischer Atmosphäre (moderat)
Diana, Brunnsgränd 2 (Gamla Stan), Tel. 10 73 10, eines der ersten Restaurants in Stockholm, das ökologische Produkte verarbeitet, schwedische Hausmannskost von *köttbullar* bis zu Wildgerichten (moderat)
Fem Små Hus, Nygränd 10 (Gamla Stan), Tel. 10 87 75, klassische schwedische Küche in einem übersichtlich eingerichteten Kellerlokal (moderat)
Mårten Trotzig, Västerlånggatan 79 (Gamla Stan), Tel. 24 02 31, Gourmet-Küche (moderat); preiswerter ist **Mårten Trotzigs Köksservering** nebenan (günstig bis moderat)
Hannas krog, Skånegatan 80 (Söder), Tel. 6 43 82 25, die ›in-ställe‹ auf Söder, mit anspruchsvoller Küche von asiatisch bis schwedisch (moderat)
Ulriksdals Wärdshus, Solna, Tel. 54 24 94 91, Ausflugslokal im Schloßpark mit stilvollem Jahrhundertwende-Ambiente (moderat)
Gute **Fischlokale** (moderat) findet man in der **Östermalms Saluhall**: Gerda Johanssons (Tel. 6 62 10 54), Lisa Elmqvists (Tel. 6 60 92 32) und Tysta Mari (Tel. 6 67 58 54).
Bröderna Olssons, Folkungagatan 84 (Söder), Tel. 6 40 84 46, ein Muß für Knofi-Fans: das Spezialrestaurant serviert sogar Kaffee und Eis mit einem Hauch Knoblauch (günstig)!
Jerusalem Kebab, Hornsgatan 92 (Söder), Tel. 6 68 41 31, arabische Küche in entsprechendem Ambiente, eines der ältesten Restaurants dieser Geschmacksrichtung in Nord- und Mitteleuropa (günstig)
Tre Indier, Möregatan 2 (Söder), Tel. 6 41 03 55, indisches Restaurant mit vernünftigen Preisen (günstig)
Erstaterrassens restaurang och café, Erstagatan 1 (Söder, am Ende der Fjällgatan), preiswertes Lunchrestaurant und Café in kirchlicher Trägerschaft mit unschlagbarer Aussicht (günstig)
Rooster, Saléngalleri, Ecke Mäster Samuelsgatan/ Regeringsgatan, Schnellrestaurant, Spezialität: Hühnchen, dazu

Saucen und *tillbehör* (Zubehör) der verschiedensten Provenienzen (günstig)
Kajsas Fisk, Hötorgshallen, im Untergeschoß der Markthalle, gute und frische Fischgerichte in Markthallenatmosphäre, mittags großer Andrang (günstig)
Sibiriens Soppkök, Roslagsgatan 25 (Norrmalm), Tel. 15 00 14, Suppen aus aller Welt, die es in sich haben – von Thai bis ungarisch (günstig)
Hard Rock Café, Sveavägen 75 (Vasastaden), Tel. 16 03 50, das Lokal im amerikanischen Stil hat immer noch Konjunktur, Rock'n'Roll-Museum (günstig)
Cafés: Blå Porten, Djurgårdsvägen 64 (Djurgården, neben Liljevalchs Konsthall), Tel. 6 62 71 62, man sitzt schön im Innenhof zur Kunsthalle, Lunchgerichte und feine Kuchen.
Lasse i Parken, Högalidsgatan 56 (Söder), Tel. 6 58 33 95, beschauliche Café-Idylle im roten Holzhaus mit Kachelofen, nicht weit vom brausenden Verkehr über die Västerbron, Lunch und Kuchen
Rosendals Wärdshus, Rosendalsterrassen 3 (Djurgården), Sommercafé im Grünen mit Aussicht aufs Wasser
Café Vetekatten, Norra Klara Kyrkogatan/Ecke Kungsgatan, Tel. 20 84 05, seit 1928 Stadtcafé, kleine Gerichte und feine Backwaren unter Kronleuchtern

Birka Museum, Björkö, Mälarsee, Tel. 56 05 24 45, Mai–Sept.tgl. 10–18 Uhr (Anfahrt per Boot ab Stadshuskajen oder Adelsö), Ausgrabungsfunde aus der Wikingerzeit (8. Jh.)
Dansmuseet, Gustav Adolfs torg 22–24, Tel. 4 41 76 50, Di 11–20, Mi–Fr 11–16, Sa, So 12–17 Uhr, Museum zu Tanz und Ballett
Drottningholms slott, Tel. 4 02 62 80, geöffnet Mai–Aug. 10–16.30, Sept. 12–15.30 Uhr; **Kina slott:** wie das Schloß, zusätzlich April und Okt. 13–15.30 Uhr
Haga, Pavillon Gustavs III., Tel. 4 02 61 30, Führungen Mai–Aug. Di–So jede volle Stunde 11–15 Uhr, im Sept. nur am Wochenende
Hallwylska Museet, Hamngatan 4, Tel. 51 95 55 99, Führungen tgl. jede volle Stunde Mittsommer–Mitte Aug. 11–16 Uhr, Mi auch 18 Uhr, übrige Zeit nur Di–So

12–15 und Mi 18 Uhr, Stadtpalais aus dem 19./20. Jh.

Historiska Museet, Narvavägen 13–17, Tel. 51 95 56 00, geöffnet Di–So 11–17 Uhr, Okt.–April Do bis 20 Uhr, u.a. Goldfunde aus dem 3./4. Jh. im Guldrummet

Junibacken, Galärparken, Djurgården, Tel. 58 72 30 10, Juni–Aug. tgl. 9–18 Uhr, übrige Zeit nur Di–So, Szenen aus Kinderbüchern von Astrid Lindgren u.a.

Kaknästornet, Ladugårdsgärdet, Tel. 7 89 24 35, geöffnet Mai–Aug. tgl. 9–22, Sept–April 10–21 Uhr, Aussichtsturm

Katarinahissen, Slussen, der Aufzug verkehrt Mo–Sa 7.30–22, am So 10–22 Uhr

Livrustkammaren, Slottsbacken 3, Tel. 51 95 55 44, Mai–Aug. tgl. 10–16, übrige Zeit Di–So 11–16 Uhr, Rüstungen und Equipagen des schwedischen Königshauses

Medeltidsmuseet, Strömparterren, Tel. 50 83 17 90, Juli–Aug. tgl. 11–16 und Di, Mi, Do bis 18 Uhr, übrige Zeit Di–So 11–16, Mi bis 18 Uhr, mittelalterliche Stadtgeschichte

Millesgården, Carl Milles väg 2, Lidingö, Tel. 4 46 75 90, Mai–Sept. tgl. 10–17, übrige Zeit Di–So 12–16 Uhr, Wohnhaus und Atelier des Bildhauers Carl Milles, Wechselausstellungen

Moderna Museet (mit Arkitekturmuseet), Skeppsholmen, Tel. 51 95 52 00, geöffnet Di–Do 11–20, Fr–So 11–18 Uhr, Querschnitt durch die Moderne, Wechselausstellungen

Myntkabinett, Slottsbacken 6, Tel. 51 95 53 00, Di–So 10–16 Uhr, Geschichte des Geldes

Nationalmuseum, Blasieholmskajen, Tel. 51 95 43 00, Di–So 11–17 Uhr, Di bis 20 Uhr, Kunst und Kunsthandwerk nicht nur aus Schweden

Nordiska Museet, Djurgårdsvägen, Tel. 51 95 60 00, Di–So 10–21 Uhr, Alltagsleben und Volkskunst

Riddarholmskyrkan, Tel. 4 02 61 30, Mai–Aug. tgl. 10–16, Sept. nur Sa, So 12–15 Uhr, Grabkirche der Könige

Riddarhuset, Tel. 7 23 39 90, geöffnet Mo–Fr 11.30–12.30 Uhr, Prachtbau des 18. Jh., Haus des schwedischen Adels

Rosersberg slott, bei Märsta Richtung Sigtuna, Tel. 59 03 50 39, Führungen An-fang Mai–Ende Aug. Di–So jede volle Stunde 11–15 Uhr, Schloß mit Empire-Einrichtung

Schloß, Königliches, Juni–Aug. tgl. 10–16, übrige Zeit Di–So 12–15 Uhr

Skansen, Djurgården, Tel. 4 42 80 00, Mai tgl. 10–20, Juni–Aug. 10–22 Uhr, Sept.–April 10–16 Uhr (historische Gebäude nur 11–15 bzw. 11–17/19 Uhr), Freilichtmuseum

Stadshuset, Hantverkargatan 1, Tel. 50 82 90 59, Führungen durch die Räume des Rathauses Juni–Aug. tgl. 10, 11, 12, 14 Uhr, Sept. tgl. 10, 12 und 14 Uhr, übrige Zeit tgl. 10 und 12 Uhr; Turm: Mai–Sept. tgl. 10–16.30 Uhr

Storkyrka, Gamla Stan, Tel. 7 23 30 16, Mai–Aug. tgl. 9–18, übrige Zeit 9–16 Uhr, Hochzeitskirche des Königshauses

Strindbergsmuseet, Drottninggatan 85, Tel. 4 11 53 54, Juni–Aug. Di–Fr 11–16, Sa und So 12–16 Uhr, übrige Zeit Di 11–19, Mi–Fr 11–16, Sa und So 12–16 Uhr, Führungen Do 14.30, Sa 13 Uhr (außer Juni–Aug.), ehem. Wohnung des Dichters

Tyresö slott, Tyresö, Tel. 7 70 01 78, Führungen Mitte Juni–Mitte Aug. tgl. 12–16 Uhr jede volle Stunde, Mai, Sept., Okt. nur So 12–14 Uhr, Möbel und Kunsthandwerk

Ulriksdals slott, Solna, Tel. 4 02 61 30, Führungen Mai–Aug. tgl. im Sept. nur Sa und So 13 Uhr; **Orangerie**, Führungen Mai–Aug. tgl., im Sept. nur Sa und So 10–16 Uhr, Okt.–Mitte Dez. nur So; **Königin Kristinas Krönungsequipage im Stall**, Führungen Mai–Aug. tgl. 13.40 und 15.40 Uhr

Vasamuseet, Djurgården, Tel. 51 95 48 00, Mitte Juni–dritte Augustwoche tgl. 9.30–19, sonst 10–17 Uhr, Mi bis 20 Uhr, vollständig restauriertes Flaggschiff der Wasazeit (1628 gesunken)

Waldemarsudde, Prins Eugens väg 6, Djurgården, Tel. 54 58 37 00, Mai–Aug. Di–So 11–17, übrige Zeit Di–So 11–16, Do bis 20 Uhr, Sa, So bis 17 Uhr, Villa des Prinzen und Malers, viele Werke des ›nordischen Impressionismus‹

 Die großen **Kaufhäuser** Ahléns und NK liegen an der Hamngatan, das

Kaufhaus PUB am Hötorget. **Nobelbou-tiquen** wie Kenzo oder Marc'o Polo findet man um den Norrmalmstorg und in der Bi-blioteksgatan, kleine **Kramläden** am obe-ren Ende der Drottninggatan in Norrmalm, in Götgatan und Hornsgatan in Söder-malm. **Antiquitäten und Kunsthand-werk** sind besonders gut vertreten in Gamla Stan, allerdings kann man hier kaum ein Schnäppchen machen. **An-tiquitätenläden und Buchantiquariate** gibt es auch in der Roslagsgatan (Vasasta-den). Eine Fundgrube für **gebrauchte Platten und CDs** ist die Gegend um S:t Eriksplan, u.a. Andra Böcker och Skivor, Rörstrandsgatan 25 (Vasastaden). Eine gute Adresse für schwedisches **Design** ist Designtorget im Untergeschoß des Kultur-huset am Sergels Torg. Ein riesiger **Flohmarkt** findet Mo–Fr 11–18, Sa, So 10–15 Uhr in Skärholmen statt. Am Wo-chenende wird Eintritt verlangt.

Das ausgeprägte **Nachtleben** der *jeunesse dorée* konzentriert sich von Stureplan bis Berzelii Park, während sich Söder zum In-Treff der bunten jungen Al-ternativszene entwickelt hat. Wertvolle Tips, wo was los ist, findet man in den Freitagsbeilagen der Tageszeitungen ›Da-gens Nyheter‹ oder ›Svenska Dagbladet‹.

Berns Salonger, Berzelii Park (Norrmalm), Tel. 56 63 22 22, traditions-reiches Etablissement, vom britischen Designer Terence Conran 1999 rund-erneuert, mit Nobelambiente und feiner Küche
Wallmans Salonger, Teatergatan 3, (Norrmalm), Tel. 6 11 66 22, Shows, Variété
Sturecompagniet, Sturegatan 4 (Öster-malm), Tel. 6 11 78 00, Einlaß erst ab 25 Jahren, Diskothek, Nachtklub

Lokale mit Live-Musik:
Stampen, Stora Nygatan 5 (Gamla Stan), Tel. 20 57 93, die Palette in dem traditions-reichen Jazzclub reicht von Dixieland bis Funk.
Fasching, Kungsgatan 63, automat. Pro-grammansage Tel. 21 63 65, renommierte

Spielstätte bekannter Jazzsolisten und -Bands
Engelen, Kornhamnstorg 59B (Gamla Stan), Tel. 4 11 66 71, Auftrittsort für Lie-dermacher
Mosebacksetablissement, Mosebacke Torg (Söder), Tanzvergnügen unter freiem Himmel für die reiferen Semester
Nalen, Regeringsgatan 74 (Norrmalm), Tel. 56 63 98 00, beliebtes Lokal im Stil der 50er und 60er, Mi–So Live-Jazz

Das **Strindbergsfestival** Ende Aug./Sept. mit Aufführungen in Strindbergs Intima teatern und das **Stock-holm Film Festival** im November sind alljährlich wiederkehrende kulturelle Ereig-nisse, dazu kommen etliche Sportveran-staltungen, einige davon in der Arena Globen nördlich der Stadt.

Sehr beliebt und der Innenstadt am nächsten ist das Mälarsee-**Bad** auf der grünen Insel Långholmen, mit Fels und Sandstrand. **Hallenbäder:** Stureba-det, Sturegallerian, Luxusbad mit mau-risch angehauchtem Jugendstildekor, Tel. 54 50 15 00, Centralbadet, Drottninggatan 88, Tel. 24 24 02.

Stadtrundfahrten werden per Boot oder Bus angeboten, mit verschiedenen Themenschwerpunkten, im Sommer auch **geführte Spaziergänge** durch das Na-turschutzgebiet Ekoparken oder Gamla Stan (verschiedene Themen). Stockholm aus der Luft bekommt man bei einem **Rundflug** oder einem **Ballonflug** zu sehen, kein billiges, aber wohl ein unver-geßliches Erlebnis, Tel. 7 89 24 15 (Utflyktsbutiken).

Boots- und Fahrradverleih: An der Brücke nach Djurgården kann man Boote für Ausflüge auf eigene Faust und Fahrrä-der leihen: Skepp & Hoj, Djurgårdsbron, Tel. 6 60 57 57.

Die **Ausflugsboote** ins Mälargebiet, z. B. nach Drottningholm, Mariefred oder Birka, legen am Stadshuskajen neben dem Stadshus ab, Boote in die Schären am Nybrokajen. **Ausflüge** bucht man am be-sten in der Utflyktsbutiken, auch am Kai gibt es Tickets.

Stadtverkehr: Ein gutes **U-** *(Tunnelbana)* und **S-Bahnnetz** erschließt Zentrum und Umland. Dazu kommt ein dichtes **Busnetz** in der Innenstadt. Mit einer Turistkort, 24- bzw. 72-Stunden-Netzkarten, und der Stockholmskort kann man bis in die Außenbezirke Bus und Bahn benutzen. Ansonsten kauft man am besten Streifenkarten *(rabattkuponger oder bussremsa)* in SL-Verkaufsstellen, Tunnelbana-Stationen und Pressbyrån. Auch die Fähre nach Djurgården ab Slussen gehört zum SL-Netz. Informationen zum **Regionalverkehr:** Storstockholms Lokaltrafik Tel. 600 10 00. **Fernverkehr:** Vom Hauptbahnhof (Centralen) **Züge** in alle Teile des Landes, ab Busbahnhof Cityterminalen verkehren Überlandbusse und Zubringerbusse zu den Fährhäfen. Von Cityterminalen zum **Flughafen** Arlanda fährt der Flygbuss oder (teurer) die Arlandaban. Der internationale Flugplatz Arlanda, Tel. 7 97 60 00, liegt 44 km nördlich, von dort auch Inlandsverbindungen. Der Flugplatz Bromma, Tel. 7 97 68 00, fertigt nur Inlandsflüge ab (8 km westlich). **Fähren** nach Finnland legen mitten in der Stadt am Vikingterminalen zu Füßen von Södermalm ab oder in Ropsten: Silja Line Tel. 22 21 40, Viking Tel. 4 52 40 00, auf die Ålandinseln ab Kapellskär ca. 100 km nordöstlich: Eckerölinjen Tel. 7 52 82 44.

Strängnäs/Mariefred

Lage: Vordere Umschlagkarte F6
Södermanland
Vorwahl: 01 52

 Mälar-Turism, Strängnäs-Mariefred, Järnvägsgatan 1, 64580 Strängnäs, Tel. 2 96 99; Mariefreds Turistbyrå, Rådhuset, 64700 Mariefred, Tel. 01 59/ 2 97 90 (Sommer)

Gripsholms Värdshus (sehr teuer), Kyrkoplan 1, Mariefred, Tel. 01 59/3 47 50, Fax 3 47 77, Luxushotel mit Ursprüngen im Jahr 1609 und Blick auf Schloß Gripsholm, 45 Zimmer, erstklassi-

ges Restaurant (moderat bis teuer)
Ulvhälls herrgård (teuer), Ulvhälls Allé, Tel. 1 86 80, Fax 1 77 97, 39 Zimmer im Herrenhaus aus dem 18. Jh. und Nebengebäuden in schöner Lage am See, eigener Anleger, Strand, gute Küche (moderat bis teuer)
Strängnäs Gästgiveri (moderat), Nygatan 37 B, Tel. 1 48 60, günstige Speisen mit Blick auf Dom und Stadt (moderat)

 Gripsholms slottscafe, Lottenlund, Mariefred, Tel. 01 59/100 23, Sommerrestaurant in einem Pavillon mit Aussicht auf Schloß und Hafen (günstig)

 Schloß Gripsholm, Tel. 01 59/ 1 01 94, geöffnet Mai–Aug. tgl. 10–16, Sept.nur Di–So 10–15 Uhr, Okt.–April nur am Wochenende 12–15 Uhr, Wasaschloß mit nationaler Porträtsammlung
Grafikens Hus, gegenüber Schloß Gripsholm auf der anderen Straßenseite, Tel. 01 59/2 31 60, Mai–Aug. tgl. 11–17 Uhr, übrige Zeit nur Sa und So, wechselnde Grafikausstellungen
Strängnäs Museum, in Domnähe, Tel. 2 96 82, geöffnet Di–Fr 12–15, Sa, So 12–16 Uhr

 Theateraufführungen in Schloß Gripsholm (Juli), **Ritterspiele** (Riddardagar) Ende Juni

 Bus ab Stockholm Cityterminalen über Södertälje nach Mariefred und Strängnäs; **Museumseisenbahn** Läggesta–Mariefred (Sommer), **Bootsverbindungen** von Stockholm, Uppsala und Västerås. Informationen zum **Nahverkehr** s. Stockholm bzw. Eskilstuna.

Strömstad

Lage: Vordere Umschlagkarte C5
Bohuslän
Vorwahl: 05 26

 Turistinformation Strömstad, Tullhuset, Norra Hamnen, Box 98,

45222 Strömstad, Tel. 6 23 30,
Fax 6 23 25

 Hotel Laholmen (teuer),
Tel. 1 24 00, Fax 1 00 36, wun-
derschöne Lage am Hafen
Pensionat Hällekindsbaden (günstig bis
moderat), Tel. 1 00 35, Fax 6 11 06, 3 km
südlich von Strömstad, mehrere hübsche
Holzhäuser an einer Badebucht, Zimmer z.
T. ohne eigenes Bad

Camping:
SweCamp Daftö Camping, Dafter,
Tel. 2 60 40, Fax 2 62 50, an der Küste 5 km
südlich von Strömstad, Richtung Tjärnö,
auch Vermietung von Campinghütten

 Fischauktionen Di–Fr 7 Uhr morgens

 Bahnlinie nach Göteborg über Uddevalla, **Expressbus**linie Göteborg–Oslo, **Fähre** zu den Kosteröarna
Tel. 2 01 10. Informationen zum **Nahverkehr:** Bohustrafiken Tel. 05 22-140 30

Sundsvall

Lage: Vordere Umschlagkarte F9
Medelpad
Vorwahl: 0 60

 Sundsvall Turism, Stora Torget,
85229 Sundsvall, Tel. 67 18 00,
Fax 12 72 72

 Grand Hotel (moderat bis teuer),
Nybrogatan 12, Tel. 15 72 05,
Fax 61 64 84, ruhige Lage in der Innenstadt
nicht weit vom Kulturmagasinet,
45 Zimmer

Fem rum och kök, Östra Långgatan 23, Tel. 17 62 62, in fünf unterschiedlichen, individuell eingerichteten
Räumen, Küche mit Feinschmeckerniveau
(moderat)
In **Lövudden** findet man gute Fischrestau-
rants.

 Sundsvalls Museum, Kulturmagasinet (gegenüber dem Hafen),
Tel. 19 18 00, Mo–Do 10–19, Fr 10–18, Sa,
So 11–16 Uhr, Kunst und Kulturgeschichte
der Region

 Myrstacken, Nybrogatan 8, wenige
Schritte vom Kulturmagasinet werden Produkte lokaler **Kunsthandwerker**
angeboten, nicht billig. Als Souvenir aus
der Region sehr beliebt ist der *skvader,* ein
Mischwesen aus ausgestopftem Hasen
und Vogel.

 Nachtleben: Für eine Stadt in Norrland bietet Sundsvall eine überra-
schende Kneipendichte. Die Pub-Szene ist
fest in irischer Hand. Alternativen: Im
Skeppsbrokällaren, Sjögatan 4, löschten
die Hafenarbeiter Anfang des 20. Jh. ihren
Durst. **Macken**, Sjögatan 25, ist originell
im Stil einer 50er Jahre-Tankstelle *(mack)*
eingerichtet, aus dem Benzinhahn fließt
Bier (schwed.: *öl*).

 Stadtwanderungen Juni–Aug, Di
18 Uhr

 Zugverbindungen nach Stockholm
(X 2000), Östersund und Luleå. Wochenend**busse** von Stockholm, **Inlandsflughafen** Sundvall-Härnösand 25 km
entfernt. Von Sundsvall verkehren **Fähren**
nach Vaasa und Pori (Finnland). Informationen zum **Nahverkehr:** Länstrafiken i
Västernorrland Tel. 020-51 15 13.

Sunne

Lage: Vordere Umschlagkarte D6
Värmland
Vorwahl: 0565

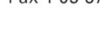 **Turistbyrå**, Mejerigatan 2, Box 139,
68623 Sunne, Tel. 1 35 30,
Fax 1 05 67

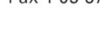 **Selma Lagerlöf Hotell & Spa**
(teuer), Ekebyvägen, Sundsberget,
Tel. 1 66 00, Fax 1 66 20, hypermoderne
Hotelanlage mit Nachtklub, Disco usw., im

Kurhotel Schönheits- und Massagesalon, insgesamt über 300 Zimmer
Länsmansgården (moderat), Ulfsby herrgård, Tel. 1 40 10, Fax 71 18 05, Herrenhofhotel am Westufer des Frykensees 4 km nördlich von Sunne am RV 45, 30 komfortable Zimmer
STF Vandrarhem (sehr preiswert), Hembygdsvägen 7, Tel. 1 07 88 oder Turistbyrå, neben eher spartanisch ausgerüsteten Zimmern gibt es solche mit musealem Charakter, denn die Herberge ist z. T. in den historischen Häusern des Hembygdsgården untergebracht.

Camping:
Kolsnäs Camping och bad, Tel. 71 13 12, 1 09 59, am Südrand der Stadt, abseits des RV 45, großer Platz mit Freibad, Wasserrutschbahn, nahe dem Folkpark mit Tanz, Kanu- und Tretbootverleih, Campinghütten

 Länsmansgården, Ulfsby herrgård (s. Unterkunft), Restaurant mit värmländischen Spezialitäten (moderat bis teuer)

Rottneros park, Tel. 6 02 95, Himmelfahrt bis 2. So im Sept. Mo–Sa 10–16 (ab 2. Juniwoche bis 17 Uhr), So bis 18 Uhr, Mittsommer–Ferienende Aug. tgl. 10–18 Uhr, Park mit Skulpturen und Herrenhaus
Mårbacka, Tel. 3 10 27, Führungen Mittsommer–1. Augustwoche, tgl. 10–17 Uhr alle halbe Std., 2. Sa im Mai–Mitte Sept. 10–16 stdl., übrige Zeit nur Sa 14 Uhr, Selma Lagerlöf-Gedenkstätte
Sundsbergs gård, Tel. 1 03 63, So vor Mittsommer–2. So im Aug. Di–So 14–18 Uhr, Museum värmländischer Herrenhofkultur

Wintersport: Abfahrts- und Langlauf; Sundbergs friluftsområde mit Langlaufloipen; ca. 5 km nordwestlich von Rottneros liegt SkiSunne mit mehreren Abfahrten und Liften am Berg Finnfallet, Snowboard- und Skiverleih, geöffnet Dez.–Ende März.

 An der **Zug**strecke Kil–Torsby, **Bus** nach Karlstad. Informationen zum **Nahverkehr** s. Arvika.

Tanum

Lage: Vordere Umschlagkarte C5
Bohuslän
Vorwahl: 05 25

Tanum Turist, Stora Oppen 5, 45791 Tanumshede, Tel. 2 04 00, Fax 2 98 60 (ganzjährig), die Turistinformationen in Grebbestad und Fjällbacka sind nur im Sommer geöffnet.

Tanums Gestgifveri (moderat bis teuer), Apoteksvägen, Tanumshede, Tel. 2 90 10, Fax 2 95 71, seit 1663 ungebrochene Tradition als Gasthaus, 27 komfortable Zimmer

Camping:
Tanums Camping och Stugby, Tanumshede, Tel. 2 00 02, Fax 2 93 86, geöffnet 1.4.–31.10., einfacher Platz, 500 m von der E6, mitten im Gebiet der Felsritzungen, auch Hütten

Tanums Gestgifveri, das Restaurant in der traditionsreichen Gestgifveri (s. Unterkunft) gehört zu den besten in Schweden (moderat bis teuer).
Greby's Skaldjurscafé och Rökeri, Grebbestad, Strandvägen 1, Tel. 1 07 16, in der einstigen Konservenfabrik kann man frische Austern und andere Schalentiere genießen (günstig bis moderat).

Vitlyckemuseet, Tel. 2 09 50, April–Sept. tgl. 10–18, Okt.–Dez. Do–So 11–17, Jan.–März Sa, So 11–17 Uhr, Felszeichnungs-Museum

Bootsausflüge von Grebbestad und Fjällbacka Tel. 2 04 00

 Züge von Tanumshede nach Uddevalla und Strömstad, Halt der E6-Expressbuslinie Göteborg–Oslo. Informationen zum **Nahverkehr** s. Lysekil.

Tjörn

Lage: Vordere Umschlagkarte C4
Bohuslän
Vorwahl: 03 03 oder 03 04

Bästkustens Turistbyrå, Fregatten 3, Box 66, 44421 Stenungsund, Tel. 8 33 27, Fax 6 80 49; **Skärhamns Turistbyrå**, Tel. 03 04/67 10 40

Bergabo Hotell (moderat), Kyrkvägen 22, Rönnäng, Tel. 03 04/67 70 80, Fax 67 73 52, kleines Hotel mit Aussicht auf die Schären

Heringsmuseum Sillbua, Klädesholmen, Sillgränd, 1.7.–15.8. 15–19 Uhr
Seefahrtsmuseum, Skärhamn, Tel. 03 04/67 05 75, Ende Mai–Mitte Aug. Sa/So 15–18 Uhr, Juli tgl. 17–20 Uhr

Heringskonserven gibt es nirgendwo preiswerter und in größerer Auswahl als in den Läden rund um Klädesholmen, **frischen und geräucherten Fisch** in Skärhamn

Angeltouren im Schärengebiet tgl. Mai–Okt. von Rönnäng und Skärhamn (z. B. Tel. 03 04/67 71 74, 67 73 45 oder 67 24 47). Man fängt Dorsch, Makrele, Dornhai, Rochen

Bus nach Göteborg. Informationen zum **Nahverkehr** s. Lysekil

Torsby

Lage: Vordere Umschlagkarte D7
Värmland
Vorwahl: 05 60

Turistbyrå, Norra Torggatan 1, Box 1, 68521 Torsby, Tel. 1 05 50 und Fax 1 05 00

 Camping:
Bredvikens Camping, Tel. 7 10 95, 3 01 97, geöffnet 15. 5.–15. 9., Lage am Westufer des Fryken 4 km südlich von Torsby, 200 m von RV 45, Badestrand, Kanu-, Surfbrettverleih, Tanzabende, einfache Hütten

Torsby Finnkulturcentrum, Torsby herrgård, Tel. 1 23 13, Mitte Juni–Mitte Aug. tgl. 11–16, sonst Di–Fr 12–16 Uhr, Alltagskultur der finnischen Siedler

Floßfahrten auf dem Klarälven s. Munkfors; **Wintersport**gebiet Hovfjället mit Langlauf, Abfahrtslauf und Snowboardpiste

Eisenbahnverbindung von Karlstad. Informationen zum **Nahverkehr** s. Arvika

Trelleborg

Lage: Vordere Umschlagkarte D1
Skåne
Vorwahl: 04 10

Turistbyrå, Hamngatan 4, 23142 Trelleborg, Tel. 5 33 23, Fax 1 34 86

Dannegården (teuer), Strandgatan 32, Tel. 4 81 80,Fax 4 81 81, ausgezeichnetes Restaurant in einer stilvollen Jahrhundertwendevilla mit 24 Zimmern

Trelleborgs Museum, Östergatan 58, Tel. 5 30 50, Di–So 13–17 Uhr
Trell-Borgen, Bryggaregatan, Tel. 4 21 20, Führungen Mitte Mai–Ende Aug. tgl. 11, 13, 17 Uhr (auf Deutsch 12, 14, 16 Uhr), Burganlage der Wikingerzeit

Fähren nach Rostock, Travemünde und Sassnitz; **Bus**verbindung nach Malmö, Ystad und Lund. Informationen zum **Nahverkehr** s. Malmö.

Trollhättan

Lage: Vordere Umschlagkarte C5
Västergötland
Vorwahl: 05 20

Turistbyrå, Åkersjövägen 10, 46155 Trollhättan, Tel. 8 76 54, Fax 3 10 13; das Turistbyrå Lilla Edet (Bibliotek, Göteborgsvägen 63, 46331 Lilla Edet, Tel. 65 96 92, Fax 65 02 89) ist zuständig für Lödöse und nur im Sommer geöffnet.

STF Vandrarhem Gula Villan (sehr preiswert bis günstig),Tingvallavägen 12, Tel. 1 29 60, die Herberge direkt am Kanal bietet im Sommer außer Vandrarhem-Unterkunft auch komfortablere Hotelzimmer.

Lödöse museum, Tel. 66 10 10, April–Sept. Di–So 10–18, sonst Di–Fr 13–16, Sa und So 11–16 Uhr, Ausgrabungsfunde der Vorgängersiedlung von Göteborg
Kanalmuseum, Sjöfartsverket (an den Schleusen), Tel. 47 22 06, Anfang April–Ende Sept. Sa, So u. feiertags 12–17, ca. Mitte Juni–Mitte Sept. tgl. 11–19 Uhr
Energihuset Insikten, Tel. 8 88 83, ca. Mitte Juni–Ende Aug. tgl. 10–18 Uhr, April–Juni und Sept./Okt. nur Sa, So 12–16 Uhr; Führungen zur Station Olidan Mitte Juni–Mitte Aug. stdl. 12–16 Uhr, alles über Wasserkraftgewinnung

Fallens Dagar: An drei Tagen am Mittsommerwochenende braust der Götaälv wieder zweimal täglich in alter Kraft in die Tiefe, und die ganze Stadt feiert. Das Schauspiel kann man außerdem Mai–Juni Sa, So 15 Uhr, Juli–Aug. zusätzl. Mi 15 Uhr erleben. Info Tel. 8 88 84

An der **Zug**strecke Göteborg–Karlstad, **Inlandsflughafen** Trollhättan–Vänersborg 7 km.Informationen zum **Nahverkehr:** Älvsborgstrafiken Tel. 0521-6 21 60

Umeå

Lage: Vordere Umschlagkarte H11
Västerbotten
Vorwahl: 0 90

Turistbyrå, Renmarkstorget 15, 90326 Umeå, Tel. 16 16 16 oder 2 03 23 00, Fax 16 34 23

Provobis Umeå Plaza (moderat bis teuer), Storgatan 40, Tel. 17 70 00, Fax 17 70 50, moderner Bau im Stadtzentrum, 196 luxuriöse Zimmer
First Hotell Grand (moderat bis teuer), Storgatan 46, Tel. 77 88 70, Fax 13 30 55, Nobelhotel in einem schön renovierten Jahrhundertwendebau
STF Vandrarhem Umeå (sehr preiswert), Västra Esplanaden 10, Tel. 77 16 50, Fax 77 16 95, direkt an der E4 im Zentrum, 1996 eröffnet, mit 1- bis 4-Bett-Zimmern

Camping:
SweCamp Umeå, Tel. 16 16 60, Fax 12 57 20, großer Platz an der Nordeinfahrt der E4, Häuser-, Zimmervermietung, Bootsverleih

Gammlia, Tel. 17 18 00, Mitte Juni–Mitte Aug. Mo–Fr 10–17, Sa, So 12–17 Uhr, sonst Di–Fr 10–16, Sa 12–16, So 12–17 Uhr; Freilichtmuseum Mitte Juni–Mitte Aug. tgl. 10–17 Uhr

Stichstrecke nach Umeå von der **Kustbana** (50 km im Inland) ab Vännäs; **Inlandsflughafen** 6 km entfernt. Informationen zum **Nahverkehr:** Länstrafiken i Västerbotten Tel. 090-70 65 00 oder 020-91 00 19

Uppsala

Lage: Vordere Umschlagkarte F/G6
Stadtplan S. 214
Uppland
Vorwahl: 0 18

Uppsala Turist och Kongress AB, Fyristorg 8, 75310 Uppsala, Tel. 27 48 00, Fax 13 28 95

Hotel Uplandia (sehr teuer), Dragarbrunnsgatan 32, Tel. 10 21 60, Fax 69 61 32, zentrale Lage, 131 Komfort-Zimmer, Sauna, Solarium, Restaurant
Grand Hotell Hörnan (moderat bis teuer), Bangårdsgatan 1, Tel. 13 93 80, Fax 12 03 11, Eckhaus im Stil der Jahrhundertwende am Fluß nicht weit vom Bootsanleger entfernt, 37 Zimmer
Hotell Svava (teuer; im Sommer moderat), Bangårdsgatan 24, Tel. 13 00 30, Fax 13 22 30, in einer Einkaufspassage gegenüber dem Bahnhof, 112 Zimmer
Sunnersta Herrgård (moderat), Sunnerstavägen 24, Tel. 32 42 20, Fax 32 40 68, Herrenhaus in schöner Lage in einem Park am See, 6 km südlich der Stadt (Bus ins Zentrum), 40 Zimmer z. T. mit Bad/WC, auch einfache Zimmer in den Seitenflügeln (STF Vandrarhem sehr preiswert)
Privatzimmer: Uppsala Rumsförmedling, EZ ca. 195 SEK, Tel. 10 95 33

Camping:

Fyrishovs Camping, Idrottsgatan 2, Tel. 27 49 60, komfortabler Platz am nördlichen Stadtrand beim populären ›Erlebnis‹-Hallenbad Fyrishov, Hüttenvermietung

Wermlandskällaren, Nedre Slottsgatan 2, Tel. 13 22 00, gute schwedische Küche (moderat)
Domtrappkällaren, S:t Eriksgränd 15, Tel. 13 09 55, in altem Gemäuer unterhalb des Doms, etwas touristisch, aber anerkannt gute Küche (moderat)
Jozef, Svartbäcksgatan 23, nobel eingerichtetes Restaurant, Spezialität: Fisch (moderat bis teuer)
Elaka Måns, Smedsgränd/Forumgallerian, Tel. 10 66 66, gute Küche, moderne Gastronomie, Speisesaal im Bistrostil (günstig bis moderat)
Fröjas sal, Bäverns gränd 24, Tel. 10 13 10, Mo–Fr 11–15 Uhr, vegetarisches, rauchfreies Restaurant (günstig)
Cafés: Ofvandahls, Sysslomansgatan 3–5, über 100 Jahre altes Café, man sitzt sehr gemütlich auf verschlissenem rotem Samt (günstig).
Café Kvarnfallet, in mittelalterlichen Gewölben am Fluß, bei schönem Wetter stehen die Tische direkt am brausenden Fyrisån (günstig).
Café Fågelsången, Munkgatan 5 (gegenüber Flustret), geräumiges Café, den Mangel an Atmosphäre machen die erstklassigen Backwaren wett (günstig).
Mehrere **Studentencafés**, die auch kleine Lunchgerichte anbieten, sind Max & Marie, Drottninggatan, mit vegetarischen Gerichten, und das Café Linné pirogen, Svartbäcksgatan.

Schloß, Führungen Mittsommer bis ca. 24.8. tgl. 11, 13 und 15 Uhr, Mi zusätzlich 19 Uhr (12, 13.30, 15.30 Uhr auf englisch); Wachsfigurenmuseum Vasavinjetter, im Sturevalven (Schloß), 1.5.–24.8. tgl. 11–16, Mi auch 18.30–20 Uhr, Ende Aug.–Ende Sept. nur an Wochenenden
Dommuseum im Nordturm des Doms, Tel. 18 71 77, Skattkammare geöffnet 1.5.–31.8. Mo–Sa 10–17, So 12.30–17, 6.9.–28.9. Sa 10–17 und So 12.30–17, sonst nur So 12.30–15 Uhr
Konstmuseet im Schloß, Tel. 27 24 82, im Sommer Di–So 12–16 Uhr, sonst Di–Do 12–16, Sa, So 11–17 Uhr
Gustavianum, mit Anatomischem Theater, Akademigatan 3, Tel. 4 71 75 71, Mitte Mai–Mitte Sept. tgl. 11–16, übrige Zeit nur Mi–So, Do bis 21 Uhr
Upplandsmuseet, S:t Eriks torg 10, Tel. 16 91 00, Mi–So 12–17 Uhr, Regionalgeschichte
Bror Hjorths Hus, Norbyvägen 26, Tel. 53 57 24, Sommer (ca. 7.6.–17.8.) Di–So, übrige Zeit Do, Sa, So 12–16 Uhr, Wohnhaus und Atelier des Bildhauers
Universitätsbibliothek Carolina rediviva, Carolinabacken, Tel. 4 71 39 00,

Mo–Fr 9–20, Sa 10–16 Uhr, 28.6.–16.8. tgl.
10–18, 1.6.–14.9. So 13–15.30 Uhr
Alt Uppsala Historisches Zentrum,
Gamla Uppsala, Tel. 23 93 00, 20.5.–20.8.
tgl. 10–17, 21.8.–30.9. 10–16 Uhr, auch
Führungen auf Deutsch
Linnémuseum und Garten, Svartbäcks-
gatan 27, Tel. 13 65 40, Museum: 31.5.–
31.8. Di–So 12–16, 1. Hälfte Sept. nur an
Wochenenden 12–16 Uhr, Garten:
Mai–Ende Aug. tgl. 9–21 Uhr, Sept. nur bis
19 Uhr
Linnés Hammarby, Tel. 32 60 94,
Anfang Mai–Ende Sept. Di–So 12–16 Uhr,
Park 8–20 Uhr, Landhaus Carl von Linnés,
kombinierte Anreise mit Boot, Bus und
Dampfeisenbahn, sonst Bus 882

Hauptshoppingmeilen sind Svartbäcksgatan, Stora Torget und
Kungsängsgatan. **Antiquariate**, die im
Sommer samstags ihre Stände am Fluß
nahe der Dombrücke aufbauen, gibt es an
der Dragarbrunnsgatan jenseits Bangårdsgatan. Die englischsprachige **Buchhandlung** Uppsala English Bookshop verbirgt
sich in einem Knusperhäuschen, bis oben
mit Büchern vollgestopft und erreichbar
über einen Innenhof zwischen Fluß und
Svartbäcksgatan. **Antiquitäten** gibt es
u.a. an Sysslomansgatan und Linnégatan.
In der Drottninggatan reihen sich Boutiquen und kleine Geschäfte mit interes-
santem Angebot aneinander. In der Saluhallen zwischen S:t Erikstorg und Fluß
werden Delikatessen, Fisch, einheimische
und orientalische Spezialitäten verkauft,
Bistros bieten einen Imbiß an.

Nachtleben: Flustret, Svandam-
men, Tel. 13 01 14, das legendäre
Etablissement im romantischen Holz-
schnitzwerkstil und Bestlage am Fluß,
einst Schauplatz feuchtfröhlicher Studen-
tenfeiern, ist abends Schauplatz für Tanz
und Shows nicht nur für reifere Semester.
Außerdem: **Svenssons Taverna**, Sysslomansgatan 14.

Linnévecka Mitte August wird der
Botaniker Carl von Linné mit
Blumenschmuck, Musik, zeitgenössischen

Kostümen und Anekdoten aus dem 18. Jh.
gefeiert.

Im Sommer **Bootsausflüge** nach
Stockholm, Sigtuna, Skokloster
(Info über Turistbyrå); Fahrt mit der histori-
schen **Dampflok** ›Lennakatten‹ ab Upp-
sala Östra Station nach Länna und Fjäll-
nora Tel. 13 05 00; **Rundtouren** mit Schiff,
Bus und historischem Zug nach Linnés
Hammarby oder Skokloster (Veteranturen)
Tel. 12 12 30

Der internationale **Flughafen** Arlanda liegt 25 km südlich (Busse),
Bahnverbindung nach Stockholm, Avesta
und Gävle. Informationen zum **Nahverkehr:** Upplands Lokaltrafik
Tel. 018-14 14 14.

Vadstena

Lage: Vordere Umschlagkarte E5
Östergötland
Vorwahl: 01 43

Vadstena Turistbyrå, Rådhus-
torget, 59280 Vadstena, Tel. 1 51 25,
Fax 1 51 29; im Sommer Dependance im
Schloß Tel. 1 51 23

Klosterhotell (moderat bis
teuer), Tel. 3 15 30, Fax
1 36 48, 45 komfortable Zimmer im früheren Nonnenkloster, Restaurant (moderat)
Kungs Starby (moderat bis teuer),
Tel. 7 51 00, Fax 7 51 70, etwas außerhalb
Richtung Ödeshög, moderne Zimmer in
einem von Park umgebenen Herrenhaus.
Viele Angebote preiswerter **Privatzimmer**
in der Altstadt von Vadstena.

Camping:
Vätterviksbadets Camping, Tel. 1 27 30,
geöffnet 30.4.–14.9., großer Platz 3 km
nördlich von Vadstena am Vätterstrand mit
Wasserrutsche usw., Hüttenvermietung

 Vadstena Klosterhotell (s. Unterkunft)

Vadstena slott, Tel. 1 51 23, Juni u. Aug. tgl. 11–15, Juli tgl. 10–16, Mitte–Ende Mai und Anfang–Mitte Sept. Mo–Fr Führung um 12 Uhr, Sa u. So 10–13 Uhr
Bjälboättens Palats, Juni/Aug. tgl. 14–17, Juli tgl. 12–16, Führung um 11 Uhr, ehemaliger Königspalast des Mittelalters, später Nonnenkloster und Lazarett

Musikveranstaltungen im Schloß, **Opernaufführungen** der Vadstena Akademie im Sommer

Museumseisenbahn von Vadstena nach Fågelsta (9,6 km), Mitte Mai–Ende Aug. nur Wochenende, im Juli tgl., Tel. 3 11 45, 1 51 25; mehrtägige **Bootsfahrten** auf dem Götakanal (mit Hotelübernachtung) über Turistbyrå

Busverbindung nach Mjölby (an der Bahnstrecke nach Hallsberg), Linköping und Motala. Informationen zum **Nahverkehr** s. Linköping.

Vänersborg

Lage: Vordere Umschlagkarte C5
Västergötland
Vorwahl: 05 21

Turistbyrå, im Sommer: Kungsgatan 15, Box 77, 46221 Vänersborg, Tel. 27 14 00, Fax 27 14 01; übrige Zeit: Sundsgatan 6, Tel. 27 14 02, Fax 27 14 01

Ronnums herrgård (teuer), Vargön, Tel. 22 32 70, Fax 22 06 60, exklusives Herrenhofhotel mit Gourmetrestaurant
Hunnebergs Vandrarhem (sehr preiswert), Bergagårdsvägen 9, Vargön, Tel. 22 03 40, Fax 6 84 97, 60 Betten in 2- bis 8-Bett-Zimmern in der ruhig gelegenen und gut ausgestatteten Herberge am Fuß des Hunnebergs

Ronnums herrgård gehört zu den besten Restaurants Schwedens (moderat, s. Unterkunft)

Elchsafaris starten ab Marktplatz Vänersborg Mittsommer–Ende Juli Mo–Fr, bis Mitte Aug. nur Di, Mi, Fr um 20 Uhr

Zugverbindung nach Göteborg über Trollhättan, **Flughafen** Trollhättan-Vänersborg 13 km entfernt.Informationen zum **Nahverkehr** s. Trollhättan.

Varberg

Lage: Vordere Umschlagkarte C3
Halland
Vorwahl: 03 40

Varbergs Turistbyrå, Brunnsparken, Box 150, 43224 Varberg, Tel. 8 87 70, Fax 61 11 95

Stadshotell (teuer), Kungsgatan 24–26, Tel. 1 61 00, Fax 7 86 52, traditionsreiches Haus aus der Jahrhundertwendezeit, direkt am Marktplatz
Hotell Gästis (günstig bis moderat), Borgmästaregatan 1, Tel. 1 80 50, Fax 1 38 50, zentral gelegenes Haus mit komfortablen 33 Zimmern, Sauna und Solarium
Varbergs Fästning (sehr preiswert), Tel. 8 87 88, Fax 62 70 00, Einzel- oder Mehrbettzimmer im ehemaligen Gefängnis, sehr beliebtes Vandrarhem, deshalb vorausbuchen

Camping:
Apelvikens Camping, Tel. 1 41 78, April–Okt. geöffnet, direkt am Strand, 3 km Fuß-/Radweg zum Stadtzentrum, ca. 500 Stellplätze

Varbergs fästning (Museum), Tel. 1 85 20, geöffnet 15.6.–15.8. tgl. 10–18 Uhr, sonst Mo–Fr 10–16, Sa/So 12–16 Uhr
Himleriket, Tel. 4 33 70, ca. 7 km südlich von Varberg, an der E6, Anfang Juni–Mitte Aug. tgl. 10–18 Uhr, Vergnügungspark mit Zirkus, Theater, Tieren

Klutamarknad, traditioneller **Tex-
tilienmarkt** auf dem Stora Torget,
Mi und Sa (im Sommer). Im **Hamnmaga-
sinet** am Hafen, kann man **Silberschmie-
dearbeiten** und **Glaskunst** kaufen. Im
Café **Apelviksgården**, Apelviken,
Tel. 1 96 60, im Sommer tgl. 10–18 Uhr,
einem reetgedeckten Vierkanthof aus dem
17. Jh., Verkauf von Kunsthandwerk

 Mitte August **Medeltidsdagar** in
der Festung, **Musikabende** im
Societetsparken Mittsommer–Anfang
Aug., **Gladjazzdagarna** an zwei Terminen
im Juli, Dixieland unter freiem Himmel in
den Straßen

 Tauchen, **Segeln**, **Hochsee-
angeln**, **Golf** u.a. **Windsurfschule**
in Apelviken, zahlreiche **Badestrände**,
südlich der Innenstadt nach Geschlechtern
getrennte FKK-Strände.

 An der **Zug**strecke Helsingborg–Göteborg, **Fähren** nach Grenå/DK im
Sommer tgl. Informationen zum **Nahverkehr** s. Halmstad.

Västerås

*Lage: Vordere Umschlagkarte F6
Västmanland
Vorwahl: 0 21*

 Västerås Utflyktsbutiken, Stora
Gatan 40, 72187 Västerås,
Tel. 10 38 30, Fax 10 38 50

Radisson SAS Plaza (teuer),
Karlsgatan 9, Tel. 10 10 10,
Fax 10 10 91, Wohnen im 25stöckigen Wol-
kenkratzer im Stadtzentrum mit 201 Luxus-
Zimmern, Wochenendpreise.
Stadshotellet (teuer), Stora Torget,
Tel. 18 04 20, Fax 18 10 12, das renovierte
Jahrhundertwendehotel gehört zu den
Best Western Hotels, zentrale Lage am
Marktplatz, 127 Zimmer.
**Lövudden Konferens- och Fritidscen-
ter**, **STF Vandrarhem** (sehr preiswert bis
günstig), Tel. 18 52 30, Fax 12 30 36, 4 km

außerhalb, schöne Lage am Mälarsee,
Hotel- und Freizeitanlage mit 40 gut ausge-
statteten Zimmern, außerdem preiswerte
Zimmer im Vandrarhem-Stil

Camping:
Johannisbergs Camping, Tel. und Fax
14 02 79, ganzj., am Mälarsee 5 km südwestlich von Västerås, Sandstrand, Vermietung einfacher Hütten, Windsurfen, Segelschule, Kanuverleih

 Bacchus Källare, Slottsgatan,
Korsvirkeshuset, Tel. 41 56 40, vorzügliche, schwedisch geprägte Küche in
Schloßnähe (moderat)
Lyckliga Grisen, im Nykvarns Hantverksby, Tel. 01 71/44 20 10, 22 km östlich
von Västerås, ambitionierte, phantasie-
volle Küche, nette Bedienung, Mo geschlossen (günstig bis moderat)
Tidö Värdshus, Tel. 5 30 43, sehr schönes
Ausflugslokal beim Schloß (günstig)

 Västerås slott, Tel. 19 54 80,
geöffnet Di–So 12–16 Uhr
Engsö slott, Tel. 01 71/44 40 12 o. 44 40
20, Mai–Aug. So und feiertags 12–16 Uhr,
15. Juni–15. Aug. zusätzl. Di–Sa 13–17 Uhr
Schloß Strömsholm, Kolbäck,Tel. 02
20/4 30 35, Mai am Wochenende und feiertags 12–16 Uhr, Juni und Aug. tgl. 12–16,
Juli bis 17 Uhr
Schloß Tidö, Spielzeug- und Wagenmuseum, Tel. 0 21/5 30 42, Mai u. Sept. Sa/So
12–17 Uhr, Juni und Aug. Di–So, Juli tgl.
12–17 Uhr

 Skultuna mässingbruk,
Tel. 7 83 00, 10 km nördlich von
Västerås, Verkauf von **Messinggegen-
ständen**, Mo–Fr 10–18, Sa und So 10–16
Uhr, Führungen Mitte Juni–Mitte Aug. 11
und 14 Uhr; **Nykvarns hantverksby**, 22
km östlich von Västerås, Tel. 01 71/
44 20 55, Glas, Holzarbeiten, Textilien, Keramik, Ausstellung und Verkauf

Village, Sigurdsgatan 25,
Tel. 41 88 22, weithin bekanntes
Musiklokal mit guter Küche, Live-Konzerte
Jazz, Blues u.a.

Sky Bar, im 24. Stock des Radisson Plaza Hotels, ab 20 Uhr geöffnet

Aros Festivalen, Stadtfest nach Art des brasilianischen Karnevals mit heißen Sambarhythmen, Mitte Juni, Info Tel. 12 77 30, 12 77 31; **Power Meet**, das größte Treffen für alle Liebhaber schicker Amischlitten, die in Schweden besonders gehegt und gepflegt werden, Anfang/Mitte Juli

Bootsausflüge nach Stockholm, Strängnäs, Mariefred und Björkö, Info und Tickets unter Tel. 10 37 00 (Utflyktsbutiken)

Zug nach Örebro, Stockholm (Mälarbana) und Katrineholm; **Flughafen** (5 km): Inlandsverbindungen und nach Kopenhagen. Informationen zum **Nahverkehr:** Västmanlands Lokaltrafik Tel. 0200-25 50 75.

Västervik

Lage: Vordere Umschlagkarte F4
Småland
Vorwahl: 04 90

Västerviks Turistbyrå, Strömsholmen, 59330 Västervik, Tel. 3 67 90, Fax 3 61 45

Camping:
Lysingsbadets Semesteranläggning, Tel. 3 67 95, ganzj. geöffnet, Ferienanlage mit Hütten- und Zimmervermietung, Boots- und Fahrradverleih, Golf, beheiztes Schwimmbad, 3 km nordöstlich von Västervik in den Schären, ab E22 ausgeschildert

Fischmarkt mit frischer und geräucherter Ware im Sommer tgl. außer Mo, Västerviks Spezialität: *flatrökt ål* (geräucherter Aal)

Das **Blues- und Liedermacherfestival** (Visfestival) findet an fünf Tagen im Juli im Park bei Stegeborgs

slottsruin statt, Information unter Tel. 3 67 90 (Turistbyrå)

Bootsausflüge in die **Schären** ab Strandvägen (Nähe Fiskaretorget), mit Halt in Lysingsbadet

Zugverbindung nach Linköping, **Bus** nach Oskarshamn und Vimmerby. Informationen zum **Nahverkehr** s. Kalmar bzw. Växjö.

Växjö/Glasreich

Lage: Vordere Umschlagkarte E3
Småland
Vorwahl: 04 70

Växjö Turistbyrå, Kungsgatan 11, Box 1222, 35112 Växjö, Tel. 4 14 10, Fax 4 78 14; **Glasriket**, 38280 Nybro, Tel. 04 81/4 52 15

Hotell Statt (moderat bis teuer), Kungsgatan 6, Tel. 1 34 00, Fax 4 48 37, mitten im Zentrum, am Markt, 124 Zimmer
Solvikens Pensionat (moderat), Ingelstad, Tel. 3 82 80, Fax 3 00 03, am RV 30 ca. 18 km südlich von Växjö, nettes Pensionat am See im alten Stil, 19 Zimmer
Toftastrand Hotell & Konditori (günstig), Lenhovdavägen 72, Tel. 6 52 90, Fax 6 14 02, etwa 6 km außerhalb, nahe RV 23, kleine Pension am See, mit Garten, 12 Zimmer

Utvandrarnas Hus, Vilhelm Mobergs gata 4, Tel. 2 01 20, Juni–Aug. Mo–Fr 9–18 (übrige Zeit nur 9–16), Sa, So 11–16 Uhr, Thema ist die Auswanderung nach Amerika
Glasmuseet (und Smålands Museum), Tel. 4 51 45, geöffnet Juni–Aug. Mo–Fr 10–17, Sa, So 11–17 Uhr, Sept–Mai Mo geschlossen, Glaskunst

Zuschauen bei der Arbeit in den **Glashütten** kann man in der Regel werktags 8–15 Uhr; die Läden sind oft länger geöffnet, im Sommer meist bis 18 Uhr,

Sa 10–16, So 12–16 Uhr (Richtwerte). Um sicherzugehen, kann man vor einem Besuch anrufen (Vorwahl jeweils 04 78): Bergdala Tel. 3 16 50, Kosta Tel. 3 45 00, SEA Tel. 5 03 10, Skruf Tel. 2 01 33, Strömbergshyttan Tel. 3 10 75, Rosdala (Lampenschirme) Tel. 04 74/4 10 60, Älghult Tel. 04 81/6 31 22, Lindshammar Tel. 03 83/2 10 25. **Leinen** aus eigener Herstellung und Produkte lokaler **Kunsthandwerker** verkauft: Hembygdsgården Dädesjö, Tel. 04 74/3 41 13, geöffnet Ende Mai–Ende Aug. tgl. 11–18 Uhr.

 Musik i Glasriket, Kammermusik, Jazz oder Blasmusik – ein breites Musikspektrum wird in der letzten Juliwoche in verschiedenen Fabriken geboten, Tel. 04 81/4 52 15.
Dampferfahrten auf dem Helgasjö mit dem letzten holzbefeuerten Dampfer in Schweden, Ende Juni–Ende Aug. Tel. 6 30 00.

An der **Zug**strecke Göteborg– Kalmar bzw. Karlskrona, Verbindung mit Umsteigen in Alvesta nach Stockholm und Malmö, Flughafen Öjaby 8 km nördlich. Informationen zum **Nahverkehr:** Länstrafiken Kronoberg Tel. 020-76 70 76.

Vemdalen

Lage: Vordere Umschlagkarte D10
Härjedalen
Vorwahl 06 84

Vemdalens Turistbyrå, Centrumgatan 1, 84092 Vemdalen, Tel. 302 70, Fax 3 03 30 (gegenüber der Kirche)

Vemdalens Gästgiveri, Tel. 3 06 40, Fax 3 06 41, 150 m von der Kirche, Restaurant mit Wild- und Fischgerichten, norrländische Spezialitäten, 48 Betten, auch Ferienwohnungen

Camping:
Vemdals-Campen, Tel. 3 02 00,

Fax 3 04 62, 1,5 km westlich des Ortes, Hütten- und Häuservermietung

 Angeln im Vemån und den Gebirgsseen, reiche Vorkommen von Äsche, Forelle und Felchen

Wochenend**bus** ab Stockholm Cityterminalen. Informationen zum **Nahverkehr** s. Östersund.

Vilhelmina/Saxnäs

Lage: Vordere Umschlagkarte F12
Lappland
Vorwahl: 09 40

Turistbyrå, Volgsjövägen 29, 91232 Vilhelmina, Tel. 1 52 70, Fax 1 02 02

Kyrkstad, c/o Hotell Wilhelmina (sehr preiswert bis moderat), Volgsjövägen 16, Tel. 5 54 20, Fax 1 01 56, neben modernen Hotelzimmern auch Ferienwohnungen in komfortablen, renovierten Kirchhütten aus dem 19. Jh. sowie einfache Zimmer (sehr preiswert), Restaurant (moderat)
Saxnäsgården (günstig in Hütten bis teuer im Hotel m. Frühst.), Saxnäs, Marsfjäll, Tel. 7 00 80, Fax 7 01 80, 40 Zimmer und 14 vollausgerüstete Selbstversorgerhütten mit Kamin und Sauna
Kultsjögården STF Vandrarhem (sehr preiswert), Marsfjäll, Tel. 7 00 44, Fax 7 01 89, geschl. 1.–15.5. und 1.–20.12., einfache Hütten für Selbstversorger, Imbiß/Pub nebenan, beliebte Anglerherberge, bietet auch entsprechende Pakete (inkl. Vollpension und Angelkarte)

Vilhelmina Hembygdsmuseum, geöffnet Anfang Juni–Ende Aug. 10.30–15, Mittsommer–Anfang Aug. bis 19 Uhr, historische Funde aus der Region
Ricklundgården, Saxnäs, Tel. 7 00 14, geöffnet 15. 6.–15. 9. Mo–Fr 9–16, Sa/So 12–16 Uhr, Wohnhaus des Künstlerpaares Ricklund mit dessen Kunstsammlung

Lokales **Kunsthandwerk** und eine **Galerie** findet man in der Kyrkstan von Vilhelmina.

 Fatmomakke: Mittsommerfest im Sami-Kirchdorf; **Vilhelmina:** *Hembygdsdagarna* Mitte Juli mit Tanz, Folkloremusik und Markt.

Geführte **Busausflüge** ins Gebirge, **Bibersafaris:** Info im Turistbyrå; Saxnäs Shipping bietet Juni–Okt. **Bootstouren** auf dem Kultsjö, Tel. 7 00 63; **Bergwandern, Angeln, Hundeschlittentouren**

Vilhelmina erreicht man per **Bus** ab Östersund und Umeå, **Inlandsflugplatz** in 12 km Entfernung. Informationen zum **Nahverkehr** s. Umeå.

Vimmerby

Lage: Vordere Umschlagkarte E4
Småland
Vorwahl: 04 92

Vimmerby Turistbyrå, Västra Tullportsgatan 3, Box 3, 59821 Vimmerby, Tel. 3 10 10, Fax 1 30 65, bietet auch Ferienhausvermietung

Hotell Carl IX (günstig bis moderat), Sevedegatan 37, Tel. 1 25 15, Fax 1 52 89, direkt am Marktplatz , 18 komfortable Zimmer, zusätzlich Unterkunft in einfachem Standard
STF Vandrarhem Vimmerby (sehr preiswert), Hörestadshult, Tel. 1 02 25, Fax 1 42 39, geöffnet Mitte Juni–Ende Aug., 32 Betten in 2- bis 5-Bett-Zimmern am RV 33 4 km östlich von Vimmerby

Astrid Lindgrens Värld, Tel. 7 98 00, Anfang Mai–Ende Aug. tgl. 9–17 Uhr, Mitte Juni–Mitte Aug. bis 18 Uhr, Kindertheater und anderes Spektakel rund um die Geschichten von Astrid Lindgren
Sevedstorp, Tel. 04 96/4 10 34, geöffnet 7.6.–17.8. tgl. 10–20 Uhr, Café, Souvenirla-

den, Schauplatz von Astrid-Lindgrens ›Geschichten aus Bullerbü‹
Gibberyd, Katthultsboden, Mitte Juni–Ende Aug. tgl. 10–19 Uhr, Souvenirladen, Schauplatz von Astrid-Lindgrens ›Michel aus Lönneberga‹
Näs, Astrid Lindgrens Geburtshaus, Prästgårdsgatan 26, Tel. 1 00 51, Juli–Mitte Aug. tgl. 10–18 Uhr

 Die Einkaufsmöglichkeiten in und um Vimmerbys **Storgatan** sind vielfältig, besonders Glas, Textilien, Schuhe, Kunsthandwerk. **Frödinge Ostkaka** kann man im Sommer im Ostkakeboden probieren, am RV 33 ca. 10 km östlich von Vimmerby. Es gibt ihn in praktischen Aluformen zum Aufwärmen direkt ab Ofen auch zum Mitnehmen, während der Sommerferien Mo–Fr 9–18 Uhr, im Juli auch Sa–So 10–16 Uhr, Tel. 4 02 00.

Theater und andere Veranstaltungen in **Astrid Lindgrens Värld**, Programm unter: Astrid Lindgrens Värld, Tel. 1 59 50, Fax 1 58 85, Internet: http://www.alv.se
Ca. Mitte August steigt das berühmte Open Air **Hultsfredsfestivalen**, das Mekka der skandinavischen Rockfans, am See Hulingen, Tickets unter 04 95/1 20 30

An der **Zug**strecke von Linköping nach Hultsfred. Informationen zum **Nahverkehr** s. Växjö.

Ystad

Lage: Vordere Umschlagkarte D1
Skåne
Vorwahl: 04 11

Ystads Turistbyrå, S:t Knutstorg, 27142 Ystad, Tel. 7 76 81, Fax 55 55 85. Mitte Juni–Mitte Aug. Mo–Fr 9–19, Sa 11–19 und So 13–19 Uhr, übrige Zeit Mo–Fr 9–17 Uhr

Continental du Sud (moderat), Hamngatan 13, Tel. 1 37 00, Fax 1 25 70; eines der ältesten

Hotels Schwedens, im noblen Jahrhundertwende-Stil, außerhalb der Innenstadt **Sekelgården** (moderat), Långgatan 18, Tel. 7 39 00, Fax 1 89 97, Haus von 1793, direkt gegenüber dem Fachwerkhaus Kemnerska gården mit 16 stilvoll eingerichteten Zimmern (der Eigentümer ist Kunsthistoriker).

Camping:
Löderups Strandbads Camping, Tel. 52 63 11, geöffnet 1.4.–3.10., schöne Lage direkt am Strand östlich von Kåseberga, Restaurant mit Meerblick

Bryggeriet, Långgatan, Tel. 6 99 99, Brauereigaststätte (günstig) in einem hübschen Fachwerkhaus, Ausschank des hauseigenen Bieres *(färsköl)* **Rådhuskällaren**, Gamla Rådhuset, Tel. 1 85 10, in den Ratskellergewölben des 16. Jh. wird gute schonische Hausmannskost serviert (moderat)
Cafés: Kaffestugan Bäckahästen, Lilla Östergatan 6, selbstgebackener Apfelkuchen im Innenhof des Fachwerkhauses, kleine Gerichte zum Lunch (günstig) **Spettkakshuset**, Prästgården, Store Herrestad, Tel. 55 23 11, ca. 5 km nordöstlich von Ystad gibt es die schonische Spezialität *spettkaka*, eine Art Baumkuchen aus Fett, Eiern und Zucker (günstig)

Ystads Stadsmuseum, Gråbrödraklostret, Hospitalsgatan 4, Tel. 7 72 86, Juni–Aug. Mo–Fr 10–17, Sa und So 12–16, übrige Zeit Mo–Fr 12–17, Sa und So 12–16 Uhr, Ausstellung zur Stadtgeschichte
Konstmuseet, S:t Knutstorg, Tel. 7 72 85, Di–Fr 12–17, Sa und So 12–16 Uhr, Wechselausstellungen moderner Kunst
Charlotte Berlins Museum, Dammgatan 23, Tel. 1 88 66, nur Juli/Aug. Mo–Fr 12–17, Sa und So 12–16 Uhr, Stadthaus mit Originaleinrichtung aus dem 19. Jh.

In der Töpferei **Krukmakeriet** im Gamla Apoteksgården kann man bei der Herstellung von **Keramik** zusehen und natürlich einkaufen. In den Fachwerk-

höfen der Innenstadt finden sich zahlreiche **Kunsthandwerkerläden** und **Galerien**.

Munkmarknad im Juli mit bis um Mitternacht geöffneten Geschäften und Folkloremarkt

18-Loch-**Golf**platz in Nybrostrand; viele gute **Badestrände** rund um Ystad: Nybrostrand (mit Meerwasserthermalbassin), Mossbystrand, Sandskog und Löderups Strandbad; **Drachenflieger** treffen sich auf Hammars Backar bei Kåseberga, Tel. 2 25 44.

Regionalzug (Pågatåg) nach Malmö und Lund, **Fähren** nach Polen und Bornholm. Informationen zum **Nahverkehr** s. Malmö.

Reiseinformationen von A bis Z

Ein Nachschlagewerk – von A wie Anreise über N wie Notfälle bis Z wie Zeitungen – mit vielen nützlichen Hinweisen, Tipps und Antworten auf Fragen, die sich vor oder während der Rreise stellen. Ein Ratgeber für die verschiedensten Reisesituationen.

Anreise

■ Mit der Fähre

Die neue kombinierte Tunnel-Brücken-Verbindung über den Öresund bei Malmö ist ab Sommer 2000 wohl der schnellste Weg auf die skandinavische Halbinsel. Für die einfache Fahrt mit dem PKW muß man ca. mit 60 DM Mautgebühr rechnen; die Fahrtzeit soll 20 Min. betragen.

Nach wie vor schnell und preiswert kommt man via Vogelfluglinie nach Südschweden: Überfahrt von Puttgarden auf Fehmarn nach Rødby (45 Min.) bzw. von Rostock nach Gedser (2 Std.), anschließend 150 km Autofahrt auf der gut ausgebauten E 47 durch Dänemark und die kurze Seereise über den Öresund via Helsingør–Helsingborg (Scandlines, 25 Min.). Die Fähren verkehren nahezu rund um die Uhr. Preisgünstige Durchbuchertickets bekommt man im Reisebüro. Die Preise für Hin- und Rückreise liegen im Schnitt bei ab 290 bzw. 350 DM für einen normalen PKW inklusive max. fünf Insassen.

Wer weiter östlich startet, kommt, ohne durch Dänemark zu müssen, am günstigsten von Sassnitz auf Rügen (Scandlines) oder ab Rostock (Scandlines oder TT-Line) nach Trelleborg (ca. 6 Std., Schnellfähre der TT-Line ab Rostock 2 Std. 45 Min.). Der Preis für Hin- und Rückfahrt für einen PKW mit zwei Personen liegt bei 310–390 DM.

Besonders bequem ist die Anreise mit der Nachtfähre Kiel–Göteborg (Stena Line, ab ca. 500 DM) mit Übernachtung in der Kabine, dabei ist die Zeit- neben der Kilometerersparnis ein wichtiger Faktor, der die höheren Kosten vielleicht wieder wettmacht.

Wer ein Ziel in Mittel- oder Nordschweden anpeilt, sollte die Anreise über die dänische Halbinsel Jütland überlegen. Am kürzesten ist es mit der Schnellfähre Frederikshavn–Göteborg der Stena Line (2 Std., Normalfähre 3 Std. 15 Min.). Ab dem dänischen Hafen Grenå etwas weiter südlich ist man in 3 Std. 45 Min. bzw. 4 Std. in Varberg (Lion-Ferry/Stena Line). Preis für einen PKW mit 2 Personen: ab ca. 234 DM (Nebensaison) bis 394 DM (Hochsaison).

Bei allen Fährstrecken ist Vorausbuchung eines Platzes vor allem in der Saison ein Muß, um lange Wartezeiten zu vermeiden. Das erledigt man am besten schon beim Ticketkauf im Reisebüro. Aufbauten wie Fahrrad- oder Bootsgepäckträger können beim Preis sehr zu Buche schlagen, deshalb sollte man sich vorher über die Abmessungsgrenzen informieren.

Fährgesellschaften: TT-Line, Mattentwiete 8, 20457 Hamburg, Buchung unter Tel. 0 40/3 60 14 42–446, Fax 3 60 14 07, Internet: www.ttline.de

Stena Line, Hildebrandtstr. 4D, 40215 Düsseldorf, Info unter Servicenummer Tel. 01 80/5 33 36 00, Fax 01 80/ 5 33 36 05, Internet: www.stenaline.de

Scandlines, Tel. 0 18 05/72 26 35 46 37 oder Puttgarden Tel. 0 43 71/86 51 61, Rostock Tel. 03 81/6 73 12 17, Sassnitz Tel. 03 83 92/6 44 20 jeweils Mo–Fr 9–18 und Sa 9–13 Uhr, Internet: http://www.scandlines.de

Mit der Bahn

Bei der Bahnanreise geht es am schnellsten ab Hamburg über Flensburg auf der Verbindung über den Großen Belt nach Kopenhagen und von dort entweder mit dem ›Kustpilen‹ nach Helsingør oder ab Juli 2000 über den Öresund nach Malmö. Hamburg–Helsingborg 7 Std. 20 Min., über Flensburg ca. 7 Std., Hamburg–Göteborg 10 Std., Hamburg–Stockholm (via Hässleholm) 13 Std. Die Anreise über die östliche Route Berlin–Trelleborg (über Sassnitz) dauert ca. 8 Std. inkl. Fähre.

Mit dem Bus

Einige Städte in Schweden z.B. Helsingborg, Halmstad, Göteborg, Linköping, Norrköping und Stockholm werden von Linienbussen (tgl. ab Hamburg 6 Uhr, an Stockholm ca. 22 Uhr) angefahren. Die Anreise per Fernbus ist zwar recht strapaziös, aber vergleichweise preiswert (Hamburg–Stockholm hin und zurück 241 DM). Auskunft: Deutsche Touring GmbH, Am Römerhof 17, 60486 Frankfurt am Main, Tel. 0 69/7903-0, http://www.deutsche-touring.com.

Mit dem Flugzeug

Täglich starten Direktflüge mit Finnair, SAS oder Lufthansa ab Berlin, Düsseldorf, Frankfurt, Hamburg, Hannover, München, Stuttgart, Wien, Genf, Zürich und Luxemburg nach Stockholm-Arlanda oder Göteborg-Landvetter. Angebote zu besonderen Bedingungen ab ca. 600 DM. Information im Reisebüro.

Ärztliche Versorgung

Dank des Sozialversicherungsabkommens mit schwedischen Krankenkassen sind Deutsche und Österreicher, die in Schweden einen Arzt aufsuchen, berechtigt, von ihrer heimischen Krankenkasse dieselben Leistungen erstattet zu bekommen wie ein schwedischer Staatsbürger. Da allerdings hier für jeden Arztbesuch und für jedes Rezept auch Versicherte eine Zuzahlung leisten müssen, lohnt sich der Abschluß einer privaten Reisekrankenversicherung,

die dann die Zusatzkosten nach Vorlage der Rechnungen übernimmt. Zunächst muß man jedoch damit rechnen, mindestens 120 SEK für einen Arztbesuch zu bezahlen. Ein Sozialversicherungsabkommen mit der Schweiz besteht nicht.

Die Apotheken sind sehr gut sortiert. Manche in Deutschland frei verkäufliche Medikamente gibt es in Schweden allerdings nur auf Rezept. Wer verschreibungspflichtige Medikamente benötigt, sollte einen Vorrat mitnehmen (und eine Bescheinigung des Arztes, damit es am Zoll keine Probleme gibt). Es wird vor der Reise eine Schutzimpfung gegen die durch Zecken übertragene FSME-Erkrankung empfohlen.

Auskunft

Die Zentrale für Touristikwerbung informiert über allgemeine Themen, Pauschalreisen oder Fährverbindungen, verschickt aber auch Veranstalterkataloge zu verschiedenen Regionen.
Schweden-Werbung für Reisen und Touristik GmbH, Lilienstraße 19, 20095 Hamburg, Tel. 0 40/32 55 13-50 (Katalogbestellung), 32 55 13-50 (Schweden-Info), Fax 32 55 13-55, www.schweden-urlaub.de

Weitere Informationen zur Reisevorbereitung finden Sie im Internet unter **http://www.dumont.de.** Dort bietet Ihnen der **DuMont Kulturkalender** auch aktuelle Veranstaltungstips.

Wer schon genauer weiß, welche Gegend ihn interessiert, sollte sich direkt an die jeweilige Adresse im Land wenden (s. auch Tips und Adressen von Ort zu Ort), wo man oft auch deutschsprachiges Material erhält. Es lohnt sich auch die Suche via Internet (s. S. 358).
Blekinge Turism
Öjavadsvägen 2, 37636 Svängsta
Tel. 04 54/3 46 22, Fax 3 46 11
Bohus Turist
Skansgatan 3, Box 182, 45116 Uddevalla
Tel. 05 22/1 40 55, Fax 51 17 96
Turistinformation Dalarna
Stora Torget, 79183 Falun
Tel. 023/6 40 04, Fax 8 33 14

Dalslands Turistråd
Kyrkogatan 14, Box 181, 62224 Åmål
Tel. 05 32/1 43 66, Fax 1 21 30
Gästrikland: Gävle Turistbyrå
Berggrenska Gården, Kyrkogatan 14,
80135 Gävle
Tel. 0 26/14 74 30, Fax 10 78 31
Hallandsturist
Hamngatan 35, Box 68, 30103 Halmstad
Tel. 035/10 95 60, Fax 12 12 37
Hälsinge Turism
Björnängsvägen 2, 82640 Söderhamn
Tel. 02 70/7 54 17, Fax 1 73 68
Jämtland/ Härjedalen:
Turist & Kongressbyrån
Rådhusgatan 44, 83182 Östersund
Tel. 0 63/10 44 05, Fax 10 93 35
Lappland: Norrbottens Turistråd
Stationsgatan 69, 97234 Luleå
Tel. 09 20/9 40 70, Fax 1 40 84
Lappland: Västerbottens
Turistråd, Box 113, 92322 Storuman
Tel. 09 51/1 41 10, Fax 1 41 09
Medelpad/Ångermanland:
Mittsverige Turism, Norra Kyrkogatan 15,
87132 Härnösand,
Tel. 06 11/55 77 55, Fax 2 21 07
Närke:
Destination Örebro,
Box 33 000, Slottet, 70135 Örebro,
Tel. 0 19/21 21 21, Fax 10 60 70
Östgöta Turism
Box 188, 59224 Vadstena
Tel. 0143/1 44 07, Fax 1 50 10
Skånes Turistråd
Skiffervägen 38, 22478 Lund
Tel. 046/12 43 50, Fax 12 23 72
Smålands Turistråd
Västra Storgatan 18A, Box 1027, 55111
Jönköping
Tel. 036/19 95 70 bis -72, Fax 71 43 01
Ostsmåland und Küste:
Kalmar Läns Turism
c/o Kommunförbundet Kalmar Län, Box
762, 39127 Kalmar
Tel. 04 80/42 17 03, Fax 5 46 54
Westsmåland: Turism i Kronoberg
Huseby Bruk, 34032 Grimslöv
Tel. 04 70/75 21 80, Fax 75 21 41
Destination Sörmland (Södermanland)
Stora Torget, 61183 Nyköping
Tel. 01 55/24 59 00, Fax 28 83 69

Uppland: Uppsala Turist och Kongress
AB, Fyristorg 8, 75310 Uppsala
Tel. 0 18/27 48 00, Fax 13 28 95
Värmlands Turistråd
Tage Erlandergatan 10, Box 326, 65108
Karlstad, Tel. 054/10 21 60, Fax 18 53 35
Västergötlands Turistråd
Box 213, 54125 Skövde
Tel. 05 00/41 80 50, Fax 48 40 86
Westmanna Turism
Stora Gatan 40, 72187 Västerås
Tel. 021/10 38 00, Fax 10 38 09

Autofahren

■ Straßennetz

Das Straßennetz ist in Schweden bis hinauf nach Lappland hervorragend ausgebaut, der Verkehr nicht so dicht wie in Mitteleuropa, und Raser sind eine Ausnahme.
Auf den in weiten Teilen autobahnähnlich
ausgebauten Europastraßen (E, grün be-
schildert) gilt als Höchstgeschwindigkeit
110 km/h, auf den blau beschilderten
Reichsstraßen (Riksvägar, RV) 90 km/h, in
Orten 50 bzw. bei entsprechender Beschil-
derung 30 km/h. Mit Wohnwagen im
Schlepptau sind nur 70 bzw. auf E-Straßen
90 km/h erlaubt. E- und RV-Straßen sind
immer geteert und verfügen über gute Ser-
viceeinrichtungen für Reisende, wie Rastplätze (oft mit Grill) und Informationstafeln
oder Touristenstationen, wo vor größeren
Städten auch Stadtpläne zum Abreißen
aus dem Automaten erhältlich sind.

Verantwortlich für den Straßenbau ist
Vägverket, von diesem betriebene
Brücken und Fähren sind kostenlos, an-
dere kosten meist Maut.

Bei Straßen ohne Nummernbezeich-
nung kann der Asphalt ohne Vorwarnung
in **Schotterbelag** übergehen. Einen de-
zenten Hinweis darauf gibt die Geschwin-
digkeitsbeschränkung auf 70 km/h. Wenn
sie auftaucht, sollte man auf alles gefaßt
sein: Die Qualität der ungeteerten Pisten
(*grusvägar*) kann ganz hervorragend sein,
so daß man tatsächlich 70 km/h fahren
kann, aber es gibt auch schlaglöcherüber-
säte Varianten, die zum Schrittempo zwingen. Ob man einem *grusväg* über 100 km

folgen mag, hängt von der ganz persönlichen Einschätzung ab. Doch sollte der Wagen gut gerüstet sein, vor allem die Stoßdämpfer haben einiges auszuhalten. Drahtgitter vor den Scheinwerfern sind in Schweden allgemein ganz sinnvoll, denn auch auf Asphaltstraßen kann ein vom Reifen eines anderen Fahrzeugs hochgeschleuderter Grusstein Schaden anrichten.

■ Wildwechsel

Vielbefahrene Straßen sind auf weite Strecken mit **Wildzäunen** umhegt. Wo aber der Hinweis ›vildstängsel upphör‹ erscheint, sollte man vor allem in der Dämmerung besonders aufmerksam auf dunkle Schatten am Straßenrand achten. Kollisionen mit Elchen sind oft nicht nur für die Tiere tödlich. In Norrland begegnet man mit Sicherheit Rentieren, die mit Vorliebe am Straßengraben grasen und sich bisweilen seelenruhig auf die Chaussee begeben. Hupen ist völlig zwecklos! Langsam fahren und abwarten, bis sich die Tiere wieder ins Gebüsch schlagen; denn Rentiere wechseln oft unversehens die Richtung.

■ Tanken

Selbst im hohen Norden herrscht kein Mangel an **Tankstellen** *(mack),* auch wenn dort die Abstände größer sind. Oft ist ein Lebensmittelladen angeschlossen, der bis spätabends geöffnet ist. Zapfsäulen mit *sedelautomat* kann man mit 20- und 100-Kronen-Scheinen füttern und dann tanken. Nicht immer ist Diesel erhältlich; auch sollte man vorher abschätzen, wieviel Benzin in den Tank paßt. Mit ›Kort‹ beschriftete Automaten funktionieren nur mit schwedischen Tankkreditkarten.

■ Verkehrsregeln

Es herrscht **Anschnallpflicht**, auch tagsüber muß immer mit **Abblendlicht** gefahren werden. Die **Promillegrenze** liegt bei 0,2, Alkohol am Steuer wird streng geahndet. Das Laufenlassen des Motors bei **Leerlauf** *(tomgangskörning)* ist in vielen Orten verboten bzw. auf wenige Minuten begrenzt.

Vor größeren Orten weisen Schilder mit der Aufschrift *datumzon* darauf hin, wann

Parken grundsätzlich gebührenpflichtig ist, meist tagsüber bis 18 Uhr. Die Zeitangaben sind je nach Ort aber unterschiedlich, ebenso wie die Abgaben an den Parkautomaten (ca. 10 SEK/Std.).

■ Pannendienst

Vor der Reise sollte man eine Versicherung abschließen (z. B. ADAC-Auslandsschutzbrief), die im Fall einer **Panne** oder eines **Unfalls** für dadurch entstehende Zusatzkosten wie Hotelübernachtung, Mietwagen, Heimtransport aufkommt.

Der **Pannendienst** *(Larmtjänst)* ist in ganz Schweden erreichbar unter Tel. 020/91 00 40.

■ Autovermietung

Büros finden sich an allen Flughäfen, in den größeren Städten haben die bekannten Firmen ihre Niederlassungen. Während der schwedischen Sommerferien, wenn die Geschäftsleute als Kundschaft wegfallen, sind erschwingliche Wochenpreise um die 2000 SEK für einen Kleinwagen durchaus möglich. In Verbindung mit Zug- und Fluganreisen gibt es z. T. ebenfalls Vergünstigungen.

Behinderte

Schweden verfügt über vorbildliche Einrichtungen für Behinderte *(handikappade).* Selbst viele Natursehenswürdigkeiten sind, beispielsweise durch Holzstege und Geländer, für Gehbehinderte und Rollstuhlfahrer erschlossen, eine große Zahl von Hotels und Vandrarhem ist behindertengerecht ausgerüstet. Generell ist die Akzeptanz behinderter Mitbürger in der Öffentlichkeit deutlich höher als in Deutschland.

Einen Führer speziell für behinderte Reisende (nur auf Schwedisch) veröffentlicht: Handikappturism, Tennisvägen 21, S-15159 Södertälje, Tel. 08/55 06 41 30, Fax 55 08 74 24.

Weitere Informationen über: De Handikappades Riksförbund, Katrinebergsvägen 6, S-11743 Stockholm, Tel. 08/18 91 00, Fax 6 45 65 41

Diplomatische Vertretungen

■ ... in Deutschland
Schwedische Botschaft
Rauchstr. 1, 10787 Berlin
Tel. 0 30/50 50 60, Fax 50 50 67 89

■ ... in Österreich
Schwedische Botschaft
PF 18, 1025 Wien
Tel. 01/2 17 53, Fax 75 33 70

■ ... in der Schweiz
Schwedische Botschaft,
Bundesgasse 26, 3001 Bern
Tel. 0 31/3 28 70 00, Fax 3 28 70 01

■ ... in Schweden
Deutsche Botschaft
Skarpögatan 9, 11527 Stockholm
Tel. 08/6 70 15 00, Fax 6 61 52 94

Österreichische Botschaft
Kommendörsgatan 35, 11458 Stockholm
Tel. 08/6 65 17 70, Fax 6 62 69 28

Schweizer Botschaft
Birger Jarlsgatan 64, 10041 Stockholm
Tel. 08/6 76 79 00, Fax 21 15 04

Drogen

Zwar wankt seit dem EU-Beitritt das staatliche **Alkoholmonopol** – es wurden auch Lizenzen an andere als staatliche Einkäufer von Hochprozentigem vergeben –, aber der Verkauf ist nach wie vor fest in staatlicher Hand. Getränke mit einem Alkoholgehalt über 3,5 Volumenprozent, also auch Wein *(vin)* und Bier der in Mitteleuropa üblichen Stärke *(mellanöl* und *starköl)* werden hoch besteuert und – noch immer – nur im Systembolaget – so heißen die staatlichen Alkoholläden – verkauft. Vor Feiertagen und Wochenenden kann es dort zu großem Andrang kommen. In lizenzierten Restaurants (Zusatz: *fullständiga rättigheter)* oder Kneipen kostet der halbe Liter *mellan-* oder *starköl* ca. 8–10 DM. *Lättöl,* Leichtbier mit unter 3,5 % Alkoholgehalt, ist dagegen als Getränk zu den

Mahlzeiten üblich, überall in Supermärkten und an Tankstellen erhältlich, durchaus erschwinglich und schmeckt gar nicht schlecht. Auch wenn ein Großteil der Schweden dem Ende dieser rigorosen Alkoholpolitik entgegenfiebert, stellen *nykterister,* Antialkoholiker, ebenfalls einen recht hohen Bevölkerungsanteil und sind nicht ohne Einfluß.

Auch **Raucher** haben es in Schweden sehr schwer: Den blauen Dunst zu verströmen ist fast überall verboten, etwa in Unterkünften, besonders natürlich in den brandgefährdeten Holzhäusern muß der Raucher vor die Tür. Tabak wird hoch besteuert, eine Packung Zigaretten kostet über 10 DM.

Wo schon das Konsumieren legaler **Drogen** auf die beschriebene Weise erschwert wird, gilt das erst recht für illegale wie Cannabis oder synthetische Aufputschmittel. Medikamentenmißbrauch, Drogenbesitz und -konsum werden vergleichsweise streng bestraft.

Einkaufen

Das Vorurteil, in Schweden sei alles teurer als in Mitteleuropa, ist natürlich übertrieben. So manches ist viel preiswerter oder in deutlich besserer Qualität zu haben; dazu gehören Holzprodukte, Textilien und Schuhe sowie vieles typisch Schwedische wie **Outdoor-Bekleidung** und **-Ausrüstung** oder **Werkzeug.**

Aber bei den **Lebensmitteln** des Grundbedarfs – ausgenommen Fisch – liegen die Preise im Schnitt 10 % höher, je nach Wechselkurs der Krone natürlich, und kommt man weiter nach Norden, schlagen die höheren Transportkosten nochmals mit bis zu 10 % zu Buche. Lebensmittel enthalten, häufiger als sonst in Europa, Konservierungsmittel. Wurstwaren bestehen nicht selten zu weniger als 50 % aus Fleisch, dafür ist der Anteil an Kartoffelmehl und Soja beträchtlich.

Wie überall an den Schaltern (Post, Turistbyrå usw.) muß man sich auch in den Supermärkten erst an das Ziehen einer **Nummer** gewöhnen. Bedient wird streng der Reihenfolge nach und nicht nach Ellenbogen oder Stimmlautstärke.

Etwas ungewohnt ist auch das **Pfand** auf Getränkedosen: Bei der Rückgabe im Supermarkt wirft man die Dosen in einen Automaten und erhält pro Stück 50 Öre zurück.

Mit **Sonderangeboten** besonders bei Textilien und Schuhen locken die Geschäfte im Sommer. Der Schlußverkauf *Rea* (von Realisation) startet schon kurz nach Mittsommer, zum Auftakt der Ferienzeit und ermöglicht so manches Schnäppchen. Die kann man auch bei Trödlern machen oder auf Flohmärkten *(loppis* bzw. *loppmarknad)* oder bei einer der spannenden Auktionen.

Nützliches und zugleich Schönes bieten **Hemslöjd-Läden:** Handgewebtes und Gestricktes, schöne Stücke aus Keramik, Leder, Holz oder Metall je nach Region. In Norrland findet man **Same-slöjd**, Kunsthandwerk nach samischer Tradition aus Birkenholz oder Leder, Rentierfelle und Zinn- oder Silberarbeiten. Auch viele Museen sind wahre Fundgruben für Schmuckstücke und geschmackvolle Souvenirs, ob nach wikingerzeitlichen Vorbildern oder modernem Design.

Ein beliebtes Mitbringsel aus Småland ist Designer-**Glas**, das man direkt bei der Glashütte erwerben kann. Der Fabrik-Einkauf ist auch eine günstige Methode, an **Porzellan** oder **Gußeisernes** zu kommen. Das wohl immer noch beliebteste Souvenir – auch wenn ihm der Plüschelch mittlerweile fast den Rang abgelaufen hat –, das Dalapferdchen, wird in Nusnäs am Siljansee gefertigt und dort natürlich auch direkt verkauft.

Einreise- und Zollbestimmungen

Bei einem Aufenthalt bis zu drei Monaten benötigen EU-Bürger als **Reisedokumente** Personalausweis oder Reisepaß.

Die **Einreise mit Haustieren** wie Hund und Katze erfordert wegen des aufwendigen Genehmigungsverfahrens langfristige Planung. U. a. müssen Impfungen gegen Tollwut nachgewiesen, bei Hunden auch gegen Staupe und Leptospirose, eine Gebühr entrichtet und verschiedene Formulare ausgefüllt werden. Informationen und Unterlagen beim Amt für Landwirtschaft: Statens Jordbruksverk, S-55182 Jönköping, Tel. 036/15 50 00, Fax 11 51 14.

Die Höchstmengen für die zollfreie **Wareneinfuhr** betragen pro EU-Bürger (über 20 Jahre) 1 l Spirituosen über 22 Vol. % oder 3 l Wein bzw. Likör über 15 Vol. % plus 5 l Wein und 15 l Bier. Personen über 18 Jahre dürfen 300 Zigaretten oder 150 Zigarillos oder 75 Zigarren oder 400 g Tabak zollfrei einführen. Für Reisende aus Nicht-EU-Ländern gelten geringere Mengen. Die Einfuhr von Waffen aller Art, auch Tränengas und Springmesser, ist genehmigungspflichtig.

Elektrizität

Die Stromspannung beträt 220 Volt. Unterschiede zu den in Mitteleuropa üblichen Steckdosen gibt es nicht.

Essen und Trinken

Daß die schwedische Küche (s. auch S. 53ff.) besser ist als ihr Ruf, davon kann man sich in vielen erstklassigen Restaurants im Land, besonders in der Hauptstadt Stockholm, überzeugen. Hier wird oft von französischer Spitzenkochkunst beeinflußte schwedische Hausmannskost serviert, eine besonders delikate Mischung.

In den meisten Hotels wird ein überbordendes Frühstücksbuffet geboten. Zum klassischen **Frukost** gehört ein Teller Müsli, mit *flingor* (Flocken), verschiedenen Getreide und Obstsorten oder *havregryn* (Haferflocken), das man sich mit Milch, flüssigem Joghurt oder Dickmilch *(filmjölk)* anrührt. Manchmal gibt es neben Wurst und Käse sogar Hering zum Frühstück.

Mittags stärkt man sich mit kleinen Gerichten beim **Lunch**. Viele Restaurants bieten dann preiswerte Inklusivmenüs *(Dagens rätt)*, die außer einem warmen Gericht zusätzlich ein Getränk nach Wahl,

Brot und Butter, einen Salat und Kaffee
einschließen. Preiswerte *Dagens rätt* um
die 50 SEK, die man in Cafés oder Selbst-
bedienungsrestaurants bekommt, bestehen meist aus *paj*, einer Quiche oder
einem Gemüsekuchen, oder *pasta*, einem
Nudelgericht, aber auch hier sind die Zutaten inklusive. Kaffee kann man in der
Regel bekommen, soviel man will *(påtår)*,
wobei man sich selbst bedient. Leitungs-
wasser zum Essen ist immer kostenlos.

Beim Abendessen, das verwirrender-
weise **Middag** heißt, wird dagegen groß
gespeist. Abends sind die Gerichte in den
Restaurants immer teurer, und es werden
mehrgängige Menüs geboten. Dazu wird
üblicherweise Wein getrunken, was in der
Rechnung kräftig zu Buche schlagen kann.

Die **Kneipenkultur** in Schweden befindet sich noch im Entwicklungsstadium. In
den Städten hat es sich eingebürgert, im
englischen Stil nach der Arbeit noch einen
Happy-Hour-Drink zu nehmen. Die meisten
Pubs folgen ebenfalls englischen bzw. iri-
schen Vorbildern. Die Preise liegen hier
ebenso hoch wie im Systembolaget. Etwas
ungewohnt: Kneipen und Musiklokale sind
für Leute unter 20 Jahren tabu, darauf weisen nicht nur Schilder, manchmal wachen
auch Türsteher; in manchen Diskos haben
sogar nur über 25jährige Zutritt.

Fahrradfahren

Trotz der großen Entfernungen ist Schwe-
den wie geschaffen fürs Radfahren. Das
Gelände ist eben bis leicht hügelig, der
Verkehr, zumal abseits der großen
Straßen, gering. Durch das ganze Land
führt der 2590 km lange, ausgeschilderte
Radwanderweg ›Sverigeleden‹ vorbei an
den schönsten Sehenswürdigkeiten.
Außerdem gibt es weitere reizvolle regio-
nale Radwanderstrecken, vor allem in
Skåne und entlang der Küste von Halland.
Viele Touristenbüros bieten kostenlos Tou-
renvorschläge und Kartenmaterial an.

Die Mitnahme von Fahrrädern in Fern-
bussen ist nach Absprache und gegen Aufpreis oft möglich. Mit dem Flugzeug und
der Bahn kann man Fahrräder als Gepäck

Wechselkurse		
100 Euro	=	840 SEK
100 DM	=	430 SEK
100 ÖS	=	61 SEK
100 SFr	=	523 SEK
100 SEK	=	12 Euro
		23 DM
		163 ÖS
		19 SFr

transportieren lassen. Vielerorts werden
Fahrräder verliehen.

Feiertage

Arbeitsfrei sind Neujahr (1. Januar), Dreikönigstag (6. Januar), Karfreitag, Oster-
montag, Himmelfahrt, Pfingstmontag,
Mittsommer – ab Freitagmittag
(midsommarafton) und am Samstag *(mid-
sommardagen)* –, Allerheiligen (der Samstag Ende Oktober/Anfang November),
Weihnachten.

Geld und Banken

Die schwedische **Krone** (SEK) teilt sich in
100 Öre. Es gibt aber nur 50-Öre-Münzen,
so daß im Geschäft jeweils auf- oder abge-
rundet wird. Weitere Münzen: 1-, 5- und
10-Kronen-Stücke, Scheine zu 20, 50, 100
und 500 SEK.

Es werden alle gängigen **Kreditkarten**
akzeptiert. Mit Euroscheckkarte und Ge-
heimnummer läßt sich an Geldautomaten
Bargeld bis zu 2000 SEK ziehen (Gebühr).

Die **Wechselstuben** von Forex sind in
den Fährhäfen und Großstädten verbreitet.
Auch hier bekommt man Bargeld gegen
Gebühr.

Internet

Schweden ist laut Statistik europäischer
Spitzenreiter in Sachen Internet. Die mei-

sten regionalen Touristenämter bieten umfassende Informationen im Netz, ebenso Hotels, manche Restaurants und viele Reiseveranstalter. Eine gute Adresse für Einsteiger: www.sverigeturism.se (s. auch Auskunft, S. 353).

Karten

Die insgesamt acht Blätter der Bil & Turistkarta (Maßstab im Norden 1:400 000, im Süden 1:250 000) sind optimal für Auto- oder Radfahrer und zeigen auch Sehenswürdigkeiten (je ca. 20 DM). Es gibt diese vom Landesvermessungsamt (Lantmäteriet) herausgegebenen Karten auch als Autoatlas (ca. 60–70 DM).

Bergwanderer sollten sich die topographische Fjällkarta (1:100 000) für die jeweilige Wanderregion besorgen (im regionalen Turistbyrå und Geschäften). Sie verzeichnet Winter- und Sommerwege sowie Hütten und Nottelefone.

Kinder

Schweden gehört zu den kinderfreundlichsten Ländern Europas, der Satz »Kinder unerwünscht« ist hier undenkbar. Überall wird an die Bedürfnisse der Kleinen gedacht: In Fernzügen stehen besondere Spielabteile zur Verfügung, wo sie sich austoben können, Babywickelräume findet man auf vielen Rastplätzen, Kinderwagen haben Platz.

An Attraktionen für Kinder herrscht kein Mangel. Allein die ländliche Umgebung und die Weite der Natur sind einladend genug für jugendliche Entdeckernaturen. Viele Museen haben Informationen kindgerecht aufbereitet und sind durchaus nicht langweilig, darunter auch die vielen Freilichtmuseen mit Bauernhoftieren. Erlebnisparks wie Liseberg in Göteborg oder Skara Sommarland und Astrid Lindgrens Värld in Vimmerby sind Attraktionen, die für eine Familie aber auch recht teuer werden können.

Während der Sommerferien von Mittsommer bis Mitte August bietet die schwe-

dische Bahn Sonderrabatte und viele Hotels locken mit familienfreundlichen Preisen: ›Kinder‹ bis 18 Jahre übernachten oft kostenlos im Zimmer der Eltern. Campinghütten mit bis zu vier Betten sind ebenfalls eine preiswerte Übernachtungsmöglichkeit, und auch die Jugendherbergen (Vandrarhem) sind auf Familien eingestellt.

Klima und Reisezeit

Die schönsten Reisemonate in Schweden sind zweifellos Juni, Juli und August. Der Frühling beginnt spät, selbst in Südschweden. Doch spätestens Mitte Mai, in Norrland erst Anfang Juni explodiert der nordische Frühling, und Narzissen und Kastanien, Tulpen und Rosen blühen alle gleichzeitig – vielleicht die schönste Reisezeit. Allerdings sind die Seen dann noch viel zu kalt zum Baden, in Lappland sind sie oft noch Mitte Juni am Morgen von einer dünnen Eisschicht bedeckt.

Die offizielle Feriensaison beginnt eigentlich erst nach dem Mittsommerwochenende um den 24. Juni und endet in der zweiten Augustwoche mit den Schul- und Werksferien. In der Saison bieten Hotels günstigere Konditionen, Sehenswürdigkeiten sind geöffnet, in Jugendherbergen und auf Campingplätzen kann es eng werden. Ab Mitte August kann man bei meist anhaltend warmem Sommerwetter mit gut aufgeheizten Badeseen noch wunderbar Urlaub machen und bei Ferienhäusern mit Nachsaisonpreisen rechnen. Der Nachteil: Viele Jugendherbergen, Campingplätze und Sehenswürdigkeiten schließen schon oder schränken die Öffnungszeiten ein.

Wem es auf die langen Sommernächte ankommt: Die Sonne scheint nördlich vom Polarkreis ganztägig in Gällivare vom 4. Juni bis 12. Juli, in Abisko sogar von 27. Mai bis 15. Juli. Je weiter südlich man kommt, desto kürzer ist die Spanne des langen Tages. In Stockholm geht die Sonne im Juni von ca. 22 Uhr bis 2 Uhr nachts nicht richtig unter, es herrscht allenfalls Dämmerung.

Der Sommer ist auch Hochsaison für Mücken, spätestens Anfang Juli tauchen sie auf, der erste starke Frost beendet ihr Leben. Vor allem in Norrland begegnet man mit Sicherheit den Gnitzen, winzigen Stechmücken, die sich noch durch 1 mm breite Mückengitter zwängen können. Weite, aber am Bund dichtschließende Kleidung, vielleicht ein Hut mit Netz, schützen bei Aufenthalten im Freien. Die Rezepte gegen Mücken sind Legion, im Handel erhältliche insektizide Mückenmittel sind meist nichts für empfindliche Haut; vielleicht hilft es, sich mit Lavendelwasser oder Fichtennadelöl einzureiben.

Spätestens Mitte September setzt im Norden gelegentlich Nachtfrost ein, und die Bäume färben sich bunt. Die schönste Zeit für einen Winterurlaub in Schweden ist ab Ende Februar, wenn die Sonne schon wieder länger über dem Horizont bleibt, bis um Ostern; dann machen aber auch viele Schweden Urlaub, und Vorausbuchung in Wintersportquartieren ist ratsam.

Maße und Gewichte

Maße und Gewichte weichen nicht grundsätzlich von den mitteleuropäischen ab, aber einige Eigenheiten haben sich gehalten: So werden Entfernungen gern in *mil* (Meile) angegeben, was über die Länge des Weges täuschen kann: Eine schwedische Meile beträgt 10 km. Wurst oder Käse kauft man im Laden in *(ett) hekto,* d.h. 100-Grammweise.

Medien

Wer sich auch zu Hause im **Radio** über Schweden informieren möchte, kann Sveriges Radio Utlandsprogrammet hören: auf Kurzwelle (49-Meter-Band, 6.065 kh) oder Mittelwelle (1179), digital nur über EutelSat. Abends gibt es auch Sendungen in deutscher und englischer Sprache. Mit guten Satelliten-Empfängern kann man original schwedischen Rundfunk in erstklassiger Qualität auch in

Deutschland hören. In Stockholm empfängt man auf UKW 89,6 den Sender Stockholm International mit interessanten Tips für den Aufenthalt in der Stadt.

Die größten überregionalen **Tageszeitungen** sind Dagens Nyheter (DN) und Svenska Dagbladet. Während letztere eher die Wirtschaft und damit politisch die Partei der Moderaterna repräsentiert, ist DN, die auch über einen erstklassigen Kulturteil verfügt und freitags einen Veranstaltungsteil zu Stockholm herausbringt, kritisch-linksliberal orientiert. Überregional erscheint auch das Boulevardblatt Aftonbladet, Themen sind die Reichen und Schönen, es beleuchtet aber auch in sozialkritischer Weise Alltagsprobleme der weniger Begüterten. Daneben belebt eine Vielzahl regionaler Tageszeitungen die – staatlich geförderte – Zeitungslandschaft, vom Sydsvenska Dagbladet bis Norra Västerbotten.

Naturschutz

Das schwedische Allemansrätt (Jedermannsrecht) räumt zwar jedem das Recht auf freien Zugang zur und Nutzung der Natur ein, verpflichtet aber auch besonders zur Rücksichtnahme.

Es ist erlaubt, Pilze und Beeren zu sammeln, aber natürlich sind geschützte Arten tabu.

Holz darf gesammelt werden, aber keine lebenden Bäume gefällt oder Äste abgebrochen werden.

Feuermachen ist wegen der großen Waldbrandgefahr im Hochsommer manchmal wochenlang untersagt (entsprechende Warnungen werden im Wetterbericht durchgegeben), auf Wanderungen sollte man sich möglichst an die vorgegebenen Rastplätze mit Feuerstellen halten.

Freies Zelten ist generell für ein paar Nächte überall erlaubt, außer in der Nähe eines Hauses oder auf landwirtschaftlich genutztem Gelände sowie in Naturschutzgebieten. Seinen Müll (*sopa, sopor)* muß man selbstverständlich in Mülltonnen entsorgen, Exkremente vergraben.

Man darf grundsätzlich in jedem Gewässer baden, aber Shampoo oder Seife haben im See nichts zu suchen!

Mit Motorfahrzeugen hat man auf den Wegen zu bleiben.

An See- und Flußufern angebrachte Schilder ›privatstrand‹ bzw. an Wegen ›enskilda väg‹ sollte man respektieren, auch wenn sie eigentlich dem Allemansrätt widersprechen. Denn die Stimmen, die eine Abschaffung dieses Rechtes fordern, werden in Schweden immer lauter, je häufiger es mißbraucht wird. Vor allem in den vielfrequentierten Kanugewässern Südschwedens kann die Natur die unzähligen zeltenden und picknickenden Touristen vielerorts einfach nicht mehr verkraften.

Notfälle

Die Notrufnummer ist landesweit **112**.

Öffentliche Verkehrsmittel

■ Bahn

Ein gut ausgebautes Schienennetz, moderne, bequeme Züge und vor allem kundenfreundlicher Service und günstige Tarife machen die schwedische Eisenbahn SJ (Svenka Järnvägar) zu einer echten Alternative, vor allem wenn man viel herumreisen möchte. Bei den großen Entfernungen muß man allerdings etwas Zeit mitbringen: Die Reise von Stockholm nach Luleå dauert 13, 5 Std. (mit Umsteigen in Härnösand), nach Östersund 4 Std., nach Göteborg 3,5 Std., nach Helsingborg 5 Std.

Will man in kurzer Zeit weite Strecken zurücklegen und möglicherweise andere skandinavische Länder besuchen, lohnt sich der **ScanRail Pass**, eine Netzkarte für Dänemark, Norwegen, Finnland und Schweden. Es gibt den Pass für 5 Tage innerhalb einer Zeitspanne von 15 Tagen (326 DM), 10 Reisetage innerhalb 30 Tagen (444 DM) oder 21 Tage unbegrenzt (512 DM). Der Pass gewährt auch Rabatte auf manchen Fähren.

Beim **EuroDomino** Angebot der Deutschen Bahn für das Bahnnetz der SJ zahlt man für drei Reisetage innerhalb eines Monats 294 DM als Erwachsener in der 2. Klasse, Zusatztage kosten je 40 DM/Tag. Für die Anreise bis Schweden erhält man 25 % Ermäßigung.

Während man diese beiden Netzkarten nur außerhalb Schwedens kaufen kann, ist die **Reslustkort** der SJ nur im Land selbst erhältlich (ca 150 SEK) und wohl die günstigste und flexibelste Variante. Sie lohnt sich meistens schon bei einer einzigen Zugreise, ist aber im Prinzip nur geeignet für Besucher, die sich länger als 14 Tage in Schweden aufhalten. Von Mittsommer bis Mitte August ermöglicht die Reslustkort 50 % Ermäßigung auf den Fahrpreis, vorausgesetzt man bucht mindestens 7 Tage im voraus einen Platz im Zug. Die Karte gilt auch für mitreisende Partner und Kinder unter 15 Jahren. Während der übrigen Zeit gewährt die Reslustkort ebenfalls Rabatte, vor allem wenn man frühzeitig reserviert. Die Karte gilt ein Kalenderjahr.

Während die staatliche Eisenbahngesellschaft SJ für die Fernverbindungen sorgt, werden die mancherorts vorbildlich ausgebauten Nahverkehrsverbindungen von den Bezirken *(län)* verwaltet oder sind in privater Hand. Auch hier gibt es preisgünstige Netzkarten und Rabatte. Fahrplan: www.sj.se.

■ Bus

Vom Cityterminalen, dem zentralen Busbahnhof in Stockholm, starten Fernbusse in alle Ecken und Enden des Landes. Das Fernbusnetz von Swebus reicht von Malmö bis Kiruna.
Information bei: Swebus, Cityterminalen, Klarabergsviadukten 72, S-11664 Stockholm, Tel. 08/6 55 00 90, Fax 7 62 26 12, www.swebus.se.

Weitere Busgesellschaften haben sich auf Verbindungen von Stockholm in bestimmte Regionen wie Härjedalen, Jämtland oder Dalarna spezialisiert, sie verkehren max. einmal pro Woche oder nur in der Saison. Die Lokalbusse der Länstrafik-Verkehrsbetriebe bieten ebenfalls gute Reisemöglichkeiten. Eigentlich kommt man in Schweden mit dem Bus irgendwie überallhin. Gemessen an der Bevölkerungsdichte

ist das öffentliche Nahverkehrssystem ver-
glichen mit dem deutschen um ein Mehr-
faches besser.

■ Flugzeug

Das innerschwedische Flugnetz ist sehr
gut ausgebaut. Doch Inlandsflüge sind
nicht billig. Der Normalpreis von Stockholm nach Kiruna beträgt ca. 4000 SEK hin
und zurück, für ein Budgetticket zahlt man
etwa 3000 SEK, für ein Standby Ticket
2100 SEK. Wer schon mit SAS nach
Schweden anreist, kann einen Visit Scan-
dinavia Air Pass für günstige Weiterflüge
kaufen. Er ist nur außerhalb Schwedens
erhältlich, Information beim Reisebüro.

■ Schiff

Die Gesamtstrecke des Götakanals Stock-
holm–Göteborg (4 oder 6 Tage) wird mit
100 Jahre alten Schiffen im Sommer ca.
einmal pro Woche befahren: Rederi AB
Götakanal, Box 272, 40124 Göteborg,
Tel. 031/80 63 15, Fax 15 83 11 oder in
Stockholm 08/20 27 98, Fax 031/15 83 11,
Internet: http://www.gotacanal.se

Öffnungszeiten

Die **Banken** sind Mo–Fr 9.30–15 Uhr
geöffnet, in Städten oft bis 17.30 Uhr. Po-
stämter *(postkontor)* sind Mo–Fr durchge-
hend von 9–18 Uhr geöffnet, Sa 8–12 Uhr.
In Stockholm auch länger.

Die **Geschäfte** in den Innenstädten
schließen oft schon um 18 Uhr, während
Supermärkte in den Wohngebieten und
außerhalb oft bis 20 oder 21 Uhr geöffnet
haben, in der Regel auch So von 11 oder
12 bis ca. 16 Uhr. In **Tankstellen** mit Le-
bensmittelangebot findet man auch spät in
der Nacht noch alles Notwendige.

Die Informationsstellen der **Turistbyrå**
sind, wenn ganzjährig geöffnet, immer
9–17 Uhr besetzt, während der Sommerferien oft auch noch später und am Wochenende.

Sicherheit

Grundsätzlich ist Schweden ein sehr sicheres Reiseland. Zwar ist Wildcampen in
Schweden erlaubt (s. S. 364), aber vor
allem in der Nähe typischer ›Touristen-
strecken‹ wie der E4 an der Westküste
sollte man auch mit Caravan und Wohnmobil für die Übernachtung unbedingt
Campingplätze oder für kurze Halte vorge-
sehene Quick Stops anfahren. Denn immer
wieder kommen an Rastplätzen abseits der
Straße Raubüberfälle vor.

Taxi

Seit die Taxitarife freigegeben wurden, ist
es selbst gewieften Travellern unmöglich,
sich im Tarifdschungel zurechtzufinden und
das günstigste Angebot zu ergattern. Es
empfiehlt sich bei Standardtouren, z. B.
Stockholm City–Arlanda, vorher den Preis
zu erfragen und sich nicht aufs Taxameter
zu verlassen.

Telefonieren

Mobiltelefone sind weit verbreitet, und so
ist es eigentlich ein Wunder, daß es noch
Telefonzellen gibt. Die wenigsten nehmen
Bargeld, für ein Auslandsgespräch wäre es
auch viel zu umständlich, dauernd 10-Kro-
nen-Stücke einzuwerfen. Man kauft am besten eine Telefonkarte der Telefongesell-
schaft Telia. Es gibt sie mit 60, 90 oder 120
Einheiten. Im Supermarkt oder Turistbyrå
sind sie etwas billiger als am Kiosk.

Die **Ländervorwahlen** lauten für
Deutschland 0049, für Österreich 0043, für
die Schweiz 0041. Die Vorwahl nach
Schweden ist 0046.

Trinkgeld

Es ist im allgemeinen nicht üblich, Trinkgeld zu geben, es kann sogar beleidigend
wirken. Bedienungsgeld ist immer im Preis
inbegriffen. In gehobenen Hotels und Restaurants hat es sich aber eingebürgert,

mit Trinkgeld zu honorieren, wenn man mit dem Service sehr zufrieden war.

Unterkunft

Daß Schweden ein teures Reiseland sei, wird oft speziell mit Blick auf die Übernachtungskosten behauptet. Dabei kann man gerade hierbei einiges sparen.

Die im Kapitel ›Tips von Ort zu Ort‹ angegebenen Preiskategorien beziehen sich auf die Sommer- und Wochenendangebote. Dann werden sogar von den teuersten Konferenzhotels oft bis zu 50 % Rabatt auf den zugegebenermaßen exorbitant hohen Normalpreis gewährt. Doppelzimmer oder Zimmer für eine ganze Familie sind dann durchaus erschwinglich. ›Kinder‹ bis 15 Jahre kommen mitunter ohne oder mit geringem Aufpreis für das Extrabett im Zimmer der Eltern unter.

■ Hotels

Viele Hotels sind einer Kette angeschlossen, wie Best Western, Scandic oder Sweden Hotels. Einige bieten Hotelschecks, die Rabatte gewähren, auch in Zusammenarbeit mit den Fährgesellschaften TT-Line und Stena Line. Man kauft sie vor Reiseantritt im Reisebüro oder bei der Buchungszentrale der jeweiligen Hotelkette. Ein Hotelverzeichnis erhält man bei der Schwedenwerbung in Hamburg (s. S. 353).

Pensionat nennt man die gemütlichen Landgasthöfe und kleinen Hotels, viele stammen aus den Anfangstagen des Tourismus vor rund 100 Jahren und sind liebevoll restaurierte Schmuckstücke mit viel Atmosphäre. Die Ausstattung ist komfortabel bis einfach und entspricht im Preisniveau den Hotels.

■ Vandrarhem

Die schwedischen Vandrarhem sind keine Jugendherbergen im mitteleuropäischen Sinn, sondern offen für alle Altersgruppen, für Familien mit Kindern ebenso wie für Paare und Senioren. Einzelreisende können sich bei schwacher Belegung gegen Aufpreis (*enkelrumstillägg*) ein Einzelzimmer reservieren lassen. Mitgliedern des

Deutschen Jugendherbergsverbandes DJH gewähren die Häuser des STF Rabatt. Svenska Turistföreningen (STF) ist der größte schwedische Verband, der auch die Gebirgsstationen unterhält. Daneben gibt es eine ganze Reihe ›freier‹, d. h. nicht an den STF gebundene Vandrarhem, die aber nach demselben Muster funktionieren: Ein- bis Vierbettzimmer, oft mit Etagenbetten – Bettwäsche muß selbst mitgebracht werden – und ohne Frühstück zu Preisen zwischen 120 und 240 SEK pro Person und Nacht. Sanitäreinrichtungen sind meist nicht im Zimmer, aber es gibt auch sehr komfortable Vandrarhem mit Hotelstandard. Bettwäsche kann man auch leihen und Frühstücksbüfetts werden in vielen Vandrarhem angeboten. Selbstversorgern steht eine Küche zur Verfügung.

Eine kleine Broschüre mit einer Auswahl der ›freien‹ Jugendherbergen im Verband SVIF versendet die Schwedenwerbung (S. 353) oder SVIF, Box 9, S-45043 Smögen, Tel. 05 23/3 15 65, Fax 3 06 55, www.svif.se. Das ausführliche schwedischsprachige Verzeichnis ›STF Vandrarhem och Fjäll‹ kann man auch bestellen bei: Deutsches Jugendherbergswerk, 32754 Detmold, ca. 20–25 DM. In Schweden: Svenska Turistföreningen (STF), Box 25, S-10120 Stockholm, Tel. 08/4 63 21 00, Fax 6 78 19 38, www.meravsverige.nu.

■ Ferienhäuser

Ein paar Wochen im gemütlichen Holzhäuschen, mit offenem Kamin und viel Wald drumherum, nicht weit vom See oder sogar mit eigenem Bootssteg und Boot – ein Urlaubstraum, der in Schweden nicht schwer zu verwirklichen ist. Die in Deutschland tätigen Ferienhausvermittler verschicken auf Anfrage Kataloge, ihre Adressen erfährt man bei der Schwedenwerbung (S. 353). Aber auch viele Turistbyrå vor Ort vermitteln *stugor*, Ferienhäuser. Wer also schon genau weiß, wo er Urlaub machen will, kann sich an das zuständige Turistbyrå wenden. Große Preisnachlässe werden in der Nachsaison gewährt, die schon ab Mitte August beginnt. Gemietet wird in der Regel wochenweise, in der Nachsaison sind aber auch

Ausnahmen möglich. Viele ältere Ferienhäuser sind spartanisch in der Ausstattung, bisweilen sogar ohne Strom und Warmwasser, statt mit WC mit TC, sprich Trockentoilette (Plumpsklo), aber einzigartig, was Lage oder Atmosphäre angeht. Solche wird man in den Katalogen deutscher Anbieter kaum finden.

■ Camping

Die Campingplätze in Schweden gehören zu den am komfortabelsten ausgestatteten in Europa, und: Je weiter nördlich, desto höher die Qualität. Eine Sauna gehört im Norden des Landes fast zur Grundausstattung.

Wer mit Zelt, Wohnmobil oder Caravan anreist, benötigt bereits auf dem ersten Campingplatz in Schweden die **Campingkort**. Man sollte sie sich rechtzeitig bestellen bei: Sveriges Campingvärdars Riksförbund, Box 225, S-451 17 Uddevalla, Fax 05 22/64 24 30, www.camping.se. Die Jahresmarke ist auch beim ersten Stopp im Land für ca. 13 DM zu bekommen. Ein Campingverzeichnis in deutscher Sprache ist bei der Schwedenwerbung (S. 353) erhältlich. Darin sind bei weitem nicht alle Campingplätze im Lande aufgeführt, aber eine gute Auswahl, die man mit Hilfe der beigefügten Karte leicht findet. Die schwedischen Campingplätze sind klassifiziert, wobei fünf Sterne die höchste Qualität bezeichnen: Solche Plätze müssen nicht nur eine bestimmte Anzahl großer Stellplätze (100 m^2), getrennte Bereiche für Zelte und Caravan, sondern auch einen beheizten Pool und ein Restaurant besitzen.

Die meisten größeren Campingplätze vermieten auch **Hütten** (stugor) oder kleine Ferienhäuser. Nicht alle Hütten besitzen eigene Sanitäreinrichtungen und Wasseranschluß, aber sie bieten zwei bis vier Personen ein festes Dach über dem Kopf und oft auch eine Kochgelegenheit. Im Preis liegen sie ab ca. 250–400 SEK je nach Größe pro Nacht und Hütte.

■ Privatzimmer/ Urlaub auf dem Bauernhof

Auf günstige Übernachtungsmöglichkeiten weisen Schilder wie ›Stuga ledig‹ (Hütte frei) oder ›Rum‹ (Zimmer) an der Straße. Die in der Organisation ›Bo på Lantgård‹ zusammengeschlossenen bäuerlichen Betriebe vermieten nicht nur preiswerte Zimmer mit Frühstück und Unterkünfte für Selbstversorger, sondern bieten auch Einblick in Kuhstall oder Hühnerhof, eine ideale Urlaubsalternative für Familien mit Kindern. Info: Tel. 05 34/1 20 75, Fax 6 10 11, www.bopalantgard.org

Urlaubsaktivitäten

■ Angeln

Zum Angeln benötigt man in Schweden außer der entsprechenden Ausrüstung keine weitere Voraussetzung als eine gültige Angelkarte (fiskekort) für das jeweilige Gewässer. Eine behördliche Prüfung wie der Bundesfischerei-Schein ist nicht erforderlich. Je nach Fischbesatz variieren die Kosten für die fiskekort: Wo Edelfische wie Lachs, Forelle oder Äsche vorkommen, kann es teuer werden, aber im Normalfall zahlt man nicht mehr als 50 SEK pro Tag, günstiger sind Monats- oder Jahreskarten. Das Fischen im Meer und in den fünf großen Seen Vänern, Vättern, Mälaren, Hjälmaren und Storsjön ist sogar kostenlos. Besonders reizvoll sind die Ostseeschärengebiete, wo sich neben Süßwasserfischen wie Hecht und Barsch auch schon Meeresfische tummeln. Angelkarten gibt es im örtlichen Turistbyrå oder Sportladen, mitunter auch an Tankstellen und Kiosken.

■ Golf

Golf ist in Schweden weit verbreitet, und dieser Sport wird ganz ohne jenen Hauch von Exklusivität betrieben, der ihn auf dem Kontinent umgibt. Im ganzen Land verteilt gibt es etwa 400, zum Teil herrlich gelegene Plätze, der nördlichste bei Björkliden nahe Abisko, aber besonders zahlreich entlang der Westküste und in Skåne. Die Kosten halten sich in Grenzen, Clubmitgliedschaft ist nicht immer erforderlich. Es werden auch spezielle Golfpakete inklusive Unterkunft und Greenfees angeboten, wobei man mehrere Plätze nacheinander bespielen kann. Einige Reiseveranstalter haben sich auf Golfreisen spezialisiert. Eine Broschüre zum Thema versendet die Schwedenwerbung, Hamburg (s. S. 353).

■ Wassersport

Fast überall in Schweden bieten sich hervorragende Gelegenheiten zum **Kanufahren.** Wer mit dem eigenen Boot im Gepäck anreist, hat keine Mühe, ein gutes Kanugewässer zu finden. Aber an allen guten Kanurevieren kann man auch Boote mieten, z. B. auf vielen Campingplätzen. Auskunft über markierte Kanurouten und Bootsverleihe geben die lokalen Turistbyrå. Zur Ausrüstung gehören neben Schwimmwesten *(flytvästar)* – die man auch dann anlegen sollte, wenn man schwimmen kann – ein Müllsack und Spaten. Denn auch Kanuten sollten in der Natur die Regeln des Allemansrätt befolgen und Rücksicht auf Tiere und Pflanzen beim Zelten an einsamen Ufern nehmen, beim Verlassen des Rastplatzes den Müll mitnehmen und auch mit Booten zu Wasservögeln Abstand halten.

Besonders schön sind Kanutouren auf dem Dalslands Kanal, dem Strömsholms Kanal, im Glafsfjordgebiet von Värmland, in den Seengebieten von Südwestsmåland und im Schärengebiet der Ostseeküste (Roslagen). Geführte mehrtägige Kanutouren werden von vielen Reiseveranstaltern angeboten. Information darüber bei der Schwedenwerbung.

Besonders beliebt sind auch **Floßfahrten** auf dem Klarälven im Värmland (s. S. 231). Das Vergnügen, sich wasserdicht verpackt in einem Schlauchboot einen Wildwasserfluß hinabwirbeln zu lassen, also **Riverrafting** *(forsränning),* kann man in Lappland auf dem Piteälven, im Tornedal und im Gebirge von Jämtland bei Åre erleben.

Für geruhsamere **Bootsfahrten** bietet sich der Götakanal quer durch Schweden an. Er ist von Anfang Mai bis Ende September offen, und wer nicht mit dem eigenen Boot anreist, kann sich eines mieten: Inklusive Kanalgebühren zahlt man für eine Woche im Vier-Kojen-Boot ca. 10 000 SEK. Info: AB Götakanalbolag, Box 3,

S-59121 Motala, Tel. 01 41/5 35 10, Fax 21 55 50.

Die schwedischen Schären sind zu Recht beliebte und abwechslungsreiche **Segelgewässer:** Die Liegeplatzgebühren sind relativ niedrig, und eine Fülle von gut ausgestatteten Yachthäfen bieten sich zum Anlaufen an. Alles Wissenswerte für Segler und andere Bootstouristen enthält die jedes Jahr von der Svenska Turistföreningen neu herausgegebene umfangreiche Broschüre ›Båtturist‹ (Adresse Svenska Turistföreningen (STF), s. S. 363).

■ Reiten

Besonders auf geübte Reiter wartet in Schweden die große Freiheit: Mehrtägige Touren mit Islandpferden führen durch die Gebirgswelt von Jämtland oder Lappland, inklusive Lagerfeuerromantik. Wandern zu Pferde ist aber auch in weniger unwegsamem Gelände weiter im Süden möglich, beispielsweise in Västergötland. Auskünfte über Reitmöglichkeiten geben die Turistbyrå vor Ort oder die Schwedenwerbung.

■ Wandern

Zahlreiche Fernwanderwege, aber auch kürzere Wegstrecken, sind in allen Regionen des Landes eingerichtet worden. Die ausgeschilderten Wege wie ›Sörmlandsleden‹, ›Höga Kustleden‹ usw. verfügen in regelmäßigen Abständen über Schutzhütten, wo man regengeschützt in mitgebrachten Schlafsäcken übernachten kann. Die Pfade führen durch ganz unterschiedliches Terrain: liebliche Kulturlandschaften ebenso wie Wald oder Moor.

Beim Bergwandern lernt man die rauhe Schönheit der Nationalparks in Lappland oder die Bergwelt in Dalarna, Jämtland oder Härjedalen am intensivsten kennen. Selbst für Anfänger ist das Wandern im Fjäll kein Problem, vor allem, wenn man sich in einer Turiststation einer Gruppe anschließt. Ein Netz von Übernachtungshütten des STF (Svenska Turistföreningen) ermöglicht mehrtägige Wanderungen auch ohne Zelt. Keinesfalls sollte man aber allein wandern, außerdem auch im Sommer auf ausreichend warme Kleidung achten (häufiger Wetterumschwung), ordentliche Wanderschuhe, Stock und eine gute Karte sowie einen Kompaß mitnehmen.

■ Wintersport

Skiabfahrts- und -langlauf, Snowboard, Schlitten- und Hundeschlittenfahrten werden in den besten Wintersportgebieten Schwedens, in den Bergen von Värmland und Dalarna, im Funäsdalen und dem Åregebiet im westlichen Jämtland sowie in Lapplands Bergen, angeboten. So hoch im Norden sind die Pisten schneesicher bis Anfang Mai; die Saison beginnt im Dezember. Die winterliche Hochsaison ist um die Zeit der schwedischen Osterferien. Ab Ende Februar bleibt die Sonne auch wieder länger am Himmel, doch sind März und April vielleicht die schönsten Monate für den Urlaub im Schnee. Auch außerhalb der genannten Gebiete haben viele Orte gespurte und beleuchtete Loipen für Langläufer anzubieten.

Veranstaltungen

Im sommerlichen Schweden jagt von Mai bis Oktober ein Festival das andere, und Kenner ziehen von Ort zu Ort, um Open-Air-Rock-, Jazz- oder Folkkonzerte zu hören. Opernliebhaber kommen im wiederhergerichteten Drottningholms Schloßtheater und bei den Aufführungen in Vadstena slott auf ihre Kosten. Im Stockholmer Schloß finden Mitte Juni bis Anfang September populäre Kammermusikkonzerte statt. Folklorefans können sich den ganzen Sommer lang an Fiedel- und Akkordeonklängen erfreuen. Der folgende Jahresüberblick ist eine kleine Auswahl aus der Fülle der Veranstaltungen:

Anfang Juni bis Mitte Sept.: Oper und Ballett in Drottningholms Schloßtheater
Mitte Juni: Nyckelharpsstämman in Österbybruk (Schlüsselharfenspielertreffen, Folklore)
Ende Juni: Kalottjazz und Bluesfestivalen in Haparanda und Torneå/Finnland
Ende Juni/Anfang Juli: Göteborgs Sommarjazzdagar widmen sich der lebendigen schwedischen Szene

Anfang Juli bis Anfang Aug.: Musik vid Siljan in Rättvik und Leksand
Erstes Juliwochenende: Viertägiges Jazz- und Bluesfestival in Stockholm in Skansen, mit internationaler Starbesetzung
Mitte Juli: Falun Folk Festival mit internationaler Folkmusik
Ende Juli: Rättviks Folklore Festival mit internationaler Folklore und Volkstanz
Ende Juli/Anfang Aug.: Kammermusikfestival in Gotland mit Aufführungen in der überdachten Ruine S:t Nicolai

Infos zu den jeweiligen Musikfestivals verschickt auf Anfrage: Svenska Musikfestivaler, Rödhakevägen 3, S-90651 Umeå, www.musikfestivaler.se.

Märkte und mittelalterliche Festspiele, sportliche Veranstaltungen und Stadtfeste sind ebenfalls große Publikumsmagneten im Sommer. Dazu gehören im August die Medeltidsvecka in Visby auf Gotland, Göteborgskalaset und Christianstadsdagarna in Kristianstad.

Zeit

Es herrscht Mitteleuropäische Zeit (MEZ) wie in Deutschland, die Umstellung auf Sommerzeit erfolgt wie in Deutschland.

Sprachführer

Es ist ratsam, sich ein paar Worte Schwedisch einzuprägen – Volkshochschulen bieten entsprechende Kurse an – obwohl die meisten Schweden recht gut Englisch sprechen. Englisch ist nicht nur erste Fremdsprache in der Schule, amerikanische Serien laufen im schwedischen Fernsehen unsynchronisiert, und das fördert offensichtlich die Sprachkenntnisse. Viele ältere Schweden verfügen zudem über gute Kenntnisse der deutschen Sprache, die lange Zeit in der Schule erste Fremdsprache war.

■ Aussprache

Die Aussprache ist außer im Süden des Landes sehr prononciert, so daß man das Schwedische auch als Anfänger recht gut versteht. Abweichungen von der deutschen Aussprache:

a wird als langer Vokal ziemlich dunkel, Richtung o, gesprochen, sonst wie im Deutschen
o wird als langer Vokal als langes u: gesprochen, z. B. *stor* (stu:r) – groß, oder *bord* (bu:d) – Tisch
u wird als langer Vokal wie ü gesprochen, z. B. *ursäkta* (ü:schäkta) – Entschuldigung
å wird als langes o gesprochen: *ål* (o:l) – Aal
dj, hj und lj werden wie j gesprochen, z. B. Djurgården (jü:rgodn)– Stockholmer Stadtteil
rs wird immer sch gesprochen
kj, sj, stj, tj immer, aber **k** nur vor ä, ö, e, i werden sch, regional abweichend auch als kehliges -ch (wie in ach) ausgesprochen z. B. *sjö* (schö) – See, *köpa* (schöpa) – kaufen, *tjugo* (schügo) – zwanzig.
g vor ä, ö, e, i und in der Kombination lg und rg am Silbenende wie j, z. B. *berg* (berj) – Berg
y wird ü geprochen

■ Grammatik

Das auffälligste Kennzeichen ist das Anhängen des Artikels *ett* oder *en* an das Substantiv, wenn es bestimmt ist, also: *ett hus* – ein Haus; *huset* – das Haus und *en stuga* - eine Hütte, *stugan* – die Hütte. Im Plural wird je nach Deklinationsklasse -*er*, -*ar* oder -*or* an den Wortstamm angehängt, bei der bestimmten Form kommt noch ein -*na* dazu: *stugor* – (mehrere) Hütten, *stugorna* – die Hütten. Die Neutrum-Wörter mit dem Artikel *ett* haben im unbestimmten Plural keine Endung: *ett rum* – ein Zimmer, *flera rum* – mehrere Zimmer.

■ Zahlen

1	ett
2	två
3	tre
4	fyra
5	fem
6	sex
7	sju
8	åtta
9	nio
10	tio
11	elva
12	tolv
13	tretton
14	fjorton
15	femton usw.
20	tjugo
21	tjugoett
30	trettio
40	fyrtio
50	femtio

60	sextio
70	sjuttio
80	åttio
90	nittio
100	ett hundra
1000	ett tusen
erster	första
zweiter	andra
dritter	tredje
vierter	fjärde
fünfter	femte
sechster	sjätte
siebter	sjunde
achter	åttonde

■ Anrede und Begrüßung, Höflichkeit

Die normale Anrede ist das ›Du‹ *(du)*, auch für Fremde. In einem menschenarmen Land wie Schweden ist es üblich, außerhalb der Großstädte praktisch jeden, dem man auf Waldweg, Landstraße oder Vorgarten begegnet, zu grüßen, dabei ist das Wörtchen *hej* universell einsetzbar.

Guten Tag, Hallo	God dag, hej oder hejsan
Guten Morgen	God morgon, god middag
Guten Abend	God afton
Tschüß	Hej då oder hej hej
Danke, vielen Dank	Tack, tack så mycket
Bitte	Varsågod
ja	ja
nein	nej
Verzeihung, Entschuldigung	ursäkta, förlåt
noch einmal	en gång till
Ich verstehe nicht	jag förstår inte

■ Zeit, Ort, Unterwegs

Vad är klockan?	Wie spät ist es?
Klockan är ...	Es ist ...
kvart i/över nio	viertel vor/nach neun
halv åtta	halb acht
timme	Stunde *(stund* heißt
eine ganze Weile)	

heute	idag
morgen	i morgon
gestern	igår
Wann	när
Wie	hur
Wo	vår
Woher	vårifrån
Wo gibt es ...	Vår finns ...
... einen Arzt	en läkare
... eine Tankstelle	en (bensin)mack
... einen (Lebensmittel-)Laden	en (livsmedel)affär
... eine Autowerkstatt	... biltjänst, verkstad
Was kostet das ?	Hur mycket/Vad kostar det?
Deutschland	Tyskland
Österreich	Österrike
Schweiz	Schweiz
Haben Sie ...	Har du/
Gibt es ...	Finns det
ein Zimmer...?	ett rum kvar ...?
... für heute nacht?	... för i kväll?
eine Nacht	en natt
zwei Nächte	två nätter
Bett(laken)	säng(linne)
Auto	bil
Fahrrad	cykel
Zug	tåg
Fähre	färja
Flugzeug	flygplan
Polizei	polis
Zoll	tull
Vermietung	uthyrning
Krankenhaus	sjukhus
Ich fühle mich schlecht.	Jag mår illa.
(Verkehrs)Unfall	(trafik)olycka
Komme ich auf diesem Weg	Kommer jag på den här vägen till/mot
...nach ...links	till vänster
rechts	till höger
geradeaus	rakt fram

■ Einkaufen

Kann ich ... bekommen?	Kan jag få ...?
Bier	öl
Brot	bröd
Butter	smör

Eier	ägg	gård	Hof (Bauernhof:
Fisch	fisk		*bondegård;* Herren
(Rind-, Schweine)	(nöt-, fläsk-)kött		hof: *herrgård)*
Fleisch		gata	Straße
Gemüse	grönsaker	gränd	Gasse
Hering	sill	hamn	Hafen
Käse	ost	holm	kleine Insel
Kartoffeln	potatis	kyrka	Kirche (Abk.: k:a)
Mehl	mjöl	led(en)	Wanderweg
Milch	mjölk	näs	Landzunge
Saft	jus	ö	Insel
Wasser	vatten	rauk	Felsformation auf
Wurst	korv		Öland und Gotland
Zucker	socker	sjö	See
Zwiebel	lök	skog	Wald
		tjärn	kleiner See, Teich
		torg	Marktplatz

■ Stadt, Land und Natur

		udde	Landzunge
		vik	Bucht
å	Fluß		
älv	Fluß, Strom		
ås	Höhenzug		

■ Abkürzungen

backe	Hügel
by	kleiner Ort, Dorf
fäbod	Sennerei
fjäll	Gebirge
fors	Wasserfall

St. bedeutet *stor, stora* = groß(e, er, es), analog: **l.** für *lilla* = klein.
S:t, S:ta bedeutet Sankt(a)

Tips zum Weiterlesen

Literatur

370

■ Belletristik

Marianne Fredriksson, Hannas Töchter, Hamburg, 1997. Familiengeschichte über drei Frauengenerationen hinweg.

Jan Guillou, Coq Rouge, München 1988. Dieser und andere Agententhriller spiegeln die Situation am Ende des Kalten Krieges.

Selma Lagerlöf, Wunderbare Reise des kleinen Nils Holgersson mit den Wildgänsen, München, 29. Aufl., 1995. Der ›Klassiker‹ unter den Schweden-Reisebüchern: Ein hervorragender und märchenhafter Führer durch alle Landschaften des Landes, bis heute unübertroffen und eine gute Einführung auch für erwachsene Schwedenreisende.

Astrid Lindgren, Ferien auf Saltkrokan, Hamburg 1965. Von den vielen Lindgren-Büchern ist dieses ›Schärenbuch‹ vielleicht das Amüsanteste und am besten Geeignete als Einstimmung in den schwedischen Sommertraum.

Carl von Linné, Lappländische Reise, übersetzt v. H. C. Artmann, Frankfurt 1974. Die Notizen des Forschungsreisenden Linné von seiner Exkursion jenseits des Polarkreises geben interessante Einblicke in die Kultur der Sami (›Lappen‹) kurz vor ihrer Zerstörung durch die schwedische Kolonisierung und Christianisierung. Leider vergriffen.

Henning Mankell, Die fünfte Frau, München 1998. Einer von mehreren Krimis des schwedischen Erfolgsautors, in deren Mittelpunkt der nachdenkliche Aufklärer Kommissar Wallander steht.

Vilhelm Moberg, Der Roman von den Auswanderern (vier Bände), Hildesheim, 1993–95. Die sozialen Verhältnisse in Småland Mitte des 19. Jh. und die Auswanderung der Wirtschaftsflüchtlinge nach den USA werden spannend und eindrucksvoll wiedergegeben. Das Epos wurde mit Max von Sydow und Liv Ullmann verfilmt.

Maj Sjöwall/Per Wahlöö, Die zehn Romane mit Kommissar Beck, Reinbek 1995. Die Krimis des Autorenduos bieten die besten Milieuschilderungen aus dem Schweden der 1970er und -80er Jahre.

Kurt Tucholsky, Schloß Gripsholm, Reinbek 1986. Nicht nur eine »leichte Liebesgeschichte«, sondern auch das Schönste, was Tucholsky über das Land geschrieben hat, in dem er starb.

■ Sachbücher

Gerhard Austrup, Aktuelle Länderkunde Schweden, München, 2. Aufl. 1997. Ein sachliche und gut lesbare Kurzinformation über eine breite Palette von Themen: Bevölkerung, Wirtschaft, Politik und Gesellschaft.

Das Svenska Institutet (SI) im Sverigehuset am Kungsträdgården in Stockholm hält eine Menge Informationsmaterial über Schweden bereit, auch in englischer und deutscher Sprache, Adresse: Box 7434, S-10391 Stockholm, Tel. 0046/8/7 89 20 00, Fax 20 72 48, www.si.se.

Glossar

Alvar – typische Steppenlandschaft auf Gotland und Öland mit einer besonderen, eigentlich auf trockene Kalkböden Südosteuropas spezialisierten Flora

Bautastein – einzeln stehender Stein ohne Runenbeschriftung oder Bilddarstellung

Bildstein – in der Völkerwanderungs- oder Wikingerzeit aufgestellter Stein mit Bilddarstellung, nur auf Gotland zu finden

Domarringar – s. Steinsetzungen

Felszeichnungen (hällristningar) – Darstellungen symbolisch-figürlicher Art, die von unterschiedlichen Kulturen der Stein- bis zur Bronzezeit wahrscheinlich zu kultischen Zwecken in den blanken Fels geritzt wurden

Fluchtburg (fornborg) – während der Völkerwanderungszeit (ca. ab 5. Jh.) angelegte Befestigung aus Steinwällen auf Anhöhen über Seen und Wasserläufen

Gånggrift – Megalithgrab der Steinzeit, die Grabkammer umgeben Wände aus Monolithen, die Decke bildet ein Deckstein (Dolmen)

Grabhügel (hög) – bis zu 18 m hohe Erd- und Steinhügel, unter denen im 5.- bis 8. Jh. Häuptlinge bestattet wurden; am bekanntesten sind die Königshügel von Gamla Uppsala

Gustaviansk – nach König Gustav III. benannter Stil im späten 18. Jh., gekennzeichnet durch gediegene, klassisch inspirierte schnörkellose Eleganz sowie die Farben Gold und Hellblau

Kalkmalereien – im Mittelalter übliche farbige Ausmalung von Kirchengewölben und -wänden, die direkt auf den frischen Putz aufgebracht wurde, zu biblischen Themen, angereichert mit volkstümlichen Details

Kastal – mittelalterlicher Wehrturm

Kirchstäde, -hütten, -ställe – kleine Holzhäuser um die oft etwas außerhalb des Orts gelegene Kirche, als Übernachtungsmöglichkeit für die von weit her auch zu Pferd angereisten Gemeindemitglieder, die ihrer Kirchgangspflicht nur durch mehrtägige Reisen nachkommen konnten. Kyrkstäder, kyrkstugor und kyrkstallar sind vor allem in Dalarna und weiter nördlich zu finden

Labyrinth – rätselhaftes, aus kleinen Steinen gelegtes Muster in Labyrinthform, das wohl bei Fruchtbarkeitsriten eine Rolle spielte

Lappkyrka, -kapell – im Zuge der Missionierung der Sami (›Lappen‹) ab Mitte des 17. Jh. errichtete Kirchen

Nybyggar (Neusiedler) – Kolonisatoren, die im 19. Jh. u.a. mit Steuererleichterungen in den hohen Norden gelockt wurden, und Wald roden und Sümpfe trockenlegen sollten

Pörte – Haus in typisch finnischer Bauweise ohne Rauchabzug

Rauk – durch Erosion entstandene skurrile Felsformation aus Riffkalksedimenten auf Öland und Gotland

Runenstein – In der Wikingerzeit aufgestellter Erinnerungs-Stein mit Runenbeschriftung

Schalengruben – Kleine schalenförmige Vertiefungen, die von Menschen der Stein- und Bronzezeit vermutlich zu Opferzwecken in den glatten Stein gehauen wurden (s. a. Felsritzungen)

Schiffssetzung – Steinsetzung in Form eines Schiffs, markiert Häuptlingsgräber der Wikingerzeit

Steinsetzung – nach festem Muster aufgestellte Monolithen, in deren Mitte sich meist Gräber bedeutender Persönlichkeiten befinden; eine Steinsetzung in Kreisform heißt domarring (Richterring), s. auch Schiffssetzung

Abbildungsnachweis

Personenregister

Ortsregister

Ortsregistter

Ortsregistter

Titelbild: Abendliche Idylle am Schloß Gripsholm in Mariefred
Umschlaginnenklappe: Blick auf die Stockholmer Insel Riddarholmen
Umschlagrückseite: Auch in der zweitgrößten schwedischen Stadt gibt es lauschige Plätze
(Göteborgs Trädgårds föreningen)

Über die Autorin: Petra Juling, geboren 1958, arbeitet freiberuflich als Übersetzerin, Verlagslektorin und Autorin von Reiseführern. Schweden bereist sie aus Leidenschaft für Land und Leute seit zwei Jahrzehnten regelmäßig. Bei DuMont erschien von ihr die Reise-Taschenbücher »Kanalinseln« und »Wales«.

Impressum

384

© DuMont Buchverlag
2., aktualisierte Auflage 2000
Alle Rechte vorbehalten
Satz und Druck: Rasch, Bramsche
Buchbinderische Verarbeitung: Bramscher Buchbinder Betriebe

Printed in Germany   ISBN 3-7701-3753-1

DUMONT

»Den äußerst attraktiven Mittelweg zwischen kunsthistorisch orientiertem Sightseeing und touristischem Freilauf geht die inzwischen sehr umfangreich gewordene, blendend bebilderte Reihe ›Richtig Reisen‹. Die Bücher haben fast schon Bildbandqualität, sind nicht nur zum Nachschlagen, sondern auch zum Durchlesen konzipiert. Meist vorbildlich der Versuch, auch jenseits der ›Drei-Sterne-Attraktionen‹ auf versteckte Sehenswürdigkeiten hinzuweisen, die zum eigenständigen Entdecken abseits der ausgetrampelten Touristenpfade anregen.«
Abendzeitung, München

»Die Richtig Reisen-Bände gehören zur Grundausstattung für alle Entdeckungsreisenden.«
Ruhr-Nachrichten